Örnekler Üzerinde Yorumlarıyla

RÜYA TABİRLERİ

Mozaik Yayınları 5
Sosyal Yaşam Dizisi: 5

DİZİ YÖNETMENİ
Ali İhsan Bayrak

EDİTÖR	YAYINA HAZIRLIK	GÖRSEL YÖNETMEN
Rahime Demir	Fatma Can Akbaş	Ömer Faruk Akbaş

ISBN : 975-97362-6-5
Birinci Basım : İstanbul, Mayıs 2002
Kapak : Altay Koray
Renk Ayrımı : Ekol Grafik
Baskı & Cilt : Tavaslı Matbaacılık

Mozaik Yayınları, bir Hayat Yayın Grubu kuruluşudur.
© 2001 Hayat Yayıncılık İletişim, Eğitim Hizmetleri ve Tic. Ltd. Şti. Tüm yayın hakları anlaşmalı olarak Hayat Yayınları'na aittir. Kaynak gösterilerek alıntı yapılabilir; izinsiz çoğaltılamaz, basılamaz.

MOZAİK YAYINLARI
Çatalçeşme Sokak No:48 Bateş Han 34410 Cağaloğlu / İstanbul
Tel: (0212) 511 84 50 (pbx) Fax: (0212) 526 71 14
http://www.mozaikyayinlari.com
e-mail: bilgi@mozaikyayinlari.com

MOZAİK

Örnekler Üzerinde Yorumlarıyla
RÜYA TABİRLERİ

Mehmet Ali Bulut

İÇİNDEKİLER

Aba 32	Ampul 40	Baca 59
Abajur 32	Ana 40	Bacak 59
Abdest 32	Anaya Karşı Gelmek .. 41	Badana 60
Abonoz 32	Anahtar 40	Badem 60
Acele Ettiğini Görmek ..32	Anarşistlerle Savaşmak .41	Bağ ve Asma 60
Acı Biber Yemek 33	Anüs 41	Bağırmak 61
Acımak 33	Apartman 41	Bağırsak 60
Açlık 33	Araba 41	Bağlanmak 60
Ada 33	Aramak / Aranmak 41	Bahçe 61
Adak 33	Arazi 42	Bahçıvan 63
Adam 33	Arı (Bal Arısı) 42	Bakan 63
Âdem (As) 33	Arkadaş 43	Bakır 63
Âdet Görme 34	Armut 45	Bakkal 64
Adliye 34	Arpa 45	Baklagiller 64
Afet 35	Arş 45	Bal 64
Affetmek 34	Arzulamak 45	Balık 64
Ağaç 35	Asansör 45	Balon 65
Ağız 36	Asfalt 46	Balta 65
Ağlamak 36	Asılmak 46	Bando ve Mehter 65
Ağrı 36	Asker 46	Banka 66
Ahiret 37	Askeri Gemiler 46	Bardak 66
Ahize 37	Aslan 47	Barışma 66
Ahtapot 37	Asma 47	Baş 66
Aile 37	Aşçı 47	Baş Ağrısı 67
Akasya 37	Aşk 48	Başak 67
Akciğer 37	Aşure 48	Başbakan 67
Akide Şekeri 37	At 48	Başörtüsü 68
Akik Taşı 38	Ateş 50	Bataklık 68
Akika Kurbanı Kesmek .37	Atkı 51	Battaniye 68
Akıl 37	Atlamak 51	Bavul 68
Akrep 38	Atmaca 51	Baykuş 69
Aksaklık 38	Avcı 51	Bayrak 70
Aksırmak 38	Avuç 51	Bebek 70
Akşam 39	Ay 51	Bekçi 70
Alabalık 39	Ayak 52	Bekleme 71
Alarm 39	Ayak İle Tepmek 53	Benzemek 71
Alay Edilmek 39	Ayakkabı 53	Berber 71
Albüm 39	Aydınlık 53	Besmele 71
Alev 39	Ayı 53	Beşibiryerde 72
Alın 39	Ayıplama 53	Beşik 72
Alış Veriş 39	Ayna 54	Beyaz 72
Altın 39	Ayran 54	Beyin 74
Ambulans 40	Ayva 54	Bezelye 74
	Azarlama ve Azar 54	Bıçak 74
	Baba 58	Bilezik 75

Bilgisayar 76	Ceylan 96	Çıplaklık 110
Bina 76	Cezve 96	Çisenti 113
Binmek 76	Ciğer 96	Çivi 113
Bira 75	Cihad 96	Çizme 114
Bisiklet 77	Ciltlenmiş Kitap 97	Çoban 114
Bisküvi 77	Cımbız 96	Çocuk 114
Bit 77	Cimrilik 97	Çocuk Arabası 115
Bıyık 75	Cin 97	Çorap 115
Boğa 77	Cinayet 97	Çorba 115
Boğaz 78	Cinsel İlişki 97	Çöl 115
Boğazlama 78	Cinsel Organlar 99	Çöpçü 116
Boğmak, Boğulmak ...79	Cuma 100	Çöplük 115
Boncuk 79	Cumhurbaşkanı 100	Çörekotu 116
Borazan 79	Cüce 101	Çukur 116
Borç 79	Cünüplük 101	Çuval 116
Boşanma 80	Çadır 106	Dağ 120
Boy 81	Çağla 106	Daktilo 120
Boya 81	Çakıl Taşı 106	Dalga 121
Böbrek 82	Çakmak 107	Dalgıç 121
Buğday 82	Çalgı Aleti Çalmak ...107	Dam 121
Bukağı 82	Çam Ağacı 107	Dama 122
Bulmak Ve Buluntu ...83	Çamur 107	Damar 122
Bulut 83	Çan 108	Damat 122
Burun 84	Çanta 108	Dans 122
Buz 85	Çarmıha Gerilme 108	Dansöz 123
Buzdolabı 85	Çarşaf 108	Dantel 123
Bülbül 85	Çarşı Ve Pazar 108	Darağacı 123
Büro 85	Çatı 109	Dargınlık 123
Büyük Abdest 85	Çay 109	Darı 124
Büyümek 85	Çaydanlık 109	Dava 124
Cadde 90	Çayırlık Çimenlik 109	Davul 124
Cam 90	Çekiç 109	Dayak 124
Cami 90	Çekirge 109	Dayanma 125
Can Sıkıntısı 90	Çekmece 110	Dede 125
Cankurtaran 90	Çeşme 110	Defin 125
Cariye 90	Çiçekler 111	Defter 125
Casus 91	Çiğ 112	Değirmen 125
Cehennem 91	Çığlık 110	Değişme 126
Ceket 91	Çiğnemek 112	Deli Ve Delirme 126
Cemaat 91	Çikolata 112	Demir 127
Cennet 94	Çilek 112	Demirci 127
Cephane 94	Çimdik 113	Demiryolu 127
Ceset 96	Çınar Ağacı 110	Deniz 127
Cetvel 96	Çingene 113	Denizaltı 128
Ceviz 96	Çini 113	Depo 128

Deprem 129	Düğme 144	Esneme 160
Dere 129	Düğüm 144	Eşek 160
Deri 130	Düğün 145	Eşekarısı 161
Derisini Yüzmek 130	Düğün Çiçeği 145	Eşkiya 161
Ders 130	Dükkan 145	Eşya Nakletmek 161
Dershane 131	Dünyanın Yedi Harikası 146	Et 161
Dev 131	Dürbün 146	Etiket 162
Deve 131	Dürmek 146	Ev 162
Deve Kuşu 132	Düşman 146	Evlilik 163
Diken 132	Düşmek 146	Evlilik Teklifi 164
Dikiş Dikmek 132	Düşük 146	Evliya 164
Dil 132	Ebe 152	Evrak 164
Dilenci 133	Eczacı 152	Ezan 164
Dini Bayramlar 134	Eczane 152	Fabrika 170
Dinlemek Ve İşitmek ..134	Edebiyat 152	Fahişe 170
Dinlenmek 134	Eflatun 152	Fakirlik 170
Diploma 134	Ejderha 152	Falcı 170
Direk Ve Sütun 134	Ekin 152	Fanila 171
Dirilmek (Haşir) 135	Ekmek 152	Fare 171
Diş 135	Ekşi 154	Fasulya-Börülce-Bezelye172
Dişçi 136	El 154	Felç 172
Dışkı 132	El Bağlamak 155	Fener 172
Diz 136	El Feneri 156	Ferahlık 173
Doğurmak 136	Elbise 155	Feryat Etmek 173
Doktor 137	Eldiven 155	Fesleğen 173
Dokumak 138	Elek 155	Fidan 175
Dolandırıcı 138	Elektrik 155	Fil 175
Dolap 138	Elma 156	Fincan 176
Dolma 138	Elmas 156	Fındık 174
Dolu 138	Emanet 157	Fırın 174
Domates 138	Emeklemek 157	Firuze 176
Domuz 138	Emme 157	Fıskiye 174
Dondurma 140	Emzirme 157	Fıstık 175
Dört Yol Ağzı 140	Engel 158	Fotoğraf 176
Döşek 140	Engerek Yılanı 158	Futbol 176
Dövmek-Dövülmek ..141	Enginar 158	Gaga 180
Dövüşme 140	Enişte 158	Galibiyet 180
Dua 142	Enkaz 158	Gam 180
Dudak 142	Erguvan 158	Gar 180
Dul 143	Erik 159	Garaj 180
Duş 143	Erkek 159	Gardırop 180
Dut 143	Eroin 159	Gardiyan 180
Duvar 143	Erzak 162	Garnizon 180
Duvar Saati 144	Esans 159	Garson 181
Düdük 144	Esir Ve Esir Olmak 159	Gazete 181

Gebelik 181	Hademe 202	Hırs 216
Gece 181	Hafız 203	Hırsız 216
Gelin Ve Güveği 182	Hakim 203	Hızlı Yürümek 217
Gelincik Çiçeği 182	Hakir Görme 203	Hizmetçi 218
Gelinlik 182	Halat 203	Horlamak 218
Gem 183	Halı 203	Horoz 218
Gemi - Tekne - Yelken .183	Halka 204	Hortlak 219
Genç 184	Hamam 205	Hortum 219
General 186	Hamam Böceği 207	Hububat 219
Geometrik Şekiller 186	Hamile 207	Huni 219
Gerdanlık 186	Hamsi Balığı 207	Huri 219
Gergedan 186	Hamur 207	Hurma 219
Geyik 186	Hançer 207	Hutbe 220
Gişe 187	Hanımeli 208	Hüzün 220
Gitar 187	Hap 208	Hz. Muhammed'in Kabri220
Gıybet Etmek 186	Hapis 208	İbadet 232
Giymek 187	Harabe 209	İç Çamaşır 232
Gizlenme 187	Harita 209	İçki 232
Göbek 187	Harman Ve Harman Yeri209	İdam 232
Göğe Çıkmak 188	Hasır 210	İdrar 233
Göğüs 188	Hastalık 210	İflas 233
Gök 189	Hastane 211	İftira 233
Gök Gürültüsü 189	Haşhaş 212	İğde 233
Gökkuşağı 191	Hattat 212	İğne 233
Gökyüzü 191	Hava 212	İhanet 234
Göl 191	Havaalanı 212	Ihlamur 224
Gölge 191	Havai Fişek 213	İhracat 234
Gömlek 191	Havlu 213	İhtilal 234
Göz 192	Havuç 213	İhtiyarlık 235
Göz Altı 192	Havuz 213	İkiz 235
Göz Kırpma 193	Hayalet 214	İkramiye 235
Gözlük 193	Haykırmak 214	İlaç 235
Gözyaşı 193	Hayvanat Bahçesi ...214	İlkbahar 235
Gül 193	Hediye 214	İmam 235
Güllaç 194	Helva 215	İmparator 236
Gülmek 194	Hendek 215	İmtihan 236
Gümüş 194	Hesap Pusulası 215	İmza 236
Güneş 194	Heykel 216	İnat Etmek 236
Güreşmek 197	Hicret 217	İnci 236
Güvercin 197	Hıçkırık 216	İncil 237
Güverte 197	Hilal 217	İncir 237
Haber 202	Hile 217	İnek 238
Hac 202	Hindi 217	İnmek 238
Haciz 202	Hindistan Cevizi 217	İnsan 238
Haç 202	Hırka 216	İnşaat 238

İntihar 239	Kabe 256	Karga 269
İntikam 239	Kabir 257	Karın 270
İpek 239	Kaburga Kemiği 257	Karınca 270
İrin 239	Kabus 257	Karnabahar 271
Irmak 224	Kaçmak 258	Karpuz 271
Irmak Taşı 224	Kadeh 258	Kartal 271
İsa Aleyhisselam 240	Kadın 258	Kasa 273
İshal 240	Kafa 259	Kâse 273
Isınmak 224	Kafes 259	Kaş 273
Isırgan Otu 225	Kafkasya 259	Kaşar Peyniri 273
Isırmak 225	Kahkaha 260	Katil 274
İskele 240	Kahvaltı 260	Katır 274
İskelet 241	Kahve 260	Katır Tırnağı 274
Islanmak 225	Kahvehane 260	Katliam 274
Islık 226	Kalabalık 260	Kavak 274
Ispanak 226	Kalbur 261	Kaval 275
Issız Yer 226	Kaldırım 262	Kavanoz 275
İstakoz 226	Kale 262	Kavga 275
İstasyon 241	Kalem 262	Kavun 275
İstiridye 241	Kalorifer 262	Kaya 276
İşçi 241	Kalp 261	Kayan Yıldız 277
Işık 227	Kama 263	Kaybolmak 277
İşkembe Çorbası 241	Kamçı 263	Kayık 277
İşkence 241	Kamış 263	Kayınvalide 276
İtfaiye 241	Kamp 263	Kayısı 277
İtiraf 241	Kamyon 264	Kaynak 276
İyilik 241	Kan 264	Kaz 277
Izgara 227	Kanal 265	Kazma 278
Jaguar 248	Kanalizasyon 265	Kazmak 278
Jaluzi 248	Kanarya 265	Keçi 278
Jambon 248	Kanat 265	Keçi Boynuzu 278
Jandarma 248	Kangren 266	Kedi 278
Japon 248	Kanun 266	Kefen 279
Japon Gülü 248	Kapı 266	Kekelemek 280
Jartiyer 248	Kaplan 267	Kel 280
Jeneratör 249	Kaplıca 267	Kelebek 280
Jet 249	Kaplumbağa 267	Kelepçe 280
Jeton 249	Kar 267	Keman 280
Jilet 249	Karabiber 268	Kemençe 281
Jüpiter 249	Karaciğer 268	Kemer 281
Jüri 249	Karakol 268	Kereste 281
Kabadayı 256	Karanfil 268	Kertenkele 281
Kabak 256	Karanlık 269	Kesmek 281
Kabakulak 256	Karargah 269	Kestane 281
Kabarcık 256	Kardeş 269	Kezzap 282

Kibrit 286	Köy 294	Lav 312
Kıl 282	Kral 294	Lavabo 312
Kiler 286	Kraliçe 294	Lavanta 312
Kılıç 283	Kubbe 294	Leğen 312
Kilim 287	Kucaklama 295	Leş 312
Kilise 287	Kudüs 295	Leylek 313
Kilit 287	Kulak 295	Liman 314
Kına 284	Kule 296	Limon 314
Kir 287	Kulübe 296	Limon Çiçeği 314
Kır Çiçeği 284	Kum 296	Limonata 314
Kırağı Ve Çiğ 284	Kum Saati 297	Linç 314
Kırbaç 284	Kumar 297	Lohusalık 315
Kiremit 288	Kumaş 297	Lokomotif 315
Kırlangıç 284	Kumbara 297	Lokum 315
Kırmak Ve Kırılmak ...285	Kumru 297	Lüle Taşı 315
Kirpik 288	Kundak 297	Maaş 320
Kısalmak 285	Kura 298	Madalya 320
Kısrak 285	Kuran-I Kerim 298	Maden 320
Kitap 288	Kurbağa 298	Maden Ocağı 320
Kitapçı 288	Kurban 299	Maden Suyu 321
Kıvılcım 285	Kurban Bayramı 299	Madenci 320
Kıyamet 286	Kurşun 299	Madeni Para 320
Kız 286	Kurt 300	Mağara 321
Kızmak 286	Kuru Üzüm 300	Mağaza 321
Koç 289	Kuş 300	Mahkeme 321
Koklamak 289	Kuş Kafesi 302	Mahzen 321
Kol 289	Kuyruk 302	Makara 322
Kolonya 289	Kuyruklu Yıldız 302	Makarna 322
Koltuk 289	Kuyu 302	Makas 322
Kolye 290	Kuyumcu 303	Makbuz 323
Komutan 290	Kuzu 304	Makyaj 323
Konser 290	Kül 304	Manastır 323
Konserve 290	Kümes Hayvanı 304	Manav 323
Korku Ve Korkma 290	Küpe 304	Mandalina 323
Korunmak 291	Kürdan 305	Mandolin 323
Koşmak 291	Kürek 305	Mangal 323
Kova 291	Kürk 305	Manikür 323
Kovan 291	Kürtaj 305	Manken 324
Koyun 291	Lades 310	Manolya 324
Kök 292	Lades Kemiği 311	Mantar 324
Kömür 292	Lağım 310	Mantı 324
Köpek 292	Lahana 311	Marangoz 324
Köprü 293	Lale 311	Marmelat 324
Kör 293	Lamba 311	Martı 324
Köşk 294	Lastik 312	Marul 325

Masa 325	Mihrab 336	Necaset 347
Maske 325	Mıknatıs 335	Nehir 348
Matbaa 325	Mikrofon 336	Nezle 348
Matkap 325	Mikroskop 336	Nikah 348
Mavi 325	Milletvekili 336	Nikah Memuru 348
Maydanoz 325	Mimoza 337	Nilüfer 348
Maymun 326	Minare 337	Nine 349
Maymuncuk 326	Minber 337	Nişanlanmak 349
Mayo 326	Misafir 337	Nohut 349
Maytap 326	Mısır 336	Noter 349
Mazot 326	Misvak 338	Nur 349
Meclis 326	Miting 338	Nutuk 349
Medine 327	Mizan 338	Nüfus Cüzdanı 349
Mehtap 327	Mızrak 336	Oba 356
Mehter 327	Mobilya 338	Objektif 356
Mekke 327	Motor 339	Ocak 356
Mektup 327	Mozaik 339	Oda 356
Melek 328	Mukavele 339	Odun 358
Meme 328	Mum 339	Oğlak 358
Mendil 328	Mumya 339	Oje 359
Menekşe 329	Musiki 339	Oklava 359
Mengene 329	Musiki Aletleri 339	Okşama 359
Meni 329	Muska 340	Okul 359
Menteşe 329	Musluk 340	Okumak 359
Merasim 330	Mutfak 340	Olta 360
Mercan 330	Mutfak Eşyası 340	Omuz 360
Mercimek 330	Muz 340	Ordu 360
Merdiven 330	Mücevher 340	Orkide 361
Mermer Taşı 330	Müezzin 341	Orman 361
Meryem Ana 331	Mühendis 341	Oruç 361
Mescid 331	Mühür 341	Otel 362
Mescid-İ Aksa 331	Münakaşa 341	Otomobil 362
Meşale 331	Mürekkep 341	Oturak Yeri 363
Meşe Ağacı 331	Müşteri 341	Oyuncak 363
Metre 332	Müze 341	Ödünç Vermek-Almak .368
Mevsimler 332	Müzik 342	Öfke 369
Meyhane 332	Müzik Aletleri 342	Öğretmen 368
Meyve Bahçesi 334	Nadas 346	Ökçe 369
Meyve Suyu 334	Naftalin 346	Öksürük 369
Meyveler 333	Nakış 346	Öksüz 369
Mezar 335	Nakliyeci 346	Öküz 369
Mezar Taşı 335	Namaz 346	Ölçmek 370
Mezarlık 335	Nane 347	Öldürme 370
Mezbaha 335	Nar 347	Ölü 371
Mide 336	Nazarlık 347	Ölü Gömmek 372

Ölü Üzerine Ağlamak ..373	Peygamber 387	Sabah 404
Ölü Ve Ölüm 371	Peygamber Çiçeği ...387	Sabun 404
Ölü Yıkamak 373	Peynir 387	Saç 405
Ölüden Bir Şey Almak .372	Pilav 388	Sadaka 406
Önlük 373	Pilot 388	Safir 406
Öpmek 373	Pınar 388	Sağırlık 407
Öpücük 373	Pipo 388	Sahra 407
Ördek 374	Piramitler 388	Sakal 407
Örmek 374	Pırasa 388	Sakız 407
Örtünmek 374	Pire 389	Saksağan 407
Örümcek 374	Pirinç 389	Saksı 407
Örümcek Ağı 375	Pırlanta 388	Sal 407
Övünme 375	Pişirmek 389	Salatalık 408
Özür 375	Piyango 389	Salıncak 408
Padişah 380	Plaj 389	Salyangoz 408
Palamut 380	Plak 389	Saman 408
Palmiye 380	Polis 389	Sandal 409
Palto 380	Portakal 390	Sandalye 409
Pamuk 380	Postacı 389	Sandık 410
Panayır 381	Pusula 390	Sandviç 410
Pancar 381	Put 390	Saray 411
Panjur 381	Radyo 394	Sargı Bezi 411
Panter 381	Raf 394	Sarhoşluk 411
Pantolon 381	Rahibe 395	Sarımsak 411
Papa 381	Rahip 394	Sarmaşık 412
Papağan 381	Rakı 396	Sarp Yokuş 412
Papatya 382	Raks 396	Sarraf 412
Papaz 382	Ray 396	Satranç 412
Para 382	Reçel 396	Savaş 413
Parfüm 383	Reçete 396	Savcı 413
Parkinson 383	Rehin 397	Sayfiye 413
Pasaport 384	Rende 397	Saz Veya Sazlık 413
Pastırma 384	Ressam 397	Sazan Balığı 413
Paşa 384	Reyhan 397	Seccade 413
Patates 384	Rıhtım 397	Secde 414
Patlıcan 384	Roket 397	Sel 414
Patrik 385	Roma 397	Selvi 414
Pazar Yeri 385	Roman 397	Semizotu 415
Pazı 385	Rozet 398	Senet 415
Pazu 385	Röntgen 398	Sepet 415
Peçete 385	Ruhun Çıkması 398	Serap 415
Pehlivan 385	Ruj 399	Serçe 416
Pencere 385	Rüşvet 399	Sert Ve Katı Şey ...416
Perde 386	Rüzgar 399	Servet 416
Petrol 386	Saat 404	Servi 416

Ses 416	Şam Fıstığı 434	Tavuk 449
Sevgili 417	Şamarlamak 434	Tavus Kuşu 449
Seyyar Satıcı 417	Şamdan 435	Tebeşir 450
Sigara 418	Şampanya 435	Teğmen 450
Sigorta 418	Şapka 435	Tekne 450
Siğil 418	Şarap 435	Telefon 450
Sığır 417	Şaşı 436	Teleskop 450
Silah 418	Şaşkınlık 436	Tencere 451
Sinek 419	Şebboy 436	Teneşir 451
Sinema 419	Şeftali 436	Tenis 451
Sırat Köprüsü 417	Şehid 436	Tepe 451
Sirke 420	Şehir 436	Tepsi 452
Sis 420	Şehriye 437	Ter 452
Sıtma 417	Şeker 437	Terazi 452
Sivrisinek 421	Şeker Kamışı 437	Tereyağı 452
Siyah 421	Şekerpancarı 437	Terzi 453
Soba 421	Şelale 437	Tesbih 453
Soda 421	Şemsiye 438	Testere 453
Sofra 421	Şerbet 438	Tevrat 453
Soğan 422	Şeytan 438	Teyze 453
Soğuk 422	Şiir 438	Tilki 454
Sokmak 423	Şimşek 439	Timsah 454
Soyunmak 423	Şirket 439	Tırnak 454
Söğüt Ağacı 423	Şişe 439	Titreme 455
Söndürmek 423	Şişmanlık 439	Tiyatro 455
Su 424	Şoför 439	Tohum Ekmek 455
Sulu Ve Çimenli Yerler .425	Tabak 444	Top 455
Sur 425	Tabanca 444	Topal 455
Suya Dalmak 425	Tabela 444	Toplamak 455
Suya Düşmek 426	Tablo 444	Toplu İğne 455
Suya Kanmak 426	Tabur 445	Toprak 456
Sülük 426	Tabure 445	Toz 456
Sümbül 426	Tabut 445	Trampet 456
Sümük Ve Sümkürmek 427	Taç 446	Tramvay 456
Sümüklü Böcek 427	Taht 446	Traş Etmek 456
Süprüntü 427	Tahta Kurusu 446	Tren 456
Süpürmek Ve Süpürge .427	Taksi 446	Turşu 457
Sürgün 428	Tansiyon 446	Tuvalet 457
Sürme 428	Tarak 446	Tuz 457
Süt 428	Tarla 447	Tuzluk 457
Süzgeç 429	Taş 447	Tüfek Ve Tabanca ... 457
Şadırvan 434	Tatlı 447	Tükürük Ve Tükürme .458
Şafak 434	Tavaf 448	Tülbent 458
Şal Ve Atkı 434	Tavan 448	Tünel 458
Şalgam 434	Tavşan 449	Türbe 458

Tütün 458	Yaban Ördeği 482	Yumak 496
Tüy 458	Yabancı 482	Yumurta 496
Uçak 462	Yabancı Dil Konuşmak .482	Yunus Balığı 498
Uçmak 462	Yabangülü 482	Yün 498
Uçurtma 463	Yağ 482	Yürümek 498
Uçurum 463	Yağmur 482	Yüz 498
Ud 463	Yahudi 483	Yüzmek 499
Umre Yapmak 463	Yakut 483	Yüzük 500
Un 464	Yalamak 484	Zabıta 504
Ur 464	Yalın Ayak Yürümek ..484	Zahmet 504
Urgan 464	Yangın 484	Zakkum 504
Ustura 464	Yankesici 484	Zambak 504
Uyanma 464	Yaprak 485	Zar 504
Uyku 465	Yaralanmak 485	Zarf 505
Uyku İlacı 465	Yarasa 485	Zebra 505
Ücret 470	Yasemin 486	Zebur 505
Üflemek 470	Yastık 486	Zehir 505
Üniversite 470	Yaşlı Kadın 486	Zelzele 506
Ürkmek 470	Yatak 486	Zemzem 506
Üşümek 472	Yazı 487	Zenci 506
Ütü 472	Yazı Tahtası 487	Zeytin 506
Üzüm 472	Yazı Yazmak 487	Zeytinyağı 507
Üzüntü 473	Yazma(Başörtüsü) ...488	Zil 507
Vadi 476	Yel Değirmeni 488	Zincir 507
Vagon 476	Yelken 488	Zindan 508
Vahiy 476	Yellenmek 488	Zülüf 508
Vaiz 476	Yelpaze 488	Zümrüt 508
Vali 477	Yemek 489	Zürafa 508
Vapur 477	Yemekhane 489	
Vasiyet 477	Yengeç 489	
Vazo 477	Yeni Doğmuş Çocuk ..489	
Veba 477	Yer Yarılması 490	
Vedalaşma 477	Yeşil Ekin Başağı 490	
Verem 478	Yıkamak 490	
Vestiyer 478	Yılan 490	
Villa 478	Yılan Balığı 492	
Vinç 478	Yıldırım 492	
Viski 478	Yıldız 492	
Vişne 478	Yoğurt 495	
Vitamin 478	Yol 495	
Vitrin 478	Yonca 495	
Vize 478	Yorgan 495	
Voleybol 479	Yosun 495	
Volkan 479	Yufka Ekmek 495	
Yaban Keçisi 482	Yular 495	

SUNUŞ

İnsanın yaradılışıyla birlikte gerek ferdi gerek toplumu bir şekilde etkileyen ve yönlendiren bir şeydir rüya. Günlük hayatın ayrılmaz bir parçası olması, onu bir yandan dinlerin ve törelerin genel kabulleri arasına sokarken diğer yandan da modern dünyada psikolojinin ve tıbbın konuları arasında görmemize sebep olmuştur.

Rüyanın mahiyeti, insan psikolojisi üzerindeki etkileri, bilinçaltına tutulmuş bir ayna olup olmaması yanında insanlar hep şunu merak etmişlerdir: Geleceğin, insanlara getireceği iyi ve kötü şeyler konusunda rüyalar ne söylüyor? Rüya gelecek daha gelmeden, bizlere ötelerden neler bildiriyor?

İşte bu merak üzerine rüyalar incelenmeye başlanmış ve bu alanda "uzmanlar" yetişmiştir. Rüya tabirinin esasları belirlenmiş ve bu konuda sayısız eser verilmiştir. Hemen hemen her dinin ve inanışın rüyaya ait söyleyeceği bir şeyler olmuştur. İslam dininde vahyin başlangıcı rüyalar iledir ve peygamberliğin kırk altıda biridir; yani son peygamber olan Hazreti Muhammed (sav) Efendimizin vefatına kadar vahiy aldığı peygamberlik süresi yirmiüç senedir. Yirmiüç senenin ise, kırk altı tane yarım sene, kırk altı tane "altı ay" demek olduğu hesaba katılırsa, ilk altı ayda sadık rüyalar şeklinde gelen vahyin, bütün vahiy süresinin kırk altıda bir parçası olduğu anlaşılır.

Elinizdeki bu kitap, rüya tabirlerinde kullanılan sembolleri içermektedir ve seher vakitlerinde ünlü rüya tabircilerinin evlerinin önünde kuyrukların oluşturulmadığı günümüzde, herkesin kendi rüyası hakkında bir şey öğrenebilme isteğini karşılayabilmesi düşünülmüştür. Bunun yanında, yazarın yorumlamış olduğu örnek rüyalar da yol gösterici olabilir. Her harfin sonuna eklediğimiz okuma parçalarında ise tarihteki meşhur rüyalardan bazılarını bulacaksınız.

Özetle, bu kitapta sadece belli sembollerin nelere işaret ettiğini öğrenmeyeceksiniz. Aynı zamanda, her rüyanın kayda değer olup olmadığını, rüyanızı kimlere, ne zaman ve nasıl anlatmanız gerektiğini, korkulu rüyalarınızdan uyanınca nasıl davranacağınızı da öğreneceksiniz.

Burada son olarak şunu da hatırlatalım ki, bu eserde okuyacağınız her sembol herkes için aynı anlama gelmez. Rüyalar nasıl kişiye özelse, yorumları da öyledir. Aynı rüyayı gören farklı kişilerin rüya tabirleri çok farklı olacaktır; hatta kişinin gördüğü aynı rüyaların farklı zamanlarda görülmüş olmaları bile anlamı tamamen değiştirmektedir. Biz bütün bu farklılıkları kitaba sembollerin yanında eklemiş olduğumuz alıntılar ve okuma parçalarıyla ifade etmeye çalıştık.

Okuyucularımızın kitabımızdan istifade ederken bu bakış açısını hiç kaybetmemelerini ümit ediyoruz. Ayrıca "rüya" hakkında eserin önsözünde yazarımızın ayrıntılı ve faydalı açıklamalarını bulacaksınız.

"Rüya gibi bir hayat" temennisiyle.

Fatma Can AKBAŞ

ÖNSÖZ

Rüya Nedir?

Rüya, kişinin, Yaratıcı'ya ve "ruhun bedenden bağımsız bir varlık" olduğuna inanıp inanmamasına göre tanımı ve mahiyeti değişen entresan bir kavram...

Günlük yaşamımızın, en az üçte birini teşkil eden uykumuzun kaçınılmaz bir yan ürünü olan -uykusuz görülen rüyalar da var olduğuna göre denilebilir ki uyku, bizatihi rüya görmenin kuluçkası olmaktan ibarettir- rüyanın, henüz ne tanımı üzerinde birleşebilmişiz, ne de mahiyetini kavrayabilmişiz.

Evet biz insanlar yaşamımızın yaklaşık üçte birini uykuda geçiririz.

İnsan niçin uyur ve niçin uykusuzluk karşısında yenilgiye uğrar, bunu da henüz bilemiyoruz ama, uykunun, günlük hay huydan yorgun düşen bedenimizin; et, kemik, sinir, kas, salgı, elektrik vs. gibi unsurlardan oluşan bu muazzam makinenin dinlenmesine hizmet ettiği bir gerçek.

İşte ne oluyorsa makinemizin dinlenmeye geçtiği bu saatlerdeki kesitlerde oluyor ve o kesitte yaşadığımızı sandığımız ve bazen üzerimizde derin izler bırakan bu sanal olaylara rüya diyoruz. Daha da ilginci gözsüz görüp, kulaksız işitip, bilinçsiz kaydettiğimiz bu görüntülerin bir kısmının tıpatıp gerçekleştiğine de tanık oluyoruz.

Ünlü tanrı tanımaz ruhbilimci Sigmund Freud'a göre rüya; bilinçaltımızda -bilinçaltının ne olduğu da meçhul ya- yer alan düşüncelerimizin, özlemlerimizin ya da isteklerimizin, iradenin ortadan kalkmasıyla, bir film şeridi gibi gözümüzün önünden akmasından ibarettir. Yani bilincin gizlediği, tamamen sakladığı ama "ortaya çıkmak için daima fırsat kollayan(!)" bu olgular, bazen da rüyalar haline girerek kendilerini göstermektedirler.

Freud'un bu yaklaşımını reddetmek veya yabana atmak mümkün değil. Çünkü sebep ve sonuçları itibarıyla en az üç türü bulunan rüyaların en az iki çeşidine ışık tutar mahiyettedir, Freud'un rüya tarifleri. Freud'un ve Freudcu doktorların izah edemediği, haberci veya uyarıcı rüyalardır.

Ruhun varlığına ve bedenden bağımsızlığına inananlar, elbette rüyayı Freud gibi anlamıyorlar: "Madem ki ruh bağımsızdır, öyleyse uyku sırasında istediği gibi hareket eder, geçmişin ve geleceğin olaylarına tanıklık edebilir.", diyorlar. Ama bunlar da, Freud'da tarif ve izahını bulan bilinçaltı rüyalarıyla müjdeci rüyaları birbirine karıştırıyorlar. Yani; görülen her rüyayı vahyin bir türü olan sadık rüya kefesine oturtuyorlar.

Oysa Rahmanî diyebileceğimiz rüyalar ile mizaç bozukluğu ve ilgi yoğunluğundan kaynaklanan rüyalar, bir kere kaynakları bakımından birbirinden ayrılırlar. Nefsin kendi mahiyetinden gelen ilham ile Rahman'dan gelen ilham ne kadar birbirinden uzak ve ayrı ise bu kaynaklardan doğan rüyalar da o kadar birbirinden uzak ve farklıdır.

Rahmanî ilham semavîdir, Nefs arzîdir. Bu ayırımı iyi anlamak gerekir. Keza akıl arzîdir gönül semavîdir.

Evet nefs arzîdir ama onun da kendisinden ilham aldığımız bir uzayı vardır. Dış uzay gibi, "iç uzay"ımız da hareket ve rüyalarımıza kaynaklık eder. Çünkü eylemlerimizi doğuran dürtülerimizin dört temel kaynağından biri de bu "iç uzay"ımız olan "nefs-i emmare"mizdir. Yani ego'muz.

Freud'çu doktorlar, en azından bu iç uzayın -bilinçaltı- farkına vardıkları için birçok pisikolojik hastalığı, hastalarının rüyalarından hareket ederek tedavi edebiliyorlar. Çünkü rüyalar, onlara rehberlik ediyorular ve tedavi için ne gibi yöntemlere başvurmak gerektiğini belirliyorlar. Ve bu yöntemler bilimsel temellere de dayanıyoru. Ne var ki, bu bilimsel temeller rüyanın her türünü açıklamaya yetmiyor. Artık Freudcular da kabul ediyorlar ki, her rüyayı, soyut bilinçaltı gerçeği ile izah etmenin imkanı yok.

Ancak rüyayı, bütünüyle "ruhun evrendeki gezintisi" diye yorumlamak da bir başka soyut gerçektir. Bize göre bu da en az Freud'un bilinçaltı temeline dayanan rüya yaklaşımları kadar yanıltıcı ve eksiktir. Çünkü bunlara göre, 'ruhun bedenden ayrılmasıyla yaşanan olayların tümüne' rüya demek gerekiyor. Bu bir yanılgıdır ve bu yanılgı insanın mahiyetinin ve ruh-beden ilişkisinin tam bilinmemesinden kaynaklanıyor.

Evet insan kendisini tanımıyor. Bu kafa ile giderse uzun süre de tanımayacak. Üç beş teknolojik oyuncak ürettiği için nerede ise tanrılık taslamayı düşünen insanın, kendi mahiyeti hakkında hâlâ bu kadar kör ve sağır olması tam bir komedidir. "Evreni fethe giden(!)" insanın, hemen şuracıkta kendi içinde bir yerde cereyan eden hadiseleri, herhangi bir zamanın bile içine oturtamayacak kadar aciz kalması gerçekten şaşırtıcıdır.

Hepimiz biliyoruz ki, rüyalarda yaşananlar, inanılmayacak kadar hızlı gelişir. Birkaç dakikalık rüya esnasında bile, çok uzun sürdüğünü sandığımız garip, şaşırtıcı ve birbirinden çok farklı olaylar ve mekanlar birbirlerini izlerler. Ay'ın üstünde gezdiğini gördüğü rüyanın bir yerinde insan, aynı anda evinin avlusunda çocukluğundan bir kesit yaşayabiliyor ve aralarında mantıksal ilgi kurma imkanı bulunmayan mekanlar ve zamanlar bir 'bütün' oluşturabiliyor. Zamanın önü ile arkası ardışık değil, iç içedir. Bildiğimiz bir zaman türü değildir rüyada yaşadıklarımız. Hatta denilebilir ki rüyada bir zaman kavramı yoktur. Belli belirsiz zaman tayfları, anları ve akışları vardır. Biz uyanınca kendimizce onları bir akış içinde sıralayıveririz. Yani rüya içindeki zaman bir 'anlar toplamı'ndan ibarettir.

Öyleyse onu nasıl tarif edeceğiz?

Hemen şunu söyleyeyim: Yakın bir zaman içinde rüyalarımızı kaydetme imkanı elde edebiliriz belki ama rüya konusundaki niçin ve nasıllara daha uzun süre cevap verebileceğimize inanmıyorum. Tıpkı ruh gibi rüyanın da mahiyeti bilim için karanlıkta kalmaya devam edecek.

Çünkü henüz bilim insanın mahiyetini bilemiyor ki, bu karmaşık makinenin bir tür vahyi olan rüyayı anlayabilsin.

Bilimsel olarak yağmurun nasıl yağdığını, hangi şartlarda yağabildiğini bilebiliyoruz. Bunu test de edebiliyoruz. Ama tam olarak onun ne zaman ve nereye yağacağını bilmek mümkün olmuyor. Rüya da böyle. Belki onunla ilgili birtakım ip uçlarına sahibiz ama mahiyetini bütünüyle kavramamız zor.

Çünkü rüya geçici ölüm denilen uykuda gerçekleşmektedir. Ölüm ötesi hayat ile ölümlü hayat arasında yer tutan "alem-i misal"deki gezintilerdir rüya. Niçin ve nasıl rüya gördüğümüz de o yüzden hâlâ bir fenomen.

İnsanın kendisini tanımaya ve bilmeye başladığı tarihlerden bu yana filozoflar, bilim adamları rüya konusunda fikir beyan etmişler, tartışmışlar, kendilerince bazı tariflere varmışlardır ama rüyayı kesin bir çerçeveye oturtamamışlardır. Ancak rüyanın büyük ve soyut bir dünyanın halleri olduğu üzerinde hemen hemen bir fikir birliğine varmışlardır.

Âlem-i Misal Nedir?

Nitekim Müslüman rüya yorumcuları "Rüya "Misâl"in zılli, misal ise Berzah'ın zıllıdır." demişler ve o soyut aleme dikkat çekmişlerdir. (Misal alemi, Ruhlar alemiyle nesnel alem arasında bir bölgedir. Orası aynadaki suretimizin bulunduğu yer gibidir. Aynadaki suretlerimiz bizim cismimize benzer ama mahiyet itibariyle ruh gibi latiftir, nesnel bir bedeni yoktur... Alem-i misal de, vücud giymeye hazırlanan hadiselerle, henüz vücud bağından kurtulamamış nesnelerin ruhlar alemine bakan yüzlerinin toplandığı, biraraya geldiği yerdir.

Mutlak manada birbirinden ayrı iki alemin arasındaki istasyondur, bugünkü anlamıyla serbest bölgedir. Her iki alemin garipilikleri orada teşhir edilir... O yüzden bu alem ehli kalp dediğimiz insanların gezinti yeridir. Birçok olaya, henüz dünyaya gelmeden orada tanık olurlar. İnsan ruhu da zaman zaman ölümün bir rengi olan uyku vasıtasıyla o aleme dalar ve yaşadıklarını rüya şeklinde bu tarafa yansıtır.

İşte bu yüzden rüya, birçok bilim adamı ve din adamı tarafından, aynı zamanda ölüm ötesi hayatın varlığına da kanıt sayılmıştır. Yukarıda da ifade ettiğimiz gibi rüya öldükten sonraki yaşantımız ile de ilişkilidir. Bu ilişkiyi yakalamak, ancak temiz duygu ve ruh temizliğiyle mümkün olabilmektedir. Denilebilir ki güzel rüyayı, güzel düşünüp güzel yaşayanlar, olaylara güzel bakıp güzel sonuçlar çıkaranlar görebilir.

Rüya, alem-i misal'e bir gezinti ve alem-i misal de dünyaya gelecek nimet ve olayların teşhir edildiği bir ön istasyon olması bakımından, birçok buluş ve keşfin de vasıtası olmuştur. Evet bugüne kadar rüya ile birçok ince gerçekler keşfedilmiş ve sonsuza kadar da keşfedilmeye devam edilecektir.

Niçin Rüya Görüyoruz?

Rüyanın, insan hayıtındaki önemi bugün çok daha net olarak ortaya çıkmış bulunmaktadır. Hatta kimi bilim adamları, "Uykunun tek görevi rüya görmemizi sağlamaktır." demişlerdir.

Chicago üniversitesi uyku araştırmaları bölümünde görevli uyku ve rüya uzmanı Allan Rechtschaffen, onlardan biridir. Resctschaffen "Uykunun tek fonksiyonu rüya görmemizi sağlamasıdır." der. Buna bütünüyle katılmasak da içinde rüya bulunmayan uykunun insan bedenine herhangi bir faydasının olmadığı da bir realitedir.

Aynı şahıs, vücudun dinlenmek için uykuya ihtiyacı olmadığını söyler. Çünkü vücudumuzdaki hücrelerin kendi kendilerini tamir etme yeteneği vardır. Araştırmacıların tespitlerine göre bu esnada insanın faaliyetten uzak olmasına, ya dinlenme veya uyku durumunda bulunmasına da gerek yoktur. Uyku sırasında alınan EEG kayıtları üzerinde yapılan incelemelerde beyinin rüya esnasında faaliyet içinde olduğu belirlenmiştir.

İngiliz Pisikolog ve araştırmacı Dr. Evans ise çok daha ileri giderek, "Uyumamızın tek maksadı var o da rüya görmektir." der. "Eğer uykunun, rüya görmeye zemin hazırlama vasfı olmasaydı, Tanrı'nın uykuyu yaratmasına gerek kalmazdı." görüşünü savunur.

Stantford Tıp Merkezi Uyku Kliniği doktoru Dr. William Dument'in rüyalara yüklediği fonksiyon daha da ilginç. Çünkü Dument'e göre, rüyalar, fiziki dengemizin oluşmasını sağlıyorlar.

Başlangıçta bilim, rüyaları bilinçaltındaki beyin olaylarına bağlıyordu ama rüyaların zamanı aşan farklılıkları da gözünden kaçmıyordu. Pozitivistler hep "istisna" deyip durdular ama sonunda evrendeki özlere saygı duyan bilim adamları "Fizik ve biyolojide istisna olmaz. Tek bir örnek bile olsa olayın mutlaka açıklanması gerekir." diyerek, metafizik olaylara bilimsel bir kapı araladılar.

Sonunda rüyanın metafizik bir olay olduğu kabul edildi. Nesnel fizik kuralları ve bilimin katı determinizmiyle rüyanın açıklanamadığını görüldü. Çünkü rüya iç dünyamızdan doğuyor ve zaman ötesi nitelikleriyle birlikte bilinçaltına yansıyarak bize ulaşıyordu. Burada tanımlayabileceğimiz şekillere bürünüyor ve fotoğraflanıyordu. Nitekim ilk psikiyatrislerin rüyaları "bilinçaltıdan kaynaklanan olaylar" diye nitelendirmeleri rüyanın bu özelliğindendir.

Evet rüyalarımızın çoğu iç uzayımızdan(nefs) yani içimizdeki 'ben'den bize gelen mesajlardır. Bunun önemli delilleri vardır:

a) Rüyalar çok kısa sürede görülür. Uyandığımız zaman 15 - 20 dakika anlattığımız rüya bilimsel olarak ispatlanmıştır ki, birkaç saniyede görülmüştür. İç dünyadaki kişiliğimizin madde ötesi olması sebebi ile rüyalar da zaman ötesinde cereyan eder. Birkaç saniyelik süre rüyanın şuuraltına, oradan bilince geçmesi süresidir. Yoksa rüyada zaman sıfırdır.

b) Rüyalarda bir iç anlatıcı (konuşmacı) vardır. Gördüğümüz bir rüyayı anlatırken "Bir şehre gitmiştim. Orası filanca şehirmiş. Bir kimse gördüm o filanca imiş." dediğimiz zaman bu bilgiyi bize birinin görünmeden söylediğini fark ederiz. İşte bu spiker iç dünyamızdaki ben, asıl kişiliğimizdir.

c) Rüyalar bazen açıkça bazen üstü kapalı olaylara bürünmüş olarak geleceği haber vermektedir. Bilim tarihinde ve günlük hayatımızda geleceği olduğu gibi gösteren rüyalara sık rastlanmıştır. Bilim tarihine geçen sayısız bu tarz ünlü rüyalar vardır. Hz. İbrahim'in Ruyası, Firavun'un rüyası, Osman Gazi'nin rüyası, Abraham Linkol'ün rüyası gibi.

d) Bazı rüyalar açık değildir; şekillere bürünmüş gizlenmiştir. Bu rüyanın şuuraltından geçerken aldığı fotoğraflardan meydana gelen karışık bir şekildir. İşte rüya tabiri bu karışık şekillerin analizi anlamını taşımaktadır. Gelecekten haber veren, içimizdeki öz varlığımız, ölümsüz olan madde ötesi yanımızdır.

Görülüyor ki "metafizik"siz ve "ruh"suz rüyayı anlamak ve anlatabilmek zor. Bilim elbette üzerine düşeni yapacaktır ve yapıyor. Ama maalesef ruh gibi mahiyeti anlaşılmamış rüyayı da ancak dini metinler ışığında anlatmak zorunda kalıyoruz.

Bize göre, rüyayı bütün çeşitleriyle tasnif eden ilk semavi metin Kur'an-ı Kerim'dir. Ve ilginçtir, Kur'an-ı Kerim rüya ile ilgili tasnifi de Firavun'un tabircilerinin ağzından aktarır. Demek ki Mısırlılar, kendilerine göre ve doğru bir sınıflandırma yapmışlardı.

Gerçi Kaldeliler ve Sümerliler de rüya konusunda ileri gitmişlerdi ama eski Mısırlılar, rüyaya daha çok önem verirlerdi. Öyle ki, her firavunun yanında mutlaka bir "tabirci" bulunurdu. Saray kitaplıklarında baş eser astroloji ve rüyada görülen sembollerin ne anlama geldiğini izah eden kitaplar veya tabletlerdi. Rüya kralların hayatında çok önemliydi. Çünkü rüya ruhun evrendeki gezintisiydi.

Kur'an-ı Kerim, rüya ile ilgili sınıflandırmayı Yusuf Suresi'nde yapar. Hz. Yusuf, aynı zamanda rüya tabir etme sanatının piri olarak bilinir. Ona rüyaları nasıl tabir etmesi gerektiğini öğreten de Allah'tır. Çünkü her bir peygamberin kendisiyle anıldığı, kendisine özel bir mucizesi vardır. Yusuf'un mucizesi de tabir ettiği rüyaların gerçek hayata kesin kes uygunluğudur. Yoksa, ondan önce de insanlar rüya görüyor ve birileri de bu rüyaları yorumluyordu.

Edgas ve Ahlam Ne Demektir?

Nitekim, Yusuf Suresi'nde Firavun'un gördüğü bir rüyasını, yorumlamaları için danışmanlarına aktardığı, onların da rüyayı "Edgas" ve "Ahlam" diye niteledikleri görülür.

Çok tanrılı toplumlarda rüya başlı başına bir sorundu. Çünkü rüyaların, tanrılar tarafından verilen bir armağan veya ceza olduğuna inanırlardı. Daha sonra kahinler rüyaları açıklamaya, yorumlamaya başladılar. İlk rüya yorumcularının ne zaman ortaya çıktığı bilinmemekle birlikte bunun da ilk kaynağının Babil veya Sümer olması kaçınılmaz.

Çünkü Nuh tufanından sonra insanoğlunun değer ve birikimlerini kurumlaştırmaya başladığı ilk yerleşim merkezleri buralardı. Nitekim Babil kahinlerinin rüya yorumu konusunda büyük ün yaptıkları bilinmektedir.

O dönemlerde, tıpkı tanrılar gibi rüyalar da hep korkutucuydu. Ve tabii kahinin rüyadan çıkardığı hüküm de değişmezdi. O yüzden insanlar kötü rüya görmekten korkarlardı.

İnsanların hayatında rüya büyük rol oynardı. Hz. İbrahim'i, doğup büyüdüğü Urfa'dan (o zaman ki adıyla Udesa) daha güneye; bugünkü Filistin topraklarına sevk eden bir rüyadır. Keza rüyalarının etkisiyle oğlu İbrahim'i kurban etmeye kalkışmış ve onun Rabbisine olan bu teslimiyeti bize kurban kesme sünneti olarak intikal etmiştir.

Hz. Muhammed (asv) rüyalara çok önem vermiştir. Hatta sabah namazından sonra oturduğu yerden yüzünü cemaate döner ve herkese, rüya görüp görmediğini sorardı.

Hz. Peygamberin bu geleneği, daha sonra hem Tasavvuf ehli tarafından irşadın bir yöntemi haline gelmiş, hem de namazlardan sonra imamın yüzünü cemaate dönüp oturmalarına neden olmuştur. Daha sonraki dönemlerde irşad vazifesi gören şeyhler ve mürşidler de rüyaya büyük önem atfetmişler ve onu, müridlerinin manevi hallerini kontrol ve takip etme vasıtası saymışlardır. Onlar da tıpkı Hz. Peygamber gibi her sabah müridlerinin rüyalarını dinlemeyi sürdürmüşler ve o rüyalardaki işaretlere göre müritlerinin mertebelerini belirlemişlerdir. Veya nefislerinde takıldıkları noktaları anlayıp ona göre bir ameliye uygulamışlardır.

Bundan da anlaşıldığı gibi müslümanlar da rüyaya büyük önem vermiştir. Ancak Kur'an'ın önderliğiyle rüyaları tasnif eden islam tabircileri, rüyaları tasnif etmeyi de ihmal etmemişler.

Çünkü Kur'ân-ı Kerim, (12/44) ayetinde edgas ve ahlam diye iki rüya cinsinden söz eder ve bunların ehemmiyetsiz olduğunu vurgular.

Edgas "yaşı kurusuna katılmış ot demeti" demektir. Ahlam ise boş hayallerdir. Bundan anlaşılıyor ki, insanın mizacından kaynaklanan veya ilgi yoğunluğundan kaynaklanan rüyalar da vardır.

Peki öyleyse bu rüyalar anlamsız mı?

Hayır, elbette ki değil. İşte Freud ve Freudcu doktorların psikolojik tedavilerde kullandıkları rüyalar bu tür rüyalardır. İnsanın hangi alanlarda takılıp kaldığını hangi konulara taktığını açığa vurur. Korkularını, düşlerini, fobilerini ve hobilerini ele verir. İç dünyamızı oluşturan unsurları, renkleri yansıtır. Kişiliğimizi biçimlendiren, eylemlerimize yön veren dürtülerimizi açığa çıkarır...

Bu karışık ve karmaşık rüyaların yanında olduğu gibi çıkan veya en azından az bir tabir ile yaşadığımız hayata adapte edilebilen rüyalar da var. Bu tür rüyalara İslam literatüründe "sadık rüya" denilmiştir.

Yukarıda da temas ettiğimiz gibi insanın eylemlerine kaynaklık eden dürtüler dört kaynaktan beslenir: Allah, melek, şeytan ve nefis.

Biz şu ana kadar daha çok nefs ve şeytan kaynaklı rüyalardan söz ettik. Tabii ki rüyanın bir de Rahmanî tarafı vardır. İşte "sadık rüya" diye Kur'an'da tarifini bulan rüya, bu tür rüyalardır.

Rüya Tabirleri

Sadık Rüyalar

Bu tür rüyalar, aynı zamanda Allah ile beşer arasındaki muhaberenin bir şeklidir. Hatta bir tür vahiydir... O yüzden de bu rüyaya büyük önem vermiştir. Mesela Hz. İbrahim, gördüğü böyle bir rüya'dan dolayı oğlu İsmail'i kurban etmeye kalkışmıştı.

Kur'ân-ı Kerim'de "Ey İbrâhim! Gerçekten rüyana sadâkat gösterdin." (Sâffât sûresi: 105) denilmesi bunun anısınadır.

Hz. Peygamber de rüyaya önem vermekle kalmamış, görülen zamanlar bakımından da rüyaları tasnif etmiştir; "En doğru rüya, seher vakti görülen rüyadır", "Salih rüya Allah'tan, karışık olan da şeytandandır." buyurur.

Bir başka hadisinde ise "Bir kimse, rüyada beni görmüşse, muhakkak beni görmüştür. Çünkü şeytan benim şeklime giremez. Kim, Ebû Bekr-i Sıddîk'ı görürse, muhakkak onu görmüştür. Çünkü şeytan onun sûretine de giremez." diyerek sadık rüyanın tarifini de yapmıştır.

Ve hoşlanılmayan rüyanın bertaraf edilmesi ve ondan zarar görülmemesinin yolunu da ilk defa Hz. Peygamber insanlığa göstermiştir.

İmam Gazali, Kur'an-ı Kerim'in ışığında rüyaları üçe ayırır:

1) İnsanın arzu edip de kavuşamadığı bazı isteklerinin uykuda ortaya çıkması ile gördüğü rüyalar. Psikoloji ilminde konu edilen rüyalar bu çeşittir.

2) Şeytanın insanı korkutmak, üzmek veya onunla oynamak için hayaline getirdiği seks ve benzeri fantezileri içeren ve çoğu kere ihtilam ile sonuçlanan rüyalar.

3) Allahü Teâlâ'nın, ihsân olarak, sevdiği kullarına gaibden (gizli olan şeylerden) gösterdiği mânevî zevk veren

rüyalardır. Bu çeşit rüyalara rüya-ı saliha (iyi rüya) veya rüya-i sadıka (doğru rüya) denir. Peygamberlerin ve Peygamber efendimizin ve evliyanın, salihlerin rüyaları böyledir.

Rüyalar Kalp ve Ruh Nazarıyla görülürler

Mutasavvıfların bakışıyla rüyaları iki ana kısımda toplamak mümkün. Bunlara göre rüyalar; hatıralar ve idraklerden ibarettir...

Hatıralar, insan beyninin gün içinde gördüğü, karşılaştığı olayları, nesneleri geceleri sıra izlemeksizin, beş duyu organının işlevlerini durdurduktan veya yavaşlattıktan sonra, aynı bir video bandı gibi oynatmasıdır. Bu halde, beynin algıladığı nesneler, gelişigüzel bir diziliş içinde yansıyarak akla hayale gelmedik görüntüler oluşturur. İnsan beyninin nazarıyla öteden beri gelen adetler çerçevesinde gördüğü bina, ağaç, araba, kadın, çocuk, dağ, yelken gibi şeyleri görür. Bunlar hatıradandır. İnsan bazen de uykusunda ruhunun nazarıyla bir şeyler görür. Bu gördükleri gerçek rüyalardır.

Rüyalar kalp ve ruh nazarıyla görülür. Kalp ve ruh nazarı arasında bazı farklılıklar vardır. Ruh nazariyle görülen rüyalarda sakinlik, sefahat ve temizlik vardır. Kişi bu yol ile rüya gördüğü zaman tabire ihtiyaç olmaz. Örneğin, bir insan rüyasında gördüğünü aynıyla yaşamışsa bu ruhun muttali olduğu bir rüyadır ve tabir edilmeye gerek yoktur. Çünkü, insan ruhu eşyayı bulunduğu hal üzerine görür.

Kalp nazarıyla görülen rüyada semboller karışık ve karmaşıktır. Tabir edilmeleri gerekir ama bunların tabir edilmeleri de zordur. Ciddi bir tabir gerektirir. Çünkü anlamlar kapalıdır. Kalp nazarıyla görülen rüyalarda işaretler toprağa düşen ışığın ancak çiçeklerin rengine bürünüp kendisini açığa vurduğu gibi insanın alışkanlıklarının ve zaaflarının rengine bürünür. O yüzden de bu tür rüyalarda görülen nesneler kendi anlamlarıyla tabir edilmezler. Çünkü onlar benzetmelerdir. Mesela bir arkadaşından kısa süre içinde zarar görecek biri bir köpek tarafından kovalandığını veya bir yılanın saldırdığını görür. Bu rüyada ne köpeği köpek, ne de yılanı yılan olarak algılamak gerekir. Onlar semboldür. O insan hangi şeyden korkuyorsa, zararı da o şeyin cinsinden görür.

Günahsız ve saf insanların rüyaları da saf ve temizdir. İç dünyamız ne kadar kararmış ve yanlışlara ne kadar batmışsak, rüyalarımız da o kadar karmaşık ve o kadar tabire muhtaç hale gelir. O yüzden de İslam, rüya ile amel etmeyi yasaklamıştır. Çünkü rüyanın kapısı hayallere açıktır.

Ama böyledir diye rüyayı tamamen ehemmiyetsiz ve anlamsız saymak da mümkün değildir.

Rüyayı ehline tabir ettirmek şarttır. Çünkü, görülen rüya hayır iken, insan içindeki unsurlara bakıp şer zannedebilir, ümitsizliğe kapılır.

Ancak nübüvvetin bir rüknü olan sadık rüya farklıdır. O bir tür hissi kablelvukunun yani önsezinin fazla gelişmesidir. Hissi kablelvuku ise sadece insanlarda değil hayvanlarda bile bulunmaktadır. Bu açıdan her insan, günahlı günahsız fark etmez, herkes sadık rüya görebilir. Bu tür sadık rüyayı evliyaullahın ve peygamberlerin rüyasıyla karıştırmamak gerekiyor tabii. Ancak sıradan insanların da sadık rüya görebiliyor olması büyük bir hakikatin de ipuçlarını veriyor. Demek herkes için bir nevi velayete mazhariyet var ki, en sıradan insanlar bile sadık rüyalarında, evliya gibi gayba ve geleceğe ait şeyleri görebiliyorlar... Bu aynı zamanda Cenab-ı Hakkın kuluna bir ikramıdır ki, ölümden sonraki hayatın varlığına inanması kolaylaşsın.

Evet uyku, nasıl ki sıradan insanlar için, gördükleri sadık rüya cihetiyle bir nevi velayet mertebesi hükmündedir, kalbi inkışafını tamamlayamamış insanlar için de bir tür manevi sergi salonlarını gezmektir. Güya insan rüya vasıtasıyla Cenab-ı Hakk'ın alem-i misalde sergilediği Rabbani hadiselerin galerisine girerek, alem pazarına gelecek malları önceden temaşa ederler. Fuarlara gidip yeni gelişmeleri izleyenler gibi sıradan insanlar da rüya yoluyla gayba ve geleceğe ait bir çok hadiseye muttali olurlar...

Ne var ki bu sergiye girdiklerinde herkes kendi kabiliyeti ve kalp temizliğine göre bir şeyler alır. İlginç fotoğrafların sergilendiği salona giren insan eğer yeterli ışığa sahip değilse, gördüğü tabloları, tam göremediği için benzetir. Benzetme de insanın ön yargıları ağır basacağı için, iyi düşünen iyi levhaları, kötü düşünen kötü levhaları görür ve aktarır.

Mesela, bir insan, çerçevesi gayet pis bir pencereden bir gül bahçesine bakar. Eğer o kötü niyetiyle çerçevedeki pisliğe takılıp kalırsa bahçedeki gülleri görmez. Görse bile o güzel görüntüleri o pislikle ilişkilendirir ve zevkine varamaz. Rüyada görülen nesneler de öyle. Kalbi temiz, aynası saf ve güzel düşünen insanın rüyası da öyle olur.

Nitekim "Güzel bakan güzel görür, güzel gören güzel düşünür, güzel düşünen güzel rüya görür, güzel rüya gören hayatından lezzet alır." denilmiş.

Mehmet Ali Kerkütlü

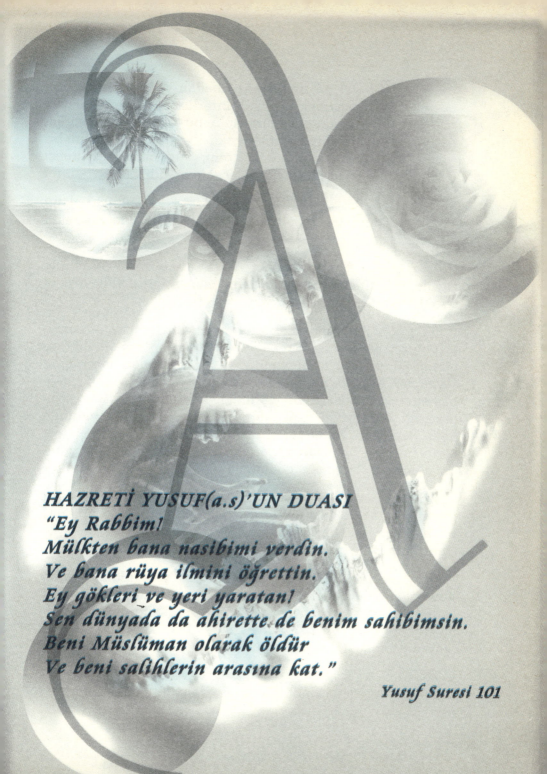

HAZRETİ YUSUF(a.s)'UN DUASI
"Ey Rabbim!
Mülkten bana nasibimi verdin.
Ve bana rüya ilmini öğrettin.
Ey gökleri ve yeri yaratan!
Sen dünyada da ahirette de benim sahibimsin.
Beni Müslüman olarak öldür
Ve beni salihlerin arasına kat."

Yusuf Suresi 101

ABA: Rüyada abadan yapılmış bir elbise giymek, yoksul bir duruma düşülebilecek kederli ve üzüntülü bir dönem yaşanabileceğini belirtir. Renkli aba giyilmesi, hayırlı bir haber alınabileceğini; yırtık bir aba giyilmesi ise, yakın bir gelecekte maddi kazanç belirtir.

ABAJUR: Her ne şekilde olursa olsun abajur ile ilgili bir şey görmek yakın gelecekte bir işten maddi bir kazanç sağlanacağını belirtir.

ABANOZ: Abanoz ağacı veya abanozdan yapılmış eşyalar görülmesi, çok inatçı ve huysuz biri ile evlilik veya iş ortaklığı yapılacağını belirtir.

ABDEST: Abdest gerçek anlamıyla; yani temizlik anlamıyla yorumlanır. Temiz bir su ile abdest alıp tamamladığını gören kimse her türlü sıkıntıdan ve kederden temizlenir. Hasta ise, hastalıktan; fakir ise, fakirlikten; ayrılık çekiyorsa, hasretten; borçlu ise, borçlarından kurtulur. Eğer abdestini tamamlayamamışsa, başladığı işi bitiremeyeceği anlamına gelir. Peki temiz su ile değil de süt, bal ve kendisiyle abdest alınması caiz olmayan diğer şeylerle abdest aldığını göre kimsenin borçlanmasına delalet eder.

Abdesti nerede aldığınıza da dikkat etmek gerekir. Eğer mamur sokak ve hamamlarda abdest aldığınızı görürseniz, bu sakladığınız bir sırrın ortaya çıkacağı ve bu sebeple zarara uğrayacağınız anlamına gelir.

(Boy Abdesti): Aynen abdest gibi yorumlanır; fakat abdestten daha çok kesinlik ifade eder. Eğer deniz veya akar sudan abdest veya boy abdesti alınmışsa, zenginliğin yanında sıhhate kavuşulacağına da delalet eder. Tüccarın ticareti, memurun maaşı, esnafın geliri artar.

ACELE ETTİĞİNİ GÖRMEK: İyiye yorumlanmaz; çünkü acelecilik şeytanın amellerindendir ve sonu pişmanlıktır.

AÇLIK: İhtiyaç ve günah şeklinde yorumlanır. Acıktığını ve yiyecek bir şey bulamadığını gören kimse, hırs ve uzun emelden bir kazanç elde edemez. Açken yemek yemek de tövbe ve tövbesinde sebata delalet eder. Eğer zühd ve takva ehlinden iseniz, oruca delalet eder.

ACIMAK: Fakire veya yetime acıdığını gören kimse mağfirete nail olur. Eğer kendinizin çok merhametli ve neşeli olduğunuzu görmüşseniz, Kurân-ı Kerîm'i hıfzetme (ezberleme) manasına gelir.

ACI BİBER YEMEK: Burada yediğiniz biberin nasıl olduğuna bakmanız gerekir. Taze ve yeşil ise, bu sıhhat ve afiyete; dövülmüş haldeki kırmızı ve siyah biber ise, kötü bir haber almaya delalet eder.

ADA: Ada görmek, elinize para geçeceğine işaret eder. Adaya çıkmak, adadan bir şey almanız size belli bir mirası77n düşeceğine delalet eder. Adadan ayrıldığınızı görmek ise, malınızın zarara uğrayacağına işaret eder.

ADAM: Tanımadığı bir adam ile konuşma, yeni ve iyi bir arkadaşlığı; kavga etmek, ev içinde bir sıkıntıyı; öldürmek, eski bir düşmanlığın canlanması veya bir dedikodu yüzünden sıkıntıya düşmeyi belirtir.

Adama yiyecek vermek, hafif bir sağlık bozukluğuna; bir şey almak, ciddi bir hastalığa; iyilik etmek, yakın çevrede bir sıkıntıya işaret eder. Adama para vermek, can sıkıcı bir dedikoduyu; para almak, emeğinin karşılığı çok büyük bir para kazanılacağını belirtir.

ADAK: Bir şey adadığını görmek, hayırlı bir işte önder olunacağı anlamına gelir.

ÂDEM (AS): Burada rüyanın tamamı ve Âdem (as)'ı nasıl gördüğünüz önemlidir. Yorumların bir kısmı rüyanızın akışı içinde Hz. Âdem'in başından geçen şeylere gönderme yapılarak yapılır.

 Hz. Âdem (as)'i görmek, ağlamaya veya rüya sahibinin yiyip içeceği şeylerden dolayı şiddet ve hırçınlığa uğramasına delalet eder veya uzun bir yolculuğa çıkılmasına ve bu yolculuğun Hz. Âdem'in dünyaya ilk indiği yere olmasına işaret eder. Sonra Hz. Âdem'i hangi hal üzerinde ve nasıl gördüğünüz de önemlidir.

Hz. Âdem'i kendi suretinizde görmüşseniz, ilim demektir. Hz. Âdem'in rengini uçuk görmüşseniz, bu bir yerden bir yere göç etmek, sonra yine eski yerine dönmek demektir. Hz. Âdem'i noksan bir şekilde görenin büyük işlerinden biri noksan kalır. Hz. Âdem'i iyi halde gören kimse büyük bir hayra ulaşır.

ADLİYE: Adliye binası görmek pek hayra yorulmaz. Kendinizi adliye binasında görüyorsanız, bazı işlerin halli için bir uyarıdır.

AFFETMEK: Suçlu birini affettiğini gören kimse Allah'ın affına mazhar olacak bir amel işler. Kendi kusurunun Allah (cc) tarafından affedildiğini gören kimsenin akıbeti güzel olur ve bu rüya o kimsenin tövbe ederek hidayete erişeceği anlamına gelir.

ÂDET GÖRME (Hayız): Hayız rüyası kötüdür. Rüyayı gören kişinin konumuna göre de tabiri değişir. Hayız olduğunu gören kadının oruç ve namazında aksamalar görülür, dinî vazifeleri konusunda gevşek davranır.

Karısının hayız olduğunu gören kişinin işleri bozulur. Bir erkeğin hayız olduğunu görmesi cinsiyet değişikliği gibi batıl bir işle yorumlanır. Eğer bu rüyayı gören sağlam ve dindar bir kişiyse, taşıyamayacağı bir bilgiye sahip olur.

Kısır bir kadın hayız olduğunu görmüşse, çocuk sahibi olur. Âdetten kesilmiş bir kadın hayız olduğunu görmüşse, bu onun ölümüne; küçük bir kız hayız olduğunu görmüşse, evlenmeden bekaretini kaybedeceğine veya erken evleneceğine yorulur.

AFET: Tabiî afetlere maruz kaldığını görmek dini vazifelerin terk edildiği mânâsına gelir ve bu rüya, rüyayı gören kimse için bir ikaz niteliği taşır.

AĞAÇ: Ağaçların meyveli olup olmadıklarına veya sadece süs bitkisi olmalarına; yani cinsine ve ait oldukları şahsa göre yorumlanırlar. Ağacın dalları ve budakları çocuklara; meyve ve yaprakları, servet ve mala; gölgesi ise, itibara işarettir.

Üzerinde meyveleri olan birçok ağaçlar görmek, eline mal geçmeye; ağacın yapraklarından koparıp toplamak, yine mal ve servete delalet eder. Ağaçları cinsine göre ele alınırsa, bir çınar ağacına yaslandığını ve gölgesinde uyuduğunu gören kimse, büyük bir zatın sayesinde hayatından emin yaşar.

Çınar ağacı, iktidarı; selvi, aklı başında güzel bir kadını; kavak, güzel; fakat hain bir kadını, meyveli ağaçlar geçimli, zengin ve doğurgan bir kadını; meyveli birçok ağaç kurulu tezgahı temsil eder.

Hurma ağacı görmek rüya sahibinin âlim bir kimseye erişeceğine delalet eder. Meyvesi tatlı olan hurma ağacını görmek aynı zamanda, zevce, evlat, mal, mülk ile tabir olunur. Bir ağaçtan ona ait olmayan bir meyve topladığını gören kimse helal olmayan bir malı alır.

Ağaç diktiğinizi görmüşseniz, şerefe ve yüksek mertebelere ermeye ve büyük şahsiyetlerle dostluk kurmaya işarettir. Ağaçları kendi bahçenize dikmişseniz, bu ağaçlar adedince çocuğu olmaya ve onların ömürlerinin uzunluğunun da o ağaçlar nispetinde olacağına işarettir. Mesela, çınarın ömrü uzun, şeftalinin kısadır. Kendinizi ağacın üzerinde görürseniz, çekindiğiniz bir şeyden kurtulacağınız anlamına gelir.

Ağaçtan düştüğünüzü görmüşseniz, iş vereninizden veya amirinizden azar işiteceğinize delalet eder. Yüksekçe bir ağaca çıktığını görmek korkulardan kurtulmak ve kuvvetli birisine intisap etmektir. Çıplak ağaçlar görmüşseniz ibadetsiz ve fakir bir hayata işaret eder.

AĞIZ: Ağız, vücuda girecek gıdaların kapısı olduğundan genellikle rızık ve maişet olarak yorumlanır. Ağzının küçüldüğünü gören kimse maddi darlık çeker. Ağzının büyüdüğünü gören kimsenin işleri düzelir, geliri artar.

Ağzının eğrildiğini görmek pek makbul olmayan bir rüyadır. Eğer rüyanızda, ağzınızın bağlı olduğunu görmüşseniz ya söyleyemeyeceğiniz bir olaya şahit olur veya konuşma kabiliyetinizi kaybedersiniz.

Ağzının güzel koktuğunu gören kimsenin halk arasında sözlerinin makbul olacağına, zikir ve tesbihe delalet eder. Ağzının kötü koktuğunu gören kimse kötü söze ve küfre meyleder.

AĞLAMAK: Sessiz ağlama rüyaların en ferahıdır. Her türlü sıkıntıdan kurtulmanın işaretidir. Sesli ağlamak ise, bir musibete uğramaktır. Bir ölünün üzerine sel gibi ağladığını gören gerçekten ölüsüne ağlar.

Sessizce ağladığını gören ölüye, hayır ve iyilikte bulunur. Sessiz ağlayıp gözlerinden kan geldiğini gören muhakkak ki Allah indinde büyük mertebelere ulaşır.

Gözü yaş dolu olduğu halde gözünden yaş akmadığını gören helal mal kazanır. Bağıra bağıra ve yırtınarak ağlamakta zarar ve kederden başka bir şey yoktur.(bk. örnek 28)

AĞRI: Rüyada hissedilen ağrı, günahlardan veya yapılan bir şeylerden pişman olmaya işaret eder. Kalb ağrısı, sahibinin dinî meselelerde inancının zayıf olmasına delalet eder.

Karın ağrısı, rüya sahibinin malını kötü bir yere sarf edip pişman olacağı anlamına gelir.

AHİRET: Kendisini ahirette gören kimsenin ömrü uzun olur. Ahirette bulunmak, tüm çabalarının karşılığını alacağını, büyük bir iyilik ve mutluluğa kavuşacağını belirtir. Ahiretten kovulmak, mal, mülk bazen de can kaybına işarettir.

AHİZE: Yakın bir zamanda sevinçli bir haber alacağına işarettir.

AHTAPOT: Ahtapot görmek, girişilecek birden fazla işte büyük başarılar elde etmeyi belirtir.

AİLE: Ailesini veya aile efradından birisini görmek zenginlikle tabir olunur.

AKASYA: İyi habere işaret eder. Akasya ağacının altında oturmak isteklerine kavuşmaya delalet eder. Eğer rüyanızda akasyadan bir dal kopardığınızı görmüşseniz, bu bir iş için bir başka yere başvurmaya delalet eder.

AKCİĞER: Ferah ve sevinç olarak tabir edilir. Rüyanızda gördüğünüz akciğerinin sağlamlığı, uzun ömre; bozukluğu ise kısa ömre delalet eder.

AKIL: Aklı insan suretine girmiş şekilde görmek, rüya sahibinin yüksek mertebelere çıkmasına işaret eder. Hz. Cafer-i Sadık (ra) buyuruyor ki: Akıl ve ruh rüyası dört şekilde tabir olunur: Baht, devlet, anababa, mal ve şeref

AKİDE ŞEKERİ: Akide şekeri gören veya yiyen kişi, dertlerinden ve sıkıntılarından kurtulur. Eğer hastaysa, şifa şeklinde tabir olunur.

AKİKA KURBANI KESMEK: Böyle bir rüya kayıp veya uzaktaki bir kimsenin geri dönmesine, hasta

 birinin şifa bulmasına ve mahkum olan birinin özgürlüğe kavuşmasına işarettir.

AKİK TAŞI: Cömert bir tüccarı temsil eder. Rüyasında akik taşı gören böyle insanlarla dost olur. Akikten yapılmış bir kaptan yiyip içtiğini gören kimse zengin ve salih bir evlada sahip olur. Rüyasında akikten bir yüzük taktığını gören ise, dindar olur.

AKREP: Akrep görmek hain, acımasız, iğneleyici, zararlı; fakat önem verilmeyen düşmandır. Akrebin kıskacı koğucu adamın dilidir. Elinde bir akrep olduğunu gören halkın arkasından konuşur.

Bir akrep tarafından sokulduğunu gören kişi böyle bir kimse tarafından zarar görür. Koynunda veya çamaşırlarının içinde akrep olduğunu gören kişiye ev halkından zarar gelir.

Beraberinde bir akrep taşıdığını ve bundan korkmadığını gören kimse kıskanç ve aldatıldığı zaman kendisini veya karşısındakini öldürebilecek bir kadınla evlenir.

AKSAKLIK: Rüyada aksaklık görmek genel olarak acizliğin ifadesidir. Bir kimse kendisini rüyasında aksak veya kötürüm görse gücünün zayıfladığına ve istediği şeye gücünün yetmeyeceğine işarettir.

Rüyada aksamak veya aksak gibi görünmek, Allah'ın vermiş olduğu nimetleri küçümsemeye ve gizlemeye delalet eder.

AKSIRMAK: Şüphelendiğin bir şeyi kesin olarak bileceğin anlamına gelir. Borçlu olan sıkıntısından kurtulur. Fakir ise, kendisine yardım edilir. Aynı zamanda aksırmanın uzun ömür olduğu da söylenmiştir.

AKŞAM: Rüyada akşam olduğunu görmek sabahın zıddı ile yorumlanır. (bk. Sabah, örnek 51, s.544)

ALABALIK: Alabalık ile ilgili herhangi bir şey görmek, beklenmedik bir maddi veya manevi kazancı belirtir.

ALARM: Ezan gibidir; ancak alarm daha çok maddî zararlardan kurtulmayı temsil eder. Rüyada alarm çaldığını gören kişi halkın kendi yüzünden telaşa düşeceğini beklemelidir.

ALAY EDİLMEK: Kendisiyle alay edildiğini gören kimse aldanır.

ALBÜM: Geçmiş hatıralara işaret eder. Aynı zamanda çok özlediğiniz birine kavuşmaya da delalet eder.

ALEV: Bazen sağlık ve afiyete bazen de Allah tarafından ikaz edilmeye işaret eder.

ALIN: Şeref ve makamla yorumlanır. Alnın genişliği ve parlaklığı iyi; aksi ise, kötüdür. Alnının rengini pek soluk gören borca girer. Alnında renkli bir çizgi gören hayırlı bir çocuğa kavuşur.

Alnının genişlediğini görenin şerefi artar, makamı yükselir. Bir kimse başkasının alnının daraldığını görürse, o kimsenin güzel olan ahlâkının kötü olmasına yorumlanır. Aynı şekilde rüyada başkasının alnının genişlediği görülse, o kimsenin akıllılıktan sonra ahmaklığa, ilimden sonra cehalete düşeceğine işaret eder.

ALIŞ VERİŞ: Layık olan için hacdır yahut dedikodu, insanı işinden uzak tutacak gereksiz işlerdir. Almak vermekten daima iyidir. Bir şey almak istediği halde alamamak amaca ulaşamamaktır. Yolculuğa çıkamamak, hacca gidememektir.

ALTIN: Sanıldığı kadar iyi bir şey değildir. Istırap, üzüntü ve kederdir. Bazen kız çocuğunu da temsil eder.

 Kendi tecrübelerimle de bu zamanda altın görmenin çokları için üzüntü ve belaya sebep olduğunu gördüm. Sayılabilen altın para (Cumhuriyet, Hamidiye, Ata, vs.) itibar ve ev anlamına gelir. Fazla oldu mu sıkıntıdır. Altın emanettir. Dağıttığını gören, emaneti sahibine verir. Yerden çıkarılan damar halindeki altın, kız çocuğudur. Altın eşya, altın gibidir.

AMBULANS: Hasta ve hastaneyi temsil eder. Rüyada bir ambulansa bindiğini gören şiddetli bir hastalığa yakalanır. Rüyada mbulans sesi işitmek yakınlarından birinin hasta olacağına veya küçük bir kaza geçireceğine işarettir. Evde hasta varsa veya rüyayı gören kendisi hasta ise, hastalıktan kurtulur.

AMPUL: Yanmakta olan bir ampul görmek huzurlu ve neşeli günlerin yakın olduğuna; ilaç ampulü görmek ise az bir üzüntüye delalet eder.

ANA: Annesini gören kişi hayır ve berekete kavuşur. Eğer anneniz ile oturuyorsanız veya onunla birlikte yürüdüğünüzü görüyorsanız bu emniyet ve huzura; onunla konuşuyorsanız iyi ve güzel haberlere işaret eder.

Rüyada annesinin kendisini doğurduğunu gören kişinin eceli yaklaşmıştır. Tekrar anne karnına girdiğini gören kimse uzakta ise, vatanına geri döneceğine işarettir.

ANAHTAR: Şanstır, kısmettir. İnsanın işini yapacak makam sahibi kimsedir. Dinde sağlamlıktır. İhtiyacın giderilmesidir. Duanın kabulüdür Hastalıktan kurtulmaktır. İlimdir, bağışlanmaktır. İşlerin açılmasıdır. Hizmetçi, mevki, makam ve definedir. Anahtarla açmak bütün bunlara veya birine kavuşmaktır, zaferdir, başarıdır.

Anahtarla bir şeyi açamamak ise aksiyle yorumlanır. Anahtarın kırılması amaca ulaşamamaktır. Evinin kapısını açamadığını görmek ev halkıyla geçinememek ve işlerde aksaklıktır. Anahtar, vasıtadır. Açılmak istenen şeye göre tabiri değişir.

Bir şehrin anahtarını görmek oraya vali veya yönetici olmaktır. Ayrıca gördüğünüz anahtar nasıldı ve sizin şu anda bulunduğunuz konum ne? Eğer rüyanızda elinizde ağaçtan bir anahtar varsa, bu birine emanet mal bırakmamanıza, bırakırsanız ihanete uğrayacağınıza delalet eder. Demirden yapılmış bir anahtar kuvvetli ve şöhretli bir kimseye ve işlerinizin açılacağına işarettir. Rüyasında elinde dişsiz bir anahtar gören kimse yetime zulmeder. Elinde cennetin anahtarı olduğunu gören kimseye ilim, ibadet ve hikmet nasip olur. Bir âlim için rüyada görülen anahtar, ilimden keşfedeceği şeydir.

ANARŞİSTLERLE SAVAŞMAK: Rüyada anarşistlerle savaşmak dine, ana babaya yardım etmek ve hanımını kıskanmaktır.

ANA BABAYA KARŞI GELMEK: Rüyada ana babaya karşı gelmek büyük günahların işleneceğine işaret eder.

ANÜS: Rüyada anüs görmek, dükkan, iş yeri, hazine, makam veya bizzat kendisiyle tabir olunur. Anüsünden bir şey girdiğini veya çıktığını görmek pek hayırlı değildir. Kendi anüsüne baktığını gören işinde başarıya ulaşır. Diğer tabirleri kadının cinsiyet organı gibidir.

APARTMAN: Helal mal demektir. Bir apartman gören ya çok asil ve zengin bir kadınla evlenir veya hayır göreceği bir ortaklığa girer. Nesli çok olur. Apartman satın aldığını gören, birçok insanın geçimini karşılamak zorunda kalır. Kat almak veya görmek ev gibidir. (bk. Ev.)

ARABA: Otomobil gibidir. (bk. Otomobil.)

ARAMAK / ARANMAK: Rüyada bir şey aramak ilim, amel ve mal ile şereflenmeye yorumlanır. Aynı zamanda

istenilen maksada kavuşulacağı anlamına gelir. Eğer rüyada birisini arıyorsa ve o kişi ondan kaçmıyorsa, rüya sahibi korktuğu şeyden emin olur. Rüyanda birileri tarafından aranıyorsan, keder ve üzüntüye delalet eder.

ARAZİ: Arazi insanın karısı olarak yorumlanır. Bir arazi satın aldığını gören evlenir. Evliyse ikiz çocuğu olur. Hasta bir kimsenin geniş bir arazi görmesi veya alması ölümünün yaklaştığına işarettir.

Kendisini geniş bir sahrada gören yolculuğa çıkar. Geniş bir yerden dar bir yere çıktığını gören sıkıntıya düşer veya diniyle bağlarını gevşetir. Yeri kazıp toprağı yediğini gören hazine bulur.

Kuyu kazdığını gören vurgunculuk ve karaborsa yoluyla mal kazanır. Göz alabildiğince geniş bir araziye sahip olduğunu gören çok itibarlı olur. Böyle bir arazi satın aldığını gören evlenecek ise, kısır ve çok zengin bir kadınla evlenir.

Geniş; fakat bilmediği bir araziyi kazdığını, bir şeyler ektiğini gören yabancı bir kadınla evlenir. Tarlasını sürdüğünü gören karısıyla iyi geçinir. Tarlasının bol mahsul verdiğini görenin evladı ve torunları çok olur.

Kendisine ait eski bir araziye geldiğini veya onu yeniden aldığını gören kişi boşadığı karısını yeniden nikahlar veya kaybettiği mal, mülk ve davayı kazanır. Ayrıldığı anasına kavuşur.

Toprağın yarılıp içine düştüğünü görmek hariç, toprak rüyaları kişinin karısı, anası ve işi ile tabir olunur.

ARI (Bal arısı): Bal arısı gören, halk yararına olan işlerde çalışır veya çok rağbet gören bir meslek edinir. Arının kendini soktuğunu gören, alın teriyle ve şerefiyle zengin olur.

Bal arısı yediğini gören, çocukları için servet biriktirir.

Öldürdüğünü gören kişi, zarara uğrar. Arı kovanlarından bir şeyler çıkardığını görmek pek iyi değildir. Eğer bu sırada arılar kendisini sokuyorlarsa, halk veya akrabaları onun aleyhinde ittifak ederler.

Sadece arı kovanı görmek üzüntü ve kederden kurtulmak ve ibadettir. Arı beyi görmek çok faydalı, değerli ve şerefli, zahid, abid, bir mümine delalet eder.

ARKADAŞ: Ticarette başarılı olmaya ve talihin açıklığına işaret eder. Arkadaşının iyi durumda olduğunu görmek, uzun ömre; arkadaşını kötü durumda görmek ise, kavga ve sıkıntılara işaret eder.

Arkadaşının cenazesinde bulunmak, rüyayı görenin tehlike içinde bulunduğuna ve tedbirli olması gerektiğine işaret eder. (bk. örnek 1.)

ÖRNEK 1

Kâğıda "Mirim" Yazıyor

Ben bir beraberlikten çocuk sahibi olmuş bir kadınım. Şu anda ilişkimiz yok. Geçenlerde çocuğumun babası olan insanın yakın bir arkadaşıyla tanıştım. Son derece dürüst ve samimi bir insan. Onda gerçek dostluğu tanıdım. Oldukça da dindar bir insan. Aramızdaki yakınlık da samimi bir dostluk. Onu dinlemekten ve derdimi ona dökmekten zevk alıyorum.

Rüyamda güya bu insanın evine telefon açmışım. Onunla konuşuyorum. Yanında eşi ve çocuğu varmış. Ben uzaktayım; ama sanki evin içini görüyorum. Yanında ayrıca görünmeyen biri var. Bu görünmeyen şahıs, güya onun manevi koruyucusuymuş. Ben telefonla konuşmayı bitiriyorum; ama evin içini görmeye devam ediyorum. O görünmeyen hizmetli, tok bir sesle ona kiminle konuştuğunu soruyor. Aslında bu soruyu arkadaşımın eşi ve kızı sormak istiyor; ama soramıyormuş. O hizmetli onlar adına soruyor. Telefonla konuştuğum arkadaşım,

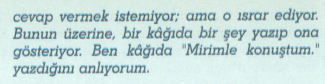cevap vermek istemiyor; ama o ısrar ediyor. Bunun üzerine, bir kâğıda bir şey yazıp ona gösteriyor. Ben kâğıda "Mirimle konuştum." yazdığını anlıyorum.

Ertesi gün güya iş yerinde bir araya gelmişiz. Ona, ne yazdığını bildiğim halde, "Kâğıda ne yazdın?" diye soruyorum. O da o kâğıdı çıkarıp bana gösteriyor. Kâğıdın üstünde sadece bir kelime var: Mirim! Bunun ne anlama geldiğini bilmiyorum; ama kâğıdı elinden alıp, kelimenin altına milis, makro, mahrem, muhterem kelimelerini yazıyorum. Sonra birilerine 'mirim' kelimesinin ne anlama geldiğini soruyorum. Bana, "Sevgi, sevgili" diyor.

Uyandım. Rüya bütün canlılığı ile hafızamda duruyordu. Hemen rüyadaki kelimeleri yazdım. Hayatımda hiçbir rüya beni bu kadar meraklandırmadı. Yorumlarsanız sevinirim.

Rumuz: Yitik Dünya

Allah hayretsin.

Oldukça ilginç bir rüya. Onunla arkadaşlığınız size manen büyük katkılarda bulunacak. Büyük ihtimalle o arkadaşınızın oldukça sağlıklı bir yuvası var. Onlara büyük önem veriyor. Ayrıca bu insan, boş bir insan değil; yani manevi güçleri olan biri. İlahî koruma altında. Rüyada varlığını hissettiğiniz; ama görmediğiniz hizmetli, onun koruyucu meleği olabilir veya benzeri bir güç. Bu insan size yardımlarında samimi. Sizi korumaya değer buluyor; fakat yine de tereddütleri var. Size gösterecek samimi şefkatin yanlış anlaşılmasından çekiniyor; ama onun kalbindeki yeriniz büyük. Eşine ve hizmetlisine söylemek istemediği şeyi size söylemesi, onun da zaman zaman size açılmaya ihtiyacı olduğunu gösteriyor. Bunu ancak sizin talebiniz olursa yapabiliyor. Kâğıda yazdığını söylediğiniz "mir" kelimesi aslında sahip, üstad anlamına gelebilir. Rüyada bunun "sevgi" ve "sevgili" diye yorumlanması ise oldukça ilginç. Bu, onun da size sevgi duyduğunun işareti olabilir; ancak "mir" kelimesi daha çok koruyuculuk ve sahiplik ifade eder.

Sizin kâğıda yazdığınız kelimelere gelince. Bizce o kelimeler sizin hayatınızın genel macerasını veriyor. Büyük ihtimalle gençlik yıllarınız militanca (milis) ve başına buyruk geçmiş. Beraberlikten çocuk doğurmuş olmanız da bunu gösteriyor. Şu anda içinde yaşadığınız hal ise, makro haliniz. Kendinize çok güveniyorsunuz ve büyük ihtimalle mesleğinizde -eğer çalışıyorsanız- başarılısınız. Hayatla ilgili tecrübeler edinmişsiniz. Üçüncü devreniz ise, teslimiyet devresi. Sanırım mazbut ve dindarane bir evlilik yapacaksınız. Kendinize özel bir hayatınız olacak. Sağlam ve sevgi üzerine kurulu. Muhterem kelimesi ise, ömrünüzün son devresini temsil ediyor. Sanırım hayatınızı dindar ve çok sevilen bir insan olarak tamamlayacaksınız.

ARMUT: (bk. Meyveler.)

ARPA: Malla yorumlanır. Bir yerde bir küme arpa bulunduğunu gören gümüşten bir define bulur. Ömrü kısa çocuğa da yorumlanır. Arpa satın aldığını gören dünyayı ahiretine tercih eder.

ARŞ: Arşı görmek, büyük bir insanla muhatap olunacağını gösterir. Cumhurbaşkanı, başbakan, devlet başkanı veya manevi sultanlar gibi.

ARZULAMAK: Bir şeyi veya bir kimseyi arzuladığını gören ondan ayrı düşer. Arzu; ayrılıktır. Rüyada arzu edilen şeye kavuşmak ilim, Allah'a ulaştıran yol ve helal rızıktır.

ASANSÖR: Merdiven gibidir; ancak merdiven insanın kendi çabası ve hatasıyla yükselip düşmesini temsil eder. Asansör ise, başkalarının yardımıyla bir yere gelmek veya oradan atılmaktır.

Bir asansöre binip çıktığını gören, yükselmek için başkalarının yardımına ihtiyaç duyar. İndiğini gören,

 başkaları tarafından mevkisinden indirilir. Asansöre binip yükselmek iyi; inmek ise, kötü olarak yorumlanır.

ASFALT: Asfalt veya asfalt yolda yürüdüğünü görmek her alanda başarılı olmaya işaret eder.

ASILMAK: Asılma şan, şeref ve ün kazanmak demektir. Rüyada asıldığını gören itibara kavuşur veya ünlü biri olur. Asılmak ve çarmıha gerilmek iyi rüyalardandır. Birini çarmıha gerdiğini veya astığını gören, onun meşhur olmasına yardımcı olur.

ASKER: Bir kimse rüyasında bir şehre, bir sokağa veya mahalleye asker geldiğini görse, o yerlere yağmur yağacağına delalet eder.(bk. örnek 2.)

ÖRNEK 2

Beni Zorla Askere Alıyorlar

Askerliğimi yapmış bulunuyorum. Rüyamda beni askere alıyorlar. "Ben askerliğimi yaptım." diyorum fakat beni zorla askere alıyorlar. Bir türlü kurtulamıyorum.

T.A

Allah hayretsin. Büyük ihtimalle uzun sürecek zor bir işe gireceksiniz. Hayatınızı biraz meşakkatli kazanacaksınız ama onurlu yaşayacaksınız. Daha doğrusu geçinmek için gücünüzün tamamını kullanmak zorunda kalacaksınız

ASKERÎ GEMİLER: Hücumbot, kruvazör, denizaltı gibi savaş gemileri bizzat devlet ve askerî gücü temsil ettiklerinden bunlarla tabir olunur. Böyle bir gemiyi yönettiğini gören kimse devlete intisap eder.

Birçok askerî geminin süratle gittiğini görmek memlekette asayişin var olduğunu gösterir. Böyle bir geminin batıp çıktığını görmek hükümetin sarsıldığına işarettir. Askerî geminin bir yeri bombaladığını görmek, o bölgede sıkıyönetim veya benzeri bir icratın olacağını gösterir.

Kendi evinin yıkıldığını görenin de malı müsadere edilecek demektir. Denizaltı, devlet adına çalışan üst seviyede gizli bir yetkilidir. Bir denizaltının su yüzüne çıktığını görmek büyük bir casusun yakalanacağına işarettir.

Kendisinin bir denizaltında bulunduğunu gören, devletin gizli bir askerî teşkilatında görev alır.

ASLAN: Kuvvetli bir düşman, kendisiyle baş edilemeyecek devlet görevlisi demektir. Aslandan kaçtığını ve aslanın kendisini takip etmediğini gören kişi düşmanlarına galip gelir.

Rüyada bir aslanı bağladığını veya onu sağdığını gören devlet tarafından önemli bir mevkie getirilir ve devletin parasını idare eder. Bir aslan yavrusunu beslediğini gören devlet hizmetinde ise, devlet başkanının hizmetlerini idare eder veya devlet kadar güçlü bir şirketin işlerini yürütür.

Aslanın herhangi bir parçasını (eti, derisi vb.) elinde bulunduran mirasa konar. Küçük aslan yavrularını beslediğini ve onlarla oynadığını gören kişinin ilerde devleti yönetecek çocukları olur.

Bir aslanın kendisini yaraladığını veya parçaladığını gören, hükümetin veya hasmının hışmına uğrar, büyük zarar görür. Aslan çoğu yerde devletin kendisi veya güçlü bir hasımdır. Yorumlar buna göre yapılır.

ASMA: Bir kişinin rüyasında asma görmesi din ve dünyaca menfaatli bir zata delalet eder. Asmanın kuru halini görmek, hayatın biraz zorlaşacağına ve işlerin bozulacağına işaret eder.

AŞÇI: Bir evde aşçı görmek, sevinç demektir. Ev dışında

*A*mesela bir lokantadaki aşçıyı görmek, faydalı bir işle meşgul olunacağına işaret eder. Evlenmek isteyen bir kişinin rüyasında aşçı görmesi hayırlıdır. Eğer aynı rüyayı hasta bir adam görürse makbul bir rüya değildir.

ASK: Üzüntü ve kederdir. Rüyasında âşık olduğunu gören bir kimseye üzüntü ve keder erişir bir belaya yakalanır.

AŞURE: Bir kimse aşure ayında; yani muharrem ayında aşure dağıttığını görse, bu nimet veya güzel bir habere işarettir. Aşure görmek ve yemek ise, bunun zıddı ile tabir olunur.

AT: Şeref, itibar ve bereket ile yorumlanır. Uzuvlarından biri eksik olan at görenin şeref ve itibarı düşer, bir yere bağlı bir at gören düşmanlarını mağlup eder. Çıplak bir ata binip düşmek; rüya sahibinin işinin bozulacağına ve o kişinin eşinden ayrılacağına işarettir.

Eyersiz ve gemsiz bir ata binen erkek, livata fiili işler. Attan düştüğünü veya indiğini gören işini kaybeder. Attan çarşı içinde düşülürse, bu o kişinin son kuruşuna kadar bütün parasını kaybedeceğine işarettir. At üzerinde bilmediği bir yere giden kişinin, evdeki hastası ölür. Bir at satın alan veya kendisine bir at hediye edilen kişi izzet ve itibar kazanır. Yemek için at alan kişi, kendi eliyle şerefini yok eder.

Bir bölgede yarış eden atları görmek, o bölgede sel olacağına veya şiddetli bir yağmur yağacağına; birçok ata sahip olmak yüksek bir rütbeye yükselmeye işaret eder. Atın terkisinde bir adamın arkasına oturmuş olan, o adama yardımcı olur veya onun yerine iş başına geçirilir.

Atların üzerine gelip kendisini çiğnediğini gören kişi, işini kaybeder. İşi yoksa, büyük bir belaya uğrar. Güzel bir ata bindiğini gören erkek; güzel ve zengin bir kadınla, kuyruksuz bir at satın aldığını gören erkek, kısır bir kadınla evlenir.

Kendisini bir atın teptiğini veya ısırdığını görenin ailesi maddi sıkıntıya düşer. Atının çalındığını gören eşini boşar. At satın almak isteyen erkek, bir kadına evlenme teklif eder. Atı satın aldıysa, kadınla evlenir.

Ayrıca at, hayvanî nefsi de temsil eder. Kır at, düşmana galip gelmektir. Beyazlığı siyahlığından fazla olan bir ata bindiğini gören, dindar bir kadınla evlenir. Hayvanların siyahı izzet ve şereftir. Aynı zamanda, çatı vs. gibi at binilmeyecek yerlerde at binmek hayırlı değildir. (bk. örnek 3.)

ÖRNEK 3

Sevdiğim Genç Atlara Binip Uçuyormuş

Ben iki yıllık evli bir bayanım. Şu anda da üç aylık hamileyim. Eşimle babamın isteği üzerine evlendim. Eşimi sevmiyorum ama onun beni sevdiğini biliyorum. Daha önce yedi yıl bir gençle çıkmıştım. Onu hâlâ seviyorum. Şu anda da zaman zaman onunla buluşuyoruz ve bana boşanmamı veya kendisiyle kaçmamı söylüyor. Babamı incitmek istemiyorum. O yüzden de onun tekliflerine sıcak bakmıyorum ama onu da hiç unutamıyorum. Eşim ile hiçbir konuda anlaşamıyoruz ancak idare edip gidiyoruz. Sevdiğim gencin maddi durumu iyi değil. Eşimin de durumu pek parlak sayılmaz. Bu malumatı verdikten sonra rüyamı anlatmak istiyorum.

Rüyamda caddede tek başıma yürüyorum. Sonra bir tuvalete giriyorum. Tuvalet rahat değil. Başka bir tuvalete geçiyorum. İşimi bitirdikten sonra kalkıyorum. Bir de bakıyorum bir kız arkadaşım. "Gel, seninle dondurma yiyelim." diyor. Ben boğazımın ağrıdığını söylüyorum. Bir pastaneye gidiyoruz. Ben poğaça alıyorum. Pastaneden çıkıyoruz. Yanında çalıştığım ve saygı duyduğum bir zatı görüyorum. Adı Mustafa. Mustafa ağabey beni bir kenara çekip, sevdiğim çocuk hakkında ileri geri konuşmamamı söylüyor. Ben de

 "Ben artık evliyim. Onunla ilgilenemem." diyorum. Mustafa ağabey yine de üsteliyor, onun hakkında kötü konuşmamamı söylüyor. Sonra bir at arabası görüyoruz. Arabanın içinde bir genç var. Beyaz atı üzerimize sürüyor. At gelip karşımızda şaha kalkıyor. Mustafa ağabeyimle ikimiz de yere düşüyoruz. Mustafa ağabey, "Bak gördün mü? Sana demiştim. 'Onun tarafı kuvvetli, bize zarar verirler, demedim mi?" diyor. Benim bu rüyayı gördüğüm gün sevdiğim genç de rüyasında dört at görmüş. Atlara binip uçuyormuş.

Rumuz: İsimsiz

Allah hayretsin. Sizin durumunuz zor. Hem evlisiniz hem de hamile imişsiniz. O çocuğun sorumluluğunu da taşımalısınız. İnsanlar her zaman istediklerine kavuşamazlar. Sizin de öyle olmuş. Kurulu bir evliliği yıkmak da insana pek huzur getirmez. Kaderin önünden de kaçılmaz. Sanırım ne siz onu unutabiliyorsunuz ne de o sizi unutabilmiş. Büyük ihtimalle o çocukla evleneceksiniz. Mustafa ağabey dediğiniz zatın veya ona benzeyen birinin de yardımıyla maddi durumunuzu da düzelteceksiniz. Yere düşmek dayanaktır; çünkü en kuvvetli şey topraktır. O arkadaşınızın gördüğü atlar ise dört evlat, dört kısmettir. Siz yuvanızı kasten bozmayınız. Kendinizi kadere bırakın. Takdir ne ise o olur.

ATEŞ: Ateş görmek kudret ve hikmet olarak yorumlanır. Dumansız ateş gören büyük ve kudretli kimselere yakın olur. Ateşin kıvılcımlar saçarak arttığını gören istemeden bir fitneye katılır ve bozgunculuk yapar. Yetimlerin malını yer.

Kıvılcımsız kor halindeki ateş hastalık ve zarardır. Çatırdayarak yanan ateş, savaşı haber verir. Ateşe atıldığını gören hükümet tarafından takibata uğrar, büyük mihnete düşer. Ateşin kendisini yakmadığını gören, temize çıkar.

Ateşten kendisine seslenildiğini gören hikmet ehli olur. Allah indinde büyük bir mertebeye ulaşır. Ateşin elbiselerini yaktığını gören akrabalarıyla bozuşur. Elinde ateş veya köz tuttuğunu gören, devletten yardım görür, dinini yaşamakta zorlanır.

Ateşe taptığını gören, zalimlerin zulmüne yardım eder. Harlı bir şekilde yanan ateşe tapan, haram mal peşinden koşar. Ayrıca bir insanın rüyada ateş görmesi, acele gelen rızık demektir.

ATKI: İyi bir kimseden yardım ve himaye almaya delalet eder.

ATLAMAK: Korku veya başka bir sebeple bir yerden başka bir yere atlamak onu üzecek bir söze delalet eder. Yüksek bir yerden aşağıya atlamak iyi ve güzel halden kötü olana meyletmektir. Aşağıdan yukarıya sıçramaksa derecesinin yükseleceğine işarettir.

ATMACA: Atmaca kuşunu görmek cahil ve zalim birisiyle karşılaşmak ve ondan zarar görmeye işaret eder.

AVCI: İnsafsız bir insana işaret eder. Ondan bir şey almak veya vermek buna göre yorumlanır. Avlanmak ise, mal ve mülke işaret eder. Avlanmak bazen de gaflet ve işinde dikkatsiz olmaya delalet eder.

AVUÇ: Güzel ve temiz ise, iyi olarak yorumlanır. El çırptığını gören hayattan zevk alır veya boş işlerle uğraşır. Elinin daraldığını görenin kazancı azalır. Avucunun büyüdüğünü gören ise, cömertliği ile meşhur olur.

Bazen de avucunun güzel ve nurlu olması dualarının kabul edilmesine delalet eder.

AY: Güneş devlet başkanı veya cumhurbaşkanının sembolü olduğu gibi Ay da başbakan, vezir ve bakanı temsil eder. Ay gören kimse bu gibi kimselerden yardım görür veya politika ile uğraşıyorsa, kendisi o mevkilere gelir. Ay tutulmasını görmek de bunun aksidir.

Ay'ın ikiye parçalandığını görmek önemli bir devlet adamının öleceğine, fakir olunacağına, nişanlı ise ayrılacağına işarettir. Ay'a çıktığını, Ay yolculuğu yaptığını gören mesleğinde yükselir, meşhur olur.

Ay'ın gelip koynuna girdiğini gören devlet yönetimine talip olur ve istediğine kavuşur. Koynundan çıktığını gören ise, azledilir ve itibarını kaybeder. (bk. örnek 4.)

ÖRNEK 4

Gökyüzünde Parlak Bir Dolunay Vardı

Rüyamda gökyüzünde parlak bir dolunay vardı. Ay'ın hemen etrafında ondan biraz büyük, parlak ve boncuklarla süslü bir top, Ay'ın çevresinde birkaç kez dolaştıktan sonra bana doğru gelmeye başladı. Bu esnada içimden bir ses bana dilek tutmamı söyledi. Ben de olmasını çok istediğim bir dileğimi üç kere söyledim. Daha sonra Ay tutuldu ve gökyüzünü bütünüyle bembeyaz bulutlar sardı. Sonra bulutların arasından beyaz güvercinler bana doğru uçtular.

F- Elazığ

Hayatınızda bir fevkaladelik olacak. Hiç olmasını ummadığınız bir dileğiniz yerine gelecek ve siz hem maddeten hem manen büyük bir rahatlık ve huzura kavuşacaksınız.

AYAK: Ana babayı, kendisine ait hayvanları, rızk ve serveti temsil eder. Daha çok da yolculukla tabir edilir. Bir ayağının kırıldığını gören ya malının yarısını ya da ana babasından birini kaybeder.

İki ayağının kesildiğini veya olmadığını gören, yolculuğa çıkar yahut vefat eder. Bazen malının tamamını kaybetme anlamına da gelir. Bir işe başlamak üzere olan kimse ayağının birinin olmadığını görürse, karşısındakine veya yardımcısına güvenmesin; çünkü yarı yolda bırakır. Diğer durumlarda yukarıda sayılan hususlara nisbetle tabir edilir.

AYAKKABI: İş meslek, kadın, geçinme aracı, gam, keder, korku, sıkıntı, hapis, hastalık, hile, servet, ve mal olarak yorumlanır. Sandalet giydiğini, içinden ayağının göründüğünü gören kimse herkesin gıpta edeceği bir servete kavuşur.

Dar ayakkabı sıkıntı, geniş ve delikli ayakkabı, rahat kazanç ve kârlı iş, bol para getiren meslek demektir. Çizme ise, evlenmeye işarettir. Kendisine ait olmayan bir çizme giydiğini gören erkeğin kadın yüzünden başı derde girer.

Sol ayağında ters giyilmiş bir ayakkabı gören unutamayacağı ve vuslatı olmayan bir aşka tutulur. Ayakkabılarının paramparça olduğunu gören, eşini veya mesleğini veyahut da işini kaybeder.

Ayakkabısını çıkardığını ve toprağı hissederek yürüdüğünü gören muradına kavuşur. Ayakkabısını kaybetmek sıkıntıdan kurtulmaya, delindiğini görmek karısından boşanmaya işarettir.

AYAK İLE TEPMEK: Kişinin rüyada ayak ile bir şeyi tepmesi, vermiş olduğu sözü inkara delalet eder. Bu aynı zamanda düşmanlık ile de tabir olunmuştur.

AYDINLIK: İlim ve irfandır. Bazen de böyle bir rüya onu görenin yapmak istediği bir şeyi başaracağına işarettir.

AYI: İkiyüzlü, ahmak, ne zaman ne yapacağı bilinmeyen düşmandır. Ayıya binmek veya onu yedeğine almak devlet sırtından mal kazanmaya veya düşmanına galip gelmeye yorulur.

AYIPLAMA: Rüyada bir kişi, başka birisini yaptığı bir işten dolayı ayıplıyorsa, kendisi o fiili işler. Elinden çıkmış bir iş için kendi kendini ayıpladığını gören, halkın diline düşecek kötü işler yapar. Kendi kendine hayıflanmak, baştan kaçınılan işin kendisine dönmesidir.

AYNA: Asıl görevi ile yorumlanır. İnsanın mevkisi, huyu ve tabiatı demektir. Aynada kendisini çirkin gören çirkin bir iş yapar. Sadece yüzünü görürse, halka iyilikte bulunur. Hamile kadın rüyada aynaya baktığını görmüşse, kendisine benzeyen bir kız çocuğu doğurur.

Kocası aynada kendisini görürse, kadının oğlu olur. Aynada güzel bir yüz görmek, müjde, sevinç ve göz aydınlığıdır. Çirkin bir görüntü üzüntüdür. Memurun aynaya baktığını görmesi memuriyetten atılmasıdır.

Aynada sakalının uzayıp ağardığını gören para sıkıntısı çeker. Bir aynayı silip parlattığını gören kötü durumunu düzeltir.

Ayna rüyası, aynada görülen şey ile yorumlanır. Gümüş bir ayna görmek, şöhret ve makamın elden gitmesidir. Cilalı ve parlak bir aynaya bakan kimsenin üzüntü ve kederleri gider. Altın ayna görmek, dinî yönden kuvvet, fakirlikten sonra zenginlik ve bir işten atıldıktan sonra tekrar işe girmek ile tabir olunur.

AYRAN: Ayran içtiğini görmek, rızkın genişleyeceğine ve o kişinin değerli dostlar edineceğine işarettir.

AYVA: Uzun ve meşakkatli yolculuğa işaret eder. Ayrıca hastalık ve sıkıntıya da delalet eder.

AZARLAMA ve AZAR: Birisini azarlamak veya birisinden azar işitmek azarlayan için de azar işiten için de güzeldir. Azar; meyil ve muhabbettir. Birinin kendisini azarladığını gören, ondan sevgi ve anlayış görür. Genç bir kız, kendisini azarlayanla evlenir; bu mümkün değilse, ondan büyük bir sevgi görür.

Tanıdığı veya tanımadığı birini azarlayan kimse veya tanımadığı bir insanın tanıdığı birini azarladığını gören kimse onunla büyük bir dostluk kurar. Tanımıyorsa, yeni bir dost bulacak demektir. Patronundan azar işiten kısa zamanda yükselir. Azar, açıkça sevgi ve dostluk olarak da yorumlanır.

OKUMA PARÇASI

II. Osman'ın Rüyası

"... Ocakların toplanmasından birkaç gün evvel Sultan Osman rüyasında taht üzerinde oturup Kur'ân-ı Kerim okurken Hazreti Peygamberi görür. Hazreti Peygamber, padişahın elinden Kur'ân-ı ve arkasından cübbesini alıp, bir sille vurup tahtından aşağı düşürür. Sultan Osman, Hazreti Peygamberin ayağına kapanmak isterse de muvaffak olamayarak uyanır.

Sultan Osman, kendisini heyecana düşüren bu rüyayı hocası Ömer Efendi'ye tabir ettirir. O da "Hacca gitmekte tereddüt etmeniz dolayısıyla tokat yemeniz tevbihtir. Rüyada yüz sürmek müyesser olmadıysa inşaallah merkad-i münevverelerine yüz sürersiniz." diye tabir eder.

Padişah, bu tabirden memnun olursa da tereddüdü gitmez. Bir gün namazdan sonra kendi imamını davet ederek rüyasını anlatır. İmam efendi mürşid-i kamil Üsküdarî Aziz Mahmud Efendi'ye tabir ettirilmesini tavsiye eder.

Sultan Osman, rüyayı inceden inceye Aziz Mahmud Efendi'ye bildirir. Şeyh efendi de rüyayı şu şekilde tabir edip padişaha bildirir:

"A- Okuduğunuz kelam-ı izzet hükm-ürrabbanidir. Hükm-ü şer'î-i şeriftir ve ona imtisal lazımdır.

B- Oturdukları taht vücut cübbesidir; yani âlem-i vücuttur. Bu rüya ziyade korkulu ve muhataralıdır. Allah bilir, bu korkulu vaka yakın zamanda olur." diyerek tövbe ve istiğfar ile ehlullahı ziyareti tavsiye eder.

Bunun üzerine Sultan Osman, Eyüp Sultan türbesini ziyaret eder ve rüyadan dolayı son derece müteessir olur.

Padişah, şeyhin tabir ile yaptığı tavsiyeleri uygular; fakat tarihlerin kaydettiği acı akıbetten kurtulamaz.

(Hasan Avni Yüksel, Türk İslam Tasavvuf Geleneğinde Rüya, MEB: İstanbul 1996 s. 110-111)

Rüya Tabirleri

Bu ilmin beyanını bir kamil insandan sor
Canım can haberini can içinde candan sor
Yarın ne olacağın bugün bilmek istersen
Uykuya vardığında gördüğün seyrandan sor

İbrahim Efendi (ö. 1066)

**BABA:** Kişinin rüyasında babasını görmesi hayırdır. Eğer ihtiyaç içinde ise, kendisine ummadığı yerden mal gelir. Bir şeyini kaybetti ise, onu bulur; hasta ise, iyileşir. (bk. örnek 5)

ÖRNEK 5

Tavan Arasında Bir Bıçak Buluyorum

Ben evliyim ve bir kızım var. Kırk yaşındayım. İstanbul'da oturuyorum. Babam, güneyde bir şehirde oturuyor.

Rüyamda köyümde imişim. Babamla, halasının eski evindeymişiz. Ev iki katlı ve toprak damlı; ama rüyada sanki bir de çatı katı varmış. Babamla o çatı katında bir şeyler arıyoruz. Tam olarak ne aradığımızı bilmiyorum. Seyyar bir merdivenle tavan arasına çıkıyorum. Kapağı kaldırıp aradığım şeyin orada olup olmadığını araştırıyorum. Hemen merdivenin yanı başında toz toprak içinde bir ustura ve iki tarafında da çakısı bulunan bir metal bıçak buluyorum. Bıçağı alıyorum. Sanki çok uzun zamandır oradaymış; ama bıçak tertemiz. O kadar temiz olması beni şaşırtıyor. Temiz olmasına seviniyorum. Usturayı da almak istiyorum, sonra vazgeçiyorum. Sanki usturayı alırsam, yanlış işleri çok olan ve dürüst olmayan bir çocuğum veya arkadaşım olacakmış. Ben "Yamuk şeyleri sevmem." deyip onu orada bırakıyorum. Sadece bıçağı alıyorum. Son derece güzel bir bıçak, daha doğrusu çakı; ama hayli ağır. Babama "Buldum!" diye sesleniyorum. Tatlı bir tebessümle sevincini izhar ediyor. Tuhaf bir sevinçle uyandım.

M.O- İstanbul

Allah hayretsin. Babayı görmek daima hayırla ve İyilikle yorulur.

Kişinin rüyada babasını görmesi kadar kıymetli çok az

rüya bulunur; hele babayı böyle mütebessim görmek. Bu demektir ki çok yakın zamanda hem maddi hem de manevi açıdan rahatlayacaksınız. Borcunuz varsa, borcunuzdan; hastalığınız varsa, hastalığınızdan kurtulacaksınız.

Bıçak ve usturanın rüyanızdaki anlamına gelince:

Çakı ve bıçak genelde erkek evlat ile yorumlanır. Eğer bir erkek evladınız olsun istiyorsanız, babanız ile birlikte bir şey arıyor olmanız bu tabiri güçlendiriyor. Büyük ihtimalle olacak. Babanızla birlikte aradığınız şeyin tam olarak ne olduğunu bilmediğiniz halde, bıçağı bulunca aramaktan vazgeçmeniz, babanızın, sizden bir erkek evlat beklediği şeklinde yorumlanabilir.

Usturayı almaktan vazgeçiş nedeniniz oldukça ilginç. "Yamuk şeyleri sevmem" demekle tabiaten dürüst bir insan olduğunuzu da ele veriyorsunuz. Büyük ihtimalle sizin işlerinizde de yanlış ve yamukluk yok.

Çok hayırlı bir rüya. Eşinizden bahsetmiyorsunuz; ama sanırım evlisiniz ve eğer gerçekten çocuk istiyorsanız, kısa süre içinde bunun mesajını alacaksınız.

BACA: Baca görmek o kişinin güzel haber alacağına işaret eder. Gördüğü baca fabrika bacası ise, işlerinde ilerleyeceği anlamına gelir.

BACAK: Meslek ve kuvvet olarak tabir edilir. Mal olarak yorumlandığı da olur. Kadın bacak ve baldırı, kadın ile erkek bacak ve baldırı da erkek ile tabir edilir. Bacağında kötü ve çirkin bir şey gören veya felç olduğunu gören, bütün işlerinde sekteye uğrar.

Bacağını eğri gören mesleğinde sebat edemez. Yara, malda azalmaya, geçimde gerilemeye işarettir. Bacağının kadın bacağı gibi güzel olduğunu gören erkek, livataya; bacağını erkek bacağı gibi gören kadın ise seviciliğe meyleder.

Evliler için eşini kaybedip bütün işleri kendisinin yüklenmesi olarak da tabir edilir. Rüyada görülen bacak herhangi bir madenden ise, gören kişinin, kendinin de malının da ömrü uzun olur.

Bacaklarının ağaçtan olduğunu gören kimse, geçimini temin etme ve çalışma hususunda tembelliğe düşer.

Bacaklarının çanak, çömlek veya cam gibi bir şeyden olduğunu gören kişinin malına ya da canına bir zarar erişir. Ya yakında ölür ya da mal ve geçim kaynağı elinden alınır.

BADANA: Rüyada parlak bir badana, aydınlık yarınlar demektir. Kendi evinizi badana yapıyor veya yaptırıyor iseniz, sıkıntıdan kurtulmaya işaret eder.

BADEM: Mal ve nimettir. Kabuklu badem biraz da zorluk ve yorgunluktur. Yediği veya aldığı kadar badem kendi ağırlığınca paraya yorulur. Badem içi görülmesi ise, daha iyidir.

BAĞIRSAK: Sülale, dost ve çevre ile tabir edilir. Rüyada kişinin karnının delinerek bağırsaklarının sarktığını görmesi çevresi veya akrabaları ile arasının bozulacağına işarettir.

BAĞLANMAK / BAĞLI OLMAK: İki elinin bağlı olduğunu görmek iktidardan düşmek veya gücünü kaybetmektir. Eli ile bir yere bağlı olduğunu görmek de böyledir. Bunun cimrilik anlamı da vardır. El ve ayağının bağlı olduğunu görmek hiçbir şekilde hayra yorulmaz. Her şeyi kaybetme anlamına gelir.

Tortop bağlı olduğu halde iplerinin çözüldüğünü gören her şeyini yeniden kazanır. Bir insanı veya bir hayvanı bir yere bağladığını gören, onların zarara uğramalarına veya günah işlemelerine mani olur. Kendi kendisini bağladığını gören kendi kusuru ile işlerini tatil eder. (Ayrıca bk. Bukağı)

BAĞ ve ASMA: Bağ ve asmanın kendisi kadın, mal ve

servet demektir. Mevsiminde görülen bağ, kazanç ve göz aydınlığıdır. Kışın bağ görmek üzüntüdür. Mevsiminde bağ budadığını görmek şeref ve itibardır.

BAĞIRMAK: Rüyada bağırıp çağırmak çok konuşmakla tabir olunur. Sokakta yaşlı bir adamın bağırdığını görmek, o yılın bereketli olacağına işarettir. Satılık bir mal için bağıran tellalı görmek yalan habere işaret eder.

BAHÇE: Kişinin karısıdır. Bahçesini suladığını gören karısıyla iyi geçinir. Kadın için bahçe iyi ve rahat bir hayattır. Hamile bir kadın bahçe görürse, kız doğurur. Sebze bahçesi yeşilliği ve güzelliği nispetinde maddî rahatlık ve geçim kolaylığıdır.

Gül bahçesi hüzün ile karışık bir hayattır. Bir gül bahçesine sahip olduğunu ve bütün güllerin açtığını görmek refahın zirvesinde aşk yüzünden acı çekmek demektir. Bir meyve bahçesinde dolaştığını veya böyle bir bahçeyi satın aldığını gören, zengin ve doğurgan bir kadınla evlenir. Evli ise, çok kızı olur. Evli değilse mal ve mülktür.

Güz mevsiminde üzerine sarı yapraklar düştüğünü gören büyük üzüntülere düşer ve geliri azalır. Bir bahçeye girip orada güzel ağaçlar, çınarlar, sular ve güzel kadınlar bulunduğunu gören şehit olur.

Bahçenin yeşil ve meyveli olması iyi, solgun ve sararmış olduğunu görmek zarar ve ziyandır. Birinin kendisine ait bahçeyi suladığını görmek, ondan namus yönünden bir zarar görmek demektir.

Bahçe, kitap ve ilim anlamına da gelir. Bir bahçeyi seyrettiğini veya ondan bir şeyler aldığını gören Kur'ân'dan bazı sureleri ezberler veya bir ilimde şöhret bulur. İnancın sağlamlığını da gösterir. (bk. örnek 6)

ÖRNEK 6

Şimdi Senin Baban Burada Bir Eşek

Rüyamda ben bir bahçeye giriyorum. Son derece güzel ve yeşillikler içinde olan bu bahçe bizimmiş. Orada yıllar önce vefat etmiş babaannemi görüyorum. Elinde bir hortumla bahçeyi suluyor. Yüzü biraz asık. "Nasılsın, iyi misin?" diye soruyorum, cevap vermiyor. Bu sefer "Babam nasıl?" diye soruyorum, yine cevap vermiyor. Tekrar ısrarla babamı soruyorum. Bu sefer bana "Şimdi senin baban burada bir eşek." diyor. Ben "Nasıl olur. Babam çok iyi bir insandı, niçin böyle oldu?" diyorum. "Burada altın alanlara böyle yapıyorlar." diyor. Ben bahçe kapısından komşu teyzeyi çağırıyorum. Hızla geliyor ve bahçeye giriyoruz. Fakat babaannem bahçe ile uğraşarak bahçenin derinliklerine doğru ilerliyorlar. Biz de bahçeyi geziyoruz. Orada üst üste az çok mezara benzeyen iki yer görüyoruz. "Eyvah!" diyorum "burası daha önce yoktu. Burayı herhalde babaannem yapmış" diyorum. O sırada kardeşim geliyor ve "Evet bu yerler daha önce yoktu." diyor. Ben "Acaba bu mezarlar bizim mi?" diye düşünüyorum; ama bu taşlar tam olarak mezara benzemiyor. O sırada annem işten geliyor ve acele ile bahçe içindeki beyaz badanalı iki katlı bir eve giriyor. Bu ev ve çevresindeki bahçe bize aitmiş. Daha sonra biz de onun peşinden eve girip üst kata çıkıyoruz. Annem oraya, tanımadığımız bir imamı, halamı ve onun eşini (vefat etti) çağırmış. Onlar yan yana oturuyorlar. İmam dua etmek için ayağa kalkıyor. Kalkarken uyandım.

Rumuz: Göl Çiçeği

Allah hayretsin.

Siz köklü, geçmişi temiz bir aileden geliyorsunuz. Galiba ailenizin geçmişiyle pek alakanız kalmamış. Büyük anneniz büyük ihtimalle iman ile ahirete gitmiş. Babanız faiz alıp veriyor muydu bilemiyorum. Şayet babanız ölmüşse -ki rüyadan öyle anlaşılıyor- büyük ihtimalle kazancında haram ve helale fazla riayet etmediği ve bu nedenle bazı sıkıntılar çektiği yolunda yorum yapılabilir. Ailenizden ahirete intikal etmiş manevi gücü kuvvetli zatların ruhaniyeti sizin üzerinizde. Siz onların yardımını hep göreceksiniz. Teyzenizden ve kardeşinizden de yararlılık görebilirsiniz.

Bu, sahih bir rüya ve sizin ahiretinizle de ilgilidir. Babaannenizin size cevap vermemesi, büyük ihtimalle dini anlamda bazı kusurlarınızın varlığına işarettir. Belki dini vecibelerinizi yerine getirmiyorsunuzdur. Babanızla ilgili sorunuza cevap vermemesi ise, maddi durumunuzun şimdilik parlak olmadığına işarettir.

Daha sonra babanızla ilgili verdiği haber de ahiret hayatıyla ilgili bir meseledir. Büyük ihtimalle babanız altın kullanıyordu ve altın kullanmak erkekler için haramdır. O yüzden de -sanırım vefat etmiş olmalı- ahirette sıkıntı çekiyor olabilir. Babaanneniz onu haber veriyor olabilir. Onun ruhunu şad etmek için hayır işleyin ve günahlarının bağışlanması için sadaka verin.

BAHÇIVAN: Ferah, sevinç ve bol rızk demektir. Bazen de cami, tekke gibi bir yerlerin işlerini üstlenmeye delalet eder.

BAKAN: Bakan, diğer üst düzey devlet görevlilerini ve başbakanı görmek iyidir. Yalnız her şahıs kendi mansıbıyla yorumlanır. Mesela, Milli Eğitim bakanı görmek, eğitimle ilgili bir iş yapılacağına veya eğitimle ilgili bir yardım alınacağına yorumlanır.

BAKIR: İbni Sirin, bakır ve sair madenlerden meydana gelmiş bir şeyi görmeyi, düşmanlık, kavga ve boş söz ile tabir eder. Rüyasında evinde bakır paralar olduğunu ve bunları sokağa attığını gören kimse gam ve kederden kurtulur.

BAKKAL: Rüyada bakkal görmek halkın mal ve sırlarına vakıf olan biri ile tabir olunur.

BAKLAGİLLER: Düşmanlık, sıkıntı, hastalık veya az bir mal olarak yorumlanır. Rüyada baklagillerden yediğini gören geçinmekte zorluk çeker.

BAL: Zahmetsiz kazanılacak mal ve şifa demektir. Rüyada bal yediğini gören, hasta ise, şifa bulur; fakir ise, geçimi kolaylaşır; zengin ise daha çok işçi çalıştıracağı bir iş sahibi olur.

Bal tattığını ve balın normalden fazla tatlı olduğunu gören, küçük bir üzüntüye düşer. Birine bal verdiğini ve onun almadığını gören onu acı sözle incitir. Bal, hem kolay kazanılacak mal hem de üzüntüdür, rüyaya göre yorumlanır.

BALIK: Büyük balık servet, şans oyunlarından kazanılacak para, umulmayan yerden gelen faydaya işaret eder. Küçük balıklar dert ve sıkıntılardır. Büyük küçük birçok balık paradır.

Denizden balık yakaladığını gören kendi çalışmasıyla para kazanır. Kendisi tutmamışsa, "havadan para"ya veya mirasa konar. Tuttuğu balığı satan veya satmaya çalıştığını gören, karısı yüzünden akrabasıyla bozuşur.

Sıcak ve kara bölgesinde yaşayanlar için balık, üzüntü ve kederdir. Deniz kenarında yaşayan veya soğuk bölgelerde oturan kimseler için balık, para ve rızıktır. Rüyada yediği balık kılçıklı ise, hayatını zorlukla kazanır; kılçıksız ise, kolay kazanılan paraya işaret eder. (bk. örnek 7)

ÖRNEK 7

Bir Balık Gelip Ayağımı Yalıyor

Rüyamda iki havuz görüyorum. Biri dolu; içi kalabalık. Ben de o havuzdayım. Diğeri boş. "Bu niçin böyle?" diye sorduğumda, "Orası Ccennet, burası Cehennem." cevabını veriyorlar. O zaman ben Cennet'e gireyim diye, o havuza giriyorum. Orada sarı siyah çizgili bir balık gelip ayak baş parmağımı yalayıp gidiyor.

K.Ş. -Adana

Allah hayretsin.

Zaman gösterdi ki Cennet ucuz değil, Cehennem dahi lüzumsuz değildir. Bu zamanda Cennete rağbet yok. Görünüştüehepimiz Cennetlik olduğumuzu düşünürüz; ama, kimse onu kazanmak için ciddi bir çaba harcamaz. Herkes Allah'ın rahmetine bel bağlamış. Rüyanızdan anlaşıldığına göre şimdilik siz de öylesiniz; ama zamanla tercihinizi netleştirip, Cennetlik olmanın fiili sebeplerine de tevessül edeceksiniz; yani daha dindarane bir hayat yaşayacaksınız.

Ayağınızı yalayan balığa gelince. O, hayatı tercih ettikten sonra önünüze çıkacak bir fırsat; ancak bu fırsattan tam olarak yararlanacağınızı söylemek zor görünüyor.

BALON: Gerçek hayatta da içi hava dolu uçucu, kararsız bir şey olduğu için, boş ümit ve boş hayale delalet eder. Rüyada bir balonu şişirmek için üflediğini, fakat balonun şişmediğini gören kimse arzu ve ümitlerine kavuşamaz.

BALTA: Yardım ve rızık demektir. Yine emanet, emniyet, kuvvet, izzet ve saltanat olarak da yorumlanır.

BANDO ve MEHTER: Devletin güçlü olduğuna işarettir. Bando veya mehter dinlediğini gören, emniyet içinde yaşar,

devlet büyüklerinden yardım görür; layık ise, büyük bir makama geçer.

BANKA: Hem iyi hem de kötüdür. Bir bankaya girdiğini gören parasını yerinde harcar. Çek bozdurduğunu gören cimri bir adama muhtaç olur. Bankanın çok kalabalık olduğunu ve herkesin para çektiğini görmek, hayat pahalılığına ve normal hayatta bazı fevkaladeliklerin olacağına işarettir.

Bankadan deste deste kâğıt para aldığını gören, kendisine bir iş kurar. Zenginse, ticareti artar. Bozuk madenî paralar, kendisi için sıkıntıdır.

BARDAK: Sevgi ve muhabbetle tabir olunur. Rüyasında cam bardaktan su içtiğini gören kimse sevdiklerinden fazlaca muhabbet görür.

BARIŞMA: Güzeldir. Barış kendi anlamıyla yorumlanır. Barışma hidayet olarak da yorumlanır. Düşmanlarıyla veya küs olduğu kimse ile barıştığını gören gerçekten barışır ve birbirlerinden istifade ederler.

BAŞ: Büyükler ve sermaye ile tabir edilir. Başının bedeninden ayrıldığını görmek, malın artması, fakirliğin izalesi, kederin ve üzüntünün dağılması veya kişinin evlenmesiyle de yorumlanır.

Başının olmadığını görenin evine zarar gelir. Kopan başının tekrar yerine geldiğini gören, kaybettiği mal veya itibarı yeniden kazanır. Evlenemiyorsa, evlenir veya şehit olur. Baş sermaye ve büyük kimselerle tabir edildiği için görülen rüya bu açıdan farklı olarak da yorumlanabilir.

Başında bir şey taşıdığını ve kuşların ondan yediğini gören ölür. Başını taşa vurduğunu veya başını taşla dövdüğünü gören, sonunda kendisinin de pişmanlık duyacağı büyük bir günah işler.

Bir insanın rüyada başının büyüklüğü şerefinin fazlalığına, küçüklüğü de azlığına işaret eder. Eğer rüyada başını önüne eğmiş duruyorsa, genel olarak hata ve günahlarından pişman olmaya ve tövbeye işaret eder.

Başının aslan, kaplan, fil veya kurt başına döndüğünü görse, o kişi iş yapma konusunda halinden daha yüksek bir iş alır ve ondan menfaat elde eder. Düşmanına da galip gelir.

Bir kimse başının koç başı gibi olduğunu görse, adaletli ve insaflı davranmasına; başının köpek başı haline döndüğünü görmesi, zulmettiğine ve emri altında bulunanlara kötü davrandığına işaret eder.

Başının aslan başına döndüğünün görülmesi, mülk demektir. Köpek, eşek ve at başına döndüğünü görmesi sıkıntı ve meşakkate işaret eder. Başına hoş kokular sürdüğünü görse, onun gayretinin güzelliğine delalet eder. Bir kimse rüyasında başı ile konuştuğunu görse, ona hayır isabet eder.

BAŞ AĞRISI: Başının ağrıdığını gören kimsenin tövbe edeceğine, sadaka vereceğine ya da hayırlı bir amelde bulunacağına işaret eder. Buna "tövbe edilmesi gereken bir günahtır" diyenler de vardır.

BAŞAK: Hayırdır. Eğer evladınız veya torununuz yoksa, hayırlı bir evlada veya toruna kavuşacağınıza işaret eder.

BAŞBAKAN: Diğer devlet büyükleri gibi iyiliği iyilik, kötülüğü de kötülük olarak yorumlanır. Bazen de bunun tam zıddı doğrudur. Rüya şahıstan şahısa değiştiği gibi mizaçlara göre de değişir. Bazılarının rüyası doğrusuyla, bazılarının rüyası da zıddıyla tabir olunur. Başbakandan bir şey almak çoğu kere maddi üstünlük ve çevre genişliğine yorulduğu gibi devlet tarafından gelecek bir angarya da olabilir.

 **BAŞÖRTÜSÜ:** Hanımın kocasıdır. Başörtüsünün genişliği kocasının müsamahasına ve iyiliğine; sıkılığı, malının çokluğuna; beyazlığı da kocanın din ve rütbesine işaret eder.

Başörtüsü siyah ve eski olsa, kocasının fakir ve zihnî kapasitesinin az olduğuna işaret eder. Bir kadın başında eşarp yerine bir kumaş veya elbise görse, düşmanlarından kocasına erişecek zarar veya aralarının soğutulmak istenmesidir.

Başörtüsünde meydana gelecek bir kötülük, kadının kocasına erişecek musibet ve kederdir. Eğer kadının kocası yoksa, meydana gelecek zarar malına veya onun işlerine bakan amcası, kardeşi gibi birilerine gelecek demektir.

Başörtüsünü bir topluluk içinde açtığını gören kadın, utanma ve hayasını kaybedeceği bir musibete uğrar. Bir kadın başörtüsünün başından gittiğini görse, kocasından ayrılır. Başörtüsü yine başına gelse kocası ona geri döner.

BATAKLIK: Bir bataklığa saplandığını görmek fakirliğe işaret eder. Böyle bir bataklıktan çıktığını görmek ise, kurtuluş ve ferah demektir.

BATTANİYE: Rüya sahibi bekarsa, nişanlılık veya evliliktir. Eğer evli bir kişi böyle bir rüya görmüşse, bu hayırlı bir işe kavuşacağına işaret eder.

Rüyada temiz battaniye veya yorgan görmek, işlerinizin yoluna gireceğine ve sıhhatinizin düzeleceğine işarettir. Kirli yorgan veya battaniye, çevrenizde sizi çekemeyenler var demektir.

Yırtık battaniye veya yorgan, farkında olmayarak yerine getiremediğiniz bir sözünüzden dolayı bir sevdiğinize çok zarar geleceğine işarettir.

BAVUL: Yolculuk, kavuşma, ayrılık ve uzaktan gelen

pakettir. Bavulunu hazırladığını gören yolculuğa çıkar. Yalnız kendi eşyalarını topladığını gören evli ise, eşinden ayrılır.

Birtakım dolu bavullar bulduğunu gören, kayıp mal bulur. Bavulun üstünde kendi adının yazılı olduğunu görmek denizaşırı yolculuğa işarettir.

Kendi bavulunu açamadığını gören, işinde sıkıntıya düşer. Bavuldan birtakım çamaşırlar çıkardığını gören, seyahate çıkar veya gurbetteki yakınlarına kavuşur.

Çanta da bavul gibidir; ancak seyahat mânâsı hafiftir. Şifreli bir çantasının bulunduğunu gören eğer liyakatli ise, büyük şirketlerin veya devletin gizli kapaklı işlerini yürütmekle görevlendirilir. Şifreli bir çantasının bulunduğunu ve bunu açamadığını gören, işinde zorluğa düşer yahut işinden çıkarılır.

Çantasının açılıp içindekilerin yerlere saçıldığını gören, işlerinde ipin ucunu kaçırır veya ayıpları ortaya çıkar. Politikacı bu rüyayı görse, gazetelere konu olur. Eğer çantasının açılıp içindekilerin dökülmesine aldıran yoksa, hemen kapanacak bazı ayıpların su yüzüne çıkacağına işarettir.

BAYKUŞ: Hırsız, kıskanç, inatçı şom ağızlı ve esrarengiz güçleri olan bir insanı temsil eder. Eti, böyle birinin malı; yavrusu, böyle bir çocuk sahibi olmak demektir. Baykuş rüyasını görmek hayırlı bir rüya değildir. Baykuş elindeki işlere karşı gösterdiğin tembelliğe ve korkunun gitmesine işaret eder.

Dişi baykuş, kendisinde hayır olmayan hain ve hilekar birisidir. Eğer dişi baykuşun evinize düştüğünü görmüşseniz, ölüm haberi demektir. Baykuş, kapı aralarında geziyorsa, haram mal kazanan hırsıza işaret eder. Baykuş, ayrılık, vahşet, mamur yerlerin harap olması ve kötü söz söylemek anlamlarına da gelir.

BAYRAK: Kırmızı bayraklar savaş, sarı bayraklar ordu içinde veba hastalığı bulunduğuna, yeşil bayraklar hayırlı bir yolculuğa, beyaz bayraklar yağmura, siyah bayraklar da kıtlığa işaret eder.

Bazı tabirciler siyah bayrakları her yerde meydana gelecek olan yağışlar olarak da tabir etmişlerdir. Ne yapacağını bilmeyen bir insanın rüyasında asker bayrağı görmesi, o insanın şaşkınlıktan kurtulup doğru yolu bulmasıdır. Kadın için bayrak görmek; kocaya da delalet edebilir.

BEBEK: Rüyada görülen erkek çocuk müjdedir. Kız çocuk ise, bolluk, şeref, zorluktan sonra karşılaşacağınız kolaylık ve sevinçli bir haber demektir. (bk. örnek 8)

ÖRNEK 8

Kundağa Sarılmış Üç Bebek Görüyorum

Rüyamda üç tane kundağa sarılmış bebek yatakta yatıyor. Bir tanesinin üzerine eğiliyorum. Yüzüne bakıyorum. "Çocuğun ne kadar da güzel burnu varmış," diyorum.

K. Ş. -Adana

Allah hayretsin.

Bütün rüyalarınızdan, önünüze büyük bir fırsat çıkacağı anlaşılıyor. Rüyada bebek görmek uzun ve kazançlı bir işe girişmektir. Özellikle bebeğin burnunun dikkatinizi çekmesi, gösteriyor ki bu girişeceğiniz iş, çok uzun ömürlü olacak ve hakkınızda hayırlı bereketlere vesile olacak.

BEKÇİ: Namazı terk ettiği için rüya sahibini korkutan bir kişidir. Eğer bu bekçiden kaçıyorsanız ve o da sizi yakalayıp bir şeyler söylüyor ve siz yine kurtuluyorsanız, bu gece namazındaki bazı aksaklıklara ve bunların giderileceğine işaret eder.

BEKLEME: Rüyada birini veya bir şeyi beklediğini gören; olması zor emellere kapılır. Beklemek ilim adamları için ilim demektir. Bazen de dindeki bozukluk manasına gelir.

BENZEMEK: Erkek elbisesi giyip erkeğe benzeyen ve bu elbiseleri rüyasında kendine yakıştıran kadının, halinin güzelliğine; elbiselerin ona yakışmadığını düşünüyorsa, bu da keder ve üzüntüyle o kadının halinin değişmesine işaret eder. Rüyada erkek olduğunu gören kadının, tutum ve davranışları kocasının arzuladığı şekildedir. Yahudi, hıristiyan veya başka bir topluluğa benzeyen kimse, onların arzularına uyar veya bu rüya onlardan biriyle evlenmeye işarettir.

BERBER: Berber, bir devlet adamının yanında insanların işlerini yapan bir kişiye işaret eder.

BESMELE: Rüyada güzel bir yazı ile yazılmış besmele görmek, ilme, hidayete ve besmelenin hayrı ile rızka işaret eder. Besmele yazılı levha bazen de torun veya vaktiyle ele geçirilemeyen şeyin ele geçmesi veya evlenme gayretlerinin başarıyla neticelenmesi anlamlarına da gelir.

Rüyada güzel bir yazı ile besmele yazdığını gören kimse için rüyası ilim ve rızk demektir. Besmeleyi ölü birisinin yazıyor olduğunu görmek ise, o kimsenin Allah'ın rahmetinde olduğuna işaret eder. Eğer yazıldıktan sonra levhanızı imha etmişseniz veya bir kuş kapıp götürmüşse, rızkın tükenmesi, ömrün bitmesidir.

Başkasının yazdığı besmeleyi imha ettiğini gören kimse, ahdini bozar veya kendisinde bulunan ilim ve mal konusunda cimrilik yapar. Bu rüyayı gören hasta veya isyankar ise, tövbe eder ve hastalığı iyileşir.

 Rüyada besmeleyi tamamen okuduğunu görmek malının bereketinin artacağına işaret eder. Besmeleyi okunmayacak biçimde yazdığını görmek, inancın bozukluğuna işaret eder.

BEŞİBİRYERDE: Rüyada beşibiryerde ile ilgili herhangi bir şey görmek, eline çok mal geçeceğine ve maddi kazanca işarettir.

BEŞİK: Beşik veya çocuk yatağı gören kız olsun, erkek olsun kısa zamanda evlenir. Evli ise, bir çocuğu olur. Beşiğini kırdığını, sattığını veya birine verdiğini gören eşinden boşanır. Beşik, rüyada nikahı ve çocuğu temsil eder. Rüya buna göre tabir edilir.

Beşik bekar için sevinç; kadın için çocuktur. Bazen beşik, üzüntü, keder ve sıkıntıya da işaret eder. Bazen türkü söyleyip dans edilecek bir yere işaret eder. Beşik görmek, aynı zamanda, mücadele ve münakaşa, ceset veya tabut anlamlarına da gelir.

BEYAZ: Genellikle mutluluğa işaret eder. Normalin dışındaki beyazlık ise, hayırlı bir rüya değildir. (bk. örnek 9)

ÖRNEK 9

Beyaz Bir Kuş Beni Kucaklıyor

Rüyamda, beyaz, bembeyaz bir kuş görüyorum. Gök yüzünde bir o yana bir bu yana uçuyor. Ona büyük hayranlık duyuyorum. Bir heyecan ve iştiyakla onu seyrederken kuş, bana doğru gelmeye başlıyor. Yaklaştıkça da umduğumdan daha büyük olduğunu görüyorum. Yanımda yere konuyor. Vücudu tam bir erkek vücudu. Kanatları geniş ve kuşatıcı. Uzun gagaları var. Zaten kuşa benzeyen bir tek yüzü ve kanatları. Önce büyük bir korku duyuyorum. Ben telaş içinde iken benimle konuşuyor. Bana korkmamam gerektiği-

ni hissettiriyor. Korkum geçiyor. Ona yaklaşıyorum. Beni kanatlarıyla sarıyor. Bütün vücudum sarsılıyor. Onu tam ve güçlü bir erkek gibi hissediyorum. Korkularım geçiyor. Onun beni öpmesini ve okşamasını istiyorum. Yüzüne bakıyorum. Dudakları yok. Çirkin bir gaga. Derken kuş dilini çıkarıyor. Dilinin üzerinde sayısız diken gibi pıtırıklar var. Yüzünün biçimi beni itiyor, ama vücuduma yayılan sıcaklık beni müthiş mutlu ediyor.

Ona daha sıkı sarılıyorum. Bütün hücrelerimden vücuduma bir güc aktığını hissediyorum. Mutluluk hissediyorum, bir yandan da içimde bir ürperti ve utanma duyuyorum.

Rumuz: Nihan - Pendik

Allah hayretsin.

Nihan Hanım, evli mi bekar mı olduğunuzu belirtmiyorsunuz ama, kuşun sizi sarmalamasından haz duymanıza rağmen, utanıyor ve ürperiyor olmanız, cinsî bağımlı olduğunuzu, yani evli olabileceğinizi gösteriyor.

Karşılaşacağınız veya karşılaştığınız bir insan, sizin hayatınızda büyük değişikliklere yol açacak.

Rüyada kuş görmek çok değişik anlamlar taşır. Kuşun bilinen, ölçülere uygun bir kuş olmadığı göz önüne alınırsa, rüyanızı kuş görmekle tabir edemeyiz. Burada kuşun -özellikle bembeyaz olmasını- sizi manen de eğitebilecek bir dost, bir mürşid olarak algılayabilirsiniz. Siz başlangıçta onun size ilgisini tamamen cinsî dürtülerle algılayacak ve ona bu çerçevede yaklaşacaksınız. Kısa sürede onda aradığınız şeylerin olmadığını, onun size daha ideal ve daha dürüst amaçlarla yaklaştığını hissedeceksiniz. Bu hissediş, sizin ona karşı duyduğunuz hisleri tamamen yok etmeyecek; ancak büyük ihtimalle onun manevî feyzinden yararlanacaksınız.

Dilinin üzerinde diken gibi pütürler bulunması, onun zaman zaman sizi sert bir şekilde -daha doğrusu sizin

Bzorunuza gidecek bir üslupla- uyaracağına işaret sayılabilir. Dudaksız olması ise, onun sizi sadece sözleriyle değil, hal ve tavırlarıyla, nazarlarıyla da etkileyebileceğine yorulabilir.

Onu çirkin bulmanız gösteriyor ki ona duyduğunuz maddî ilgi tamamen yok olmayacak. Onun sayesinde manen olgunlaşacak ve gerçekten temiz ve inançlı bir insan olacaksınız. Dostluğunuz uzun sürecek.

BEYİN (ve İLİK): Gizli mala işarettir. İnsan ve eti yenen hayvanların beyin ve iliği helal mal, eti yenmeyen hayvanların beyin ve iliği de haram mala yorumlanır. Beyin, keskin zeka ve karşılık görecek iş veya ibadet anlamına da gelir.

Bir kimse rüyada beynini yediğini görse, o kimse kendi malını yer. Başkasının beynini yediğini görse, acilen vefat eder veya hakir birisinin malını yer. Bazen de beyin din ve ibadetlerin gizli yapılmasına işaret eder.

BEZELYE: Rüyada bezelye görmek mevsiminde olursa hastalığa; mevsimi dışında olursa, büyük bir musibete işaret eder.

BIÇAK: Delildir. Mahkemelik bir işi olan birisi bu rüyayı görmüşse davasını kazanır. Yalnız olan bir insan rüyasında kendisine bıçak verildiğini görse, bir çocuk veya erkek kardeş sahibi olur. Eğer böyle bir çocuk veya kardeş beklemiyorsa, iyiliklerle karşılaşır.

Kendisinin bıçakla kesildiğini gören kimse kuş veya bıçakla kesilen diğer bir hayvan ile ilgili bir tecrübesinden dolayı hesaba çekilir. Elini bıçakla kestiğini gören kimse hayret edeceği, şaşıracağı bir şey görür.

Bazı tabirciler bıçak için dil ve hizmetçi bir kadındır

demişlerdir. Bazen de bıçak görmek, rızık ve geçimin iyi gitmesine işaret eder. (bk. örnek 5)

BIYIK: Şeref, itibar ve ibadet olarak yorumlanır. Bıyığını kesilmiş gören, dinde ileri gider. Bıyığının uzamış olduğunu ve yediği içtiği şeylerin içine girdiğini gören, dinde bidatlara dalar. Bıyık ve sakalını kesmek rüya sahibince hoş görülmüyorsa, rüyada bıyık ve sakalını kesmesi rahatlığa, tasa ve sıkıntının gitmesine, tam zıddı için makamını kaybetmeye, kötü şöhrete ve fakirliğe işaret eder. (bk. sakal, saç)

BİRA: Çok zor elde edilecek veya cimri kişiden ele geçecek mal demektir. Geçim darlığı, ihtiyaç ve zarurettir. Bira, rüyada onu içen kimse için hastalığa işaret eder. Üzüntü ve kederdir. Memurun rüyasında bira içtiğini görmesi, işinden sürüleceğine delalet eder.

BİLEZİK: Meslek, bekaret, nikah, hüzün, bağlılık, evlat demektir. (Bakınız altın ve gümüş bilezikler.) Genç bir kız bilezik taktığını görse evlenir. Erkek bilezik taktığını veya birine bir bilezik verdiğini görse, onun vasıtasıyla üzüntüye düşer.

Kolunda neden yapıldığını bilmediği; fakat hoşlandığı bir bilezik olduğunu gören, iyi bir meslek edinir. Yalın olarak madenden bilezik, evlilik demektir. Birinin koluna tahtadan veya plastikten bilezik taktığını gören aldatma yoluyla ona sahip olur ve geçici bir aşk yaşar.

Bilezik ölüler üzerinde görülürse, o ölülerin 'cennet'te olduklarına işaret eder. Bazı tabircilere göre altın bilezik onu takınan için mirastır.

Rüyada takılan gümüş bilezik ise, din ve takvadır. Bilezikler; üzüntü, endişe, musibet ve belaya uğramış insanlara söylenecek teselli verici sözlere de işaret eder.

BİLGİSAYAR: İşlerin yolunda gideceğine ve engellerin kolay aşılacağına işaret eder.

Bilgisayarının kilitlendiğini ve bir türlü bunu düzeltemediğini gören insan, tıkanan işini aşmayı başaramaz. Eğer bu problemi düzeltirse, işindeki tıkanıklığı da giderebileceğine işaret eder. Rüyada görülen bilgisayar, işlerde atağa geçmek ve başarı ile tabir edilir.

BİNA: Rüyasında bir bina yaptığını gören kimse akraba ve dostlarını toplayacağı, bina yıktığını gören kimse akraba ve dostlarını dağıtacağı yönünde ikaz ediliyor demektir.

Kendisinin bir şehirde, bir köyde veya gurbette bina yaptığını gören kimse o yerden bir hanımla evlenir. Gurbette bina yapmak ayrıca hiç aklına gelmeyen birisiyle evlenmek olarak da tabir edilir.

Bina nakışlıysa, bu temizlik ve sevinçle birlikte ilim ve velayete de işaret eder. Kireç ve alçıyla bina yapsa ve üzerinde de resim bulunsa, o insanın kötü işlerle uğraştığını gösterir.

Rüyasında Allah'a yaklaşmak niyetiyle cami veya buna benzer bir bina yaptığını gören kimse alim ise, kitap yazar, malı varsa, malının zekatını verir; evli ise, güzel şöhret sahibi olacak bir çocuğu olur; bekar ise, evlenir.

Rüyasında kubbeler yapsa veya yaptırsa şanı yücelir. Değerli insanlarla oturup kalkar. Bulut üzerinde kubbe yaptığını gören kimse, konumunda ve hükmünde kuvvetli olur.

BİNMEK: Hayvana bindiğini görmek nefse uymaktır. (Arabaya binmek de böyledir.) Eğer güzel biner ve bindiği şeye hakim olursa, o kimse nefsine hakim olur. Hayvana veya diğer bir şeye ters yöne binmişse, bu özür kabul etmemesine ve nasihat dinlememesine işaret eder.

Kendisine ihtiyaç duyulduğunda buna arkasını dönmesine de delalet eder.

BİSİKLET: Otomobil, at, eşek gibi binek vasıtaları arasında yer alır. Kısa yolculukları ve fazla kazanç sağlamayan bir mesleği temsil eder. Rüyada bisiklete bindiğini gören ya kısa bir yolculuğa çıkar veya işyerinde eski itibarını kaybeder.

Kendisine bisiklet hediye edildiğini gören, eğer hediye edeni tanıyorsa, onun vasıtasıyla üzüntüye düşer veya işinde itibarını kaybeder; tanımıyorsa kısa sürecek bir yolculuğa çıkmak zorunda kalır.

BİSKÜVİ: Rüyada bisküvi yemek, üzüntü ve dertlerin sona ermesidir.

BİT (Pire, tahta kurusu): Üçü de mal, servet ve huzuru kaçırmaktan öteye gidemeyen korkak düşmanlardır. Görülen rüya, rüyanın durumuna göre bu manalardan birine yorumlanır. Sayılabilen bit, pire veya tahta kurusu düşmandır. Sayılamayacak kadar çok olmaları mala ve mülke işarettir.

Rüyasında elbisesinde veya vücudunda çok bit olduğunu görmek, hayra, nimete, berekete, üzüntü ve kederlerden kurtulmaya işarettir. Rüyada kendi elbisesinden bit topladığını gören kimseye abartılı bir yalan söylenir.

BOĞA: Rüyada görülen boğa, güçlü insanlar arasında yaşamaktır. (bk. örnek 10)

ÖRNEK 10
Rüyamda Bir Boğa Görüyorum

Rüyamda sık sık bir boğa görüyorum. Hızla üzerime geliyor ve tam bana toslayacağı zaman uyanıyorum. Bazen de

*yılanlar görüyorum. Bana doğru geliyorlar, ama bir türlü bana ulaşamıyorlar. Korkuyla uyanıyorum.*

B.T - Üsküdar

Allah hayırlara çıkarsın.

Bildiğiniz gibi boğa kuvvet ve güçlülüğün sembolüdür. Bir boğa tarafından süsülmek güçlü birinden yardım görmektir. Ancak bunun bir türlü gerçekleşmemesi, sizin, size güç ve itibar kazandıracak ortam ve insanlardan uzak durduğunuzu gösterir.

Yılan korku ve düşmanlığı temsil eder. Demek oluyor ki ümitleriniz kadar korkularınız ve endişeleriniz de mevcut. Bu yılanların size ulaşmaması, düşmanlarınızın asla size zarar veremeyeceğini ve vehimlerinizin de yersiz olduğunu haber veriyor.

BOĞAZ: İnsanın hayatıdır. Rüyada nefes borusunu görmek bir elçiye, ölüme ve hayata işaret eder. Boğazından bir kıl veya bir iplik çıktığını ve onu çektiğini fakat tamamen çıkmadığını gören kimsenin ömrü uzun olur. Amiri ile düşmanlığı devam eder. Bu rüyayı gören tüccar ise, ticareti iyi olur.

BOĞAZLAMA: Zulümdür. Birini boğazladığını gören ona zulmeder. Boğazlandığını gören zulme uğrar. Akrabasını boğazladığını gören, eğer kan akıtmışsa, ona iyilikte bulunur; kan akmamışsa akrabalığı unutmaya işarettir.

Kendisinin boğazlandığını gören, karısıyla meşru görülmeyen fiillerde bulunur. Bir kadını boğazladığını gören, onunla zina işler. Bir erkek hayvanı ensesinden kesen, livata işler. Bir kadın boğazladığını görse evlenir.

Rüyada bir şeyi boğazlamak ana babaya asi olmaktır. Bir

kimsenin rüyada kendi kendini boğazladığını görmesi o kimsenin hanımının kendisine haram olmasına delalet eder.

Eğer bu şekilde kendi kendini boğazlamasından kan çıkarsa, bu zulüm ve isyandır. Kan çıkmazsa, akrabaları ziyaret ve iyilik olarak tabir olunur. Rüyada bir adamın veya bir milletin boğazlanmış olarak görülmesi onların sapıklık içinde olmalarına işaret eder.

BOĞMAK / BOĞULMAK: Bir kimse rüyasında kendisini asarak boğduğunu görse, bu rüya üzüntü ve kedere ve o kimsenin evinde ve kendisini asarak boğduğunu gördüğü yerde ikamet etmesine işaret eder. Bazen de insanın kendisini rüyasında boğması, borç ile aranmaya ve sıkıştırılmaya delalet eder.

Rüyasında denize battığını, su yüzüne el ve ayaklarını oynatarak çıkıp tekrar batıp çıktığını gören kimse dünya işlerine dalar, zengin ve otorite sahibi olur.

Boğulduğunu ve denizin derinliklerine daldığını görse devlet başkanının hışmına uğrar ve azap içinde ölür. Suda boğularak öldüğünü gören kimseye düşmanı yaklaşır. Rüyada saf ve temiz bir suda boğulduğunu görmek çok mala erişmeye işaret eder.

BONCUK: Küçük bir mal, ehemmiyetsiz; fakat insanın başını ağrıtacak telaş demektir. Boncuk, hizmetçi, hanım veya bir mala kavuşmaktır. Bazı tabircilere göre boncuk, alçak ve rezil bir dosttur.

BORAZAN: Rüyada borazan veya diğer nefesli sazları çalmak, sıkıntılı bir meselenin tatlıya bağlanmasına işarettir. Borazan sesini işitmek, mesleğinizde ilerlemeyi belirtir. Bu müzik aletlerini rüyada sadece görmek, bir yakınınızın kısa bir hastalık geçireceğine işarettir.

BORÇ: Borçlu olmak alçaklık ve hakarete uğramaktır. Bir kimse borcunu ödediğini görse akraba ziyaretinde bulunur

 veya bir fakirin karnını doyurur. Bu aynı zamanda din ve dünya işlerinden bir şeyin kolaylaşmasına işaret eder. Bazı tabircilere göre borç, yolculuktan dönmektir. Rüyada gerçekte olmayan bir borcunun olduğunu kabul etse, bu borç onun günahı, kötü amelidir veya karşılaşacağı bazı dert ve hastalıklardır.

BOŞANMA: Boşanma rüyası için tutarlı bir yorum getirmek çok zordur. Bu rüya, şahıstan şahısa değişik manalar arz eder. Onun için rüya görenin durumuna göre iyi veya kötüdür.

Boşanma kimi için işten atılmadır, kimi için görevden alınmaktır, kimi için ise çok zengin olmaktır. Boşanmayı ecel olarak tabir edenler bile vardır. Ticaret ehli için ortağından ayrılmak olduğunu söyleyebiliriz. İyi bir dostunu itham etmektir. Boşanma, güzel rüya değildir.

ÖRNEK 11

Eşimden Boşanıp Başkasıyla Evleniyorum

Rüyamda eşimden boşanıyorum. Güya çok zenginmişim; ama ailem bilmiyormuş. Boşandıktan sonra büyük bir daire alıyorum. Dairenin dekorunu yeniliyor, içine yeni yeni eşyalar alıyorum. Evimin önünde arabam bile oluyor. Daha sonra birisiyle anlaşarak nişanlanıyorum. Nikah salonu tutulmuş. Ben tesettürlü bir gelinlik giymişim, üzerim altın ve mücevherat dolu. Oradan çıkıp fotoğrafçıya gidiyoruz. Fotoğrafımız çekiliyor. Daha sonra nikah salonuna geliyoruz. Herkes merakla gelinin kim olduğunu bekliyor. Salonda herkes beni tanıyor. Salona girince "Aaa gelin meğer Sevim'miş." diyorlar. Fotoğrafçılar fotoğrafımı çekiyorlar. Nikah bitince eve geliyoruz. Güya eşim beni kucağına almak istiyor. Ben de

"Yürüyerek girmek istiyorum." diyorum ve yürüyerek eve giriyorum.

Saib

Allah hayretsin.

Büyük ihtimalle kocanızın durumunda maddi bir rahatlık olacak.

BOY: Bir kimse rüyasında boyunun aşırı derecede uzadığını görürse, göğe doğru yaklaştığı için ecelinin yaklaştığı veya rütbe ve makamından düşmesi şeklinde yorulur. Rüyada boyunun kısaldığını görmek ise, mücadele ve münakaşada acizlik, savaş ve düşmanlıkta perişanlık demektir.

Memuriyet talebinde olan bir insanın boyunun uzadığını görmesi isteğine kavuşmasına işaret eder. Memur olan bir insan boyunun kısa olduğunu görürse, memuriyetten alınır veya bu rüya istediği şeyin mümkün olmadığına işaret eder.

BOYA: Örtüp gizlemektir. Boya kullanmak layık olan için nimettir. Layık olmayan için üzüntü, keder, şiddet, borç ve dostlarını terk etmektir. Saçı, sakalı ağaran birisinin kına ve boya kullanması rütbesinin ve kuvvetinin artmasına işaret eder.

Eğer bir insan rüyasında saçını halkın kullanmadığı kireç, çamur vs. gibi şeylerle boyadığını görürse ve bu boya tutarsa, o kimse halini mümkün olmayan şeylerle gizlemeye çalışır.

Boyası tutmazsa onun boyası etrafa yayılır, artık gizlenmesi mümkün olmaz. Kına ve boya normal miktarda kullanıldığında zînet ve ferahlıktır. Ellerin boyaya bulanması yolculuktur.

BÖBREK: Rüyada görülen böbrek o kimsenin yardımcısına, erkek kardeşine, diğer akrabalarına ve evlatlarına işaret eder. İki böbreğinden birinin kaybedilmesi yardımcının kaybedilmesidir. Böbreklerinin yağlı veya yağsız olduğunu görmek de zenginlik ve fakirliğe işarettir.

BUĞDAY: Rüyada altının temsilcisidir. Buğday gören, altın bulur veya kazandığının bereketi olur. Buğday ektiğini gören hatırı sayılır ilim sahibi bir insan olur. Buğday yediğini görmek, görevden alınmak ve işten el çektirilmek, gurbete düşmek demektir.

Yeşil başak ucuzluk ve bolluk senesidir. Rüyada elde veya bir kap içinde yahut harman yerinde biriktirilmiş görünen başaklar sahibi için başkasının kazancından isabet edecek mala işaret eder.

Biçilen ekin başakları sarı iseler ihtiyarların; yeşil iseler gençlerin ölüm ve öldürülmelerine işaret eder. Rüyada kuru buğday yemekte hayır yoktur. Kurumuş buğday başağı haram maldır.

BUKAĞI (Bir iple bir yere bağlı olmak): Bu rüya, peygamberimizin (sav) sevdiğini ifade ettiği rüyalardan biridir. Bir bukağıya sıkı sıkıya bağlı olduğunu gören doğru yol üzerindedir ve bu yol üzere sebat edeceğini gösterir. Bu rüyada dikkate alınacak husus bağın ip olmasıdır.

İpin dışında bir madenle bağlı olduğunu görmek zincirle bağlı olmak gibidir. İp dindir, bağlılık ise, imanda sebattır. Ayağında çokça bukağı görülmesi, bukağı sayısınca evlada işarettir.

Tek ayağından bağlandığını gören tasarladığı yolculuğa çıkamaz. Bu rüyanın en kötüsü iki veya daha fazla kişi ile bukağıyı vurulmuş olmayı görmektir. Bu bela, zarar olarak yorumlanır.

BULMAK ve BULUNTU: Buluntu mal kendi tabiatıyla tabir olunur. Bulmak Allah'ın ikramıdır. Bulunan şey iyi ise, iyi, kötü ise kötüdür. Rüyada altın gümüş vs. bulmak bunların manasıyla tabir olunur.

Hamile bir kadının altın bulması kız çocuğuna, gümüş bulması oğlan çocuğuna işaret eder. Buluntular içinde en güzeli kömürdür. (bk. kömür) Bu helal mala işarettir. Yenilen şeylerin kabuklarını bulmak, haram maldır.

BULUT: İlim ve hikmetle yorumlanır. Başının üstünde bir bulut parçasının dolaştığını gören itibar kazanır. Kendisini bulut gölgesinde gölgelenirken gören için o yıl, bolluk ve ucuzluk yılıdır. Kişinin zengin olacağına işarettir.

Rüyada görülen bulutun rengi ve konumu işaret ettiği mesaj konusunda oldukça önemlidir. Rüyada görülen beyaz bulut, iyi amele; karanlık bulut, üzüntü ve kedere; siyah bulut, şiddetli soğuğa yahut üzüntüye; kırmızı bulut işsizliğe ve o şehre girecek olan asker veya hilekara işaret eder.

Buluta bindiğini görmek arzu ve isteğe göre talep edilen şeyi elde etmeye işaret eder. Bulutu yediğini gören kimse bir başkasının helal malından veya hikmetli bir şeyinden istifade eder. Bulut topladığını, buluta sahip olduğunu görmek de hikmettir.

Yağmur olmayan bulutu görmek, vali konumundaki biri için adaletsizlik, tüccar için satacağı bir şeydeki hakka riayetsizlik, alim için ilminde kıskançlıktır. Rüyada gökten inen ve genişleyerek her yere yağmur yağdıran bir bulut o yere tayin edilecek olan adaletli bir validir.

Vaktinde ve rahmet yağdıran bir bulut, o yöre halkı için rızık genişliğidir. Yeryüzünden göğe yükseldiğini gördüğü bulut, yolculuğa işaret eder. Yolculukta olan için yolculuktan dönmesine işaret eder.

Bulutun kendisini karşıladığını gören kimse için bu rüya

Bher türlü üzüntü ve kederden kurtulup rahata kavuşmaya işaret eder. Rüya sahibi fesatçı biriyse ona erişecek azaba işaret eder.

Bir kimsenin rüyasında bulutun güneşi örttüğünü görmesi devlet başkanına erişecek olan hastalık ve tehlikeye veya görevinden uzaklaştırılacağına işaret eder. Bulut, üzüntü veya korkuların gitmesi, iyiliklerin ortaya çıkmasıdır.

BURUN: Makam, ömür ve itibarla tabir olunur. Burnunun büyüdüğünü veya uzadığını gören maddî ve manevî kazançlar elde eder. Burnun üzerinde bir delik veya yara bulunduğunu yahut küçüldüğünü gören mal kaybeder. İşinden atılır veya memuriyetten istifa eder. Ömrün kısalığına da işaret olarak yorumlanabilir.

Rüyada görülen güzel burun, halin güzelliği, rüyada burnun siyah ve küçük görülmesi perişan olacağına ve birisine buğuz etmesine işaret eder. Burnun altın veya demirden olduğunun görülmesi rüya sahibine işlediği bir günahtan erişecek zarardır.

Burnunda kötü bir şey çıktığını gören kimsenin mesleği işe yaramaz hale gelir. Burnunun ucunun kesilmiş olduğunu gören kişi için bu rüya o kimsenin ölmesine veya kendisini halk arasında rezil edecek bir harekette bulunmasına işaret eder. Rüyasında burnunun olmadığını gören kişide merhamet ve şefkat yoktur. Bazı tabirciler "Burun görmek akrabaya işaret eder." demişlerdir. Kötü bir şeyin burnuna kaçmış olduğunu gören insanın kızgınlığı gider.

Burnunun kanadığını gören kimse büyük meblağda mala nail olur. Kimileri de burun kanının insana devlet başkanı tarafından erişecek olan kan olduğunu söylediler. Bazen burun kanı akla gelmeyen bir yerden gelecek olan üzüntü ve sıkıntıdır. Eğer rüyasında burnunun kanadığını gören kimse rahatladığını hissederse zekat, elbise veya şöhrete işaret eder. (bk. örnek 8)

BUZ: Buz üzerinde kaydığını gören genç bir erkekse, onun hataya düşmesine işarettir. Böyle bir rüya olgun yaştaki bir insan için hile ve dalavereden kolaylıkla kurtulmak, genç kadın için ev işlerinin kendisine daha faydalı olacağı ve eşiyle mutlu bir hayat yaşayıp herkes tarafından sevileceğine işarettir.

BUZDOLABI: Hizmette kusur etmeyen bir kadındır. Buzdolabından su içmek o kadın tarafından size ulaşacak olan maldır. Buzdolabında meydana gelecek olan değişiklikler, ahlakî değişikliklerle tabir olunur.

BÜLBÜL: Türkü, şarkı söyleyen bir adam veya şakacı ve güzel konuşan bir kadına işaret eder. Bazı tabircilere göre bülbül, Kur'ân okuyan bir çocuk veya bir oğlan çocuğudur.

BÜRO: Bir büroda bulunduğunu veya çalıştığını gören bir kimse başarılı çalışmalarıyla arzularına kavuşur, sır saklama konusunda güvenilir ve tutumludur.

BÜYÜK ABDEST: Rüyada büyük abdest yaptığını gören insan, dünyalık bir kısım sıkıntılardan kurtulur. Affa ve afiyete mazhar olur. Eğer abdest yaptığı yer bu iş için kullanılan ve bilinen bir yer ise, ihtiyacı için sarf edeceği şey meşru olur. Abdest yaptığı yer meçhul ise bilmediği yere malını harcar.

BÜYÜMEK: Rüyasında insan şeklinden çıkacak kadar büyüdüğünü gören kimse için bu rüya öleceğine işaret eder.

Rüya Gören Kişinin Yapması Gerekenler

· Güzel bir rüya gören kişi Allah'a şükreder.

· Kötü rüyalar anlatılmaz ve Allah'a sığınılarak üç defa sol tarafa tükürülür gibi yapılır.

· Rüya sahibi rüyasını kendisini kıskanan birisine anlatmamalıdır

· Rüyalarda kesinlik söz konusu olmadığı için rüya üzerine yemin edilmez.

· Karışık ve kötü rüyaların şerrinden korunmak için fakirlere sadaka verilebilir.

· Gördüğü rüyasına kesinlikle yalan katmamalıdır.

OKUMA PARÇASI

KIBRIS SEFERİNİ MÜJDELEYEN RÜYA

Enes b. Malik'ten rivayet edildiğine göre Hz. Peygamber, her zaman olduğu gibi süt teyzesi olan Milhan kızı Ümm-i Haram'ın ziyaretine gitmiş ve orada yemek yedikten sonra bir müddet uyumuştur. Gülümseyerek uyandığında Ümm-i Haram şöyle der: "Ya Rasûlullah! Seni ne güldürüyor?" "Rüyamda bana ümmetimden bir kısım mücahitlerin şu (gök) deniz ortasında -padişahların tahtlarına kuruldukları gibi- gemilere (kemal-i ihtişamla) binerek Allah yolunda deniz harbine gittikleri gösterildi de ona gülüyorum." buyurdu. Ümm-ü Haram dedi ki: "Ya Rasûlullah! Beni de o (deniz) gazilerinden kılması için Allah'a dua buyurunuz." Rasûlüllah da dua buyurdu. Sonra yine gülümseyerek uyandı. Bunun üzerine yine ben "Ya Rasûlüllah! Seni ne güldürüyor?" diye sordum. Rasûlüllah: "(Bu defa da) önce dediği gibi (Ümmetimden bir kısım mücahitlerin, padişahların tahtlarına kuruldukları gibi kara nakliyelerine kurulup depdebeli bir kuvve-i külliye) Allah uğrunda (Kayser'in şehri Kostantiniye'ye gazaya gittikleri gösterildi." buyurdu. Ümm-i Haram der ki: "Ya Rasûlüllah! Beni o (Kostantiniye) gazilerinden kılması için Allah'a dua buyururunuz." Rasûlullah: "Hayır, sen önceki (deniz gazilerinden)sin, buyurdu."

Enes bin Malik, Ümm-i Haram'ın, Muaviye İbn-i Ebi Süfyan'ın Şam valiliği zamanında yapılan bir deniz savaşında bulunduğunu; fakat Kıbrıs adasına denizden çıkıldığı sırada katırdan düşerek şehit olduğunu bildirir.

(Buhari, c. 12 s. 279, Hadis no: 2106)

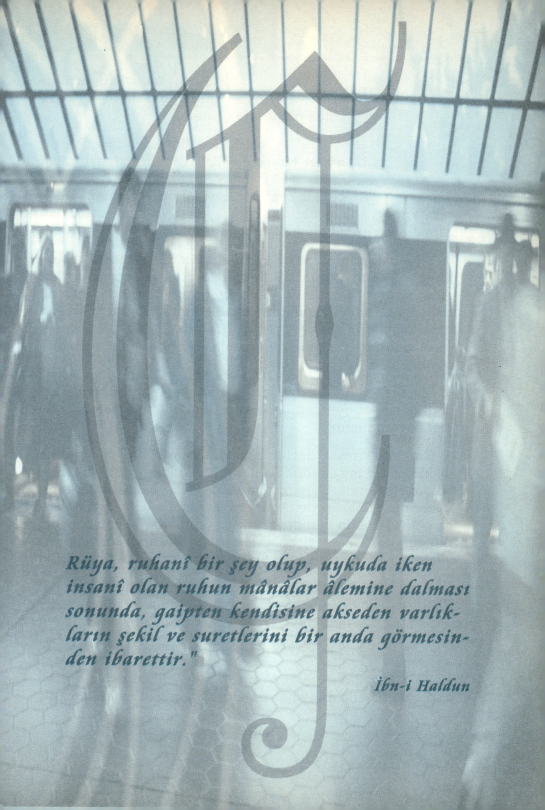

Rüya, ruhanî bir şey olup, uykuda iken insanî olan ruhun mânâlar âlemine dalması sonunda, gaipten kendisine akseden varlıkların şekil ve suretlerini bir anda görmesinden ibarettir."

İbn-i Haldun

CADDE: Doğrulukla tabir olunur. Bir cadde üzerinde yürüdüğünü görmek doğru yolda olduğunu gösterir.

CAM: Geçici bir üzüntüdür. Rüyada cam gören kimsenin gizli kapalı bir şeyi varsa onun açılıp ortay çıkmasına işaret eder; çünkü cam bir şeyi örtüp gizlemez. Yeşil, sarı, kırmızı gibi renkli bir camsa evlat ve hanımdan olan şüphelere, riya ve nifaka işaret eder.

CAMİ: Camide namaz kıldığını gören kişi maddi rahata kavuşur. Cami yaptırdığını gören ise; insanların peşinden gideceği bir lider olur. Camiye girdiğini gören güvene kavuşur. Caminin kapılarını kapalı görmek planlanan işlerin umulduğu gibi gitmeyeceğini gösterir. Bekar bir insanın cami görmesi zengin bir kadınla evleneceğine de işaret sayılabilir.

Rüyada görülen cami, anne, baba, hoca gibi kendisine itaat edilmesi gereken herkestir. Görülen şehir camisi kale olarak yorumlanır.

Caminin tavanı devlet başkanının yakınları ve onunla ilişkili olan kimselerdir. Caminin direkleri, devlet büyükleri ve yöneticilerdir. Caminin kapıları devlet başkanının korumalarıdır. Minaresi de devlet başkanının vekili veya habercisidir. Caminin yanması, rüya sahibinin kaybolmasına, mülkünün değişmesi anlamına gelir. Yukarıda bahsedilen şeylerle ilgili iyi veya kötü olan şeylere göre rüya tabir edilir.

CAN SIKINTISI: Rüyada daralan gönül, pişmanlık ve af dilemedir. Rüyasında böyle bir halde olduğunu gören insan yaptığı bir hatadan dolayı pişman olur ve tövbe eder.

CANKURTARAN: Üzücü bir haberdir.

CARİYE: Köle gibidir; ancak cariye, kadın olduğu ve kadın da rüyada dünyayı ve zenginliği temsil ettiği için köle görmekten daha iyidir. Bir cariye satın aldığını gören, satışından büyük kazanç sağlayacağı bir ticaret malı alır veya başladığı işten çok hayır görür. Bir cariye ile seviştiğini veya evlendiğini gören kolay yoldan mal sahibi olur.

CASUS: Rüyada casusluk yaptığını görmek anlaşılmaması için muğlak ve müphem söz söylemeye veya şerli şeyleri hayırlı şeylere tercih etmeye işaret eder.

CEHENNEM: Cehennem'e girdiğini gören dünyada fakir ve şerefsiz, ahirette rezil olur. Bollukta ise, darlığa; sıhhatte ise, hastalığa delalet eder. Rüyayı gören salih ise, ahirette azaba delalet eder. Diğer hususlar cennet'in zıddıdır. Cehennem'den kurtulduğunu görmek ise, her türlü sıkıntı ve elemden, beladan ve fakirlikten; intizarda ise, beklemekten kurtumak demektir. Günahkar ise, tövbe eder.

Cehennem'den kötü bir şey kendisine erişmeden çıktığını gören insanı dünya üzüntüleri kaplar. Cehennem'in kendisine yaklaştığını gören insan için büyük meşakkatler ve zarar vardır ve bu rüya o kişiye içinde bulunduğu durumdan dolayı tövbe etmesi için bir uyarıdır. Bir kimse Cehennem'e sokulduğunu görse, bu rüyasında onu Cehennem'e sokan kişi tarafından azdırıldığına ve büyük günahlara teşvik edildiğine işarettir.

Rüyada Cehennem'i görmek ve oraya girmek, dünyada rütbenin gitmesine işarettir. Bazen de böyle bir rüya zenginlikten fakirliğe, yumuşak başlı ve güzel ahlaklı olmaktan vahşet ve geçimsizliğe, dünyada hor ve hakir olmaya işarettir. Cehennem'e girip sonra da çıktığını gören insana tövbe nasip olur. (bk. örnek 7)

CEKET: Mesut bir ömre; ceketi çıkarmak üzüntü ve dertten kurtulmaya; giymek ise hastalığa işarettir.

CEMAAT: Rüyada görülen insan topluluğu, Allah'ın merhametine mazhar olmaya işaret eder. Aynı zamanda ödenmesi gereken bir şeyi ödemeye zarar ve ziyana işarettir.

 Bazen de bu insan topluluğunun hasta yanına girdiğini görmek korku ve şiddettir. Rüyada görülen bir topluluk ölünün mağfiret edilip Allah'ın rahmetine erişmesidir.

ÖRNEK 12

Rüyamda Cezaevinde Nöbetteyim

Rüyamda bir ceza evinde kadınlar koğuşunda görevliyim. Görev yerim üç odalı bölmeler halinde. Gece nöbetindeymişim. Bulunduğum yerin üst katında bir erkek sesi duyuyorum. Beni soruyor. Gelip beni bulmasın diye kapıları kilitlemek istiyorum. Birinci kapıyı acelemden dolayı kilitleyemiyorum. İkinci bölmenin kapısını kilitledim. Anahtarı üstünde bırakmak istiyorum bir türlü olmuyor. Anahtarda tel gibi bir cisim var. Takılıyor ve anahtar çıkıyor. Kapıyı kilitlediğimden eminim. Emin olduğum için üçüncü kapıyı kilitlemiyorum ve üçüncü bölümde görevimin başına geçiyorum. Yatağıma yatıyorum. Beni soran adam beni yatağımda yatarken gördü. (Onu gerçek hayatta tanıyorum. 1.90 boyunda iri yarı kumral biri. Fakat onunla yakından bir alakam olmadı hiç.) İçeriye girdi. Birtakım sesler çıkartıyor, yüzümü okşuyor, beni uyandırmaya çalışıyor. Onun kim olduğunu tahmin ediyorum, kalkmıyorum. O benim yanıma yatıyor. Benim gerçek hayatta birinci eşimden 18 yaşında bir oğlum var. O da orada görevliymiş ve karşımda duruyor; fakat o, çocuk koğuşunun görevlisi imiş. Ona çaktırmadan yanımdaki adamla sevişmeye başlıyorum. Büyük bir hazla tatmine ulaşıyor ve boşalıyorum. Ona da sessizce boşalıp boşalmadığını soruyorum. Bana "Hayır!" diyor.

Rumuz: Abdestli

Allah hayretsin.

Bu rüya sizin sandığınız kadar kötü bir rüya değil, fevkalade güzel bir rüya. Tanıdığınız bir insan vasıtasıyla maddi ve manevi yararlar elde edeceksiniz. Büyük ihtimalle rütbeniz yükselecek. Geliriniz artacak. Ailenizde bazı muhalefetler olacak. Sizin elinizle gerçekleşecek bir olayda da insanlar yarar görecekler.

Rüyada cinsî ilişki, büyük rütbeye veya mala erişmektir. Cinsî ilişki sırasında meni görmek rüyayı bozar. Kişinin düşmanı ile cinsî ilişkide bulunması ona üstün geleceğine işaret eder. Tanıdık biriyle cinsî ilişkiye girdiğini görmek bir insana büyük iyilikte bulunulacağı anlamına gelir. Tanımadık biriyle cinsî ilişkiye girmek ise, mala kavuşulacağına işarettir. Nasıl ve ne şekilde olduğunu bilmeden yapılan bir cinsî ilişki ise, rahata kavuşulacağına işarettir. Bir hayvanla cinsî ilişkide bulunduğunu gören, ummadığı kadar büyük bir hayra kavuş. işarettir. Bir erkekle cinsî ilişkide bulunduğunu gören, istediklerine güçlükle kavuşur veya kavuşamaz. Rüyada reşid olmayan bir kızla cinsî ilişkiye girdiğini gören, bela ve musibete uğrayacak demektir. Ölü biriyle cinsî ilişkide bulunduğunuzu görmek büyük ihtimalle öleceğinize ve o kimsenin yattığı kabristana gömüleceğinize işaret eder.

CENAZE MERASİMİ: Büyük bir cemaatin bir cenazeyi taşıdığını gören o cemaatle birlikte cenaze sahibine itaat eder. Kendi cenazesinin taşındığını gören kendi kavmine lider olur. Öldüğünü ve kimsenin cenazesini taşımadığını gören izzet ve itibarını kaybeder.

Öldüğünü ve devlet töreni ile kaldırıldığını gören, dünyada ulaşılabilecek en üst mevkilere çıkar. Bir cenazenin yürüdüğünü veya uçtuğunu görmek rüyayı gören için yolculuk, o bölge için büyük bir insanın kaybı demektir.

Bir insan kendisinin tabuta konulduğunu; ama insanların kendisini yüklenmediğini görse, hapsedilir. Tabutu ve cenazeyi yüklendiklerini görse, güç ve otorite sahibi bir insana tabi olur. Birçok cenazenin bir yere konulduğunu görmek, o yer halkının günah ve zina ile çok meşgul olduklarına işarettir.

Kişi rüyasında bir cenazeyi yüklendiğini görürse, haram mal sahibi olur. Rüyasında cenaze kaldıran birisinin bu eylemi onun sevap kazanacağının alametidir.

CENNET: Cennet ve cennet ile ilgili şeyler görmek aynıdır. Cennete girdiğini gören refaha ulaşır. Sıkıntıda ise, kurtulur. Cennet meyvelerinden koparıp yediğini gören kimse başkalarının da yararlanacağı bir ilme mazhar olur. Din ilimlerinde ileri gider.

Cennet'e girmesinin engellendiğini gören, sapıklık ve ızdıraba düşer. Cennet'teki Kevser Suyu'ndan içtiğini gören "ledün ilmi" dedikleri ilahî ilimlere mazhar olur. Cennet şarabı içtiğini gören evliya olarak Allah'a kavuşur. Bunu gören iffetsiz bir kadın veya günahkar bir insansa, tövbekar olur. Cennet'ten kovulduğunu görmek ise, görülebilecek en kötü rüyadır.

Cennet'i açıkça gören kimseden üzüntü ve keder gider, istediği şeye nail olur. Cennet'e girmek istediğini; fakat buna izin verilmediğini gören kişi, niyet ettiği hayırlı amelleri veya tövbeyi gerçekleştiremez.

Cennet'e girdiğini gören kişi için iki dünyada da sevinç ve emniyet vardır. Cennet kapılarından birisinin üzerine kapandığını gören kimsenin ana veya babasından biri ölür. Cennet kapılarının hepsinin yüzüne kapandığını gören kişi ana babasına asi olmuş ve onlar da ondan razı olmamıştır.

Bazen kendini rüyada Cennet'te görmek ilim ve hidayettir. Rüyada insanların hepsinin Cennet'e girdiklerini görmek bolluk, ucuzluk, adalet ve bereket anlamlarına gelir. (bk. örnek 7)

CEPHANE: Rüyada cephane görmek maddî sıkıntı çekmeye delildir.

ÖRNEK 13

Gece Evime Geldin

Ben evli ve bir kız çocuğu babasıyım. 44 yaşındayım. Rüyamda bir süre yanımda çalışmış bana ilgi de duyduğunu sandığım bir kız arkadaşımın evinde güya sabahlamışım. Uyanınca kendimi onun yatağında yatıyor buluyorum. O erken uyanmış ve üzerinde gece kıyafeti var. Büyük bir şaşkınlık içinde: "Ben bugün burada mı yattım?" diye soruyorum. "Evet." diyor. "Beraber mi yattık?" diye soruyorum. O yine "evet" diyor. "Yoksa beraber de mi olduk" diyorum. Yine "Evet" diyor ve ekliyor: "Gece evime geldin. Perişan bir halin vardı. Beni istedin. Seni sevdiğimi biliyorsun. Sana hayır diyemedim" "Keşke bana "Hayır." deseydin de bu yaşımdan sonra böyle bir günaha girmeseydim. Sen bekarsın, ama ben evliyim. Allah'a nasıl hesap vereceğim." diyorum. Büyük bir üzüntü duyuyorum. O ise, emeline kavuşmuş olmanın dinginliği içinde sessizce beni izliyor.

Günahkar

Allah hayretsin.

Bu rüya o kadar da korkulacak bir rüya değil; çünkü rüyada tanıdık bir kızla yatmak uzun süre devam edecek bir nimete kavuşma olarak yorumlanır. O kızın mesleği ile ilgili bir alanda yeni bir başlangıç yapacak ve hiç ummadığınız kadar büyük kazançlar elde edeceksiniz. O kıza da maddi manevî büyük katkılarınız ve dostluğunuz olacak. Sizden çok yardım görecek. Onunla yattığınızı hatırlamıyor olmanız, bu yardımlarınızın daha çok manevî planda olacağını gösteriyor. Rüyanız sizin dindar birisi olduğunuzu ele veriyor. Büyük ihtimalle hatalarınızdan pişmanlık duyacak, tövbe edeceksiniz ve bu tövbe kabul görecek.

Bu aynı zamanda, şu sıralarda içinde bulunduğunuz maddî sıkıntılarınızın sona ereceği anlamına da gelebilir.

CESET: Sıkıntı içindeki bir yakınınızın yanınıza gelmesidir. Bazen de işlerin bozulacağı mânâsına da gelir.

CETVEL: Doğruluğa işarettir.

CEVİZ: Ceviz ağacı cesur ve huysuz bir insandır. Yabancı bir insan anlamına da gelir. Ceviz ağacını kestiğini gören katil olur. Çırpıp meyvelerini silktiğini gören cesur bir adamdan yaralanır. Ceviz ağacının kuruduğunu gören ölür. Ceviz meyvesi zor kazanılacak maldır. Ceviz içi kolay kazanılacak maldır.

Ceviz ağacına çıktığını gören kimse cimri, uğursuz, huysuz, kaba bir insana güvenir. Eğer ağaçtan indiğini görse, o insan ile aralarında olan iş tamamlanmaz. Ceviz salih kimseler, başkanlar, kardeşler, bedenin sıhhati ve uzun yolculukla da tabir edilir. Yine çetin işleri yoluna koymak mânâsına da gelir.

CEYLAN: İyi huylu kadını temsil eder. Bir ceylan kestiğini gören, evlenir veya bir kızın bekaretinin gitmesine sebep olur. Ceylan yüzmek zinadır. Ceylan eti kadın aracılığı ile ele geçecek maldır. Ceylan yavrusu tuttuğunu gören, çocuk sahibi olur. Rüyada ceylanı canlı olarak yakaladığını gören güzel bir kimseyle evlenir.

CEZVE: Dedikodu yapacağınıza işarettir.

CIMBIZ: Cımbızla vücudundan kıl çeken kimse, bir dostundan incineceği bir söz işitir.

CİĞER: Korkudan emin olmaya, sağlığa veya düşmanına galip gelmeye işarettir.

CİHAD: Cihat etmek, çoluk çocuğun geçimini temin için mücadeleye, rızkın genişliğine işaret eder. Yine savaş içerisinde olduğunu; fakat savaştan yüz çevirdiğini gören kimse ailesi ve akrabasının geçim ve ıslahı için gösterdiği gayreti terk eder ve sülalesinde dağınıklık meydana gelir.

Rüyada denizde yapılan cihat fakirliğe, korkuya, helak olmaya, deniz veya denizin işaret ettiği kimseden rızık talep etmeye delalet eder.

CİLTLENMİŞ KİTAP: Rüyasında ciltli kitaplar gören kişinin gördüğü kitaplar tefsir kitabı ise bu rüyası yaptığı görevindeki doğruluğa, fıkıh kitabı ise rüya sahibine hayır erişeceğine işaret eder.

CİMRİLİK: Cimrilik ettiğini gören kişi devası olmayan bir derde müptela olur. Bazen cimrilik, sahibini Cehennem'e yaklaştırıcı emeldir. Aynı zamanda rüyada cimrilik yermek ve yerilmektir.

CİN: Hileci bir insan ile tabir edilir. Rüyasında cin olduğunu gören insanın da hilesi çok olur. Rüyasında evine cinlerin girdiğini ve bir şeyler yaptığını gören kimsenin evine düşman veya hırsızlar girer ve ona bir zarar getirir.

Cinlerden birisiyle evlendiğini gören kimse itaatsiz ve fasık birisine mübtela olur. Cin görmek bazen kara ve denizde yolculuk yapmaya, kapıp kaçmaya, zinaya, hırsızlığa, içki içmeye, kiliseye, dükkanlara, güzel sesle türkü ve şarkı söylemeye, çalgılara ve zenginliğe işaret eder.

CİNAYET: Rüyasında cinayet işlediğini gören kimse sıkıntılı bir işe girer. Bazen de bu rüya isteğine kavuşmaya işaret eder.

CİNSEL İLİŞKİ (Cima): Cinsî ilişki yalın olarak yararlanmak, fayda görmek, gayeye ulaşmak, maddî istifade anlamına gelir. Büyük ve makam sahibi biriyle bu işi yaptığını gören onun vasıtasıyla bazı faydalar elde eder.

Birçok kimse ile ilişkide bulunduğunu görmek, halkın faydalanacağı iyi işler yapmaya veya politikacı ise, kazan-

maya işaret eder. İhtiyar birisiyle ilişkide bulunmak daima çok servet anlamına gelir.

Çirkin biriyle istemeden ilişkide bulunmak sıkıntı ve üzüntüdür. Hayvanlarla ilişkide bulunduğunu gören kudretinin son noktasına ulaşır. Nikah düşmeyen akrabasıyla bu fiili işlediğini gören onlara karşı saygı ve sevgisini yitirir.

Düşmanı ile cinsî münasebette bulunduğunu gören kimse düşmanına galip gelir. Dostuyla cinsi münasebette bulunduğunu gören birisi ona iyilik yapar.

Cinsî ilişki; borçlunun borcunu ödemesine, üzüntülü insanın bu üzüntüsünden kurtulmasına işaret eder. Cinsî ilişki aynı zamanda yolculuk, savaş ve dünyada istediği bir şeye kavuşmak olarak da yorumlanır. (bk. örnek 12, 13, 14, 15)

ÖRNEK 14

Kız Kardeşime Cinsel Tacizde Bulunuyor

Rüyamda erkek kardeşimin kirvesinin oğlu, kız kardeşime sokak ortasında cinsel tacizde bulunuyor. kardeşim ağlıyor. Ben de gidip onunla tartışıyorum. Kardeşime baktığımda eteğinin altında kanlar olduğunu görüyorum. Kardeşimin eteğini kaldırıyorum. İç çamaşırı yok. Her tarafı kanlar içinde. Kanları bir poşete koyup şikayet için savcılığa gidiyoruz; fakat herkesin işi çok olduğundan bizimle ilgilenmiyorlar.

Allah hayretsin

Kız kardeşiniz, söz konusu şahıstan maddî bir yardım görecek. Kirvenizin oğlu zaman içinde zengin olacak ve cömert bir insan olarak yardımlarını görmeye devam edeceksiniz. Bu rüya kirvenizin oğlu için göz aydınlığı, kız kardeşiniz için de maddi ferahlıktır. Onun ağlaması sevinç, sizin telaşınız ise, bu sevincin herkes tarafından paylaşılacağının işareti.

CİNSEL ORGANLAR: (Kadın) Servet, mal ve itibar olarak yorumlanır. İki organının bulunduğunu gören kadın, kocasının yanında itibarlı olur. Erkeğin kendisinde kadın cinsel organı görmesi iyi sayılmaz.

Karısının organını gören, sıkıntıdan kurtulur. Organın büyüdüğünü görmek, geçimin kolaylaşacağına işarettir. Ateş çıktığını görmek, lider bir çocuk sahibi olmak demektir.

(Erkek) Erkek cinsel organı şöhret, evlat ve iyi anılmayı nesli ile övünmeyi temsil eder. Birden fazla organının bulunduğunu görenin çok çocuğu olur. Organının olmadığını görenin nesli kalmayacak demektir.

ÖRNEK 15

Yağmurda Öpüşüyoruz

Bir erkek arkadaşım var. Rüyamda o, bir mühendisin yanında çalışıyormuş. Onunla tokalaşıyoruz. Ben de mühendislikte çalışıyormuşum. Sevdiğim çocuk yakışıklı biri. Onunla sevişiyormuşum. Yağmurda öpüşüyoruz.

Y.T. İstanbul

Allah hayretsin.

Sevdiğiniz gençle evleneceksiniz ve onunla coşkulu bir beraberliğiniz olacak. Bir süre sonra hep didişeceksiniz. Ondan ummadığınız kadar fayda göreceksiniz ve uğurlu kızlarınız olacak.

**CUMA:** Kendisi evinde ve dükkanında olduğu halde insanların cuma namazını kıldığını ve onların cumadan döndüklerini zannettiğini gören kişi bir şehir veya nahiyenin ileri geleni ise, işinden çıkarılır.

Cuma namazını kıldığını gören kişi için bu rüya izzet ve keramete işarettir. Aynı zamanda, yolculuk ve isteğine kavuşmak gibi şeylere de işaret eder.

CUMHURBAŞKANI: Dünyevî sıkıntılardan kurtulmaya işarettir. Onunla konuşmak veya öpüşmek, ondan veya başkasından gelecek maddî yardım ve paraya işarettir.

Bir kimse rüyasında cumhurbaşkanı olduğunu görürse ve durumu da buna müsaitse o makama gelir. Aksi takdirde zenginliğe, itibara ve çevre genişliğine sahip olur. (bk. örnek 16)

ÖRNEK 16

Erbakan Beni Oğluna İstiyor

Rüyamda Erbakan'ı görüyorum. Kalabalık bir ortamda, bir apartmanın 5. katındayım. Ailesiyle birlikte gelmişler, beni oğullarına istiyorlar. Onlara evli olduğumu söylüyorum ve "Kızım var." diyorum. O zaman "Kızınız gelinimiz olsun." diyorlar. Sonra yüksek bir yere çıkmak istiyorum; ama bir türlü çıkamıyorum. Sonra küçük oğlumu çıkarıyorum. Ardından da binbir korku ve güçlükle ben çıkıyorum. Bakıyorum yanımda bir komşum var. O da beni o yüksek yerde bekliyormuş. Bu komşum birçok rüyama giriyor.

Bir de rüyamda çok sık ev görüyorum; ama bu evler hep pislik içinde.

H.A - İzmir

Allah hayretsin. Güzel bir rüya.

Rüyada iktidar sahiplerini görmek, yüksek menfaatlere kavuşacağınıza işarettir. Sizin soyunuzdan biri siyasete atılacak ve önemli mevkilere gelecek. Siz de bunu göreceksiniz. Orada komşunuzu görmeniz, daima size yardım edecek birilerinin yanınızda olacağına işarettir.

Rüyada görülen ev, dünyadır. O evlerin pislik içinde olması ise, hayır ve berekete işarettir. Büyük ihtimalle sizin maddi durumunuz iyi. Değilse bile zannediyorum bundan sonra iyi olacak.

CÜCE: Rüyada cüce görmek sevindirici bir haber almaya, boyunun cüce olacak kadar kısaldığını görmek ömrün kısalmasına, fitne ve dedikodu çıkmasına işarettir.

CÜNÜPLÜK: Rüyada cünüp olduğunu gören işlerinde keşmekeşliğe düşer. Eğer yıkandığını da görmüşse, yolculuğa çıkar ve hayra ulaşır.

OKUMA PARÇASI

Yavuz Selim - Abdulhamid Han Rüyası

Muzaffer Ozak, gençliğinin ilk döneminde Yavuz Sultan Selim Cami'nin medresesinde okumaktadır. Rüyasında bir gün ilk defa ihtilam olur. O vakte kadar ihtilamın ne olduğunu bilmemektedir. O vaziyette ezan okumaya minareye yönelir. Birden karşısında minarenin kapısında Yavuz Sultan Selim Han'ı görür ve ona:

"Evlat, önce gusül abdesti al, sonra gel ezanı oku. Bu halde iken ezan okumam caiz değildir." der.

Muzaffer Ozak, bu rüyasını o zaman Yavuz Selim'in Türbedarı olan zata anlattığında adam çok heyecanlanır ve ağlar. "Şimdi Yavuz Selim'in veli olduğu iyice anlaşıldı." diyerek bir hadiseyi anlatır.

Kendinden önce türbedar olan babasından kendisine hamile olan annesi, mevsimi olmadığı bir zamanda iki okka kiraz ister. Kiraz turfandadır ve alacak parası yoktur. Üzüntü içerisinde türbeyi temizlerken infiale kapılır ve elindeki süpürgenin sapı ile Yavuz'un sandukasına vurarak şöyle seslenir:

"Ey koca sultan! Bunca yıl sana hizmet ettim. Hiç himmetin yok mudur? İki okka kirazını da mı görmeyeceğim? Ben şimdi evime ne yüzle gideceğim?"

Bir gün sonra sabah erken saatte zamanın padişahı Sultan Abdülhamid Han, türbedarı saraya çağırtır ve bir gün önce neler olduğunu sorar. Türbedar korku ile esas meseleyi söylemez. Padişahın ısrarı üzerine olayı bir bir anlatır. Bunun üzerine padişah, hayretle karışık bir sevinç içinde der ki:

"Bak şimdi oldu. Sen dün iki okka kiraz yüzünden dedem Yavuz Selim Han'ın sandukasına vurdun. O da gece benim kulağımı çekti."

Sultan türbedara yüklüce bir para verip maaşını iki kat arttırarak iltifat eder ve şakayla şöyle der:

"Bir daha böyle basit ihtiyaçların için ecdad-ı izamım Yavuz Selim Han'ı rahatsız etme de bizden iste." der. Türbedar bin bir teşekkürle saraydan çıkar ve korkusu sevince döner.

(Vehbi Vakkasoğlu, Maneviyat Dünyamızda İz Bırakanlar)

(Hasan Avni Yüksel, Türk İslam Tasavvuf Geleneğinde Rüya, MEB, İstanbul: 1996 s. 242)

Rüya, hayallerin şuurda yer almaları için şuurun dış dünyadan ilgisini kesmesi, kendine dönmesi, hayal teşekküllerinin kontrolsüz kalması, ihsaslarla dizginlenmemesidir.

Bergson

ÇADIR: Rüyada görülen çadır onu gören kimse ya da kendisi için kurulan kimse için, mülke işaret eder. Rüyada görülen çadır, kabir, ev, hanım veya yolculuk olarak tabir edilebilir. Çadırların çokluğu bulutlara işaret eder.

Rüyada görülen ve bilinmeyen beyaz ve yeşil çadırlar şehitlerin kabirleridir. Rüyada büyük bir çadır kurulduğunu gören kimse büyük güce ve imkana sahip olur. Bazen de böyle bir kimsenin şehit olacağına delalet eder denilmiştir.

Bir kimse bir çadırdan ayrılmak kastıyla çıksa, o kimse içinde bulunduğu yüksek mevkiden çıkmış olur. İşinden olur ve yardımcılarından ayrılır. Kendi çadırının dürülüp toplandığını görse, bu ömrünün tükendiğine işaret eder.

ÇAĞLA: Mevsiminde görülen çağla, müjdeli bir haberdir. Mevsimi dışında görülünce hastalık ve kötü haberdir.

ÇAKIL TAŞI: Rüyada görülen küçük taşlar, erkeklere, kadınlara, ilim ve şiirden öğrenmek isteyenlere, sıkıntı veren şeyleri ezberleyip sıralamaya, hacca, şeytanı taşlamaya, üzüntüye ve iftiraya işaret eder.

Bir kimse, birkaç tane taş toplayıp elbisesinin içine koysa veya yutsa ya da bu taşları bir ilim meclisinden almış olsa, topladığı taşların miktarınca ilimden ve Kur'ân'dan nasiplenir.

Eğer o taşları çarşı pazardan, ekili alanlardan veya ağaç köklerinden toplamışsa, bu o kişinin âdeti üzere elde edeceği ve biriktireceği mala işaret eder. Topladığı taşları denize atarsa, denize malı gider. Kuyuya atarsa, nikahlanır veya mal satın alır.

Yerden aldığı çakıl taşını Müslümanların üzerine atsa, rüya sahibinin küfürbaz, koğucu ve namuslu kadınlara iftira eder biri olduğuna işaret eder. Bazen de küçük çakıl taşları şahitliğe işaret eder. Fazlaca görülen küçük çakıl taşları aynı zamanda meşguliyetli insanın meşgalesidir.

ÇAKMAK: Bir kadın rüyasında çakmak taşı çaktığını, ateş tutuşturduğunu ve üflemesiyle ateşin parladığını görse, o kadın erkek çocuk doğurur. Bazen de çakmak taşı çakmak; karı koca, iki düşman ve iki ortak arasında meydana gelecek kötü durum demektir.

ÇALGI ALETİ ÇALMAK: Rüyada çalgı aleti çalmak hayırlı haberdir. Dinlemek ise, ölüm haberidir. Rüyasında ney, kaval, zurna ve benzeri oyun aletlerinden birini eline alıp parmaklarını onların perdelerine koyduğunu gören kişi Kur'ân öğrenir. Bahsedilen çalgı aletlerinden birisinin kendisine verildiğini gören kişi fitnelerden kurtulur ve takva sahibi olur.

ÇAM AĞACI: Rüyada çam ağacı görmek çok şöhretli, yüce, asil veya mal ve hayrı az, cimri bir insana işaret eder. Rüyasında çam ağacından kapı yaptığını gören kimse zalim ve kötü ahlâklı bir kimseyi kendisine kapıcı yapar. Aynı rüyayı bir tüccar gördüyse, hırsız ve zalim bir kimseyi kendisine bekçi tutar.

ÇAMUR: Çamur ve balçık da toprak gibi yorumlanır. Pişirilmiş veya sıcak çamur dert ve tasadır. Evini çamurla sıvadığını gören, uzun sürecek bir üzüntüye düşer. Bir bina yapımında kullanılan çamur ve harç, mal ve takvadır.

Balçık, bataklık veya çamura düştüğünü gören eğer kurtulamamışsa, ölür. Üstünün başının çamur olduğunu gören, elem çeker. Hasta ise, hastalığı uzar veya cüzi bir mal kazanır. Çamur yemek gıybet yapmaktır. Çamurun rengine göre tabiri toprakta olduğu gibi yapılır.

Bir kişinin rüyada sulu bir çamurda yürümesi o kimsenin düşeceği üzüntü ve kedere ona erişecek olan fitne ve sıkıntıya işarettir. Çamurdan kurtulduğunu, elbiselerini çamurdan

 temizlediğini gören kimse dine göre kendisinde bulunan günahtan, dünyaya göre de kederden kurtulur.

ÇAN: Simsar veya evlat sahibi kadındır. Bazen de şöhrete ve rezilliğe işaret eder. Rüyasında çan çaldığını gören bir kimse halk arasında gerçek dışı bir haberi yayar. Hayvanların boynuna asılmakta olan çan (zil) hayır sahibi bir kimse demektir.

Bazen çan yolculuktur. Savaş ve rızka işaret ettiği de olur. Düşmanla karşılaşmaya hazırlanmak mânâlarına da gelir.

ÇANTA: (bk. Bavul)

ÇARMIHA GERİLME: (bk. Asılma)

ÇARPMAK: Rüyasında bir kişi kendisine yakın olan bir kişiye çarparsa, bunun anlamı evladından veya malından ayrılacak olmasıdır.

ÇARŞAF: Rüyada görülmüş olunan çarşaf beyaz, sıkı ve güzel dokunmuşsa, rüya sahibinin izzet ve şerefine işaret eder. Eğer çarşaf ince olursa, bu sahibinin dinde hassasiyetini gösterir. Çarşaf, erkek için emanettir.

Bir kadın rüyasında kırmızı ve parlak bir çarşafı olduğunu görürse, şüphe ve töhmet altında kalır. Eğer bu çarşafla dışarı çıktığını görse, o töhmetin her yere yayılması ve açığa çıkması demektir.

ÇARŞI ve PAZAR: Rüyada görülen çarşının durumuna göre hacca gitmek, maişet, imtihan, bela, zillet, iş, işsizlik, savaş, fayda, işlerin bozulması gibi farklı şekillerde yorumlanabilir. Çarşıda alış veriş, Allah yolunda savaşmak; birçok kimsenin alış veriş yaptığını görmek, hacca gitmek; çarşının yıkıldığını görmek, işlerin bozulması olarak yorumlanır. Ayrıca Pazar ve çarşı herhangi bir şeyin adıyla müsemma ise (kuyumcular çarşısı, tavuk pazarı gibi) o şeyin anlamı ile tabir olunur.

ÇATI: (bk. Dam, Ev)

ÇAY: Menfaat ve lezzete işarettir. Çay ağacı göz aydınlığı ve daha çok neşe kaynağı olan bir kadına işarettir.

ÇAY: (bk. Dere)

ÇAYDANLIK: Dedikoduya işaret eder.

ÇAYIRLIK / ÇİMENLİK: Rüyada çayırlık bir yer görmek zahmet edilmeden elde edilecek olan rızka ve zahmeti az olan hanıma veya manevî ilme ya da devam eden sadakaya işaret eder. Rüyasında çayırlık bir yerde ot topladığını veya yediğini gören kimsenin durumuna göre rüyanın tabiri farklı olur. Eğer o kimse fakirse, zengin olur. Zenginse, zenginliği artar. Eğer dünyaya olan ilgisini kesmiş bir din adamıysa tekrar dünyaya meyleder.

ÇEKİÇ: Emniyet mensubudur. Bazı tabircilere göre çekiç aldığını gören bir kişi fazlasıyla fazilet sahibi olur. Çekiç, erbabı için yardım ve rızka işarettir.

ÇEKİRGE: Çekirge rüyada açık seçik olarak paradır. Pişmiş çekirge yediğini gören, yediği kadar altın ve gümüş paraya kavuşur. Çekirgeleri bir bir yakalayıp bir kaba koyduğunu gören kısa yoldan zengin olur. Çekirge alıp sattığını gören kuyumcu olur.

Ayrıca çekirge azaptır. Bir yerde çekirgenin çıktığını ve eza cefa ederek gökte uçtuğunu görmek, o yeri istila edecek kötü bir orduya veya zararlı bir yağmurun yağmasına işaret eder.

Rüyada çekirgenin geldiğini görmek, Allah'ın azabının geleceğine bir uyarıdır. Kara ve ekinde görülen çekirgeler helak olmaya, güçsüzlüğe ve işsizliğe işaret eder. Üzerine altın çekirge yağdığını gören insana zayi olan malının bedelini Allah öder ve eğer üzüntü ve kederi varsa, bundan kurtulur.

Görülen çekirgeler yerle gök arasında çok fazlaysa, bu rüya azaptır; ancak insanlar onları toplarlar veya yerlerse, bu çekirgeler rızkın bolluğuna işaret eder.

ÇEKMECE: Bekar için evlenmeye, kendini muhafaza edecek kocaya işaret eder. Çekmecenin içine girdiğini görmek hile ve nifak ile gizlenmektir.

ÇEŞME: Kısmet ile tabir edilir.

ÇIĞLIK: Çığlık hem iyi hem de kötüdür. Bu da rüyanın seyrinden veya rüyayı görenin halinden anlaşılır. Ağlama ile karışık bir çığlık sevinç ve ferahlık; gülmekle karışık çığlık ise, keder ve üzüntüye işarettir.

Meçhul bir yerde kendisinin çağrıldığını ve kendisinin de cevap verdiğini görmek çoğu kere ecelin sesi olarak tabir edilir. Kalabalıkta birisinin nida ederek hak ve doğru şeyler söylediğini gören Allah'ın (cc) sevgili kullarından olur. Satıcı ise, yalancı bir insanla karşılaşacağına işarettir.

ÇINAR AĞACI: Kadri yüce evladı çok ve kötü bir kimsedir. Rüyada çınar ağacı görmek asker için hayırdır. Diğer insanlar içinse, fakirliktir.

ÇIPLAKLIK: Çıplak olup halktan örtünecek bir şey istediğini görmek rezil olup dile düşmek demektir. Çıplaklığından utanmadığını ve halkın da buna aldırmadığını gören hacca gider. Mahrem yerlerinin örtülü olması şartıyla çıplak olduğunu gören davasında temize çıkar. Hapis ise kurtulur ve bütün günahlarından tövbe eder.

Çırılçıplaklık, bilhassa kadın için dile düşmeye işarettir. Eğer kimse kendisine bakmıyor ve kendisi de avret yerlerinin açık olmasından sıkılmıyorsa, bütün dert ve hastalıklarından kurtulur.

Zengin birinin bu rüyayı görmesi iflasına, evini satmasına veya karısından ayrılmasına yorulur. Memur kendisini çıplak görse, görevden alınır. Kadın, kocasının yanında çırılçıplak soyunduğunu görse ondan boşanır.

Çıplaklık darda olan için iyi, zengin ve refah içinde yaşayanlar için ise, kötü bir rüyadır. Rüyada çıplaklık dünya hayatı için kötü, din ve ahiret hayatı için iyidir. Kendisini çıplak görüp de bundan utanmadığını gören şiddetli bir fakirliğe düşer; fakat dinini sağlamlaştırır.

Çıplak iken üstüne başına giyecek bir şey arayan rızkının peşine düşer. Giyecek bir şey bulan rahata kavuşur, bulamayan rızık endişesi çeker. Kendisinin çıplak kaldığını, halkın kendisine bakıp ayıplamadığını ve kendinin de bundan utanmadığını görenin bağışlanmadık bir tek günahı kalmaz.

ÇİÇEKLER: Çiçeklerin çoğu kadın ve evlat ile tabir olunur. Rüyada görülen çiçeklerin rengi önemlidir. Kırmızı, tasa ve keder; sarı, hastalık; mavi, ferah; beyaz, sevinç ve göz aydınlığı; pembe, uzun sürmeyecek mutluluktur.

Fesleğen: Dalında görmek, çocuk, zevce, sevilen kadın; dalından koparmak ise, ağlamak ve hüzün olarak tabir olunur.

Nilüfer: Bugünkü tarifiyle, hizmetçi kız veya sekreter. Bir kadın birine nilüfer verdiğini görürse, ondan ayrı düşer. Evli için ise, çocuk olarak yorulur.

Menekşe: Mevsiminde menekşe dalında ise, kandın,

 ilan-ı aşk, sevgi, cariye veya bunlardan sağlanan menfaate işarettir. Tropikal iklimlerde yetişen, asıl vatanı başka ülkeler olan çiçekler esrarengiz veya yabancı bir kadını temsil eder. Bu yoldan, dışarıdan elde edilecek menfaati de temsil eder.

Yasemin: Mevsiminde çocuğu olacaklar için oğlan çocuk habercisidir. Bunun dışında feryat ve tazarruya sebep olacak sıkıntıya işarettir.

Ağaç Çiçekleri: Hayırlar ve iyiliklerdir. Bir ağaç rüyada neyi temsil ediyorsa, öyle bir insandan görülecek iyilikler ve faydalara delalet eder. Mevsimi dışında görülen ağaç çiçekleri ise, güzel bir rüya değildir.

ÇİĞ (Rutubet): Rüyada böyle bir rutubeti görmek, müjdeye işarettir.

ÇİĞNEMEK: Rüyada sakızdan başka bir şeyi çiğnediğini görmek hasta olmaya işaret eder. Rüyada sakız çiğnediğini gören kişi hakkında dedikodu olur.

Rüyada yenmeksizin ağızda çiğnenen her şey çiğnendiği miktarca sözü tekrarlamaya işaret eder.

ÇİKOLATA: Sağlık ve afiyette olmak olarak yorumlanır.

ÇİLEK: Hayırlı kazanç ve rızkın genişliğine veya hastalıklardan kurtulmaya işarettir.

Çilek yemek; kârlı ticaret veya kazanca;

Çilek dikmek, sevdiklerinden birini uzaklara yolcu etmeye; çilek toplamak, Misafir geleceğine; Çilek tarlası, karlı bir işle ve ticaretle yorumlanır.

ÇİMDİK: Kıskançlıktır. Bir kimseyi cinsî organından çimdiklediğini gören eşine göz diker. Çimdik, bedenin belirli yerlerine göre değişir. Karnını çimdiklerse, o kimse o adamın gizli olan malına göz diker. Uyluğunu çimdiklerse, içinde yaşadığı topluluğun malına göz diler. Elini çimdiklerse, erkek kardeşinin malına göz diker.

ÇİNGENE: Seyahate çıkmaya, bekar kadınlar için evlenmeye, evli kadınlar için sırlarının ortaya çıkmasına işaret eder.

ÇİNİ: Kazançlı bir iş ve ticarete işaret eder.

ÇİSENTİ: Böyle bir rüya yağmurlara veya durumun düzelmesine, üzüntülerden kurtulmaya işaret eder.

ÇİVİ: Çivi yere çakılıyorsa, aileden birinin evlenmesi; duvara çakılıyorsa, erkek kardeşin evlenmesi demektir. Ağaçtan yapılma bir çiviyi yere çaktığını gören kendisi evlenir.

Bir tahtaya veya toprak bir duvara çivi çaktığını gören, vefasız birinden yardım isteyecek demektir. Çivi, yardım vermek ve almaktır.

Çivi halkın yararı için bir şeylere vesile olan insana işarettir. Çok çivi kuvvet ve menfaate işarettir. Rüyada çiviler görmek kızgınlığın geçmesine işarettir. Çivi fesatçı bir toplulukla sohbet eden insanlara da işaret eder.

Çivi Çakmak: Maddî ve manevî menfaati dokunacak olan bir misafirdir.

Çivi Çıkarmak: Bazen başlanılan işte boş yere zahmet ve yorgunluğa işaret eder.

Eğilmiş Çivi: İftiraya uğrayacağınıza veya düşmana

 işarettir.

ÇİZME: Rüyayı gören için evliliğe veya yolculuğa çıkmaya işarettir.

Çizme giymek: Giyilen çizme kısa konçlu ve kalın topuklu ise, yolculuğa; kısa konçlu ve ince tabanlı ise, evliliğe işaret eder.

ÇOBAN: Böyle bir rüya iyidir. Çoban, öğretmen, memur ve hakime işarettir. Bir kimse rüyasında koyun otlattığını; fakat otlattığı yerleri bilmediğini görse, manasını bilmediği halde Kur'ân okur. Rüyada görülen çoban, halkın büyüklerine ve şanın yüceliğine işaret eder.

ÇOCUK: (Erkek Çocuk): Müjde ve sevinç olarak yorumlandığı halde bir kadın, kucağında küçük bir erkek çocuk taşıdığını görürse, üzüleceğine ve kederleneceğine işarettir. Güzel ve yüze gülen bir çocuk da müjdedir. Göz aydınlığıdır. Sevimli, küçük çocuk melektir. Güzel bir çocuk doğurduğunu gören işinde başarılı, evinde itibarlı olur. Çirkin çocuk doğurduğunu ve çocuğun ağladığını gören musibet, bela, sıkıntı ve kedere düşer. Bir çocuktan bir şey öğrendiğini gören aynısını görür veya duyar.

Kız Çocuk: Kız çocuk görmek erkek çocuk görmekten çok daha hayırlıdır. Küçük kız çocuk kolay ve rahat kazanılacak kazançtır, saadettir, berekettir. Küçük bir kız çocuğunu kucağında taşıdığını gören, saadete gark olur, çevresinde itibarı artar.

Karısının kız doğurduğunu gören gam ve kederden kurtulur. Bir kız çocuğunu öpmek, başlanacak işte başarıya ulaşılacağını gösterir. Küçük kız çocuğunun veya bir kız çocuğunun öldüğünü görmek rızkın daralmasına, saadetin azalmasına yorumlanır.

ÇOCUK ARABASI: Görülen boş çocuk arabası, içinde bulunulan durumdan daha iyi ve huzurlu bir hayata işaret eder.

ÇORAP: Erkek için kadın, kadın için menfaat ve sevgidir. Rüyada siyah çorap, muhteşem bir kadına; kırmızı çorap, görgü kurallarını iyi bilen kadına; beyaz çorap, güzel bir kadına; yeşil çorap, iffetli ve utangaç bir kadına; nakışlı ve desenli çorap, on parmağında on hüner bulunan kadına işarettir.

Bir erkek böyle bir çorap aldığını veya giydiğini görürse, böyle bir kadınla evlenir veya yararlanır. Rüyayı kadın görürse, çorapların anlamı doğrultusunda değeri artar. Çorabı kaybetmek veya birine vermek iyi bir rüya değildir.

Giyilmemiş çorap, mal ve vakardır. Yeni çorap giydiğini gören kimse malını korur. Sağlam ve güzel kokulu çorap, malın zekatının verilmesidir. Çorabın kokusu kötü olursa o insan kötü isimle anılır.

ÇORBA: Rüyada görülen veya içilen çorba maddî refahınızın artacağına ve giriştiğiniz işte muvaffak olacağınıza işaret eder.

ÇÖL: Aşırı sıkıntı ve darlığa; fakat bir zaman sonra bütün darlıklardan kurtulmaya, sıhhat ve afiyete işaret eder. Çölün genişliği, uçsuz bucaksız oluşu ferahlığın genişliğine işaret eder. (bk. örnek 17 s.119)

ÇÖPLÜK: Süprüntülük ve çöplük dünya ile tabir olunur. Çöplük açık bir şekilde dünyevî zenginliktir. Çöplükten bir tepe üzerine çıktığını gören ve hele onun

 üzerinde oturan istemediği kadar zengin olur. Çöplük her türlü dünya nimetidir.

Çöplük üzerinde çıplak olduğunu gören kimse memur ise vazifesinden alınır; hasta ise, ölür; zengin ise, fakirleşir; Bir kimse çöplük aldığını görse veya ona bir çöplük miras kalsa ya da evini içinde oturulmayacak derecede pislik içinde görse, o kimse hasta ise ve öleceğinden korkuluyorsa kurtulur.

ÇÖPÇÜ: Fakir bir kişi için hayır, zengin ve varlıklı birisi için ise iyi değildir. Bazen de rüyada görülen çöpçü, kadın için hamile kalmaya işaret eder.

ÇÖREKOTU: Nazardır, sıkıntıdır, tasadır, üzüntüdür. Birine çörekotu verdiğini gören, onunla düşman olur. Rüyada çörekotu görmek rüya sahibinin sıhhatli ve afiyetli olmasına delalet eder.

ÇUKUR: Rüyasında derin bir çukur içinde gittiğini gören kişiye sonunda genişlik ve güzel bir geçim ümit edilen bir güçlük veya bir keder isabet eder. Rüyasında derin bir çukur kazdığını gören insan hakarete uğrayarak kuvvetten düşer.

ÇUVAL: Gizli olan şeyin bekçisidir. Çuvaldan bir şey çıktığını görürse, o kimse sırrı ifşa eder. Çuval görmek yolculuğa gizli olan şeyi muhafazaya ve eşe delalet eder.

OKUMA PARÇASI

"Zübeyde Suyu" Mekke'ye Nasıl Getirildi?

Harun Reşid'in hanımı Seyyide-i Zübeyde, bir gece uykusundan dehşet ve korku ile sıçrayarak uyandı. Rüyasında sayısız erkekle meşru olmayan bir yakınlıkta bulunmuştu. Sabahın pek erken saatlerinde güvendiği bir cariyesini zamanın şöhretli tabircisi İbn-i Sirin Hazretlerine gönderdi. Cariye, rüyayı anlatınca İbn-i Şirin sordu.

"Bu rüyayı kim gördü?" Cariye "Ben" diye cevap verince İbn-i Şirin itiraz etti.

"Mümkün değil! Böyle bir rüyayı ancak hükümdar hanımı veya kızı görebilir. Doğru söylediğin takdirde tabir edebilirim."

Cariye ister istemez gerçeği söyledi.

Evet efendim. Rüya benim değil, hanımım Seyyide-i Zübeyde'nindir. Bunun üzerine İbn-i Sirin:

Git hanımına müjdele. Öyle büyük bir hayır yapacak ki, bütün, Müslümanlar bundan istifade edecek.

Cariye sevinç içinde saraya döndü.

Nitekim çok geçmeden rüya gerçekleşti. Bugün hâlâ "Zübeyde Suyu" ; adıyla anılan su kanalları yapılarak Mekke'nin su ihtiyacı karşılandı.

(Hekimoğlu İsmail, Nurettin Ünal. İlimde, Teknikte, Edebiyatta, Tarihte, Dinde Rüya, Türdav, İstanbul: 1981, s. 181)

Rüya Tabirleri

Ey insanlar!
Peygamberliğin belirtilerinden yalnız güzel rüya kaldı. O rüyayı, Müslüman kişi görür veya onun için başkası tarafından görülür.

Sünen-i İbn-i Mâce, c.10, s.94

DAĞ: Azamet, ululuk, hazine, yüksek mevki, saltanat, iktidar, güç, refah, biriktirilmiş mal, başkanlık, zafer, iman, İslam, sığınak, murad, şan, şeref, katı kalp, fikrinde sabit insan demektir. Görülen dağın hali ne ise, tabir de ona göre yapılır.

Sarp kayalardan meydana gelen ve hiç toprak olmayan bir dağ zerre kadar acımayan bir hakim veya kumandandır.

Yemyeşil ve suları akan bir dağ, ilmiyle amel eden faydalı bir bilgin, sadece topraktan oluşan bir dağ, cimri bir zengin demektir.

Yüksek bir dağa çıkıp oradan bir şehri seyrettiğini gören, amir veya hakim olur. Dağda bir ev yaptığını gören, uzlete çekilir.

Dağa çıkmak her haliyle güzel bir rüyadır. Dağın yandığını görmek büyük bir bela veya kıtlığa yahut büyük bir zatın ölümüne, suların kurumasına işarettir. Dağın patlayıp lavlar püskürtmesi, birinin çıkıp devlete baş kaldırmasıdır.

Biri dağın tepesinde dua ettiğini veya ezan okuduğunu görürse evliya olur veya o bölgenin valisi olur.

Dağa yaslandığını görmek güçlü bir insanın himayesine girmektir.

Dağdan dağa atlamak, uzun bir yolculuğa çıkmaya veya beklenilen kişi ve sevgiliye kavuşmaya işaret eder. Dağdan suya atlamak, ferah ve mutluluğa işaret eder. Yaşanan sıkıntı ve kederden kurtulmaya da işaret eder.

DAKTİLO: Bazı resmî işleri haber verir. Daktilo ile yazı yazdığını gören gerçekten bu işi yapar. Eğer gizli bir suç işlemişse, su yüzüne çıkar.

Daktilo yazarken parmaklarının acıdığını gören, işinden memnun olmaz. Kendi adını yazdığını gören, kendi eliyle kendisini dile düşürür.

Dul bir kadın, rüyasında daktilo görürse, zengin birisiyle evleneceğine veya evlendiği kişiyle anlaşamayacağına; zanlı ise, suçunun sabit olacağına işaret eder.

DALGA: Azap ve şiddettir. Bazı tabirciler, dalganın bir dolandırıcı olduğunu söylemişlerdir.

Dalgaların yükseldiğini görmek: Evli ise, bir kız çocuğunun olacağına veya sonu olmayan bir işe atılacağına işarettir.

Dalgaların köpürdüğünü görmek: Arzulanan birisiyle karşılaşmaya ve tanışmaya işarettir.

Dalgaların kayalara çarptığını görmek: Zorluk ve güçlük demektir. Arzulanan işe ve hedefe ulaşmanın zorluklarını ifade eder.

DALGIÇ: Devlet başkanıdır. İnci çıkarmak için denize daldığını gören kimse, kendi haline göre ya devlet başkanının hizmetine girer, ya âlimden ilim ya da bir iş adamından mal talep eder. Aynı zamanda dalgıç, çetin işlere pervasızca atılan insanlara işaret eder.

Dalgıcın suya daldığını görmek: Dalan kişi belli ise, onun; değilse, halkın zenginleşeceğine işarettir.

Dalgıç olduğunu görmek: Büyük bir mal veya para kazanacağına, memuriyette yükseleceğine, ticarette kar edeceğine işaret eder.

DAM: İzzet, şeref ve rütbedir. Dama çıktığını gören rütbe alır. Dam üstünde ot bittiğini görmek pek iyi sayılmaz. Evlenmemiş birinin kendisini dam üstünde görmesi itibarlı bir eş ile evleneceğine işarettir. Çatı da dam gibidir.

 Rüyasında dam üzerinde hızla koştuğunu veya aceleyle yürüdüğünü gören kimseye devlet başkanı tarafından bir bela isabet eder. Eğer yaz mevsiminde bir kişi rüyasında dama çıktığını görse, üzüntü ve sıkıntılarından kurtulmasına, hastalıkların ondan uzaklaşmasına, rahatlığa ve sırların meydana çıkmasına işaret eder.

DAMA: Dama oynadığını görmek: vaktini boşa harcamaya, ticarette zarara ve şerefin azalmasına işarettir.

Damada kazandığını görmek: Düşmanını mağlup etmeye işarettir.

DAMAR: İnsanın damarları, soy ve kabilesidir. Damarın yok olması akrabalardan ayrılmaya, kesilmesi de rüya sahibinin ölmesiyle akrabasından ayrılmasına işarettir. Rüyasında elinin damarlarından kan aktığını gören kimse zengin ise, o kan miktarı elinden mal gider; fakirse, o kan miktarı eline mal geçer.

DAMAT: Damadı olmayanlar için başarıya ve muvaffakiyete işaret eder.

DANS: Dans ettiğini gören de raks eden gibidir; ancak dansta karşı tarafa meyil de söz konusudur.

Rüyada tanımadığı biriyle dans ettiğini gören, bekarsa evlenir, evli ise gayrimeşru bir ilişkiye girer.

Yaşlı bir kadınla dans ettiğini gören, dünyanın zevklerinden fazlasıyla nasip alır.

Tanımadığı çirkin ve genç bir kadınla dans ettiğini gören, sermayesini kadınların teşkil ettiği kötü işlerden para kazanır.

Kadın kadına dans ettiğini gören, bekarsa, evde kalır; evli ise, kocasından ayrılır. Erkek için de durum aynıdır.

Evli kadın için bu rüya kocanın öleceğini de gösterir. Dans, pek de sevimli bir rüya değildir.

Bir kimse kendi evinde yalnız başına dans etse rahata kavuşur.

Hasta bir kimse rüyasında dans ettiğini görse ızdırabı artar.

Rüyasında yüksek bir yer üzerinde dans etmek korkudur.

Deniz yolculuğunda olan bir kişinin gemide dans ettiğini görmesi karşılaşacağı şiddete işarettir.

Rüyada, kendi evinde dans ettiğini ve akrabalarının dans ettiğini görmek hayırdır, izzet ve şereftir. (bk. Raks)

DANSÖZ: Sıkıntılardan kurtulmaya işaret eder. Zorluk ve zahmetten sonra neşeli bir kişi veya toplulukla sıkıntılarınızı unutacağınıza işarettir.

DANTEL: Rüyada dantel örmek veya görmek, rüya sahibinin işlerinin bozulup sıkıntıya uğrayacağına işarettir.

DARAĞACI: Rüya sahibinin gerçekleşmesini istediği bir arzusuna kavuşacağına işarettir.

Kendini darağacında görmek: Kârlı bir işe ve kazançlı bir ticarete işaret eder.

Darağacında ipin boynuna geçirildiğini görmek: Mirastan gelecek büyük bir mala veya çalışarak kazanılacak çok miktarda paraya işaret eder.

DARGINLIK: Rüyada herhangi bir sebep olmaksızın darıldığını görmek ani ölümdür. Bazen de insanı rezil edecek şeyleri yapmaya ve hastalıklara işarettir. Dargınlık, fakirlik ve malı gereksiz yere harcamaktır. Bir kimse kendisinin birisine dargın olduğunu görse işleri o kişinin eline geçer.

DARI: Kendisine diğer malların karıştırıldığı bir maldır. Bazı tabircilere göre de darı, tembellik ve eldeki malın gitmesidir.

Darı almak: Zorluk ve sıkıntı ile kazanılacak maldır.

Darı satmak: Sefalet ve fakirliğe işaret eder.

DAVA: Rüyada kendisini bir davada görmek veya birisini dava etmek sıkıntılarınıza bütün dostlarınızın da ortak olduklarını gösterir.

Kendisinin dava edildiğini görmek: Yakın dostlarından ihanet görmeye veya maddi kayba işaret eder.

DAVUL: Boş bir haberdir. Evinde davulla oynadığını, bağırıp çağırdığını gören kimseye bir musibet erişir.

Bando davulunu görmek yalan haberdir.

Sahur davulu gibi vakti bildiren bir davul, çok kibirli bir zengini görmeye işarettir.

Hac kafilesinde çalınan davulun rüyada görülmesi de rehber ve kılavuza işaret eder. Davul sesi ve gürültüye sebep olan her türlü ses, rüyada cimri birtakım zenginlere işarettir.

Davul çalmak: Kişinin boş yere kendisini üzdüğüne işarettir.

Davul satın almak: Sevdiklerinden ve toplumdan kopmaya, ayrılmaya işaret eder.

Davul sesi işitmek: Yakın zamanda hoş haberler, mutluluk veren sürprizlerle karşılaşmaya işarettir.

DAYAK: Dayak yediğini görmek rüya sahibinin üzüntüsünden kurtulacağına, dayak attığını görmek de üzüntüsünün artacağına işarettir.

DAYANMA: Yardım, kolaylık, rahat, siyaset, liderlik gibi anlamlara gelir. Rüyada bir yere dayanarak rahat oturduğunu gören, eğer hali ve mevkisi elverişli ise, insanları yöneteceği bir makama gelir. İşverense, yeni işçiler veya yardımcılar alır. İşi zor olan için de rahat ve kolay iştir. Dayanma bunlara nispetle tabir edilir.

DEDE: İnsanın dedesini görmesi çalışma ile tabir edilir. Dedesinin öldüğünü görenin çalışma ve gayreti sona erer. Kendisinin dede olduğunu gören kişinin ömrü uzun, şanı yüce olur.

DEFİN: Diri olduğu halde defnedildiğini gören, düşmanına galip gelir. Defin yalın olarak hapis, fakirlik, yolculuk, düşmanlık, işlerin bozulması, büyük günahlar, gücü kaybetme ve mağdur duruma düşme şeklinde yorumlanır.

Hayvan leşi gömdüğünü gören, mal biriktirir, yaptığı bir kötülük veya günahtan pişman olur.

Bir kişi rüyasında ölmüş olduğunu ve defnedildiğini görürse, bu onun uzak bir yolculuğa çıkacağına ve orada mal sahibi olamayacağına işaret eder.

Rüyada ölünün diri kimseyi defnetmesi; bulunduğu durumda borca girmesine delalettir.

Ölünün ölüyü defnetmesi; akrabalar arasında samimiyet ve dostluğa işaret eder.

DEFTER: Maişetini ayarlamadır. İşsiz kimsenin defter görmesi iş bulmaya işarettir. Defter menfaat ve rızklara, gayrete ve rızık aramak için yolculuğa işarettir.

DEĞİRMEN: Doğru sözlü, isabetli görüşü olan, zengin bir adamla tabir olunur. Bazen düşmanlık anlamına da gelir.

Değirmen taşının döndüğünü görmek işlerin yolunda gideceğine işarettir. Taşın boş yere döndüğünü gören yola gider.

Değirmenin gürültülü çalıştığını ve değirmenden un çıkmadığını görmek, savaşa işaret eder. Değirmenci olduğunu gören, bir anda saçının ağarmasına sebep olacak bir musibete uğrar. Değirmen taşları karı kocayı da temsil eder.

DEĞİŞME: Genç insanın rüyada kendisini ihtiyar görmesi, şeref, itibar ve vakar ile yorumlanır. Böyle bir insan yaşının gereğinden büyük mevkilere gelir. İhtiyar olduğu halde gençleştiğini görenin durumu bunun tam aksidir. Genç bir kadının kendisini ihtiyar görmesi zengin olacağına işarettir. İhtiyar bir kadın kendisini çok genç ve güzel görürse çok geçmeden ölür. Vücudunun inceyken kalınlaştığını gören, zengin olur. Vücudunun kalın iken inceldiğini gören, fakir olur. Boyu uzun kimsenin kısaldığını görmesi işten çıkarılacağına veya mevkisini kaybedeceğine yahut ömründen pek bir şey kalmadığına delalet eder.

Uzuvlarını eksik gören, dinde eksik olur. Erkek, kadın olduğunu görürse, aşağılık ve çaresiz bir duruma düşer. Kadın, erkek olduğunu görürse, hamile ise, oğlan doğurur, hamile değilse, kocasız kalır. Oğlu varsa, kavminin efendisi olur. Kendisini rüyasında bir hayvan şekline girmiş gören kişinin rüyası görülen hayvana göre değişir.

DELİ ve DELİRME: Rüyada delirdiğini veya sara hastalığına tutulduğunu gören ya malını kaybeder ya da aklını başından alacak bir bela veya musibete uğrar. Bu rüya her haliyle kötüdür. Bazen faiz para ile de tabir edilir. Bir küçük çocuğun delirdiğini görmek ebeveyni için hayır ve paradır.

Delirmiş kadın bir yıllık dünya hayatıdır. Ondan bir şey almak çok iyidir. Deli bazen de dünya hayatı ve malı ile tabir edilir.

Bazıları da delilik, Cennet'e girmeye ve aşka işarettir derler.

DEMİR: Demiri elinde bulunduran insan için mal ve kuvvettir. Demiri aldığını gören kimse için de yine zayıfladıktan sonra elde edilecek olan kuvvettir. Rüyasında bir yere yığılmış demir görene dünya nimetlerinden hayır vardır ve yine kendisi için demirin yumuşadığını gören kimse için rızık ve genişlik vardır.

Rüyada görülen balta, keser gibi demir eşyalar rüya sahibinin hizmetçisi veya ücretidir. Rüyada demirden yapılan şeyler insan için menfaat ve kuvvettir.

DEMİRCİ: Kârlı bir iş sahibi olmaya, zenginliğe ve refaha işaret eder.

Demircilik yapmak: Hükümetle olacak bir işte zorluk ve sıkıntı demektir.

DEMİRYOLU: Trenle yapılacak seyahate işaret eder. Trende geçirilen rahat bir yolculuk ise, işlerin yolunda gideceğine ve refaha işaret eder.

Rötarlı tren seyahati yapmak: Farklı sebeplerden dolayı maddî ve manevi sıkıntı ve zahmetlerle karşılaşılacağına işaret eder.

DENİZ: Gemi mal ve mülk, devlet başkanı ve sultan, alim ve ilim, iş güç ile yorulur. Sakin ve durgun deniz görmek, adaletli yönetici; coşkun ve hırçın deniz, zalim ve adaletsiz yönetici olarak yorumlanır.

Denizden soğuk su içtiğini gören, içtiği su kadar mala kavuşur. Sıcak su içtiğini görenin, içtiği su kadar gam ve kederi olur. Denizi içip kuruttuğunu gören, büyük bir âlim veya zengin olur.

Denize düşüp boğulduğunu görenin, devletle başı derde girer ve müebbet hapis cezasına çarptırılır. Yahut sıkıntılı bir hayatı olur. Bu rüyanın dünya nimetlerine gark olma manası da vardır.

Denizden su taşıdığını gören, devletten para alır.

Denizde boy abdesti aldığını gören, zengin olur. Denizi uzaktan seyrettiğini gören, emeline yaklaşacaktır.

Denize bevlettiğini gören, dünyanın kirliliğine batmadan temiz bir kalple ölür.

Denizden su alıp bir kaba biriktirdiğini gören kimse çok mal biriktirir.

Denizin suyunun azaldığını, öyle ki kıyı ve kenarlarının susuz kaldığını görmek, o yer halkına ve devlet hazinesine yönetimden gelecek zarara veya o şehirde kıtlık çıkacağına işaret eder.

Denizde yüzdüğünü gören, bir kimse içinde bulunduğu işten çıkmaya çalışır. Bu işin kolaylığı denizden sahile olan kolaylık kadardır. Eğer yüzerek denizden çıkarsa, o işin içinden de çıkar. Bazen deniz nihayetsiz sanata işaret eder.

Bir insan rüyasında denizin güzel bir şekilde fazlalaştığını görse; o sırada insanların yağmura ihtiyaçları varsa, yağmur yağar ve bu faydalı, bereketli bir yağmur olur. Denizin taşıp dalgalarının birbirine vurduğunu gören kimse yolculuğunda korkuya ve dehşete düşer. (bk. örnek 53 s. 547)

DENİZALTI: Denizaltıya binmek sevdiğiniz insanlarla birlikte güzel günler yaşayacağınıza işaret eder. Denizaltı ile denize daldığını gören kişi tehlikeli ve riskli; fakat sonu hayırlı bir işe girişir. (bk. Askeri Gemiler)

DEPO: Rüyasında herhangi bir nesnenin depolandığı bir mekana giren kişi için bu rüya; depo dolu ise, yakın bir gelecekte zengin olacağına; depo boş ise, hayal kırıklığı ve üzüntüye işaret eder.

Şarap deposu (mahzeni): Herhangi bir eğlenceye işaret eder. Düğün, merasim, toplantı gibi.

DEPREM: Maddî olarak para ve mal kaybına, sıkıntı ve iflasa; manevi olarak da gönül darlığı ve hüzne işaret eder.

DERE: Güzel bir maişet, rahat bir hayatı temsil eder. Dereden su içmek ve ona dalıp geçmek rahat bir hayat sürmek demektir. Su; acı ve çamurlu ise, kötüdür. Dere, akrabadan olan kadını da temsil eder.

Bir derenin önünü kapadığını gören, yakınından bir kadınla irtibatı keser. İnsanın karısını da temsil eder. Genel olarak dere, çay, ırmak hep aynı şekilde yorumlanır.

Rüyayı gören, genç ise, yaşadığı çevreden herhangi bir sebepten dolayı ayrılacağına; orta yaşta ise, uzun zamandan beri görüşmediği bir dostu ile buluşmasına; yaşlı ise, uzaktan mutlu ve sevinçli haberler alacağına işaret eder. (bk. Nehir, Örnek 17)

ÖRNEK 17

Pırıl Pırıl Bir Derede Filemdeki Yeşillikleri Yıkıyorum

Rüyamda bir çöldeyim. Yanımda karım da var. İki küp buluyorum. Biri altın dolu, diğerinde kıymetli mücevherat ve para var. Biz güya onları bulmuşuz. Karım bunların sahibinin olabileceğini düşünerek, sahibini arayıp bulmamızı istiyor. Uzun süre bu küplerin sahibini arıyoruz; ama bulamıyoruz. Sonra ben insanların benim için dua ettiğini düşünüyorum ve bu paraların bu dualar hatırına bana Allah tarafından verilmiş olabileceğini düşünüyorum. Derken kendimizi bir derenin kenarında buluyoruz. Pırıl pırıl ter temiz bir dere. Elimde her türlü yeşilliğin içinde bulunduğu bir file var. Marul, kıvırcık, maydanoz, turp vb. gibi her türlü yeşillik. Onları derenin içinde bir güzel yıkıyorum.

Y.E - Yenibosna

 *Allah hayretsin.*

Büyük ihtimalle siz mesut bir çiftsiniz. Bazı maddî sıkıntılarınız var; ama çok uzak olmayan bir zaman içinde maddî ve manevî açıdan bolluk ve berekete kavuşacaksınız. Ayrıca çocuklarınızdan da büyük iyilikler göreceksiniz. Nesliniz yayılıp kök salacak. Çocuklarınız hem dünyevî hem uhrevî açıdan istediğiniz gibi yetişip büyüyecekler. Belki kök bakımından da soylusunuz. Öyle değilse bile sizinle birlikte soyadınız itibar kazanacak.

DERİ: İnsan derisi ziynet, güzellik ve halkın senin hakkında bildikleridir. Derisinin kalın olduğunu gören, kimseye ehemmiyet vermez veya halkın istihzasına uğrar. Bununla birlikte zengin olur.

Derisinin çirkin bir renk aldığını gören, dile düşer.

Her türlü hayvan derisi, maldır. Eti yenen hayvanların dersi helal, eti yenmeyen hayvan derisi haram mal ile tabir olunur.

Derisinin yüzüldüğünü görmek itibarını kaybetmekle birlikte mal kazanmak demektir. Kendisinin deri yüzdüğünü görmek halk arasında itibara ve halka çeki düzen vermeye delalet eder.

Deriden elbise yapmak: Sevdiğiniz insanın size ihanet edeceğine işaret eder.

DERİSİNİ YÜZMEK: Birinin derisini yüzmek, onun malına ortak olmaktır. Birinin derisinin tamamen yüzüldüğünü görmek fakir düşeceğine işarettir. Deri maldır. Buna nispetle tabir olunur.

DERS: Rüyada ders vermek başkalarına faydalı olmaya, ders dinlemek ise, bir işi başarmaya işarettir.

DERSHANE (Sınıf): Ferahlık ve sevinçtir. Keder ve sıkıntıdan kurtulmak olarak tabir olunur.

Dershaneye girmek: Dert ve sıkıntılarından kurtulmaktır.

Dershaneden çıkmak: Büyük mevki ve makam sahibi olmaya, itibarının yükselmesine işaret eder.

DEV: Karşılaşılan zorlukları başarma, hayatta ilerleme ve muvaffak olma olarak yorumlanır. Ayrıca bazı yorumcular, efsanevî öğeler, dev, peri, cin, şeytan görmeyi çok zengin olmaya işlerin iyi gitmesine veya yalan bir haberle karşılaşılmasına yorarlar.

DEVE: Cariyeyi temsil eder. Rüyasında deveye binmiş ve süratle giden, yolculuğa çıkar. Deveden indiğini gören, hasta olur; ama şifa bulur.

Bir dişi deve bulduğunu gören evlenir ve dişi devenin yanında yavrusu varsa, evlendiği kadından çocuğu olur.

Rüyasında kendi develerini otlattığını gören, o bölgenin idarecisi olur. Buğday ve arpa yüklü deve gören, büyük maddî menfaatler elde eder.

Deveye binmiş bir kadın gören, evlenir ve karısı kendisine çok bağlı olur. Bir devenin diğer bir deveyi yediğini gören, devletten büyük yardım görür.

Rüyasında bir deveye bindiğini gören, hasta vefat eder. Bir kadın deve görürse, kadının kocası seyahatte ise, geri döner.

Bir deve ile mücadele edip onu yendiğini gören, düşmanını da yener.

Rüyada görülen erkek deve, üzüntü ve zahmettir. Rüyada dişi develerin görülmesi, sonunun güzelliğine, din ve dünyaca selamete işaret eder.

Rüyada katar halinde deve görülmesi, kış mevsiminde

 yağmura işarettir. Rüyada deveye binmek hacca gitmeye de işarettir.

İki devenin kavga ettiğini görmek: İki devlet başkanının savaş yapacağına işarettir.

Devenin koştuğunu görmek: Ümit ve emellerine kavuşmaya mutlu bir hayata işaret eder.

Devenin ısırması: Kısa sürecek bir hastalık veya sıkıntıya işaret eder.

Devenin tepmesi: Kavga veya münakaşaya işaret eder.

DEVE KUŞU: Evinde bir deve kuşu bulunduğunu gören kişinin ömrü uzar. Rüyasında deve kuşuna bindiğini gören kişi haram mal elde eder yahut çöl olan bir yere yolculuk yapar. Rüyasında bir deve kuşunu yüklendiğini gören kimse bir hataya düşer.

DIŞKI: (bk. Necaset):

DİKEN: Rüyada görülen dikenin haşin ve şiddetli bir adam olduğu söylenir ya da böyle bir adamın ortaya atacağı bir fitnedir.

Rüyasında kendisine diken batan bir kimse, fitneye düşer veya hoşlanmadığı bir şey onu rahatsız eder. Diken dinden de dünyadan da anlamayan cahil kişilere işaret eder. Bazen de dikene keskin olduğu için bir takım hastalık ve acılardır denilmiştir. Sertliğine binaen keder ve üzüntüdür, aşktır; kötü bir kimseden gelecek zarardır, şeklinde yorumlanır.

DİKİŞ DİKMEK: Rüyasında dikiş diktiğini gören erkekse, onun için rahata kavuşmaya; kadın ise, ikiyüzlü bir arkadaşının olduğuna işaret eder.

DİL: Rüyada dil gören, davasını kolay ispat eder.

Mahkemelik ise, beraat eder. Bazen de insanın dile düşmesine, ayıbını söylemesine delalet eder.

Rüyada dilinin uzadığını gören, iftira ve gıybette ileri gider. Dilinin kesildiğini gören, salih ve az konuşur.

Kişinin durumuna göre rüyadaki dil uzunluğu o kişinin edebiyatta çağdaşlarına üstün geleceğine de işaret edebilir.

İki dili olduğunu gören kimsenin ilmi ve sıhhati artar, düşmanına galip gelir. Rüyasında dilinin çenesine yapıştığını gören bir kimse borcunu ve kendisine bırakılan bir emaneti inkar eder.

Dilinde kıl bittiğini görmek bazen o kişinin söyleyeceği bir şiire işaret eder. Bir kimsenin rüyasında kendi diline baktığını görmesi o kimsenin lisanını korumaya gayret ettiğine işarettir.

Rüyada dilsiz olduğunu görmek memur olan kişi için vazifesinden atılmaya işarettir. Böyle bir rüya kadınlar için hayırlıdır.

DİLENCİ: İlim öğrenen talebeye işaret eder. İstediği şey kendisine verildiyse talep ettiği ilmi elde eder. Dilenciler üzüntü ve sıkıntıya veya fakirliğe de işaret ederler. Bir takım dilencilerin kendi bulunduğu yere gitmeleri evinde meydana gelecek dağılma ve perişanlığa işaret eder. Evinde bulunan eşyalardan bir şeyler almışlarsa, bu büyük zarar demektir.

Rüyasında dilendiğini ve kendisine de bir şeyler verildiğini gören kimse zeki olur.

Dilenciyi kapıdan kovmak: Kötü bir iş yapacağına işarettir.

Dilenciyi dövmek: Sıkıntıya düşmeye ve başkasına muhtaç olmaktır.

DİNÎ BAYRAMLAR: Rüya sahibi için hayır bereket ve afiyet demektir.

Genç bir erkek için uzun süreli seveceği bir kadınla tanışmaya

Genç bir kadın için yumuşak kalpli ve iyiliksever olduğuna işaret eder.

DİNLEMEK ve İŞİTMEK: Rüyada Kur'ân-ı Kerim'i, Rasulullah hakkında bir şiiri veya bir sohbeti dinleyen insan, hidayete erişir ve Allah'a yönelir.

Rüyada başka birisine söylenen söze kulak kabartmak; yalana, koğuculuğa ve rüya sahibine ulaşacak çirkin bir şeye işaret eder. Rüyada bir insanın seslenmesi rızık ve faydalara işaret eder. Hayvanların sesleri, üzüntü, keder, korku ve sıkıntıdır.

DİNLENMEK: Rüyada yorulduğunu ve dinlenerek rahatladığını gören kimse, için bu rüya fakirlikten sonra zenginliğe, sıkıntı ve şiddetten sonra rahatlığa ve saliha bir kadına işaret eder. Rüyayı gören hasta bir kişiyse dünyanın meşakkat ve sıkıntılarından kurtulacağına; yani ecelinin yaklaştığına delalet eder.

DİPLOMA: Rüya görenin durumuna göre yorumlanır. Tüccar ise, kazancının artacağına; memur ise, amiri tarafından takdir edileceğine vs. işaret eder. Her durum için diploma, takdir edilmektir.

DİREK ve SÜTUN: İnsanın yardımcıları ve hizmetçileridir. Görülen rüya bunlara nispetle yorumlanır. Direk, kendisine itimat edilen güvenilir bir kimsedir. Aynı zamanda dine işarettir. Gözyaşına işaret ettiği de olur.

Rüyada direğin eğildiğini gören kimse memur ise, onun hizmetinde bulunan adamı, verdiği emirlerin aksine iş yapar ve ona itaat etmez.

Demir direk hayatta başarılı olmaya;

Mermer direk, bir fenalık veya fitneden dolayı çekilecek sıkıntıya;

Direğe çıkmak, işinde veya atandığı vazifede başarılı olmaya;

Direğe çıkamamak, işlerinin bozulacağına veya başarısızlığa işaret eder.

DİRİLMEK (HAŞİR): İnsanların öldükten sonra hesap vermek için dirildiklerini gören kişinin maddi sıkıntı ve darlıktan kurtulacağına işaret eder.

DİŞ: Rüyada dişler, akraba ve dostlar ile tabir edilir. Üst dişler, erkekleri; alt dişler, kadınları temsil eder. Azı dişler maddî ve manevî muhtaç olduklarımızı gösterir. Rüyada bu dişlere bir şey olduğunun görülmesi temsil ettikleri akraba veya yakınlara da aynı şeyin olması demektir.

Ağzında fazladan diş çıktığını gören akrabasından fayda görür. Dişin eksikliği de yardımlarının veya kendilerinin kaybolmasına işarettir.

Hamile kadının dişinin eline veya eteğine düştüğünü görmesi, düşük yapacağına delalet eder.

Dişlerden birinin rüyada oynaması hastalıktır. Dişin düşmesi veya kaybolması bu dişin temsil ettiği şahıslardan birinin ölümü veya kaybolması sebebiyle rüya sahibinin onu bir daha görmemesidir.

Rüyasında dişine bir zarar geldikten sonra onu çıkarmış olsa, akraba veya yabancı birinden dişin kıymetince istifade eder. Dişlerini sararmış ve siyahlaşmış gören bir kişi için bu rüya ailesinden birinin yapacağı uygunsuz bir hareketten dolayı yüzünün kızarmasına işaret eder.

Dişlerinin uzadığını ve büyüdüğünü gören kimsenin evinde bir münakaşa olacak demektir.

Dişlerinin altından olduğunu görmek halk için yangın ve hastalıktır. Dişlerinin camdan veya ağaçtan olduğunu gören kişiyi kahredecek bir ölüme işaret eder. Gümüşten olduğunu görse, malı hakkında uğrayacağı bir musibettir.

Dişlerinin yerlerinden ayrılıp üst dişlerin, altta; alt dişlerin, üstte olduğunu gören kimsenin ev halkından olan kadınların erkeklere galip gelmesine işaret eder.

Rüyada dişlerinin aralıklı olduğunu gören kimse için bu rüya aile halkının dağılmasına, aralarında fesat çıkmasına ve malındaki noksanlığa delalet eder.

DİŞÇİ: Sıkıntı ve kederlerden kurtaracak bir dosta işaret eder.

DİZ: İnsanın gayret ve gayesidir. Bunlarla meydana gelecek iyi veya kötü durum bunlara nispetle tabir olunur.

Dizler bedenin kuvvet ve hareketi ve işinin iyiliğidir. Dizlerinin sıhhatli ve sağlam olması bir harekete, yolculuğa veya bir kişinin sağlığına işaret eder. Dizlerdeki ağrı ve hastalık dizlerin işteki ağırlığına; rüya sahibi hasta ise, ölümüne işaret eder. Diz, yolcunun bineğidir.

Kişi rüyasında dizinin derisini soyulmuş ve yüzülmüş görse, o kimse geçiminde zahmet ve meşakkate düşer. Dizinin derisinin katı olduğunu veya orada şiş, kir, pas gibi şeyler olduğunu görürse, o kişi geçiminde zahmete uğrar veya zahmetle kazandığı malını telef eder.

Eğer birisi rüyasında dizinin yerinden ayrıldığını yahut kırıldığını ya da onda yara ve çıban gibi akıcı kan olduğunu görse, o kimsenin hareketsizliğine veya sakin bir halde kalmasına veya yolculuk fikri varsa, yolculuktan vazgeçmesine işaret eder.

DOĞURMAK: Kız doğurduğunu gören hayra erer. Maddî

manevî genişlik olur. Erkek çocuk, şiddetli üzüntü ve kederdir. Rüyada hamile kadının kız doğurması erkek çocuk, erkek doğurması ise kız çocuk ile tabir olunur.

Ağzından çocuk çıktığını gören, hasta ise, vefat eder veya birini ölümden kurtarır. Bir erkeğin çocuk doğurması, karısından boşanması veya sonu iyi olacak zor bir işin altına girmesi demektir. Bir kız doğurması hizmetçi edinmek, menfaate kavuşmak veya ikinci bir kadın almak demektir. Doğan çocuğun hemen konuşması büyük hayırdır.

Bir hasta rüyasında annesinin kendisini doğurduğunu görse ölür. Aynı rüyayı bir zanaatkar görse, onu rahatından ve işinden alıkoyacak birtakım engeller ortaya çıkar. Bu rüyayı fakir birisi görse kendisini besleyecek ve düşünecek birisini bulur. Zengin birisi bu rüyayı görmüş ise, zevk ve eğlenceye daldığı için malını muhafaza edemez.

Doğurmak sıkıntı ve üzüntülerden kurtulmaya rahatlığa, borcunu ödemeye ve tövbe etmeye işarettir .rüyada hamile olduğunu gören kimse üzülür. Doğurduğunu gören üzüntülerinden kurtulur.

DOKTOR: Alim bir kimseye işarettir. Aynı zamanda rüyada görülen doktor, kişinin annesidir. Doktorunun öldüğünü gören insanın, annesi ölür. Rüyasında doktorun sağlam birisinin yanına gittiğini gören kişi hastalanır.

Rüyada doktor olduğunu gören kimse, haline uygun yüksek bir mevkiye geçer.

Doktora muayene olmak: Hasta için hastalığının geçeceğine, fakir için rızkının genişleyeceğine işaret eder.

Doktordan ilaç almak: Size sıkıntı verecek ve üzecek gizli bir haberi öğreneceğinize delalet eder.

Doktoru eve davet etmek: Ticarette sıkıntı ve darlığa düşeceğinize veya iflas edeceğinize işaret eder.

DOKUMAK: Bir şeyler dokumak, ömrün kısalmasına işaret eder.

DOLAP: İçi eşya dolu bir dolap görmek rüya sahibinin işlerinin iyi gitmesine işarettir. Rüyada içi boş bir dolap görmek yoksulluğa, muhtaç duruma düşmeye işaret eder.

DOLANDIRICI: Herhangi bir kişi tarafından dolandırıldığını gören kişinin sonunda mutluluğu ve huzuru yakalayacağına işaret eder.

DOLMA: Rüyada görülen veya yenilen dolma, hastalık, keder, sıkıntı veya size zarar verecek yalan haber olarak yorumlanır.

DOLU: İhtiyaç ve zarara işarettir. Başına dolu yağdığını gören faili meçhul bir kazaya uğrar. Çiftçi ise ekininden hayır görmez.

Zamanında yağan dolu üzüntü ve sıkıntıların gitmesi ve düşmanın kahrolmasıdır. Zamansız yağan dolu ve kar ise, kişinin kısa süreli bir hastalığa yakalanacağına işaret eder. Dolunun üzerine yağdığını gören kimsenin bir kısım malı elinden gider.

Eğer birisi rüyasında doluyu toplayıp elek, kalbur, elbise gibi bir şeyin içine doldurursa, zengin ise, malını kaybeder; fakir ise, elinde olanlar da elinden çıkar. Kararınca yağan dolu, o yer halkı için rahmettir. Yağdığı yeri ifsat etmişse, oraya Allah'ın azabı iner.

DOMATES: Mevsiminde bir küme kırmızı domates görmek madenî paradır. (Daha çok altına işarettir.) Bunun dışında her mevsimde günlük üzüntüler ve dertlerdir.

DOMUZ: Kötü ve hayırsız adam, faydasız mal demektir. Domuz eti haksızlıkla kazanılmış maldır. Domuz yavrusu üzüntü ve kederdir.

Bir domuz ile uğraştığını gören, aşağılık bir adamla münakaşa eder. Bir domuza bindiğini veya güttüğünü gören nüfuzlu bir insanın emrinde çalışır veya onun işlerini yürütür.

Kendisinin domuz olduğunu görmek: Rüyayı görenin yaptığı herhangi bir şeyden dolayı insanlar arasında hor ve hakir düşeceğine işaret eder.

Domuza binmek: Yüksek bir makama ulaşmaya ve düşmanları mağlup etmeye işaret eder. Domuz eti, yağı, derisi, kılı haram maldır. (bk. örnek 18)

ÖRNEK 18

Domuz da Ağaca Çıkar

Rüyamda gri bir domuz görüyorum. Yer yer ağaçların bulunduğu boş bir arazideyiz. Karşıda evimiz varmış; ama ev bizim oturduğumuz eve benzemiyor. Önce annem bir telefon kulübesinden telefon ediyordu. Kardeşimin erkek arkadaşı geldi ve birbirlerini aramadıkları için tartışmaya başladılar. Annem hiç kızmadı. Kardeşimin erkek arkadaşı o değil, benim okuldan tanıdığım arkadaştı.

Uyandım ve tekrar uyumuşum. Rüyanın devamında yine evimizin karşısındaki arsada duruyoruz. Kardeşim, arkadaşı ve ben. Kardeşimin arkadaşı bu sefer de yine bizim okuldan başka bir arkadaşmış. İkisi oturup konuşuyorlardı. Ben ayakta duruyordum. Hava gündüz. Birden bizim evden bir domuz koşarak çıktı. Ben çok korktum. Kardeşimle erkek arkadaşı hiç aldırmıyorlardı. Ben kardeşime sevdiği çocuğun "Ağaca çıkarsan sana zarar vermez." dediğini söylüyorum. Kardeşim de "Domuz da ağaca çıkar." diyor. Ben güçlükle ağaca çıktım. Kardeşimle arkadaşı büyük büyük papatyalarla çevrili iki tane yuvarlak yeşil dallı çiçeğin üstünde ayrı ayrı oturuyorlardı. Domuz birden bire orada belirdi. O çiçekleri ağzına

 aldı. Sonra ağaca çıkmaya başladı, ben korkuyla yere atlamak istedim, tam beni ısıracakken uyandım.

S.G-Ankara

Allah hayretsin.

Bu iki rüyadır. Birincisi, sizin arkadaşınızla ilgili; ikincisi sizinle ilgili. Kardeşiniz, başlangıçta sizin ilgi duyduğunuz biriyle yakınlaşacak ve onunla yakınlık kuracak. Belki de onunla evlenecek. Size gelince, pek de iyi olmayan bir adamdan bazı yararlılıklar göreceksiniz. Size zarar vermek isteyecek; ama bunu başaramayacak.

DONDURMA: Rüyada görülen ve yenilen dondurma, huzur, mutluluk ve gönül genişliğine, aynı zamanda işlerin iyi gideceğine işaret eder.

Dondurma satmak: Ticarette veya hayatta ele geçen değerli fırsatları değerlendiremektir.

Dondurma ikram etmek: İhmalciliğinize ve bu yüzden zorluklarla karşılaşacağınıza işaret eder.

DÖRT YOL AĞZI: Kendisini bir dört yol ağzında gören kişinin rüyasında hayatına yön verecek bir durum veya olayla karşılaşıp karar vermesi gerektiği şeklinde yorumlanır. Eğer yol ağzında işaret veya işaretçi varsa, bu seçimde güvendiği kişilerle fikir alışverişi yapması gerektiğine işaret eder.

DÖŞEK: Rüyada görülen döşek, şilte, yatak gibi imajlar kadını temsil eder.

Döşek satmak: Hanımından boşanmaya işaret eder.

DÖVÜŞME: Dövüşme neticesinin aksi ile tabir olunur. Rüyada birisini dövdüğünü gören, ona mağlup olur. Başka yorumlar varsa da dövüşmenin bu şekilde tahakkuk ettiği tecrübelerle sabit olmuştur.

DÖVMEK / DÖVÜLMEK: Rüyada dövülmek mal ve mülk kazanmaktır. Dövmek de birilerine yardımda bulunmaktır. Bütün dövme rüyaları buna nispetle tabir olunabilir. Birisini vurmak veya dövmek bazen beddua ve kötü söz söylemekle de yorumlanır. Tanınmayan birileri tarafından dövülmek daha iyidir. Döven biliniyor ise, yardım az olur. Bekar bir kızın bekar bir erkek tarafından dövülmesi evleneceklerine işarettir. (bk. örnek 19)

ÖRNEK 19

Eşimin Yeni Karısını Dövüyorum

Ben iki çocuklu, bir buçuk yıl önce eşinden ayrılmış bir bayanım. Eski eşim, şu anda benim de tanıdığım bir bayanla evli. Rüyamda güya eski eşim eve gelmiş. Yatak odamızda yatağımızın üstünde tartışıyoruz. Sonra üstünü ve iç çamaşırlarını çıkarıyor. İçimden, "Boşandığımız halde, utanmadan yanımda soyunuyor." diye düşünüyorum. Erkeklik organını görüyorum. Bir çocuğunki kadar küçük. Bana eşofmanlarının nerede olduğunu soruyor. Ona, kendisine ait herşeyi başkalarına verdiğimi söylüyorum. Biz onunla tartışırken, bizim mahalleden bir genç camdan içeri giriyor. Eski eşim onun kolundan tutup "Kalk bakalım, gidiyoruz" diyor. Buradan "Dövmeye adam alamazsın." deyip çocuğu korumaya çalışıyorum. Çocuk bana, annemin onu gönderdiğini söylüyor. Sonra da özür dileyip gidiyor. Bir de bakıyorum eşimin evli olduğu kadın gelmiş, benim yatağımın üstüne oturmuş. Ona "Oturmak için izin aldın mı?" diyorum. Onu dövmeye başlıyorum. Tekmeyle onu sandalyenin altına sokuyorum. Eşim bana, karısının çok yorgun olduğunu, ona vurmamamı söylüyor.

Rumuz: Vefalı

Allah hayretsin.

Kendinize iyi bir rumuz seçmişsiniz. Siz gerçekten vefalı bir insansınız. Büyük ihtimalle eşiniz, maddî varlığını kaybedecek ve zor durumlara düşecek. Eşiyle de arası bozulacak. Sizinle yeniden barışmak için yollar arayacak ve size sığınacak; ancak siz ona yüz vermeyeceksiniz. Büyük ihtimalle, sonunda onun yeni eşi de size sığınacak ve siz ona sayısız yararlarda bulunacaksınız. Belki maddî olarak da ona yardım etmek zorunda kalabilirsiniz

DUA: Rüyada kendisiyle yorumlanır. Kendine dua etmek kendi menfaatinedir. Halka dua etmek halkın yararınadır. Zalim birine dua etmek onun şerrinden emin olmak demektir. Genel olarak dua iyi bir rüyadır. Dua, her ne maksatla yapılmışsa, o şekilde tabir edilir.

Bir kişi rüyasında halkı dua için toplanmış görürse, bu bereket, izzet ve yüksekliğe azgınlık ve şekavetin gitmesine işarettir. Eğer bir kişi rüyasında dua etmekten kaçındığını görürse, o kişi mahrum ve ümitsiz olur. Rüyada dua etmek ihtiyaçların karşılanmasına ve isteklerin meydana gelmesine işaret eder.

DUDAK: Karı koca, akraba ve malı temsil eder. Üst dudak, erkek, alt dudak kadın ve mal demektir. Rüyada alt dudağının kesildiğini veya olmadığını gören erkek, kuvvetli ihtimalle karısından ayrılacak demektir. Üst dudağının olmadığının görülmesi anne veya babasından birinin kaybedilmesine delalet eder.

Dudaklarının açılıp kapanmadığını ve konuşamadığını gören, çaresiz kalacağı bir musibete uğrar. Bir erkek rüyasında alt dudağını emerse bir kadından faydalanır. Dudakların üzerinde bir ben olduğunu görmek erkek için mal, kadın için şeref ve itibardır.

Çocuk bekleyen için üst dudak erkek, alt dudak kız demektir. Dudakların rengi de renklere göre ayrı ayrı yorumlanır.

DUL: Rüyada dul kaldığını gören kimsenin kısmeti artar. Rüyayı gören evli bir kadın ise bu rüya kocasının kendisinden önce öleceğine işaret eder.

DUŞ: Rüyada duş aldığını görmek üzüntü ve kederin artacağına, yorgunluk ve meşakkatle karşılaşılacağına ve arzulanan hedefe ulaşılamayacağına işaret eder.

DUT: Mevsiminde beyaz dut ticarettir. Mevsimi dışında üzüntü ve kederdir. Siyah veya kırmızı dut her mevsimde hastalık, yorgunluk ve üzüntüdür. Bir dut ağacı altında oturduğunu gören cömert ve saygıdeğer bir insandan yardım görür.

Dut toplamak: Verilen vazifeyi yapmamaktan veya suistimalden dolayı çekilecek sıkıntıdır.

Dut satmak: arzu ve emellere ulaşılamamaktır.

Kurumuş dut, hatalarından dolayı çekilecek sıkıntı ve kedere işaret eder.

DUVAR: Duvar rüyada insanın dünya halini ve mertebe sahibi itibarlı bir kimseyi temsil eder. Rüyada kendisi için yeni bir duvar yaptırdığını görenin işleri yoluna girer. Yeni bir duvarı yıktırdığını gören ya birinin rızkına mani olur veya kendi işleri bozulur. Eski bir duvarı yıkmak sıkıntıdan kurtulmaktır.

Bir okulun, bir cami ya da mescidin duvarının yıkıldığını görmek halka faydası olan büyük bir zatın öleceğine işarettir.

Üzerine bir duvarın yıkıldığını görenin başı devletle derde girer. Bir duvardan düşmek tasarlanan şeyin olmamasıdır.

Kendi evinin duvarının yıkıldığını görmek hane halkından önemli birinin vefatıdır.

DUVAR SAATİ: Rüyasında duvar saati görenin işleri iyi gider. Büyük bir duvar saati görmek ise, ölüm haberi almaya işarettir.

DÜDÜK: Çok sevinçli bir haber veya müjde ile karşılaşılacağına işarettir.

Düdük sesi duymak: Ölüm haberi almaktır.

Tren düdüğü: Bir yolculuğa çıkmaktır.

Vapur düdüğü: Uzaktan bir misafirin geleceğine işaret eder.

DÜĞME: İffet ve sağlam pazarlıktır. Özellikle altın ve gümüş olursa, mal ve rızka da işaret eder. Rüyasında düğmesini iliklediğini gören kişi bekar ise, evlenir; evliyse, dağınık halde bulunan işlerini toplar. Rüyada düğme diktiğini görmek, nikah memurunun temsil ettiği kişiye veya ihtiyaç sahipleri için güçlüğe işarettir.

DÜĞÜM: Rüyada söz ve akittir. Gömleğinin veya eteğinin ucunu bağladığını görmek, bir alış veriş için söz vermek, ticaretle uğraşma varsa yeni bir ticarî akitte bulunmaktır. Bir ip üzerine düğümler attığını gören, inancını sağlamlaştırır. Bir mendile düğüm attığını görmek hizmetçi almak ve edinmektir.

Kendisine ait bir eşya üzerinde kendisinin yapmadığı bir düğüm gören, devlet tarafından bir zorluğa uğratılır. Girift bir düğümü çözmeye çalıştığını gören çok iyi bir dostluğu veya anlaşmayı bozar. Bir düğümün kendiliğinden çözüldüğünü gören, ummadığı yerden yardım görür.

Bazı tabirciler de düğümü gam ve keder olarak yorumlamışlardır. Çözmeyi de sevinç olarak tabir etmişlerdir.

Aslında bu ayrı yorumlar rüyayı görenlerin psikolojik yapılarından ve içinde bulundukları durumdan kaynaklanmaktadır.

Birinin saçına düğümler attığını gören kız ise, saçına düğüm atanın karısı olur; tanıdığı biri ise, ondan zarar görebilir; tanımadığı biri ise, birilerine gönül kaptırır. Kadın için de son mânâ geçerlidir. Bu rüyayı erkek görürse, iftiraya uğrar veya hapse girer. Saçına tanımadığı bir kadın tarafından düğüm atıldığını gören, verdiği söz uğruna istemediği şeyleri yapar.

DÜĞÜN: Patırtısız, gürültüsüz, şenlikli olmayan bir düğün, sevinç ve refahtır. Aksi ise ve bilhassa oyunlar, çengiler varsa, büyük bir gruba gelecek üzüntü ve kederdir. Düğün iyi rüyalardan değildir. Genellikle ölüm töreni demektir. Kendisi için veya kendi oğlu için düğün yaptığını görenin oğlu vefat eder. Hiçbir tabirci düğün için iyi şeyler söylememiştir.

Düğüne gitmek: Gelecek bir misafir demektir.

Düğün davetiyesi almak: Umulmadık yerden gelecek kısmet veya paraya işaret eder.

DÜĞÜN ÇİÇEĞİ: Zor geçecek bir yolculuğa, meşakkate işaret eder.

DÜKKAN: (Alış veriş yeri, iş yeri, mağaza, market vb.): Dükkan; kadın, iyi geçim, yüksek mevki, rağbet görecek iş, harama meyil, şan ve şeref demektir. Birinin dükkanına zorla girip oturduğunu gören, başkalarının karısına göz diker. Herhangi bir dükkanda oturduğunu gören hayır ve menfaat görür.

Dükkanının yıkıldığını veya hırsız girdiğini görenin işleri bozulur veya hasta olur. Dükkanda satılan şeye göre bu rüya ayrı ayrı anlamlara gelir.

Dükkanların kapılarının kapatılmış olarak görülmeleri işlerin durgunluğuna ve ticareti engelleyecek şeylerin meydana gelmesine işarettir.

Dükkanın yıkıldığını görmek: Mal ve para kaybına işaret eder.

Dükkanı su bastığını görmek: Bol kazanç ve gelir demektir.

Dükkan kiralamak: Umulmadık bir zamanda mirasa konmaya delalet eder.

DÜNYANIN YEDİ HARİKASI: Rüyada dünyanın yedi harikasından birisini görmek mutluluk ve sevincin geleceğine işaret eder.

DÜRBÜN: Başkalarının işiyle uğraşan, üzerine vazife olmayan şeylerle meşgul olan kişiler olarak yorumlanır.

DÜRMEK: Rüyada bir şeyi dürmek; affa, öfkelerini yutanlara, yiyeceğinin tükenmesine ve ecele işaret eder.

DÜŞMAN: Tedbirli olmak gerektiğine, iş ve hayatında çatışma ve kavgalardan uzak durmaya işaret eder.

Düşman ile yemek yemek: Duygusal hayatta ve aşkta başarılı olmaktır.

Düşman ile yola çıkmak: Başlanılan her işte ve ticarette muvaffakiyettir.

Düşman ile kavga etmek: Gurur ve kibirli bir insana ve bundan dolayı çekilecek sıkıntıların varlığına işaret eder.

DÜŞMEK: Düşme rüyalarının hiçbiri makbul değildir. Düştüğü yerin yüksekliği nispetinde başa gelecek yenilgi, bela ve musibet artar veya eksilir. Yüksek bir yerden düşmek, dindar için günah işlemeye, tüccar için zarar etmeye, yolcu için gidilecek yere varamamaya, savaştaki kumandan için hezimete, diğer insanlar için tasarladığı şeye erememe veya rakibine alt olma, işlerinin bozulmasına işarettir.

DÜŞÜK: Muradına kavuşamamak olarak yorumlanır. Herhangi bir müdahale olmadan çocuk düşürdüğünü ve bundan üzüntü duyduğunu gören her türlü sıkıntıdan kurtulur.

OKUMA PARÇASI

Ekmekçinin Şerbetçinin Rüyası

Yusuf'a zindanda rüya yorumu verildikten sonra bir sabah Firavn'ın ekmekçisiyle şerbetçisi Yusuf'un yanına geldi. Sana anlatacak birer rüyamız var, diye söze başladı şerbetçi. Gördüğüm rüyayı unutmadım. Ekmekçi, ben de unutacağım bir rüyayı görmedim, diye ilave etti.

Ben, dedi şerbetçi, düşümde tıpkı o eski ve güzel günlerdeki gibi, en olgun ve lezzetli üzümlerden hükümdar İçin şerbet çıkarıyordum. Güneş vardı düşümde, zindanınım karanlığına kalbimin aydınlığıyla uyandım.

Ben de, dedi ekmekçi, tıpkı eski günlerdeki gibi, bolluk ve bereketin simgesi olan sıcacık somunlarla dolu bir tepsiyi başımın üzerinde taşıyordum. Lakin hükümdara götürmek istiyordum da elimin emeği ekmeklerle dolu tepsiyi; Mısır arkamda kalıyor, Nil ters yönde akıyor ve ben gitmemem gereken bir yönde saraydan biteviye uzaklaşıyordum. Üstelik başımdaki tepsinin içindeki ekmekleri kuşlar gagalıyorlardı. Düşümden içimin sıkıntısıyla uyandım. Ağladım.

Sonra ikisi bir ağızdan Yusuf'a, haydi, dediler, haydi. Oku bakalım şu mektupları, anlat içimizden gelen sesin bize söylediğim.

Yusuf biraz düşündü, şerbetçiye döndü ve sen, dedi, az bir zaman sonra affedileceksin, rüyan aydınlık. Tıpkı eski günlerdeki gibi eski görevini sürdüreceksin. Sense, dedi ekmekçiye, suçun affedilmeyecek kadar büyük bulunacak ve asılacaksın.

Yusuf'un tabiri az zaman sonra gerçekleşti. .

Bir gecenin sonunda ekmekçiyi gelip aldılar. Zindanın daracık avlulardan birinde astılar. Henüz karanlıktı. Gün ışıyınca da şerbetçiyi salıverdiler.

Rüya Tabirleri

Şerbetçi veda etmeye geldiği zaman, Yusuf ona, efendinin yanında beni an, dedi, unutma. Masumdu ve mazlumdu, bilinsin istedi.

Ama şerbetçi Firavn'ın yanımda, zindanda rüyalar yorumlayan ve herkese tek bir Rabbi anlatan güzeller güzeli Yusuf'u anmayı unuttu.

Aradan yıllar geçti. (...)

Yusuf bir müddet yere doğru baktı, düşündü. Bu arada penceresinin demir ve paslı parmaklıklarının önünden şakıyarak mavi tüylü kuşlar geçti, içinden geçen sesin söylediklerini sözcüklere çevirdi Yusuf, ve şerbetçiye, doğrudur, dedi. Bu, ülkeyi yöneten kadar ülkenin de üzerinden geçecek bir ruzigarın habercisi- Yedi, yılları haber veriyor. Arka arkaya yedişer yıllık iki zaman parçası geçecek Mısır'ın ve onun insanlarının üzerinden. Yedi semiz inek ve yedi dolgun başak ilk yedi yıllık sürenin bolluk ve bereket zamanı olacağını göstermekte. Zayıf İneklerin semiz inekleri yemesi ve kuru başakların dolgun başakların üzerinde görünmesi, bu da arkadan gelen yedi yıllık sürenin şimdiye kadar Mısır'da hiç olmadığı kadar kıtlık ve yokluk seneleri olacağını göstermekte. O kadar ki Nil hiç taşmayacak, yağmur hiç yağmayacak, yeni dalga hiç görünmeyecek demek. Halk, hatta zenginler, hiç olmadıkları kadar yoksul düşecekler. Ama dikkatli davranılırsa bu zor yılları atlatmanın da yolu var.

Şerbetçi erken bolluk yıllarının değil, geç kıtlık yıllarının korkusuyla gözleri büyümüş, nedir o, diye fısıldadı. İçinde, ekmekçinin rüyası yorumlanırken duyduğu korkuya benzer bir korku vardı. Söyle, diye yineledi, ey Yusuf güzeli, ey güzeller güzeli. O yol nedir, söyle ki bütün Mısır, üzerinde yürüyelim.

Yusuf anlatmaya başladı. Yedi yıl, dedi, her şey çok bol olacak. Arkadan gelecek yedi yılın tedbiri bu zamanda alınmalı. Hiç ara vermeden ve hiç boş bırakmadan tarlalar ekilmeli, cömert tarlalar bu yorgunluğa katlanır, endişeniz olmasın. Ekilenin ancak ihtiyaç duyulan kadarı yensin, geri kalanı başağında saklansın. Bu, saklanan tahılın rutubet almasın ve bozulmasını önleyecektir. Arkadan gelen görülmemiş kıtlık yıllarında, saklanan tahıl Mısır'ı ölümden kurtaracaktır. Hatta belki komşu ülkeleri de! Elbette ki sıkıntı ve acı olacaktır ama Mısır yok olmayacaktır. Sonra Firavn'ın düşüne girmeyen bir yıl daha gelecek ve her şey kendisini artık esirgemeyen Nil'in bereketi ve gökyüzünün gönderdiği yağmurlar altında eski haline dönecek.

Şerbetçi, akşam olmadan Firavn'ın huzurundaydı. Firavn, Mavi Salon'un mavi camlı pencerelerinden süzülen ışığın yumuşak salkımı altında, siyah ve gür takma saçlarını çıkarmış yorgun ve yaşlı bir adamdı. Şerbetçi duyduklarını olduğu gibi ve teker teker anlattı. O anlattıkça Firavn'ın gözünün önünden rüyasıyla arasına giren bir perde kalktı. Tamam, dedi, işte bu benim rüyam.

Kalbi önce açıldı, yedi yıl açılmış gibi. Sonra sıkıldı, yedi yıl sıkılmış gibi. Sonra Firavn'ın kalbi son kez açıldı. Bir yangından kavmini kazasız belasız kurtarmanın kendisine ne kadar çok acı, kalbine ne kadar yük armağan edeceğini kavradı. Ama başka türlü olmazdı. Halkını kurtaracak kendi çilesine talipti Firavn. Ve şimdi o birden bire gençleşmiş bir adamdı.

Getirin, dedi bu rüya tabircisini, benim düşümü benden daha iyi bileni. Dahası, aynı anda hem düşleri hem gerçekleri bileni. Bilmediğim kadar maliye, bilmediğim kadar ziraat, bildiğim kadar yönetim bileni. Kimdir? Göreyim, makam mevki isterse hemen vereyim!

Güneş battı.

Mısır uykuya daldı.

Gri kedi uyandı.

Nazan Bekiroğlu, Yusuf İle Züleyha, Timaş yay. İstanbul 2000, s.24)

Ebu Hüreyre (ra) anlatıyor:
Resûlullah (sav) buyurdular ki: Zaman yaklaşınca, mü'minin rüyası, neredeyse yalan söylemeyecek. Esasen mü'minin rüyası, peygamberliğin kırk altı cüzünden bir cüzdür. Buharî'nin rivayetinde şu ziyade var: "Peygamberlikten cüz olan şey yalan olamaz."

Buharî, Ta'bir 26; Müslim, Rüya 8, (226)

EBE: Yardımcı ve muavindir. Güzel ve genç bir ebe gören, ömrünün sonuna kadar arkadaş kalacağı bir dost edinir.

Rüyayı gören kadın ise, çok güzel bir kız çocuğu dünyaya getireceğine işaret eder.

ECZACI: Rüyada eczacı görmek kitap sınıflandırmasıyla meşgul olan alim bir zata işaret eder veya hilekar ve fitneci kişilere, bunlardan gelecek zararlara delalet eder.

ECZANE: Hastalığa ve rahatsızlığa işarettir. Eğer rüyayı hasta bir kişi görmüşse, hastalıktan kurtulmaya, sağlık ve afiyete işaret eder.

EDEBİYAT: Rüyada edebiyatla uğraşırken kendini görmek, rüyayı görenin ince ruhlu ve hassas yaradılışlı bir kişi olduğuna ve işlerinde başarıya ulaşacağına delalet eder.

EFLATUN: Rüyada eflatun rengin görülmesi pek hayra yorulmaz, genellikle bir rahatsızlık habercisi sayılır.

EJDERHA: Ejderha devlet başkanını ifade eder. Hasta bir kişi ejderha görürse, onun vefat edeceğine işaret eder. Kadının bir ejderha doğurduğunu görmesi, sakat bir çocuk dünyaya getireceğine işarettir.

Yedi başlı ejderha görmek: Güçlü ve yenilmesi zor bir düşman ile tabir edilir.

EKİN: Rüyada ekin ekmek hanımının hamile kalacağına işarettir. Ekimi başkasının tarlasına yapmak ise, tarla sahibi ile arasının açılacağına; ekinin yanması, kıtlık dolayısıyla zarurete düşüleceğine işarettir.

Ekin tarlasında gezinmek: Hayırlı işlerle uğraşmaya; evli ise, çocuk sahibi olmaya; bekar ise, evlenmeye işaret eder.

EKMEK: Ekmek maldır, ömürdür, menfaattir, rızıktır,

evlattır, akrabadır. Bilmediği bir yerde yarım ekmek aldığını ve bunu yediğini gören, ömrünün yarısını geçirmiştir. Birkaç somun aldığını gören, bunlardan yerse, menfaattir; yemezse, düşmanı çok olur.

Buğday unundan ekmek, rahata; arpa unundan ekmek, dindarlığa; esmer ekmek, fakirliğe; pirinç unundan ekmek, hayatı kazanmada meşakkate işarettir. Sıcak ve tam bir somun uzun ömre, yufka ve pide kısa ömre işarettir. Yemeğin içine düşmüş ekmek rahat bir hayatı temsil eden en güzel rüyadır.

Ekmek eğer bal ve şeker gibi tatlı olursa, piyasanın pahalılığına işarettir. Ekmeği bulutların, evin veya hurma ağacının üzerinde görmek pahalılığa işarettir.

Rüyada ekmeğin ayakların altında çiğnenir görülmesi bolluk ve ucuzluğa işarettir. Ekmek pişirdiğini gören kimse daima menfaat ümidiyle geçimi için çalışır. Ekmekten bir lokma alan insanın tamahkar olmasına işarettir.

· Buğday ekmeği: Sürüncemede kalmış olan bazı önemli işler yoluna girecek demektir.

· Çavdar ekmeği: İçinde bulunulan ruh sıkıntısından kurtuluş yolunun açılacağına işarettir.

· Yufka ekmeği: Büyük bir sevince işarettir.

· Arpa ekmeği: Kazançta umulmadık bir miktarda artış olacak demektir.

· Darı ekmeği: Bir miktar sıkıntıdan sonra refaha erişileceğine işarettir.

· Nohut ekmeği: Gelirde azalma, sağlık durumunda düzelmeye işaret sayılır.

· Ekmek kesmek: Bir işi sonuçlandırmak anlamına gelir.

E

· **Ekmek kabuğu kesmek:** Çok güç bir meseleyi halletmek şeklinde yorumlanır.

Ekmeğin kanatlanıp uçması: Kıtlık ve pahalılıktır.

EKŞİ: Rüyasında limon vs. gibi ekşi yiyecekleri yediğini gören kimsenin geçimini zorlukla karşılayacağına ve sıkıntılı bir ömür süreceğine işarettir. Ayrıca acı bir haber alınacağına işarettir.

EL: El görmek çok değişik anlamlara gelir. Elin uzun tabiri bu kitapçığın hacmine sığmaz. Kısaca sağ el, kişinin maişeti, usulü, mesleği, hüneri, rızkı, biriktirdiği serveti, dostu, kazancı, arkadaşı, yardımcısı, ihtiyacı, nafakası, sadakası; sol el ise, karısı, çocukları ve akrabaları demektir. Ellerinin uzadığını gören rızkında genişliğe kavuşur.

Elinin kısaldığını gören, her işe yetişememe; dindar ise, elini eteğini haramdan çekme demektir. Diğer haller yukarıdaki durumlarla tabir olunur.

Sağ elinin altın olduğunu gören kişinin, rüyası kazanç, otorite ve gücünün kaybolmasına işarettir.

Elinden ateş çıktığını gören şahıs talebe ise, ilminde otorite olur ve düzgün konuşur. Rüyayı gören vali ise, başarısı ve otoritesi artar. Tüccar ise ticaretinde başarısı artar; elinden su çıktığını gören kimse mala kavuşur. Elinin yok olduğunu gören kimse için bu rüya aşka işarettir.

Rüyada elinin güzelliği, baba veya çocuğun halinin güzelliğine veya temiz mala ve güzel kazanca işarettir.

Rüyada ellerinin çok olduğunu görmek dünya tamahı ve mal hırsıdır. Rüyasında sağ elinin sol elinin üzerinde olduğunu gören kişi yardım ve ihsanda bulunur ve kendisini ziyaret etmeyeni o ziyaret eder.

EL BAĞLAMAK: Rüyada birine karşı el bağladığını gören ondan yardım görür. Eğer karşısında kimse yoksa, dinde itaatle ve ibadetle dostluk makamına ulaşır. Namazda el bağladığını gören de böyledir.

ELBİSE: Yeni elbise hasta için şifa, fakir için zenginlik, memur için rütbe, tüccar için kâr, çiftçi için ürün demektir. Yamalı olması hastalık ve eksikliktir. Eski olması üzüntü ve kederdir. Kırmızı, siyah ve sarı renk elbiseler gam, matem ve hastalık demektir.

Elbisenin kalınlığı inceliğinden hayırlıdır. Kadının rüyasında ince ve yumuşak elbise giymesi izzet ve şerefine, kalın elbise de zahmet ve meşakkatine dalalet eder. Altın ve gümüş dokumalı elbise, din ve dünyaca iyiliğe, arzu ve isteklere nail olmaya işaret eder.

Bir kimse rüyasında kendisinin veya bir başkasının elbisesini yıkadığını görse, geçiminde meydana gelecek darlıktan kurtulacağına ve gizli işlerinin ortaya çıkacağına işaret eder.

ELDİVEN: Çorap gibidir. Eldivenin meslek ile de ilgisi vardır. Eldivenin rengine göre tabir olunur. Süs için giyilmiş eldiven başkalarından saklanacak gizli işlerle meşguliyete işarettir. Soğuğa karşı veya iş gereği giyilen eldiven, işinde kolaylığa ve rahat bir hayata işarettir. Yalın olarak eldiven, utanma ve onurdur.

ELEK: Rüyasında elekle bir şey elediğini gören kimse girişitiği işte başarılı olur. Bazı tabirciler, "Un elemek o kimsenin elinin açık ve müsrif olduğuna işarettir." demişlerdir. "Elenen un miktarınca maldan ve paradan zarara uğranılır denilmiştir."

ELEKTRİK: Elinde elektrikle parıldayan, bir ışık tuttuğunu yahut bir elektrik düğmesini açıp ortalığı aydınlattığını gören, ilmiyle halkı aydınlatır. Elektrik çarpması, yıldırım çarpmasıdır. Vücudunda az miktarda elek-

Etrik taşıdığını ve ondan etkilenmemek şartıyla görmek insan üstü güçlere sahip olmaktır. Elinin elektrikli lamba gibi parladığını gören, bir icat veya keşifte bulunur.

EL FENERİ: İnsanın emniyetidir. Karanlıkta el feneriyle yolunu bulmaya çalıştığını gören, aslında zayıf, korkak ve cahil olduğu halde kendisini güçlü, cesur ve alim gösterir. Kibir ve gururundan yalnız kalır.

ELMA: Elma ağacı sosyal tarafı kuvvetli, yardımsever bir insandır. Rüyada elma ağacı dikmek bir yetimi veya öksüzü büyütüp beslemektir. Elma ağacı, himmeti de temsil eder. Elma ağacının altında oturduğunu gören, üstlerinden ve patronlarından beğeni görür. Uyuyan, bulunduğu makamın kadrini bilmez. Meyve olarak elma yeşil olursa evlat, kırmızı olursa, devletten gelecek menfaat, beyaz ise, ticaret; sarı ise, hastalık ve gücünü kaybetme olarak tabir olunur.

Yazın elma yediğini gören rengi ne olursa olsun sevdiklerinden ayrılır. Bir elmayı ikiye böldüğünü gören, hasret çeker. Bir kadın veya kızın yarım elma verdiğini gören ona âşık olur; fakat kavuşamaz. Elma tüm ise, kavuşur. Kendisine bir elma verildiğini görenin kendisine benzeyen bir çocuğu olur.

Elma kişinin hizmeti ve arzu ettiği şeydir. Tabirler de buna göre yapılır. Rüyayı bir tüccar görmüşse, gördüğü elma onun ticaret ve kazancıdır; ziraatçı ise, ziraatı ile tabir olunur. Bazı tabirciler, tatlı elma, helal rızık; ekşi elma, haram rızıktır demişlerdir.

Ekşi elma dağınıklığa, zararlara, bağırıp çağırmaya; ekşi elma ağacı da yine bağırma ve feryat etmeye işarettir.

ELMAS: Şerefli, rütbeli veya yüksek kariyerli bir kişi olunacağına, bulunulan mevkiden daha yüksek bir mevkiye ulaşılacağına işaret eder.

Elmas toplamak: Acı, hüzün, keder ve mal kaybına delalet eder.

Elmas satmak: İçinde bulunduğu her türlü keder ve sıkıntıdan kurtulmaktır.

Elmas yemek: Bol kazanç, bol rızık, bolluk ve aile saadetine işaret eder.

EMANET: Rüyada birisine bırakılan emanet mal, o adamın o kimseye sır vermesine işarettir. Bu emanet bırakılan kişi ölü olursa, sırrının ifşa edilmeyeceğine işarettir. Bazen de bu rüya emanetin zayi olmasına ve mahvolmasına işaret eder. Bazı tabirciler "Kendisine emanet bırakılan kimse galip, emaneti bırakan da mağluptur, dediler.

EMEKLEMEK: Kötürüm olmaya veya güç yettiği halde oturarak namaz kılmaya işarettir. Bazen de niyetlenilen yolculuktan vazgeçmeye, hor ve hakir olmaya veya düşünce ve gayrette tembelliğe işaret olabilir.

EMME: Bir şey emdiğini gören ondan yararlanır. Bir kadının göğsünü emen, o kadının durumuna göre az veya çok helal veya haram mala kavuşur. Bir çocuğun meme emmesi rızkının bol olacağına işarettir.

Bir kadın veya erkeğin bir genç tarafından emildiklerini görmesi ona kızlarını vererek malına varis kılacakları anlamına gelir. Meme maldır. Emmek de faydalanmaktır. Tabir buna göre yapılır.

EMZİRME: Bir erkeğin rüyasında bir çocuğu emzirdiğini görmesi hüzne ve zillete düşmesine işarettir. Birinin memesinden süt emdiğini gören hapse girer. Bir kadının çocuğunu emzirmesi çocuğun büyük bir insan olacağına işarettir.

Bir kadının kendi memesinden emdiğini görmesi kızının mirasından yararlanmak zorunda kalacağına işarettir.

 Bir kadının başka bir kadının memesini emmesi, süt gelmesi halinde maddi menfaate, süt gelmemesi halinde sevicilik veya kadın kadına sapık ilişkiye işarettir. Bir erkeğin bir çok kadının göğsünden tutup emdiğini ama süt çıkmadığını görmesi livata gibi kötü fiillerde bulunması demektir.

Kişinin bir hayvanın memesinden emdiğini görmesi, zahmetsiz mal, meme dışında bir yerden emip süt çıktığını görmesi, zahmetli işten kazanmak demektir. Elinden ve parmaklarından süt emdiğini gören her zaman üstün gelir.

ENGEL: Duvar, set, uçurum veya yüksek bir yer gibi aşılması güç olan engelleri görmek, rüya sahibinin birçok zorluklardan sonra maksadına kavuşacağına işarettir.

ENGEREK YILANI: Bu tür bir rüya hayra yorulmaz. Düşmanlarınız sizin hakkınızda bir komplo hazırlıyorlar demektir. Dikkatli davranılması gerekir.

ENGİNAR: Gizli mal ve kadri bilinmeyen; fakat değerli kimseye işarettir. Pişmişi daha iyidir. Vakti dışında her meyve ve sebze gibi üzüntü ve kederdir.

ENİŞTE: Eniştesi olmadığı halde eniştesi olduğunu görmek her işte başarılı ve muvaffak olmaya işaret eder.

ENKAZ: Rüyada evin önünde bir enkaz görmek ev halkının bir musibete uğrayacağına, enkazın oradan kaldırıldığını görmek de bu musibetten kurtulacağına işarettir.

ERGUVAN: Rüyada erguvan ağacı veya erguvan çiçeği görmek temiz ve iffetli bir kadına işaret eder. Erguvan çiçeklerini yerlerde görmek zengin ve güzel birisiyle evleneceğine işaret eder.

ERİK: Vaktinde görülmesi rızık, mevsimsiz görülürse

hastalık yahut üzüntü ve kederdir. Hasta birisi rüyasında erik yediğini görse hastalığı iyileşir.

Kuru erik: Sıkıntı, ızdırap ve kavgaya işaret eder.

ERKEK: Bilinen bir erkek görmek maldır. Hele ihtiyar ve saçları kırlaşmış bir erkek görmek geniş ve helal bir malı gösterir. Tanınmayan ihtiyar az yorgunlukla kazanılacak bol helal mala işaret eder. Bütün sakalı ağarmış ve saçında da hiç siyah kalmamış bir ihtiyar görmek malın, itibarın, güç ve kudretin azalmasına yorulur. Böyle birinden bir şey almak ne kadar büyük de olsa küçük şeyleri temsil eder.

Erkek çocuk görmek: Eğer görülen çocuk güzel yüzlü ve temiz ise, bütün keder ve gamlarından kurtulmaya; çirkin yüzlü ve pis ise, gam ve kedere işarettir.

Erkek kardeşini görmek: Sevinçli bir haber veya müjdeye işaret eder.

EROİN: Rüyada eroin kullanmak hayat boyu çekilecek unutkanlık ve düzensizliğe işaret eder.

Eroin sattığını görmek: Hastalık, sıkıntı ve üzüntüye işaret eder.

ESANS: Güzel koku, esans, misk gibi güzel kokuları rüyada kullanmak yakın zamanda alacağınız mutlu bir habere işarettir.

Hediyelik esans almak: Bekarlar için evliliğe, evliler içinse mutluluğun yakalanacağına işarettir.

ESİR GÖRMEK ve ESİR OLMAK: Rüyada esaret, şiddetli gam ve hüzündür. Esirler görmek ise, yüksek makam, mevki, nüfuz ile yorumlanır. Bir büyük kumandan veya devlet adamını esir olmuş görmek maddi menfaatlerle tabir olunur. Kısaca esaret, gam, keder, zarar, ziyandır. Kurtulma da zıddı ile yorumlanır. Bir esiri kurtarmak birine iyilik yapmaktır. (bk. Cariye)

İKİ ALTIN BİLEZİK

Ebu Hureyre (r.a) anlatıyor: Resûlullah (sav) buyurdular ki "Biz öne geçen sonuncularız. Ben uyurken bana arzın hazineleri getirildi. Elime altından iki bilezik kondu. Bunlar benim nazarımda büyüdüler ve beni kederlendirdiler. Bana 'Bunlara üfle.' diye vahyedildi. Ben de üfledim, derken uçup gittiler. Ben bunları, çıkacak olan ve aralarında bulunduğum iki yalancı olarak te'vil ettim: Birisi San'a'nın lideri, diğeri de Yemâme'nin lideridir."

Buharî, Ta'bir 40, 70; Müslim, Rüya,22, (2274),

Tirmizî,10, (2293).

ESNEME: Herkes kendisini ayıpladığı halde kendisini düzeltmeyen kimse ile tabir olunur. Rüyada esnemek, günah işlemek, namazı terk edecek kadar tembellik gibi şeytanın razı olacağı amellere işaret eder. Bazen de iyi olmayacak bir hastalığa yakalanmaktır.

EŞEK: İnsanın bahtı ve şansıdır. Pratik hayatta "şans, kader, kısmet" dediğimiz şeyi rüyada eşek temsil eder. Onda görülen eksiklik ve fazlalıklar insanın talihine aittir. Rüyasında kendisine ait bir eşeğe bindiğini görene bütün kapılar açılır.

Eşeğin ölmesi, satılması, kaybedilmesi dara düşmek olarak tabir olunur. Eşeği ile konuştuğunu gören malının hayrını görür.

Eşeğinin başka bir hayvana dönüştüğünü görmek, dönüştüğü hayvanın temsil ettiği şeylerle ilgili mal kazanmak demektir. Mesela, eşeğinin katıra dönüştüğünü gören, bir yolculuktan büyük kazançla döner. Merkebinden indiğini veya eşeğinde yorgunluk belirtileri gören kişi işlerini yola koymakta zorluk çeker.

Eşek, amelsiz alime işaret eder. Rüyada görülen eşek büyük olursa, yüksekliktir; güzel olursa, sahibi için güzelliktir; beyaz olursa, sahibi için zînettir; siyah olursa, sahibi için sevinçtir; yeşil olursa, din ve takvadır; zayıf olursa, sahibi için fakirliktir.

Rüyada eşek eti yiyen kimse mal ve ululuğa erişir. Rüyasında eşekten düştüğünü gören kişi fakir olur. Rüyada eşek sesi şer ve şiddettir. Eşek, insanın çalışması, nasibi ve gayretidir.

Gökten eşek indiğini görmek: Mal ve paraya işaret eder.

Eşek sütü içmek: Hafif bir hastalığa yakalanmaya veya hastalıktan kurtulmaya işarettir.

EŞEK ARISI: Rüyasında eşek arısı tarafından sokulan bir kişi dost bildiği en yakın arkadaşı tarafından kandırılır.

EŞKIYA: Rüyada eşkıya görmek, arkanızda sizi destekleyen kişinin sizi bu destekten yoksun bırakacağına işaret eder.

EŞYA NAKLETMEK: Eşyaları olduğu yerden daha iyi veya daha kötü bir yere nakletmeye göre kötü bir şeyi iyi bir şeyle veya iyi bir şeyi kötü bir şeyle değiştirmeye işarettir.

ET: Tencerede pişirilmiş et, helal maldır. Çiğ et, elem, hastalık ve yorgunluktur. Kebap şeklinde pişirilmiş et, zorluk ve acıdır.

Bilmediği bir etten yediğini gören, sevdiğinin matemini çeker. Kendi etini yiyen yakınları hakkında gıybet eder. Taze et, ölümdür. Ölü eti, gıybettir.

Kıyılmış et hüsran ve zarar; pastırma, sucuk, sosis, salam

E ve benzeri etler beraberinde üzüntü ve kaygı getiren maldır. Bilinen etler için o hayvanların tabirine de bakın.

İnsan eti maldır. "Mal, canın yongasıdır." denilir. Tanıdığı bir kimsenin etinden kopardığını ve ondan yediğini gören onun malından yer.

Tanımadığı birinin etini yediğini gören ummadığı yerlerden maddi kazançlar elde eder. Kendi etini yiyen çok mala, büyük itibara ve geniş bir nüfuza kavuşur. Kopardığı yerden kan aktığını görmek bu anlamı daha da kuvvetlendirir, istemeden büyük mala konar. Asılarak, boğularak veya herhangi bir şekilde öldürülmüş birinin etinden yediğini gören, düşmanına galip gelir; yahut alamadığı hakkını alır.

Ölü eti yemek gıybet ve dedikodudur. Öldürülmüş ile ölüyü birbirlerinden ayırmak gerekir.

ETİKET: Görenin, gösterişe fazlasıyla düşkün bir kişi olduğuna işaret eder.

ERZAK: Bol erzak görmek bu bolluğun sonunda sıkıntı ve darlık çekileceğini, sonra da bolluğa kavuşulacağını haber verir.

EV: Yalın olarak bir ev, mezar, eş, zenginlik, güvenlik, refah, geçim, mal ve büyük memuriyet demektir. Garip, bilmediği tek katlı bir eve girdiğini görenin eceli yakındır. Ahşap bina haram maldır.

Eski bir binanın yeni olduğunu görmek rızkın artmasıdır. Evin damının çöktüğünü veya çatal ve sütunlarının yıkıldığını görmek ev reisinin ölmesiyle tabir olunur. Eğer ev reisi seyahatte ise, bu rüya ev reisinin eve döneceği şeklinde yorumlanır. Yıkılmış, harap ev hüzündür; gam ve kederdir.

Rüyada kendisine ait bir eve girmek, geçim genişliği ve evlat çokluğu ile tabir olunur. Evin avlusu, kız çocuk ve kız kardeş; evin sofası, anne baba; duvarlar, kardeş; tavan ve sütunlar babadır. Bunlarda görülen bir durum onlara nispetle yorumlanır.

Yeni bir ev yaptırdığını gören, ailesinden birini kaybeder. Evi yıktığını görmek iyi değildir. Rüyada geniş, güzel ve temiz bir evi olduğunu görmek ise, her bakımdan hayırlı bir rüyadır.

Mütevazi, temiz ve üstü direkler ve toprakla kapatılmış bir ev görmek, itaatkar, salih, iffetli, temiz, kocasına çocuk ve mutluluk verebilecek bir kadınla tabir olunur. Böyle bir ev, görülecek en iyi ev rüyasıdır. Evinin çatısında ne suretle olursa olsun su aktığını görmek ölüye ağlamaktır.

Evinin çatısı olmadığını görmek dul kalmaktır. Eve girdikten sonra evin kapılarının olmadığını görenin ya kendisi ya kendisine bakmakla görevli olan kişi ölür. Evden çıkabilirse, müzmin hastalıktan veya kazadan kurtulur. (bk. örnek 16, 25)

EVLİLİK: Rüyada evlendiğini gören mal ve refaha kavuşur. Bu refah ve malın derecesi evlendiği kadının güzellik derecesine göre değişir. Bilmediği, adını bile sormadığı bir kadınla evlendiğini görenin kendisinin veya ev halkından birinin eceli yakındır.

Bir ihtiyar kadın veya kendi kız kardeşiyle evlendiğini görenin dünyası mamur olur. Aynı rüya kadın için de geçerlidir. Evlendiğini; fakat ortada kadın bulunmadığını görmek vefat etmek olarak tabir edilir.

Evlendiğini ve zifafa girdiğini görenin "Artık olmaz." diye peşini bıraktığı bir işi gerçekleşir. Ölü birinin kendi hanesinden biri ile zifafa girmesi ölümü temsil eden en kuvvetli rüyadır. Bir yahudi kadınla evlendiğini gören çirkin ve halkın hoş karşılamadığı işlerle hayatını kazanır.

 Bunların dışında Müslüman olmayan bir kadınla evlendiğini gören, İslam dininden olur. Rüyasında zina etmiş bir kadınla bile bile evlendiğini gören fahişe ile evlenir. Bir fahişe ile evlenen dünyanın her türlü nimetine kavuşur.

Evli olduğu halde başka bir erkekle de evlendiğini gören kimse hamile ise, kız doğurur; büyük kızı varsa, evlendirir veya kocası ile arası açılır yahut da gerçekten o adamla kötü fiil işler. Bir hayvanla kötü fiili yaptığını gören, o hayvanın tabiatında bir kadınla evlenir.

EVLİLİK TEKLİFİ: Rüyada birine evlilik teklif etmek dünyadan nasibini istemek gibidir. Teklifini kabul ettiren kimse zengin olur. En azından ferah ve sevinçtir. Teklif edilen genç kız ise ve kız kabul etmişse, mal ve refah; teklif olunan orta yaşlarda kadın ise, toprak, arazi ve gelirdir. Yaşlı bir kadın evlilik teklifini kabul ederse, en büyük servete kavuşulur.

EVLİYA: Emniyet, refah ve sıkıntıdan kurtulma. Rüyada bir veli görmek daima hayırla tabir edilir. Çocuğu olmayan birinin evliya veya salih bir insandan bir şey alması çocuğu olmasıdır. Hastalıklı görse kurtulur. Evliya, şeyh ve benzeri zatları görmek daha çok manevi sıkıntılardan kurtulmak olarak yorumlanır.

EVRAK: Genç bir erkeğin rüyada, senet veya evrak imzalaması; derin bir üzüntüye veya lüzumsuz yere mektup yazmasına, büro şefi veya amiri bir kimsenin bu rüyayı görmesi güvenilmeyen bir memur olduğuna, bir eve taşınmaya ve bu evden memnun olmayacağına; senet veya evrak lekeli ise, bir tuzak hazırlandığına işarettir.

EZAN: Ezan, rüyada, müjdenin, ecelin, haccın, hakka çağrının, yolculuğun işaretidir. Ezan kadar, kişiye veya okuduğu yerin durumuna göre farklılıklar gösteren başka rüya yoktur.

Sahrada ezan okumak ecel, minarede okumak doğru sözlülük, bir tepe başında okumak, büyük bir kimsenin propagandasını yapmak anlamına gelir. Bilmediği bir yerde ezan okuduğunu gören ya ölümüne davetiye çıkarır ya da kendisine fayda sağlamayacak bir işin teşvikçiliğini yapar.

Kalabalık bir yerde ezan okumak: Rüyayı görenin hırsızlıkla suçlanacağına işaret eder.

Evinin üzerinde ezan okumak: Eşinin vefat edeceğine işaret eder.

OKUMA PARÇASI

Hazreti Ali'nin Rüyası

Hazreti Ali Irak'a gitmek üzere Medine'den çıkarken bir ayağı üzengide olduğu halde Abdullah ibn-i Selam (ra) gelip:

"Ya Emire'l-Mü'minîn! Irak'a gitme, korkarım orada sana kılıcın ucu dokunur." dedi. Hz. Ali:

"Onu bana Resulullah haber vermişti." diyerek binip gitmişti.

Gerçekten de Resûl-i Ekrem Hazretleri, Ali'nin katilinin insanların en şakisi olduğunu, (en kötüsü olduğunu) haber vermişti.

Ramazan-ı Şerif girdikte -yemekten- kesildi. Vakt-i iftarda üç lokmadan ziyade yemez oldu. Emr-i İlahînin aç iken vücudunu (gelişini) arzu ederim." derdi. Nihayet bir iki günlük ömrü kalmış olduğunu haber verdi. Ramazan-ı Şerifin yirmi yedinci gecesi akşamı menamda (rüyada) Resülullah Hazretlerini görüp ümmetinden şikayet edip:

"Onların aleyhine dua et." diye buyurmakla o dahi "Ya Rabbî! Bana onlardan hayırlısını ver, onlara da benden fenasını ver.", diye dua etti ve hemen uyanıp rüyasını oğlu Hasan Hazretlerine söyledi. Halbuki, vakit sabah olmakla müezzin ezan okudu. Hazret-i Ali, mescid-i şerîfe yöneldiği sırada avludaki ördekler onun üzerine çağırışmakla yanında kiler, onları kovmak istediklerinde:

"Dokunmayınız. Onlar, nevayihdir (ölü üzerine ağlayıcılardır.)" diye buyurmuş. Kapıdan çıkarken insanlığın en şakisi olan İbn-i Mülcem kılıcıyla onu vurmuştu.

(Hekimoğlu İsmail, Nurettin Ünal. İlimde, Teknikte, Edebiyatta, Tarihte, Dinde Rüya,Türdav, İstanbul: 1981, s. 245)

MEDİNE'YE HİCRET RÜYASI

Ebu Musa (r.a) anlatıyor. "Resûlullah (sav) buyurdular ki "Rüyamda kendimi Mekke'den hurma ağaçları bulunan bir beldeye hicret ediyorum gördüm. Ben bunu, hicretimin Yemâme'ye veya Hacer'e olacağı şeklinde yorumlamıştım, meğer Yesrib şehrine imiş. Bu rüyamda kendimi bir kılıcı sallıyor gördüm, kılıcın başı kopmuştu. Bu, Uhud Savaşı'nda mü'minlerin maruz kaldıkları musibete delâlet ediyormuş. Sonra kılıcımı tekrar salladım. Bu sefer, eskisinden daha iyi bir hal aldı. Bu da, Cenab-ı Hakk'ın fetih ve Müslümanların biraraya gelmeleri nevinden lutfettiği nimetlerine delâlet etti. O aynı rüyamda sığırlar ve Allah'ın (verdiği başka) hayrını gördüm. Sığırlar Uhud gününde mü'minlerden bir cemaate çıktı, (gördüğüm başka) hayır da Allah'ın Bedir'den sonra (nasib ettiği fetihlerin) hayrı ve bize Rabbimizin lutfettiği (Bedru'l-Mev'id) sıdkının sevabı olarak çıktı."

Buhari, Ta'bir 39, 44, Menakıb 25, Meğazî 9, 26, Menâkıbu'l-Ensâr 45; Müslim, Rü'ya 20, (2272).

Ebu Katâde (ra)'nin anlattığına göre Resûlullah (s.a.v)'ın şöyle söylediğini işitmiştir: "Rüya, Allah'tandır. Hulm (sıkıntılı rüya) şeytandandır. Öyle ise, sizden biri, hoşuna gitmeyen kötü bir rüya (hulm) görecek olursa, sol tarafına tükürsün ve ondan Allah'a istiâze etsin (sığınsın). (Böyle yaparsa şeytan) kendisine asla zarar veremeyecektir."

Buharî Tıbb 39, Bed'ü'l-Halk

FABRİKA: Rüya sahibinin büyük bir iş yapmaya teşebbüs edeceğine işarettir.

Fabrikada çalıştığını görmek: Sıhhat ve saadete işarettir.

Fabrikaya girmek: Devlet dairesinde çalışmak demektir.

Fabrikadan çıkmak: İş veya vazifeden çıkarılmak, atılmak demektir.

FAHİŞE: Şansınızın büyük ölçüde açılacağına ve sizin herkes tarafından sevilen bir kişi olacağınıza işaret eder.

FAKİRLİK: Dindarlığı, sebatı ve istikrarı temsil eder. Kendisini rüyada fakir gören, Allah'a yakın olur ve maddî durumu düzelir. Rüyada fakir olduğunu görmek hiçbir şekilde kötüye yorumlanmaz.

Fakire bir şey vermek: Başınıza gelecek bir bela ve musibetten kurtulmaktır.

Fakirden bir şey almak: Zengin bir adamdan yardım ve destek görmektir.

Fakiri ağlarken görmek: Güzel ve sizi sevindirecek bir haber almaktır.

Fakiri gülerken görmek: Kötü ve kederli bir haber alınacağına işaret eder.

FALCI: Güzel amelleri iptal edecek bir fiile işaret eder. Bir kimse rüyasında falcının yanına varıp ondan bir şeyler sorulduğunu görse, o kimseye ulaşacak olan şiddetli üzüntü ve kedere işaret eder. Eğer rüyasında kendisine falcıya inanacağı şeklinde cevap verildiğini görse, doğru olan onun sözünü kabul etmektir. Eğer falcı susarak cevap vermezse, rüya sahibinin yaptığı bütün işlerin batıl olduğuna işarettir.

Rüyada kendisinin falcı olduğunu görmek: Bu rüya bütün halk için hayırlıdır. Kahinlerin kendi tabirleriyle konuştuğunu görmesi, bu rüyayı gören kimsenin, dünyada boş şeylerle uğraşmasına, gurura ve aldanmasına işarettir.

FANİLA: Rüyada fanila görmek kârlı bir ticari girişimde bulunacağınıza; ancak bir kalp acısının da sizi beklediğine işaret sayılır.

FARE: İçi ve dışı pis, kötü ve çirkin bir kadın demektir. Eğer fare bilinen farelerin renginde değilse, böyle bir erkeğe işarettir.

Evinde farelerin dolaştığını gören hasta ise ölür, değilse ömrü uzar. Fareler hep aynı renkte ise, birçok kötü yola düşmüş kadınla düşer kalkar. Farelerin zararlı bir şeyler yaptığını ve onlara müdahale edemediğini gören, ister istemez malının bir kısmını kaybeder.

Burnundan veya cinsel organından bir fare çıktığını görenin, fahişe bir kızı olur veya kızı kötü yola düşer. Büyük fareler (lağım fareleri) maldır. Farelerin evini terk ettiğini gören dilenecek duruma düşer.

Fare yemek: Düşmanın veya hasmın malından faydalanmaya işaret eder.

Rüyada görülen çok fare rızka işaret eder. Rüyasında evinde farelerin oynaştığını gören kimsenin rızkı çok olur. (bk. örnek 20)

ÖRNEK 20
Evin İçinde Fareler Dolaşıyor

Rüyamda evin içine farelerin doluştuğunu gördüm.

Z.T - Levent-İstanbul

Rüyada bir tek fare görmek; gizli gizli çalışan ve küçük küçük zarar veren bir insana işarettir. Bir fare yakalamak veya öldürmek, fazla da zararlı olmayan bir düşmanınıza galebe çalmaktır.

Eve bir yaban faresi -sıçan- girdiğini görmek ise, hırsızla yorumlanabilir. Çok fare görmek sizden pek de hoşlanmayan insanlarla iç içe çalıştığınıza işaret sayılabilir. Evinizde çok fare olduğunu görmek evdeki bolluğa da işaret eder; çünkü fareler, özellikle ev fareleri bol nimet bulunan yerlere dadanırlar. O yüzden evin içinde çok sayıda fare olduğunu görmek bolluk ve bereket anlamına da gelebilir.

FASULYE / BEZELYE: Rüyada fasulye görmek hayırlıdır. Mevsimsiz fasulye, beklenmedik bir faydaya ve menfaate işarettir.

Fasulye satmak: Bazı mal ve menfaatlerin elden çıkmasıdır.

Fasulye ekmek: Hayırlı ve kazançlı bir işe başlamaktır.

Dikilen fasulyelerin kuruduğunu görmek: Başladığınız veya başlayacağınız işten size maddî ve manevî fayda gelmeyeceğine işaret eder.

FELÇ: Rüyada felç olduğunu görmek iki zıt tabirle yorumlanır. Felç, bela, musibet, Allah'ın gazabı, çocukların yok olması, çıldırma, aklını, şuurunu kaybetme veya her türlü günahtan arınıp yüzünü Allah'a çevirme demektir. Dolayısıyla felç olduğunu gören rüyasını kimseye söylemesin ve Allah'a sığınsın.

FENER: Eğer gündüz görülmüş ise, şer; gece görülmüş ise, hayır olarak tabir olunur. Gündüz görülen fener faydasız işe, gece görülen fener kazançlı ve faydalı işe delalettir.

Deniz feneri görmek: Aydınlık bir gelecek ve saadettir.

Fener yakmak: Başlanacak olan işin hayırlı ve bereketli olmasıdır.

Fener söndürmek: Kazançlı ve kârlı bir işi kendi elinizle kaybedeceğinizi gösterir.

Geceleyin görülen birçok fener: Görülen yerin mutlu ve huzurlu olacağına delildir.

Sönen fenerler: O bölgenin kıtlık çekeceğine veya büyük bir şahsiyetin vefatına işaret eder.

FERAHLIK: Rüyasında çok sevinçli olduğunu, içinin açıldığını gören kimse günahkar ise, tövbe eder; inançsızsa, Müslüman olur. Rüyada ferahlık hayırlı haberden dolayı sevinmek ve güzel hallerdir. Rüyada sevinmenin, üzüntü ve keder olduğu da görülmüştür.

FERYAT ETMEK: Rüyada feryat etmek sevinç ve ferahlıktır. Bazen de böyle bir rüya, rüya sahibinin yapmış olduğu zulümlerden meydana gelecek olan kötülük ve fesattır. Eğer bir kişi rüyasında birisinden korktuğu için veya kendi yaptığı bir kusurdan dolayı feryat ediyorsa, böyle bir rüya emniyete işaret eder.

FESLEĞEN: Sabırlı olmaya, sevinç, huzur ve mutluluğa işarettir.

Fesleğen çiçeğini koklamak: Gönül huzuruna kavuşmaktır.

Bahçe veya saksıya fesleğen dikmek: Sonu kazançlı ve kârlı bir işe başlayacağınıza işaret eder.

Birisinin size fesleğen vermesi: Fesleğenin miktarına göre ele geçecek menfaat veya mala işaret eder.

Birisine fesleğen vermek: Fesleğen verilen kimseye tarafınızdan dokunacak olan fayda veya menfaat demektir.

Fesleğenler içinde olmak: Yakın bir gelecekte çok varlıklı ve zengin olunacağına işaret eder.

FINDIK: Helal ve kolay kazanılan maldır. Fındık içi daha iyidir. İçi çürük fındık cimri adamdır. Bazılarına göre de fındık ve kabuklu olan her meyve bağırıp çağırma ve üzüntüye işaret eder.

Fındık toplamak: Güzel ve nazlı bir kadına aşık olacağınıza işarettir.

Fındık yemek: Elde edilecek olan toplu bir para veya çok menfaate işarettir.

Kabuklu fındık: İşlerinizde veya hayatınızda karşılaşacağınız zorluklar ve meşakkatler demektir.

Fındık satmak veya vermek: Elden çıkacak olan mal, menfaat veya kaçırılan fırsatlar demektir.

FIRIN: Rızık, kadınlar, sıkıntı, nüfuzlu zalim bir insan demektir. Fırında ekmek pişirdiğini görmek iyidir. Fırının yıkıldığını görmek kıtlığa işarettir. Fırına koyulan ekmeğin pişmediğini görmek hiç iyi değildir.

Ekmek fabrikası: Mahkeme, bol rızk, hastalıktan kurtuluş, okul, hapis gibi mânâlara gelir. Bir fırında çok ekmek aldığını gören çok kadınla evlenir.

Fırın sahibi olmak veya fırın yaptırmak: Bekarlar için evliliğe, tüccarlar için bol kazanca, işçi için kendi işini kurmaya ve muvaffak olmaya işaret eder.

FISKİYE: İşlerin açılmasına ve huzurun artmasına işarettir. Evinde bir fıskiye bulunduğunu görmek zengin ve mütevazı bir kadınla evlenmeye; evli ise, evinin huzurunun kaçacağına işarettir. Bilmediği bir fıskiyeden su içtiğini görmek metres edinmeye delalet eder. Kendi evindeki fıskiyeden bol ve berrak su fışkırdığını görmek helal ve bol mala işarettir.

Fıskiye suyu ile ıslanmak: Önemli miktarda para veya mal kazanılacağına işaret eder. (bk. Havuz.)

FISTIK: Fıstık ağacı görmek cömert ve iyilik sahibi bir adama işaret eder. Fıstık külfetsiz elde edilen bir mal olduğu için rüyasında fıstık yiyen birisi kolaylıkla elde edilen bir mal yer. Yeşil fıstık, meşakkattir. Kuru fıstık şer ve düşmanlıktır.

FİDAN: Rüyada görülen fide ve fidanlar bol ve hayırlı kazanç veya evlat ile tabir edilir. Fidan dikmek evlat sahibi olmaya veya bir memuriyete atanacağınıza işarettir.

Dikilen fidanın meyve vermesi: İş veya memuriyette yükseleceğinize, evladınızın hayırlı bir konumda ve size faydalı olacağına işarettir.

Dikilen fidan kurursa: İşlerin bozulacağına, iflasa, evladın vefatına veya memuriyetten atılmaya işaret eder.

Fidan dikmek, yeşil çiçek açmış ve meyveli fidan görmek hayır ve bereket; kuru, sökülmüş fidan görmek veya fidan sökmek de şer, acı ve hüzün demektir.

FİL: Fil evlilik, şan, şöhret ve devlettir. Bazen de sadece kuvvetiyle büyük mevkilere gelmiş bir insandır. Bir file bindiğini gören eğer fil dişi ise, evlenir; erkekse veya cinsiyetini bilmiyorsa, hükümet tarafından çok büyük ve önemli bir mevkie getirilir.

Fil, devleti de temsil eder. Bir filin kendini tepelediğini gören, hükümetin hışmına uğrar. Rüyasında gece file bindiğini gören evlenir. Filin kendisine hortumu ile vurduğunu gören kimse hayır ve nimete erişir. Rüyasında filin pisliğinden bir şeyler aldığını rüya sahibi görse bu miktar nispetinde zenginleşir.

Bir kimse rüyasında filin kendisini korkuttuğunu görse, bu rüya hastalığa işaret eder. Filin kendisini kovaladığını gören kimse zarar eder. Fil kendisini yakalasa, o kimseye düşmanının zararı yetişir.

 Filler kıtlık ve kuraklık olarak da tabir edilir. Fil eti yediğini gören veya filin herhangi bir organından veya derisinden istifade eden kimse mal sahibi olur.

FİNCAN: Bir şeyden faydalanmaya işaret eder. Bir fincan bulmak veya satın almak küçük bir kazanç veya kâra; fincan kaybetmek ise, küçük bir zarara işarettir.

Fincanı kazayla kırmak: Kendi kusurunuz olmadan karşılaşacağınız küçük bir zarar ve ziyana işaret eder.

Fincanı bilerek kırmak: Kendi elinizle kendinize bir zararınız dokunacağına işaret eder.

FİRUZE: Rüyada firuze taşı görmek, fetih, yardım, talih ve uzun ömre işaret eder. Bir kadın rüyasında elinde saf firuze taşıyla donatılmış bir bıçak olduğunu görse, o kadın erkek çocuk doğurur.

Genç bir kızın firuze görmesi çok sevdiği birisiyle evleneceğine işarettir.

Evli bir kadının firuze görmesi kocasının onu çok seveceğine işarettir.

FOTOĞRAF: Rüyada fotoğraf çektirdiğini görenin bir ayıbı ortaya çıkar veya kendisinden gizlenen bir haberi öğrenir. Bazı fotoğraflara baktığını ve tanımadığını görene birçok insanın yardımı dokunur.

FUTBOL: (ve benzeri top oyunları) Politika ve siyasetle uğraşmaktır. Rüyada top oynadığını veya yüksek bir yerden futbol oynayanları seyrettiğini gören ya bilfiil politikaya girer veya onlara yardımcı olur. Futbol ve onunla ilgili şeyler siyasetle ilgilidir.

Spor oyunlarında hakemlik yaptığını görmek sahte bir şöhret ve itibardır.

OKUMA PARÇASI

Lincoln'nün Ölüm Rüyası

Amerika'nın eski cumhurbaşkanlarından Abraham Lincoln, 1865 yılının 14 Nisan gecesi, gördüğü garip bir rüya ile sıçrayarak uyandı. Rüyanın verdiği sıkıntıdan sırılsıklam terlemişti. Kalktı, çamaşır değiştirdi. Bir süre kitap okudu. Tekrar yattığında, sanki aynı rüya kendisini yatağın içinde bekliyormuş gibi rahatsızlık duydu. Tekrar uykuya dalabilmesi birkaç saatini aldı.

Sabah olduğunda rüyasını eşine ve yakınlarına anlattı. O günkü kabine toplantısında bile bahsetmek lüzumunu hissetti. Rüyasında, Beyaz Saray'ın hizmetkarları telaşla koşup geliyorlar ve cumhurbaşkanının öldürüldüğünü kendisine haber veriyorlardı. Abraham Lincoln'ün yakınları bunu hayra yorarak, ömrünün uzayacağını söylediler. Aynı günün akşamı Lincoln ve karısı dostlarıyla birlikte tiyatroya gittiler. Kötü rüya Lincoln'ü manen sarsmıştı. Bir önsezi ile olacak hadiseleri hissediyormuşçasına konuşuyor, yakınlarının teskin edici telkinlerine rağmen ruhunu saran karanlıktan sıyrılamıyordu.

Temsilin heyecanlı bir sahnesinde Lincoln'ün oturduğu loca kapısı yavaşça aralandı. Sahneden akseden ışıkla elindeki tabancası parlayan genç bir adam içeridekilerin hareketine fırsat vermeden kurşunları boşalttı. Amerikanın 16. cumhurbaşkanı, beynine dolan kurşunlarla koltuğuna cansız yığılıverdi. Henüz gördüğü rüyanın üzerinden yirmi dört saat bile geçmemişti. Böylece, rüyanın gelecekten haber veren işareti ile bir ülkenin devlet başkanı tarihe karışmış oluyordu.

(Hekimoğlu İsmail, Nurettin Ünal. İlimde, Teknikte, Edebiyatta, Tarihte, Dinde Rüya,Türdav,İstanbul: 1981, s. 250)

Rüyada gerçek hayatın bütün şeylerini elbette görüyoruz; fakat bu şeyler, derin duyarlılığımızın değişikliklerine göre görünüyorlar ve değişik bir yeni düzene giriyorlar..."

Suut Kemal Yetkin

GAGA: Yolculuk veya çok konuşmak şeklinde tabir edilir.

GALİBİYET: Rüyasında kendisini herhangi bir spor karşılaşmasında galip görmüş olan kimse ertesi gün bir iş teşebbüsünde mağlup olacak demektir.

GAM: Rüyasında gamlı olduğunu gören kişi aldığı bir haberle sevinir ve aynı zamanda bu rüya sakin bir hayata kavuşacağına işarettir. Bazı tabirciler kendisini rüyada gamlı gören kişi büyük bir günah işler ve ondan pişmanlık duyar demişlerdir.

Rüyasında üzüntüsünden kurtulduğunu gören kişi tövbe eder.

GAR: Rüyada gar görmek seyahat, ayrılık ya da haber almak olarak tabir edilmiştir.

Bir garda boş yere beklediğini görmek: Yakın bir zamanda tren yolculuğuna çıkacağınıza işaret eder.

GARAJ: Rüyada garaj görmek, yakında gelecek olan serveti ve itibarı bildirir. Garajda çalışıyorsa, bu rüya ona gelirini arttırmak için iyi bir fırsatla karşılaşacağını müjdeler.

GARDİYAN: Rüyada gardiyan görmek sıkıntıdır. Gardiyanların kendisini hapsettiğini görse, maddî ve manevî sıkıntıdır. Gardiyan görmek zalim koca ve huysuz kadın ile de tabir edilmiştir.

GARDIROP: Rüyasında bir gardırop gören kişinin yıllardır kurduğu hayaller bir anda gerçekleşecek demektir.

GARNİZON: Rüyada görülen garnizon önemli bir habere işaret eder. Bazen de selamet ve emniyet içinde olmaya işaret eder.

GARSON: Güzelliği, elbisesi ve güzel kokusu nispetinde habere işaret eder. Eğer garsonun yüzü ekşiyse korkunç bir haber alır. Çıplak bir garson gören, ticaretinde zarar eder ve rezil olur.

Rüyada garson görmek, rütbe, şeref ve düşmandan kurtuluşa işaret eder. Bazen de mal olarak tabir olunur.

Garsonluk yaptığını görmek: Dostlarınız arasında sevilmeyen davranışlarınız olduğuna veya evinizi değiştireceğinize işaret eder.

GAZETE: Haber ve ülkede bazı önemli olayların meydana geleceğine veya sevdiğinizden mutlu haberler alacağınıza işarettir.

Gazete okumak: Sonucu dedikodu ve boş olan şeylerle meşgul olacağınıza işarettir.

Gazete almak: Hakkınızda dedikoduya sebep olacak davranışlarınız olduğuna işarettir.

Gazete satmak: Toplumun diline düşecek bir işle meşgul olduğunuza işarettir.

GEBELİK: Bir kadının kendisini gebe görmesi mal, bir erkeğin kendisini gebe görmesi sıkıntı ve üzüntüdür. "Her ikisi için de mal anlamına gelir." diyenler de var ki bizce bu daha doğrudur. Genel olarak hamilelik veya hamile görmek iyidir.

Kısır bir kadının veya hayvanların erkeğinin gebeliği senenin kıtlığına, hayrın azlığına, hırsızlar tarafından meydana gelecek zarara ve şerre işaret eder.

GECE: İşsizlik ve boş durmaktır. Ay aydınlığının dahi bulunmadığı gece geçim darlığına işaret eder. Gece, karı ve kocayı bir araya getirmeye de işaret eder. Bazen de gece alış verişin durgunluğuna ve denize, gündüz de alış verişin artmasına ve karaya işaret eder. Bazen de gece, zamanın

 değişmesine ve birtakım olayların çıkmasına işarettir. Gece bir şeyleri gizleme ve korkudan emin olma anlamlarına da gelir.

Rüyada gece karanlığının gittiğini ve gündüz olduğunu görmek üzüntü ve sıkıntı içinde olan insanların feraha ereceğine, kuşatma altındaysalar kuşatmanın artacağına, pahalılık içinde iseler fiyatların ucuzlayacağına, birilerinden şikayet ediyorlarsa, bu şikayetlerinin gideceğine işaret eder.

Evini karanlık görmek: Uzun ve zahmetli bir yolculuktur.

Gecenin birdenbire aydınlanması: İçinde bulunduğunuz zorluk ve sıkıntılardan kurtulmanızdır.

Gündüz birden her yerin kararması: Hayatınızda her şeyin yolunda gittiği bir anda karşılaşılacak sıkıntı ve kedere işaret eder.

GELİN ve GÜVEĞİ: Rüyada görülen gelin zînetli, süslü bir gelin olursa, ucuzluk ve bolluğa işaret eder. Rüyasında hanımını bilmeden ve onu görmeden sadece kendisine "damat" diye hitap edildiğini gören kimse, ölür veya bir insanı öldürür.

Eğer rüyasında alacağı kadını görse ve tanısa veya kendisine onun adı söylense, o kimse birisini evlendirir. Rüyada bir kadınla evlendiğini gören kimse, o kadının kıymeti, fazileti, değeri, isminin güzelliği ölçüsünde mala ve güce erişir.

GELİNCİK ÇİÇEĞİ: Ateşe, deveye veya üzerinde siyah bir ben bulunan gül gibi yanağa işaret eder. Bazen de böyle bir rüyanın başın ağrımasına ve öz kardeşe işaret ettiği söylenir.

GELİNLİK: Bekarlar için evlenmeye, evliler için rızkın ve kazancın genişlemesine işaret eder. (bk. örnek 21)

ÖRNEK 21

Rüyamda Gelinlik Giydiğimi Görüyorum

Rüyalarımda genellikle gelin olduğumu veya gelinlik giydiğimi görüyorum. Aynı şekilde annem de beni gelin olarak görüyor.

S.U.

Allah hayretsin.

Büyük ihtimalle gelinlik çağdasınız ve içinizde evlenemeyeceğinize dair korkularınız var. Merak etmeyin, evleneceksiniz. Hem de pek yakında.

Temiz kalpli, temiz yürekli bir insansınız. Gelinlik iç temizliğinin simgesidir. Aynı zamanda gelinlik bekarlar için evlilik işaretidir. Evliler için de kazanç ve göz aydınlığı.

GEM: Meslek sahibi için tedbirli olmaya ve malca kuvvete işaret eder. Rüyada ağzına gem vurulduğunu gören kimse, boş şeylerden dilini korur ve selamet içinde olur. Böyle bir rüya oruç tutmaya işaret de olabilir.

Bazı tabircilere göre gem, şeref ve yükseklik demektir. Gem almak, yaptırmak veya bulmak şeref ve itibarın artacağına işaret eder.

Ağzında at gibi gem olduğunu görmek: Ciddi ve dedikodudan uzak bir hayat yaşanması gerektiğine işaret eder.

Birisinin ağzına gem vurmak: O kimseyi gözetim ve bakımı altına almaya delalet eder.

GEMİ / TEKNE / YELKEN: Yolculuk, sıkıntı, meşakkat, üzüntü, keder, ayrılık, ölüm, tabut, kazanç anlamlarına gelir. Kuru bir yerde gemisini yürüttüğünü veya bindiği geminin karada yürüdüğünü görmek, büyük bir bela ve mihnettir.

Bindiği geminin battığını gören dünya malına batar. Bir gemiye binip bir daha inmediğini gören halkın diline düşer.

Büyük bir gemide güzel elbiseler giydiğini ve geminin hareket ettiğini gören devletin önemli mevkilerine gelir. Bindiği bir geminin delindiğini görmek devlet başkanına suikast yapılacağına işarettir.

Demirden bir gemi, devletten görülecek destektir. Gemi kaptanı olduğunu gören yolculuğa çıkar veya geminin büyüklüğüne göre halk arasında sözü geçerli olur. Gemiden salimen karaya çıktığını gören, maddî manevî her sıkıntıdan kurtulur. Kısaca gemide bulunmak ondan karaya inip inememeye göre yorumlanır. İnmek iyi, kaza geçirmek ve batmak kötüdür.

Gemi direği görmek, işlerin yolunda olduğunu gösterir. Direğin kırıldığını veya çürüdüğünü görmek, ölüm ve hastalıktır. Eğrildiğini görmek, yanlış yolda olduğuna işarettir.

Rüyada yelken açan gemi şöhrettir. Yelken açıp yüzdüğünü görmek halk arasında iyilikle anılmaktır. Yelkenleri topladığını görmek kötü şöhrettir. Yelken açmak işlerin açılması da demektir. Yelkenin rüzgarla şiştiğini görmek kolay kazançtır.

Hazreti Nuh'un gemisini görmek: Mutluluk ve refaha, yağmurun yağmasına işaret eder. Aynı zamanda sıkıntıdan kurtuluşa, bekar için evlenmeye, yüksek bir makama tayine ve düşmana galip gelmeye işaret eder.

GENÇ: Genç Erkek: Güzel yüzlü ve orta boyda bir delikanlı görmek, saadet ve gayeye ulaşmak için fazla çaba harcanmayacağına yorumlanır. Eğer çirkin, güçlü ve ürkütücü ise, atlatılması zor bir düşmandır veya uzun müddet devam edecek keder, sıkıntı ve tasadır. Tanınmayan delikanlı daha iyidir. Çoğu kere müjdedir. Böyle bir rüya da çok ihtilaflıdır. Kişiden kişiye değişir.

Kendisine genç ve güzel bir delikanlının tecavüz ettiğini gören kadın hamile ise, oğlan doğurur; değilse, yerini sağlamlaştırmak ve sevilen biri olmakla yorumlanır. Çirkin delikanlı bunun tersidir.

Genç Kız: Genç kız da genç kadın gibidir. Tanımadığı genç kızla konuşan, gülüşen veya sevişen ihtilam olmamak şartıyla muhakkakki dünya nimetlerine boğulur. Bir genç kızı öptüğünü gören, dünyaya meyleder.

Tanımadığı bir genç kızın kendisine iltifat ettiği halde ona yüz vermediğini gören, eline geçen fırsatları kaçırır. Dünyaya karşı tok olur. Güzel genç kız, muhakkakki dünya servetidir; güzel olan helal rızık ve saadettir.

Çirkin olan genç kız, haram ve meşru olmayan yoldan kazanılmış maldır, kederdir, sıkıntıdır. (bk. örnek 22)

ÖRNEK 22
İki Genç Kız "İkimizden Birini Seç" Diyor

Evli olmama rağmen, rüyamda iki genç kız arkadaşım gelip karşımda duruyorlar. Bana "İçimizden birini seç." diyorlar. Ben de bunu söyleyen kıza "Seni seçtim." diyorum ve rüyadan uyanıyorum.

Rumuz: Aspava

Rüyada genç kız görmek, dünya saadeti ve mal demektir. Bu demektir ki önünüze iki fırsat çıkacak. Bunların hangisini seçerseniz size hayır getirecek? Eğer rüyada gördüğünüz genç kızlar tanıdık ise, bu imkanlara biraz geç ulaşacaksınız; tanımadığınız kızler ise, emelinize çabuk kavuşacaksınız. Rüyada seçtiğiniz kız, eğer diğerinden daha güzel ise, elde ettiğiniz menfaat de o nispette çok olur. Hayırlı bir rüya.

GENERAL: Hayra yorumlanır. Şan, şeref ve itibar demektir.

GEOMETRİK ŞEKİLLER: Rüyada üçgen, beşgen gibi geometrik şekiller gören kişinin çok yakında başına üzücü bir olay gelecek ve bu olayın sebebi rüyayı görenin bizzat kendisi olacak demektir.

GERDANLIK: Mevki, rütbe, itibar, evlilik, hatırlılık, meslek, şefkat, insaf ile tabir olunur. Süslü bir gerdanlık daha da iyidir. Bazıları gerdanlığı yalancılıkla tabir etmişlerdir.

Evli kadın için gerdanlık, çocuğa; bekar kadın içinde kocaya işaret eder. Rüyasında birtakım gerdanlıklarının bulunduğunu ve onları taşımakta güçlük çektiğini gören kimse ilmi ile amel konusunda tembellik gösterir.

Bekar bir kadın gerdanlık takarsa, evleneceğine; evliyse, çocuğu olacağına işaret eder.

Gerdanlık aynı zamanda güzel bir sürpriz veya kadınların dedikodusundan duyulacak üzüntüye işaret eder.

GERGEDAN: Sosyal çevrenizde son derece nüfuzlu bir insan olacağınızı gösterir.

GEYİK: Erkek için kurumlu kadın; kadın için ise, güçlü rakip demektir. Görülen geyik rüyası buna nispetle yorumlanır. Geyiği kendi evine soktuğunu gören kimse oğlunu evlendirir. Geyiğin üzerine sıçradığını gören kimsenin hanımı her şeyde ona isyan eder.

Geyik avı: Kadın yüzünden zarar görmeye işaret eder.

Geyik eti yemek: Hasım ve hasetlere karşı galip geleceğinize işaret eder.

GIYBET ETMEK: (Dedikodu) Rüyada gıybet etmek iyiliklerin iptali olarak yorumlanır. Kişi rüyada bir insanı her ne konuda gıybet etmişse, o rüya, sahibine döner. Fakirliğini gıybet etmişse, fakir olur. Bir rezaletini gıybet etmişse, aynısı başına gelir.

GİŞE: Gişeden para aldığını görmek elinden para çıkacağına, bilet aldığını görmek yolculuğa çıkacağına işaret eder. Rüyada bir eğlence yerinden bilet almak vaktini olumsuz işlere harcayacağına işarettir.

GİTAR: Rüyada gitar çalmak, artistik kabiliyetlerinizin bulunduğuna işarettir. Rüyada gitar sesi duymak, postadan çoktandır beklediğiniz bir haberin geleceğine işarettir.

GİYMEK: Rüyada giyilen şey rüya sahibinin iş ve durumuna işarettir. Düğmeli elbise şiddete veya kaybolmakla dağılmış şeyleri toplamaya veya bekar kimse için evlenmeye işarettir.

Yün elbise kaba, sert ve giyene yakışmıyorsa, fakirlik ve zillettir. Aksi halde sefadır. Keten elbise, nimettir. Damgalı elbise, mal ve çocukla beraber sevinçtir. Süs elbiseleri, toplanmış mal, sermaye, mesture ve güzel kadındır.

Üniforma, üzüntü ve sıkıntıdır. Görülen elbise iyi kumaşlardansa işsizlik ve tembelliktir. Beyaz elbise heybet, vakar ve övünmektir. Siyah elbise ululuk ve yüceliktir. Yeşil elbise şehitliktir.

GİZLENME: Birilerinden gizlendiğini gören onun şerrine uğrar. Yüzünü gizlediğini gören doğurabilecek bir kadın ise, kız doğurur; değilse utanacağı bir iş yapar. Bir kalabalıktan gizlendiğini gören gerçekten gizlenmek zorunda kalır. Bir erkeğin yüzünü gizlemeye çalışması, ailesinin kötü durumlarını görmesine işarettir.

GÖBEK: Rahat ve huzuru temsil eder. Geniş göbek rızık ve maişet bolluğunu; küçük veya yaralı mide zıddı ile yorumlanır. Göbek karı ve kocayı da temsil eder.

 Rüyasında göbeğinin haddinden fazla büyüdüğünü gören kadın ise, kocasıyla; erkek ise, karısıyla iyi geçinir. Göbeğinde yara veya çıban gören yahut göbeğinin haddinden fazla küçüldüğünü gören karısıyla geçinemez. Kadınsa kocasıyla geçinemez.

Göbeğinin olmadığını görmek: Karısının öleceğine işaret eder.

Göbeğini eliyle kopardığını gören, karısından kendi isteğiyle boşanır. Eğer rüyayı gören kadınsa bahsedilen şeyler kocası için geçerlidir.

GÖĞE ÇIKMAK: Rüyada çıkmak inmenin aksidir. Rüyasında yüksek bir yere çıktığını gören kimse çıktığı miktarca mevki ve itibardan düşer.

Rüyasında yıldızlara ulaşacak kadar gökyüzüne çıktığını ve yön tayin edilen bir yıldıza döndüğünü gören kişi yüksek bir mevkiye ulaşır. Rüyada yükseğe çıkmak şeref ve yükseklik, yüksekten aşağıya inmek zillet ve hakarettir.

GÖĞÜS: Göğüs, din, takva, vakar, cömertlik, cimrilik, ölüm, ilim, irfan, hikmet ve marifettir. Rüyada göğsünün genişlediğini gören dindar ve takva sahibi olur. Olaylara karşı sabrı ve tahammülü artar.

Daraldığını görmek de zıddı ile yorumlanır. Göğsünün daraldığını görmek cimrilik ve kedere de işarettir.

Göğsünün büyüdüğünü görmek: Âlim için ilminin artmasına, halk için mal ve rızkın artmasına işarettir.

Göğsünden bir pisliği temizlemek: Düşmanlarıyla barışmaya veya galip gelmeye, makamının artmasına ve zenginleşmeye işaret eder.

Göğsünü kıllarla örtülü görmek: Kuvvet ve cesarete delalet eder.

GÖK: İyiliğin ve belaların temsilcisidir. Göğe yükseldiğini gören şerefe, itibara erer. Başının göğe değdiğini gören devletin en yüksek kademelerine ulaşır.

Gökten yeryüzünü seyrettiğini gören bütün insanları ilgilendiren bir iş yapar. Gökten sarkan bir ipe sarılıp yukarı çıktığını gören, dinde kemale erer. Yerden göğe yükselen bir merdivenle yukarı çıktığını gören, çok itibarlı ve insanları yönetecek bir mevkiye gelir.

Gökten yere düştüğünü görmek maddî ve manevî her türlü belanın yaklaşmakta olduğunu gösterir. İktidarda ise iktidardan düşer. Bu gibi rüyalar insanların içinde bulundukları durum ve mevkilerine göre yorumlanır.

Gökten toprak yağdığını gören, berekete ve bolluğa erer. Göklerin yarıldığını gören büyük bir hadisenin eşiğindedir. Gök yarılması ihtilal ve isyanlara da işarettir. Gökten nur indiğini gören saadete erişir.

Gökten toprak ve kum yağdığını görmek: Az ise, hayır ve bereket; çok ise, sıkıntı ve keder demektir.

Gökte birtakım kandiller görmek: Tanınmış kimselerden veya alimlerden birisinin vefatına işaret eder.

Gökyüzünü beyaz görmek: Bereket ve nimetin gelmesidir.

Yeşil görmek: Hayır ve refahtır.

Kırmızı görmek: Savaş veya kavgaya işarettir.

Siyah görmek: Kıtlık veya umumi felaketlerdir.

GÖK GÜRÜLTÜSÜ: Devletin gücünü yakından hissetmeye işarettir. Yağmurlu gök gürültüsü ise, bolluğa işaret eder.

Gök gürlemesi, şimşek çakması ve yağmur yağması yolcu için korku, yolcu olmayan için cimriliktir. Gök gürlemesi polise de işaret eder.

Rüya Tabirleri

Rüyasında gök gürlediğini; fakat şimşek çakmadığını gören kimse için bu rüya hileye, yalana ve kovuculuk yapmaya işaret eder. Mevsiminde gök gürlemesi işitmek; müjdeye, hayra ve berekete; mevsimsiz olursa, savaş sebebiyle askerin hareketine işaret eder.

Kuru gök gürlemesi halk arasında korku ve endişe olmasına, yağmurla beraber gelen gök gürültüsü rahata, hayır ve berekete, şiddetli gök gürültüsü haksızlığın ve zulmün artmasına işaret eder.

Cehennem'e Doğru Götürülüyorum

İbnu Ömer (r.a) anlatıyor: Resûlullah (sav) zamanında kişi, bir rüya görecek olsa onu aleyhissalâtu vesselâm efendimize anlatırdı. O sıralarda ben genç, bekâr bir delikanlıydım, mescidde yatıp kalkıyordum. Bir gün rüyamda, iki meleğin beni yakalayıp Cehennem'in kenarına kadar getirdiklerini gördüm. Cehennem, kuyu çemberi gibi çemberlenmişti. Keza (kova takılan) kuyu direği gibi iki de direği vardı. Cehennem'de bazı insanlar vardı ki onları tanıdım. Hemen istiâzeye başlayıp üç kere "Ateşten Allah'a sığınırım." dedim. Derken beni getiren iki meleği üçüncü bir melek karşılayıp, bana "Niye korkuyorsun? (korkma!)" dedi.

Ben bu rüyayı kızkardeşim Hafsa (ra)'ya anlattım. Hafsa da Resûlullah (sav)'a anlatmış. Resûlullah (sav):

"Abdullah ne iyi insan, keşke bir de gece namazı kılsa!" demiş. Sâlim der ki: "Abdullah bundan sonra geceleri pek az uyur oldu"

Buhârî, Ta'bir, 35, 36, Salât 58, Teheccüt 2, Fedâilul-Ashâb 19; Müslim, Fedâilus-Sahâbe 140, (2479).

GÖKKUŞAĞI: Her türlü duanın kabulüne işarettir. Evlenmeyen için evlilik, hasta için şifa veya ölüm, bahtsız için şans, politikacı için iktidar, sanatçı için gökleri dolduracak şöhret, erkek için itibarlı ve asil kadın, kadın için her türlü arzunun gerçekleşmesi demektir. Hele gökkuşağının altından geçebilmek bu anlamları kesin durumuna getirir.

GÖKYÜZÜ: Milletleri ve emelleri temsil eder. Açık ve berrak bir gökyüzü işlerin yolunda gideceğine ve feraha çıkılacağını gösterir. Yıldızlarla dolu bir gökyüzü insanlığı ve ümitleri temsil eder. Yıldızların karmakarışık olduğunu görmek, devletler arası kargaşaya; seyrek ve parlak yıldızlar, entelektüel çevrenin genişliğine; gökyüzünü kapalı görmek, önemli bir insanın öleceğine işarettir.

GÖL: Danışmadan iş yapan hakim veya yöneticiye işaret eder. Göl, yolcu için yolculuğun mümkün olmamasına işaret eder. Zengin ve güzel geçimli bir kadına da işaret eder.

GÖLGE: Yaz aylarında görülen gölgelik, rahatlık ve huzura veya yüksek bir makam sahibinin himayesine girmeye işarettir.

Gölgeye çekilmek: Üzüntü ve tasalardan kurtulmaktır.

Güneşe ısınmak için çıkmak: Fakirlikten ve darlıktan kurtulmaya işarettir.

Kadının gölgeye çekilmesi: Gölge, kadının kocası olarak yorumlanır.

GÖMLEK: Kişinin dinine, maişetine, evleneceği insana veya müjdeye işaret eder. Giydiği gömleğin kolsuz olduğunu görmek o kişinin fakir olduğu halde dininin güzelliğine işaret eder.

Rüyasında gömleğinin yakasının yırtık olduğunu gören kimse fakirleşir. Birçok gömleğinin olduğunu gören için bu rüya ahiretteki mükafat ve sevaptır. Rüyada gömlek giymek, giyen kişinin şan ve şerefine işaret eder.

 Gömleğini ters giydiğini gören kimsenin durumu değişir. Gömleğinin buluttan olduğunu gören kimse, nimete kavuşur.

GÖZ: Hidayet, doğruluk, basiret, evlat ve kadın için koca ile tabir olunur. Gözünün kör olduğunu gören, ya hakikati görmez olup sapıklığa düşer ya da en çok sevdiği çocuğunu kaybeder.

Sağ göz, oğlan çocuğunu; sol göz, kız çocuğunu temsil eder. Gözüne bir şey battığını gören kadınsa, kocasını kaybeder; erkekse, dalalete düşer veya çocuklarından birini kaybeder. Tek gözü olduğunu gören, dinle alakasını keser yahut başkalarının himmetine muhtaç olur. Gözlerle ilgili en kötü rüya kendisini tek gözlü görmektir. Böyle rüya gören birinin çokça tövbe etmesi gerekir. (bk. Kör)

Rüyada gözlerinin yabancı birinin gözleri olduğunu gören kişinin gözlerinin görmeyeceğine ve başka birinin ona yol göstermesine işaret eder. Eğer rüya sahibi o yabancıyı tanıyorsa, onun kızını alır veya ondan bir hayır görür.

Bir kimse rüyasında kirpiğini birisinin yolduğunu görse, o adam onu rezil edecek düşmanıdır. Rüyasında gözlerinin kulak olduğunu gören kimse, kör olur ve gözüyle gördüğü her şeyi kulağıyla işitir.

Rüyasında vücudunda birçok gözler olduğunu gören kişi için bu rüyası onun çok dindar ve salih bir kimse olduğuna işarettir. Rüyada görüş noksanlığı sahibinin yakında mala muhtaç olacağına ve boşta kalacağına işaret eder. Çocuğu çok olan bir kimse böyle bir rüya görse, çocuklarının hasta olacaklarına işaret eder.

GÖZALTI: Bu güzel bir rüyadır. Hayır ve menfaat ile yorumlanır. Tabi ki rüyanın tabiri gözaltına alanların şekli ve onlardan korkma derecesine göre değişir. Korkulmazsa ve gözaltına alanlar iyi yüzlü insanlarsa, rüya menfaattir. Aksi ise zarar, şer ve beladır.

GÖZ KIRPMA: Gizli iş, çağrı ve istihzadır. Yaşlı kadının göz kırpması dünyanın insana teveccühüdür. Genç kadın ve kızın göz kırpması, zinaya meyildir. Bilinen bir adamın göz kırpması, ondan veya ona benzer birinden gizli bir iş için yardım görmektir.

GÖZLÜK: Rüyada görülen, alınan, takılan gözlük hayır ve berekettir. Bekar için evliliğe, evli için aile huzuruna, memur için terfiye, fakir için zenginliğe, zengin için daha da genişleyen bir rızka işaret eder. Hapiste olan için kurtuluş, hasta için şifa ile yorumlanır.

Gözlüğün kırılması veya kaybolması rızkın darlığına, sıkıntı ve üzüntüye işaret eder.

GÖZYAŞI: Rüyada görülen gözyaşı soğuksa, gönlün ferahlamasıdır; sıcaksa, üzüntü ve kederdir. Gözünün yaşardığını gören kişi helal mal biriktirir ve kendisi onu gizlemek istediği halde düşmanı onu açığa vurur. Eğer gözyaşları dışa taşar ve akarsa, malını infak edip huzura kavuşmasına işarettir.

Bazen de gözyaşı; yalnızlığa, gurbete, şiddete ve sevgiliye karşı şevk ve iştiyaka işarettir.

GÜL: Bilhassa mevsiminde güzeldir. Kırmızı gül mevsiminde ve dalında itibar ve evlattır. Mevsimi dışında her türlü gül kederdir, gözyaşıdır. Evlat yüzünden başı derde girmektir.

Sarı gül, elden ele dolaşacak kadındır. Bu, çok tecrübe edilmiş bir rüyadır. Evinde bir gül bittiğini gören kazara evlenir veya birinin bekaretini bozar.

Siyah gül hiçbir zaman unutulmayacak veya uğruna hayatından olunacak kısa ömürlü bir aşktır. Bir kadının yalın olarak gül görmesi vefasız, acımasız bir koca veya erkektir.

Rüyada gül topladığını gören kimse, hayır, iyilik, sevgi ve nimete kavuşur. Gül güzel bir isimle yad edilmeye de işaret eder.

GÜLLAÇ: Meşakkat ve zorlukla elde edilecek maldır. Hapislikten kurtulmak ve hastalıklardan şifa bulmak manalarına da gelir. Hamile kadının rüyasında güllaç görmesi ferahlıktır. Bazen de güllaç, nakit maldır. Rüyada güllaç satmakta hayır yoktur.

GÜLMEK: Gülmekte hayır yoktur. Gülmek, keder ve üzüntünün habercisidir. Tebessüm ise müjdedir. Tebessüm bekar için evlilik, evli için erkek çocuk, diğerleri için beşarettir.

Rüyada ölmüş bir kimsenin gülüyor görünmesi o kimsenin ahirette durumunun iyi olduğuna işaret eder. Salahiyetli ve üst düzeylerdeki insanların gülmeleri ise, görevlerinden alınmalarına işarettir.

GÜMÜŞ: Rüyada görülebilecek en iyi madendir. Göz aydınlığı, sevinç, ferah, doğru söz ve haber, erkek evlat veya bizzat gümüşle tabir olunur. Gümüş paralar servet ve erkek çocuğa işarettir. Kırılmamış ve üstü kararmamış olmak şartıyla gümüş iyidir.

Eğer kırılmış veya kararmışsa birinin düşmanlığına uğramaya yorulur. Gümüş eşya da böyledir.

GÜNEŞ: Devlet başkanı, cumhurbaşkanı, kral, sultan, komutan, bilgin ve büyük insanların durum, çevre ve mevkilerine göre ayrı ayrı yorumlanır.

Siyasetle uğraşan bir kimsenin güneş görmesi iktidara geleceğine, bilginse, insanlığı aydınlatacak bir buluş yapacağına; sıradan bir insan ise, büyük bir saadet ve zenginliğe kavuşacağına; evlenme arefesinde ise, karşı tarafın asil ve itibarlı bir insan olacağına işaret eder.

Güneşi tuttuğunu veya güneşle birleştiğini gören, eğer siyasetle uğraşıyorsa, en üst mevkiye ulaşır. Güneşin tutulduğunu görmek, çok büyük bir zatın öleceğine işarettir. İki güneş görülmesi pek makbul bir rüya sayılmaz.

Güneş üzerinde oturduğunu veya ona yaklaştığını gören kimse devlet ricalinin nimet, mal ve kuvvetine erişir.

Ay ve güneşin kendisine bir şeyler söylediğini ve onlarla beraber gittiğini gören kişi ölür. Güneşin kaybolduğunu görmek iyi olsun kötü olsun başlanılan işe son verilmesidir. İşini gizli tutmak isteyen birisinin güneş görmesi o işinin meydana çıkacağına işarettir. Eğer bu rüyayı gören hasta ise, iyileşeceğine; yolcu ise, yolculuktan döneceğine işarettir.

Bir kimse rüyasında birbirini kuşatmış birçok güneşler görse, yolcular hakkında hayra, hastalar hakkında şiddet ve ölüme işarettir.

Güneşin yere veya denize düştüğünü, ateşte yandığını veya ışıklarının kaybolup karardığını ya da gökte seyrettiği yerden kaybolduğunu veya yıldız kümesinin içine girdiğini gören kişi yakınlarından birisini kaybeder.

Güneşi avucuna veya kucağına alarak ona malik olması veya ışığı ile evine indiğini görmesi o kişi için eğer ehilse, kuvvet ve yardıma mazhar ve mülkünde aziz olmasıdır veya o evin reisi kayıpsa, onun vatanına dönmesidir.

Kış gününde güneşte oturduğunu gören için üzüntü, keder, fakirlik ve hastalıklara işaret eder. (bk. örnek 23, 24)

ÖRNEK 23

Parlak Güneş Işıkları Evin İçine Doluyor

Rüyamda sabah namazına kalkmışım. Vakit daralmış. Acele ile namaz kılmaya çalışıyorum. Tam bu sırada güneş doğuyor. Öyle parlak öyle parlak ki ışık, bütünüyle evin içine doluyor. Çok etkileniyorum.

B.D- İstanbul

Allah hayırlara çıkarsın.

Tahminim, bazı mükellefiyetlerinizi tam olarak yerine getirmiyorsunuz. Hayatınızda düzgün gitmeyen bir şeyler var. Bazı iyi şeyler yapmak istiyorsunuz; ama zaman seçiminde hata yapıyorsunuz.

Güneş hayattır ve huzurdur. Bütün ihtişamıyla evinizin içine doğması ve evinizin ışığa boğulması, büyük ihtimalle evinizde ve hayatınızda yanlış giden şeylerin düzeleceğini gösteriyor.

Güneş, aynı zamanda eşinizi temsil eder. Büyük ihtimalle onunla aranızda bazı sıkıntılarınız var. Bunlar son bulacak ve yeni bir hayata başlayacaksınız.

ÖRNEK 24

Anne, Güneş Batıdan Doğdu

Rüyamda mutfağın penceresinden veya evin ana kapısından güneşin batıdan doğduğunu gördüm. O telaşla anneme seslendim ve salondaki annemin yanına geldim. "Anne, güneş batıdan doğdu. Dünyanın sonu geldi." dedim. Annemin ellerinden tuttum. Daha sonra salonda annemle birlikte dönerek kaybolduk gittik.

A. D.

Allah hayretsin.

Babanızla anneniz arasında problem olmalı. Boşanma gibi bir sıkıntıyla ailenizde bir dağılma söz konusu olabilir; ama siz annenizin yanında yer alacaksınız ve her zaman onun destekçisi olacaksınız.

Bir başka tabiri de şu olabilir: Kıyametin kopması elbette ama sizin gördüğünüz rüya kıyametle alakalı değil, sizin evliliğinizle ilgili. Soylu biriyle evleneceksiniz ve bu konuda annenizin büyük yardımını göreceksiniz. Mutlu olacaksınız.

GÜREŞMEK: Münakaşa yapmaktır. Rüyasında galip gelenin mağlup olacağına, mağlup olanın da galip geleceğine işarettir.

GÜVERCİN: İnsanın karısı, metresi, uzaktan gelecek haber ve menfaat, seyahat, misafir, şans oyunlarında kazanılacak para, iktidar demektir. Birçok güvercinleri bulunduğunu gören kendi akranlarının lideri olur.

Evine bir güvercin girdiğini gören uzaktan haber alır veya misafir gelir. Başına bir güvercin konduğunu gören devletten veya şans oyunlarından gelecek para kazanır.

Omuza konan güvercin insanın yaptığı iştir. Güvercinle konuştuğunu gören, haberleşme kurumlarında görev alır.

Üstüne güvercin pisliği bulaştığını gören, politikaya girer ve seçilerek iktidara gelir. Çocuk bekleyenler için güvercin, kız çocuk demektir. Güvercin yakalamak için tuzak kurduğunu gören çapkınlık ve hile ile kadınlardan yararlanır.

GÜVERTE: Bekar ise, evlenir; evli ise, çocuğu olur. Güverteyi uzaktan görse sevinç ve ululuğa erişir. Rüyasında güverteye çıktığını gören kimse korkuda ise, korkusu gider; hasta ise, iyileşir. Bunlardan hiçbiri kendisinde yoksa, şeref ve sevince erişir.

Rüyasının Doğru Çıkmasını İsteyen Kimse;

"Rüyasının doğru çıkmasını isteyen kimse doğru söylesin. Yalan, koğuculuk ve gıybetten hem kendisi kaçınsın hem de bunu yapanları hoş görmesin."

"Rüya, uçan bir kuşun ayağı üzerindedir. Tabir edilmedikçe onun için istikrar yoktur. Tabir edildiği anda hemen yerini bulur."

"Sizden biriniz, hoşunuza gitmeyen kötü bir rüya gördüğü zaman üç defa sol tarafına tükürsün ve şeytanı kovsun, rüyasını kimseye anlatmasın. Ona zarar vermez."

Hadis-i Şerif

OKUMA PARÇASI

TİMUR'UN RÜYASI

Türkistanlı Hoca Ahmed Yesevi, Emir Timur'un rüyasına girdi "Ey yiğit! Çabuk Buhara'ya git, inşaallah oradaki şahın ölümü senin elindedir, senin başından çok şeyler geçse gerektir, bütün Buhara halkı zaten seni bekliyorlar." dedi.

Emîr Timur, uyanınca Allah'a şükretti ve ertesi gün Türkistan hakimi Nogaybak Han'ı çağırttı. Ahmed Yesevi kabrine bir astane yaptırması için ona çok para verdi. Türkistan hakimi öyle, zînetli bir tekke yaptırdı ki hâlâ bütün güzellikleriyle durur.

Gerçekten, Timur'un, Hoca Ahmed Yesevi'ye çok i'tikad ettiğini, başka kaynaklar vasıtasıyla da biliyoruz; hatta Sultan Bayezıt'la savaş için Anadolu'ya yürüdüğü zaman, Hoca Ahmed Yesevi'nin manevî kişiliğine sığınmıştır.)

(Hekimoğlu İsmail, Nurettin Ünal İlimde, Teknikte, Edebiyatta, Tarihte, Dinde Rüya, Türdav, İstanbul: 1981, s. 247)

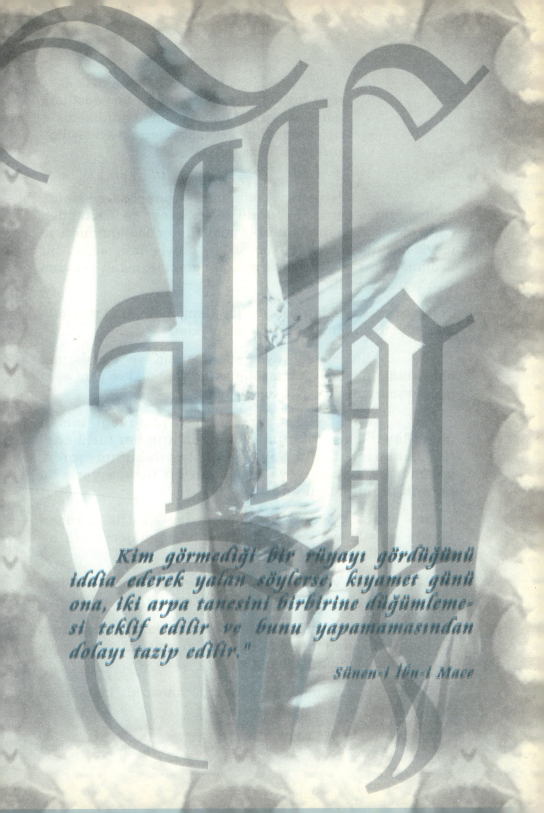

"Kim görmediği bir rüyayı gördüğünü iddia ederek yalan söylerse, kıyamet günü ona, iki arpa tanesini birbirine düğümlemesi teklif edilir ve bunu yapamamasından dolayı tazip edilir."

Sünen-i İbn-i Mace

HABER: Rüyada iyi bir haber almak aşka veya uzun sürecek samimi bir dostluğa işaret eder. Eğer haber getireni görürseniz, o kişi tarafından korunacağınıza veya iyiliğe uğrayacağınıza delalet eder.

HAC: Rüyada haccettiğini veya hac ibadetinde bulunmak üzere o topraklarda bulunduğunu gören, her türlü telaş, keder ve üzüntüden emin olur. Hac kudrette mükemmelliği, dinde olgunluğu ve mevkisini düşünerek bu üç şıktan biriyle izah edilir. Bir kadının yalnız başına hacca gittiğini görmesi nikah altından çıkacağına işarettir.

Haccetmek istediği halde haccedememek: Arzu ve isteklerinin yerine gelmeyeceğine işaret eder.

HACİZ: Bir kimse rüyasında malının ve eşyalarının haczedildiğini görse, o kimsenin eline yeni mal ve yeni eşya geçeceğine işarettir.

HAÇ (Salip): Hıristiyan kadın veya erkeği temsil eder. Rüyada haç taktığını gören, onların her türlü âdetini benimser. Kadın veya erkek haç taktığını gören, yabancı ile evlenir veya hıristiyan bir ülkeye yerleşip onların dinini kabul eder.

Haç hilekar, yalancı ve olduğundan değişik görünen erkeğe ve bakireye işaret eder. Haç taktığını gören evli bir erkek, hile ile bir kızı iğfal etmeye çalışır.

Haç aldığını veya yaptığını görmek: Müslümanlar için itikat ve inançlarında meydana gelen zayıflığa işaret eder.

HADEME: Kendisini hademe olarak gören kişi, toplumun ileri geleni olduğuna ve onların ihtiyaçlarını gidermeye çalışan birisi olduğuna işaret eder.

Kişinin kendini hademe olarak görmesi: Bir memuriyet veya vazifeye atanmaya delalet eder.

Tanınmış veya mülk sahibi birini hademe olarak görmek: hademe olarak görülen kişinin, vazifesinden azledileceğine; zenginin, fakirleşeceğine işaret eder.

HAFIZ: Rüyada Kur'an hafızı görmek iyidir. böyle bir rüya her türlü murada ermeye, sıkıntı ve kederden kurtulmaya işaret eder. Kur'an bilmiyorsa, Kur'an öğreneceğine delalet eder.

HAKİM: Allah'ı görmek gibidir. Değişik yorumları vardır. Kendisini hakim gören, eğer hakim olacak durumda değilse, rezil rüsva olur. Yola gidecekse, dönmez; halkın diline düşer, malı müsadere edilir.

Tanımadığı bir hakimle düşüp kalktığını gören, şerefe erer. Hakim veya kadı görmenin iyi tarafı varsa da görmemek daha hayırlıdır.

Hakim güler yüzlü ise, Allah'ın hoşnutluğunun varlığına

Asık yüzlü ise, şer ve üzüntüye işaret eder.

Hakimin azarlaması: İş ve memuriyet hayatında zorluklarla karşılaşıp, muhtaç hale düşmeye işarettir.

HAKİR GÖRME: Nasıl olursa olsun rüyada birini değersiz görmek kötülüğe ve çirkinliğe işaret eder.

HALAT: Rüyada halat görmek genellikle Kur'an ve dinle tabir edilir. Rüyasında kuvvetli bir halata sarıldığını gören kişi Kura'n'a yapışır.

Elindeki halatın koptuğunu gören kimse makam sahibi ise, makamını kaybeder ve dinde zayıflar.

Toplanmış halat görmek: Yolculuğa işaret eder. Halat kısa ise, kısa bir yolculuğa; uzun ise, uzun bir yolculuğa işarettir.

HALI: Halı ve benzeri şeyler itibar, kazanç, refah ve ömrü temsil eder. Küçüklük ve büyüklüklerine göre bunların durumu da değişir. Siyah çul iyi değildir.

Halıyı sermek iyi, toparlamak şerdir.

Yeni ve güzel halı iyi, eski halı ise, kötüye yorumlanır. (bk. örnek 25)

ÖRNEK 25

Yerler Kırmızı Halıyla Kaplanmış

Rüyamda yeni bir eve taşınmışız. Taşındığımız evin, bir arkadaşımın evi olduğunu öğreniyorum. Eve girdiğimde yerlerin kırmızı halı kaplı olduğunu görüyorum. Kendi evimden daha küçük daha dar bir ev. Ayrıca, yolunun da çamur olduğunu anlıyorum; ancak çamur kuru. İleride yağmur yağınca yolların çamur olacağı aklıma geliyor ve evden hoşlanmıyorum.

Rumuz: Levent

Allah hayretsin.

Rüyada ev değiştirmek hayra işarettir. Rızık ve geçimde bolluktur; ancak gittiğiniz evi pek beğenmiyor olmanız, umulduğu kadar bir rahatlık olmayacağına işaret sayılabilir. Evin halılarının kırmızı olması, itibar ve izzettir. Çevrenizden itibar göreceksiniz. Evin size dar görünmesi de keza girişeceğiniz bir işten veya beklediğiniz bir meseleden tam istediğiniz gibi bir neticenin elde edilmeyeceğine işaret eder.

Yolların kuru olması ve sizin, yağmur yağdığında yolların çamurlanacağını düşünmeniz, bazı vehimleriniz bulunduğunu ve bu vehimlerin yersiz olduğunu sergiler.

HALKA: İslam dinidir. Rüyasında bir halkaya tutunduğunu gören kişi İslam dinine sarılır. Kapı üzerindeki halka, kapıcıya veya bekçiye; altın veya gümüşten olursa, izzet ve yüksekliğe ve mülke işaret eder.

HAMAM: Hamam görmekte eski tabirciler ihtilafa düşmüşlerdir. Bizim tecrübelerimize göre, kadın, fahişe, gam, keder, fuhuş, büyük günah, dünya rahatına düşkünlüktür. Hamamda soğuk su ile yıkandığını görmek gamdan kurtulmaktır.

Sıcak su, keder ve üzüntüdür. Evinin hamam olduğunu görenin karısı veya kızı kötü yola düşer. Mahallesinde hamam olduğunu görmek o yerde fuhşun artacağına işarettir. Hamamın sıcaklığı kötü, soğukluğu iyidir.

Hamamda kadınlarla birlikte bulunduğunu kadınların ondan sakınmadığını gören, kılık veya cinsiyet değiştirir. Hamam, cehennem; hamamcı, zebani; hamam, mahkeme; hamamcı, hakim; hamam, genelev; hamamcı, patron; hamam, zindan; hamamcı, gardiyan; hamam, deniz; hamamcı, gemi kaptanı olarak yorumlanır.

Hamamda şarkı söylemek: Kötü söz söyleyip zarar göreceğinize işarettir.

Karanlık bir hamama girmek: Kötü bir fiilden veya suçtan dolayı hapse girmeye işarettir.

Hamamın suyu pis ise, çok sevgili bir dost veya akrabanın kaybına işaret eder. (bk. örnek 26)

ÖRNEK 26

O Kişi "Gel Yıkanalım" Diyor

15 yaşında bir kızım. Rüyamda tanıdık biriyle -sanki bu bir artistmiş- uzun bir yol yürüdükten sonra bir hamama giriyoruz. Hamam çok büyük ve geniş. Mermer merdivenleri var. Merdivenler oldukça uzun. İçeri giriyoruz. Bir de bakıyorum kollarımda sarı saçlı, mavi gözlü bir bebek var. O kişi "Gel yıkanalım." diyor. Ben kabul etmiyorum. Birden etrafımda bir yığın asker görüyorum. Bu askerlerin hepsi, bana beni sevdiklerini söylüyorlar. Onlarla konuştuktan sonra hamamdan çıkıp gidiyoruz. Birden yağmur yağıyor ve yanımdaki o kişi, giydiği sarı yeleği çıkarıp çocuğun başına örtüyor. Sonra bir eve giriyoruz. Ev bayağı kalabalık. Elime bir belge uzatıp onu benim yazıp yazmadığımı soruyorlar. Ben de "Hayır, ben yazmadım." diyorum ve uyanıyorum.

D. Ç.

Allah hayretsin.

Önünüzde zor, meşakkatli bir dönem var. Bir aldanışla hayatınız allak bullak olabilir. Büyük bir ihtimalle bir gence tutulacaksınız. Onu şu anda da tanıyor olmalısınız. Belki de evlilik dışı bir bebeğiniz olacak; ancak o sizi yalnız bırakmayacak. Bu genç, zamanla sizi yanlış yollara sevk etmek isteyebilir. Ondan gelecek acılara katlanmak zorunda kalabilirsiniz; ama büyük ihtimalle bütün bunlara fırsat vermeyeceksiniz. O belgeyi iyi ki imzalamadınız. Size tavsiyemiz, bu rüyayı unutun ve her ne zaman aklınıza gelse, üç kere "Euzu billahi mineşşeytani'r-racim." diyerek her seferinde sol omuzunuzun üzerine tükürün. Bir de ne kadar yakın bilirseniz bilin, herhangi bir erkekle eski harabelerde görüşmeyin.

HAMAM BÖCEĞİ: Hamam böceklerini görmek zayıf düşman ile tabir edilir.

HAMİLE: Rüyada bir kadının hamile olduğunu görmek mal, servet ve şöhret demektir. Bir erkeğin kendisini hamile görmesi ise, keder, üzüntü, tasa ve darlığa işarettir.

Hamile birini görmek: Hem erkek hem de kadın için dünya afiyetine işarettir. Ya da bir çocuk sahibi olunacağına işaret eder.

HAMSİ BALIĞI: Önemli bir hayra ermeye, sevinmeye işarettir. Çok hamsi görenin eline çok mal geçer. Hamsi balıklarını yediğini gören, o maldan faydalanır.

HAMUR: Murattır, arzulamaktır. Hamur açtığını gören, yakınlarına veya sevdiğine kavuşur. Mayalı ise, bu kavuşma daha çabuk olur.

Hamur, yalın olarak insanın içinde gizlediği arzusudur. Hamuru topak topak kopardığını gören, gün sayar.

Rüyasında evinde hamur gören kişi, yaptığı ticaretten mal kazanır. Hamurun ekşidiğini ve kabından dışarı taştığını gören kimse ticaretinde zarar eder.

Mayalı hamur görmek: Fazla mal, servet ve kâr demektir.

HANÇER: Düşmandır. Elinde bir hançer tuttuğunu gören düşmanına galip gelir. Süslü, kabzalı hançer, gözü dışarda olan kadındır. Kını varsa, görkemli ve iffetli bir kadındır.

Aynı zamanda mal ve kazanca işarettir. Rüyasında hançeri veya bıçağı kınına soktuğunu gören kişi evlenir.

Hançeri satmak veya birisine vermek: Verilen kimseye yardım etmektir.

Hançeri kırmak veya kaybetmek: Kuvvetten düşeceğinize, mağlubiyete ve kayba işarettir.

HANIMELİ: Rüyada görülen ve koklanılan hanımeli çiçeği, yakınlarınızdan ve sevdiklerinizden işiteceğiniz kötü söze işaret eder.

Birinden bir dal hanımeli almak: Size çiçek veren kimsenin sizin aleyhinizde bulunacağına işaret eder.

Birisine hanımeli çiçeği vermek: Çiçek verdiğiniz kişi hakkında kötü söz ve gıybette bulunacağınıza işarettir.

HAP: Hastalığa işarettir. Bazı tabircilere göre rüyada içilen hap, dinde alınacak iyi mesafedir. Hap içmemek için direnen kişi doğru yola gitmemeye, Hakk'ın isteklerini yerine getirmemeye işarettir.

HAPİS: Rüyada hapsedildiğini görmek birçok anlamlara gelir. Bir eve hapsedildiğini gören, bekar ise, zengin ve çok çocuk doğuracak bir kadınla evlenir; evli ise, başka bir hayra erişir. Zulme uğramış çaresiz birisinin rüyasında zindan görmesi duasının ve bedduasının kabul edileceği anlamına gelir.

Dar bir kapıdan, kapalı bir mahalden veya zindandan kurtulduğunu ve ferahladığını hisseden, gerçekten ferahlar ve bütün işlerinde rahata kavuşur. Ölümcül kazadan kurtulur.

Bazılarına göre hapis, hayata intibakı öğreten bir yer olduğu için okul anlamını da taşır. Hapse girip orada rahat olduğunu gören, kendi tecrübesiyle elde edemeyeceği ilimleri öğrenir. Kısacası hapis ve zindan, bilinen bir yer ise, menfaat ve hayırdır; bilinmeyen bir yerse, ölümdür.

Bazen hapishane; kişiyi tasarruf ve hareketten men eden hastalığa, gururlanmaya, batıl ve boş şeylere inanıp aldanmaya, bazen de cehenneme işaret eder.

Bir kimse rüyasında bir ölünün hapiste olduğunu görse bu o kişinin ödenmemiş kul hakkı ve borcu olduğunu gösterir. Rüyada hapsedilmek zillet, üzüntü ve keder anlamlarına da gelir.

Hapse girip hemen çıkmak: Arzu ve ümit ettiğiniz şeylere çok kısa bir zamanda ve zahmetsizce kavuşacağınıza yorumlanır.

Karanlık bir zindana girip oradan çıkamamak, ölüm olarak yorumlanır.

HARABE: Rüyada kendi anlamını hüzün, sıkıntı ve gamı temsil eder. Bir caminin harap olduğunu görmek, valinin değişeceğine; çarşının harap olduğunu görmek, büyük bir musibete işarettir.

Kendi evinin yıkılıp harabe haline geldiğini gören ömrünün geri kalan kısmını hastalıklar içinde geçirir. Bir arazinin harap olduğunu görmek iffetsizliğin yaygınlaşacağına işarettir. Harabe ve harap olma rüyası iyi değildir. Mamuriyet ve bayındır olma bunun tam aksi gibi tabir edilir.

Rüyada bir şehrin deprem veya başka bir sebeple harap olduğunu görmek; o şehirdeki halkın şereflerine, rütbelerine gelecek olan noksanlığa işaret eder.

Rüyada tavanın rüya sahibinin üzerine yıkılması musibet, şiddet ve meşakkattir. Evinin hepsinin veya bir kısmının üzerine yıkıldığını gören kimsenin evinden birisi ölür. Ya da ev sahibine büyük bir musibet erişir.

Bir kadın rüyasında bacasının ve tavanının yıkıldığını görse, kocasının öleceğine işarettir.

HARİTA: Uzun sürecek bir seyahate, yüksek dağlara uğrayacağınıza işaret eder.

HARMAN ve HARMAN YERİ: Rüyada görülen harman, uzun bir meşguliyetle elde edilen maldır. Harman, bazen de öğrenilecek ilme işaret eder.

HASIR: Yüksek bir makam ve mevki sahibi olmak şeklinde yorumlanır. Hasırda oturmak, sonunda pişman olunacak bir işe başlamaya işaret eder.

Hasıra sarılı olduğunu görmek: Kişilik özelliğinizin menfaatçi ve bencil olduğuna işaret eder.

Temiz bir hasırda oturmak: Çekilen her türlü sıkıntı ve hüzünden kurtulacağınıza işarettir.

Hasırının çalınması: Erkek veya kadın için eşinin vefatına delalet eder.

Hasırının yandığını görmek: Eşinin vefatına, başlanan işin zarara yol açacağına veya maddi kayba işarettir.

HASTALIK (Genel): Hastalık ne şekilde olursa olsun iyi değildir. Hasta olduğu halde acı çekmediğini gören o yıl ölmez. Bunun dışında her türlü yara bere, hastalık, zayıflık ya mal ya da bizzat rüyayı görenin rahat ve hayatıyla yakından ilgilidir.

Bulaşıcı Hastalıklar (Veba, Kolera, Taun vb.): Toplu ölümlere sebep olan hastalıklar, büyük isyan ve savaşlara işaret eder. Bazen deprem ve yangın ile de tabir edilir. Bir yerde çok sayıda kişinin veba, kolera veya diğer bulaşıcı hastalıklardan öldüğünü gören, o bölgede büyük bir fitneye, yangına, depreme, su baskınına veya savaşa hazır olsun.

Hastalık, aşk olarak da yorumlanır. Hastalık, o hastalığın derecesine göre rüya sahibine ulaşacak olan kederdir.

Baş ağrısı: Gelecek bir musibet veya belaya işarettir.

Kulak ağrısı: Rüyayı gören kişi hakkında dedikodu ve gıybet yapıldığını gösterir.

Burun ağrısı: Çok iyi tanıdığınız bir kişi tarafından

aldatılacağınıza veya bir dostunuzu kaybedeceğinize delildir.

Dil ağrısı: Yalan konuştuğunuzu gösterir.

Diş ağrısı: Akrabalarınızdan göreceğiniz zararlardır.

Kalp ağrısı: Bir kadınla münasebete girerek zarar görmenizdir.

Göğüs ağrısı: Sevdiklerinizi ihmal etmeye sebep olacak olan bir işle meşguliyete,

Öksürüğe tutulmak: Mal veya para kaybedebilirsiniz.

Ağızdan kan gelmesi: Evlatlardan işitilecek olan kötü söz ve hakarettir.

Zehirlenerek ölmek: Uzun bir ömre ve hayırlı mala kavuşmaktır.

Kendini deli olmuş görmek: Haram mal ve para elde edeceksiniz veya bir bela ve musibete maruz kalacaksınız demektir.

Anne ve babasının hastalandığını görmek: İnsanların sizden yüz çevirmesi ve fakirliktir.

Bir hastaya hizmet ettiğinizi görmek: Herkesin takdirini kazanacağınız bir davranışta bulunacağınıza işaret eder.

Hastalık rüyası genel olarak şer ve kötü bir rüyadır. Bazı durumlarda ise, hayra sebep olabilir. Fakir için zenginlik, tüccar için kazanç, hasta için şifadır. Hastalık rüyası maddî durumu ve itibarı iyi olan kişiler için iyi bir rüya değildir.

HASTAHANE: Kişinin durumuna göre değişik anlamlarda yorumlanabilir. Hastahaneye düştüğünü gören, şehid olur. Hastahanede verilen yemekten yediğini gören, hasta ise, iyileşir; sağlam ise, hasta olur.

 Bir doktorla sohbet ettiğini gören kendi ailesinden hastalarla uğraşır. Hastahanenin temiz ve bakımlı olduğunu gören, sağlık ve sıhhate kavuşur.

Hastahanede kahkahalarla gülen, delirir veya bir yakınını kaybederek çok üzülür.

HAŞHAŞ: Kolay elde edilecek mala işaret eder.

HATTAT: Rüyada güzel yazı yazan bir hattat görmek başınıza gelen musibetlerde mutluluğa ulaşmak için gayret göstermek gerektiğine işaret eder.

HAVA: Açık ve sakin bir havada gezmek, herkesin dostluğunu, saygısını kazanarak, düşmanlarıyla dost olmaya; kaybolan bir eşyanın bulunmasına, işlerinin yolunda gitmesine işarettir. Bulutlu, sıkıntılı ve dumanlı hava görmek endişe, sıkıntı ve eleme; ilkbaharın ılık havasını görmek ise, rahatlığa, iyi yaşamaya, bütün işlerinde düşünce ve hareketleriyle başarıya ulaşmaya işarettir.

Kendisini yerle gök arasında görürse, kalbinin meşgul bulunduğuna ve ne yapacağını bilmediğine; kendisini havadan düşüyor görmesi o kimsenin makamından düşeceğine; serbest çalışıyorsa, muradından mahrum olacağına işarettir.

Havada bina yaptığını görürse veya çadır kurarsa, bu kişi hasta ise, ölümüne; bunu denizde bulunan bir kimse görürse, o vapurun batacağına işarettir.

HAVA ALANI: Rüyada görülen hava alanı, liman ve iskele gibidir. Hava alanında bulunduğunu görmek önemli bir yerden sevindirici bir haber almak veya kolay bir yolculuğa çıkmak demektir.

Alanda uçakların inip yükseldiğini görmek işlerin yolunda olduğunu gösterir. Pistte çimenlerin bittiğini veya çatladığını görmek hükümetin durumunun kötüye gittiğine işarettir.

Alanda hava kontrol kulübesinde görevli olduğunu gören, eğer layıksa, müsteşar veya danışman olur; değilse, halkın işlerini düzelten saygıdeğer bir insan olur. Hava alanı hayatın kendisini temsil eder. Başka ülkelere açılan kapı demektir. Bu sebeple hava alanı görmek daha çok dış ülkelere seyahati temsil eder.

HAVAÎ FİŞEK: Kısa bir zaman sonra mutlu bir haber almaya ve selamete işaret eder.

HAVLU: Rüyada görülen havlu bir arkadaşı hakkında kötü bir laf söylemeye, bir dostuna yapacağı haksızlıktan dolayı vicdan azabı duyacağına işarettir.

HAVUÇ: Havucun çiğ olarak yenmesi küçük bir menfaattir. Bunun dışındakiler küçük küçük sıkıntılardır.

Havuç, derdini kolayca anlatan kimsedir. Bundan dolayı elinde havuçtan bir şey olduğunu gören içinde bulunduğu zorluklardan kurtulur.

Rüyada havuç yemek, sağlığınızın çok iyi olacağını gösterir. Havuç yetiştirmek veya havuç toplamak iş hayatınızda veya mesleğinizde daima muvaffak olacağınız anlamına gelir.

Çarşıya çıkarken alacaklarınızın listesine havuç alacağınızı da işaretlemek, gayet hoş bir toplantıda şeref misafiri olacağınızı gösterir.

HAVLU: Islak bir havlunun rüyada görülmesi, kuru veya temizinin bulunamaması bir dost hakkında haksız yere kötü kanaatte bulunmaya; havlu ile yüzünüzü silmek ve kurulamak bir dostunun yapacağı haksızlıktan sonra vicdan azabına uğrayacağına işarettir.

HAVUZ: Rüyada havuz; kültürlü, aklı başında olgun bir kadını temsil eder. Cömert, herkese faydası dokunan bir

 insanı ve biriktirilmiş malı da temsil eder.

Bir havuzda yüzdüğünü görmek sıkıntı anlamına gelir. Ayrıca zengin bir adamın yanında tufeyli yaşamaya işaret eder. Havuzdan su içen veya abdest alan sıkıntıdan kurtulur veya büyük bir zattan yardım görür.

Havuzda su kalmadığını görmek cömert bir insanın öleceğine, havuzun dolup taştığını görmek zenginliğe işarettir. Bir havuz inşa ettirdiğini gören sofrasını herkese açar.

Havuzun yıkıldığını görmek: Büyük bir zatın vefatı demektir.

Bahçesinde büyük bir havuz yaptırdığını görmek: Sonu hayırlı ve kârlı bir işe girişmeye işarettir.

Havuzlu bir oda görmek: Rahat ve huzura kavuşmak, ihtiyaçtan kurtulmaktır.

HAYALET: Rüyada korkunç bir hayalet görmek, önce üzüntü sonra da ani bir sevince; eğer o hayalet tanıdığı bir kimsenin ölüsüne ait ise, istek ve arzusunun gerçekleşmesine işarettir.

HAYKIRMAK: Rüyasında bir kimse kendisini bir millet üzerine şiddetle haykırıyor görürse, o kimse servete kavuşur.

HAYVANAT BAHÇESİ: Burada görülen hayvanların durumlarına göre tabir edilmelidir.

HEDİYE: Hem veren, hem alan için güzeldir. Bildiği birinden güzel bir hediye aldığını gören ondan fayda görür, kendisi de ona yardım eder.

Kendisine hediye verildiğini gören, genç ise, evlenir; Memursa, maaşı artar veya rütbesi yükselir. Ummadığı kimselerden yardım görür.

Hediye veren ihtiyar erkek veya kadın ise, daha iyidir. Genç kadın ve erkekten hediye almak çeşitli anlamlara gelir. Bazen sıkıntı ve sonu gelmeyecek aşkları da temsil eder. Verilen hediyenin reddedildiğinin görülmesi, hediyeyi veren ile reddeden arasında ağız kavgasına işarettir. Bu rüyanın iyi veya kötü olması biraz da verilen hediyenin niteliğine bağlıdır.

HELVA: Dinde samimiyete, hapiste olanın kurtuluşuna, yolcunun dönmesine, hastanın şifa bulmasına, bekarlar için evlenmeye, hidayet ve tövbeye, ilim ve Kur'an'a, evlada ve helal rızıklara işaret eder.

Kavrulmuş bir şeylerden yapılan helva faydalı bir ortaklıktır. Helva mümin için iman tatlılığı, günahkar için de dünya tatlılığıdır.

Helva pişirmek veya yemek: Dost veya akrabadan birisinden fayda göreceğinize veya onlara faydalı olacağınıza işaret eder.

HENDEK: Bir hendeğe düşmek, zıttıyla tabir edilen bir rüyadır. Bütün sosyal ve iş güçlüklerini yeneceğinize işaret eder. Hendeğe düşmüş bir dost, başı dertte bir arkadaşa yardım edeceğinize işarettir.

Hendeğe veya çukura düşmüş bir düşman görmek, hakkınızda söylenecek kötü sözlerin ve yapılacak çirkin dedikoduların o sözleri söyleyen veya dedikoduları çıkaran şahsın kendi kendisine zarar vereceğine işarettir.

Rüyada bir hendek veya çukur kazmak; işinizin büyüyeceğine işarettir.

HESAP PUSULASI: Herhangi bir yerden hesap pusulası almak ve ödemek genç bir erkek için kaybolmuş ve unutulmuş üzüntülerin tekrar meydana çıkması, yaşlılar için yakınlarından birinin kaybolması, genç bir kız için fakir birisiyle izdivaca, kadınlar için para sıkıntısı çekmesi demektir.

HEYKEL: Kudrete işarettir. Rüyasında heykel gören hamile kadın, erkek bebek doğurur. Rüyada heykel gören memursa, işinde başarıya ulaşır; devlet adamı ise, dış seyahatlere çıkıp yeni yeni kimselerle tanışır. Bir heykel yaptığını veya taşıdığını gören, eğer sanat ehli ise, öldükten sonra da sanatıyla anılır. Sıradan bir insanın heykel görmesi, yeni yeni insanlarla tanışmasına işaret eder.

HIÇKIRIK: Din ve dünya işlerinde gevşeklik demektir. Ayrıca dikkatsizlik yüzünden karşılaşılacak sıkıntı ve hüzne de işaret eder.

Ağlarken hıçkırmak: Hakkınızda hayırlı olan bir işi dikkatsizlik yüzünden kaçırmaya işaret eder.

HIRKA: Maddî ve manevî ferahlığa ve elde edilecek olan mala işaret eder. Rüyada görülen yırtık hırka fakirlik ve sefalete yorumlanır. Rüyada hırka çıkarmak ise, kendi kendinize zarar vereceğinize delalet eder.

HIRS: Rüyada herhangi bir şeye hırslandığını görmek her türlü menfaatten mahrumiyete işaret eder.

HIRSIZ: Rüyada hırsız görmek hastalık ve derttir. Evinde hasta bulunan bir kimse bir hırsızın evine girdiğini ve bir şey aldığını görse, o hastanın öleceğine işarettir. Eğer hırsız o eve girip de bir şey almamışsa, o evde bulunan hastanın, hastalığından kurtulmasına işarettir.

Tahsil yapmakta olan birisi hırsız olduğunu görse, iyi bir ilim öğrenir. İçinde bekar bir kızın olduğu bir eve bir hırsız gelse, bu kıza dünür çıkacağına işarettir. Hırsız, bütün bunların yanında; zina yapan, hileci, gıybet eden bir kimse olarak da tabir edilir.

Rüyasında hırsızlık yaptığını gören kimsenin evine hırsızların girmesinden korkulur. Bazen de rüyada hırsızlık yapmak, yapılacak olan bir günaha işaret eder; çünkü işlenen günahlar da hırsızlık gibi gizlidir.

HIZLI YÜRÜMEK: Kişinin çabucak öleceğine, rütbesini kaybedeceğine, bazen de hacca gideceğine işarettir.

HİCRET: Rüyasında bir yerden başka bir yere hicret ettiğini gören kimse için bu rüya, maddî manevî büyük faydalar sağlayacağına işaret eder.

HİLAL: Rüyada hilal görmek, müjde, Allah'ın yardımı, temiz ve iffetli kadın demektir. Gökte hilal görenin insanlar arasında sözü geçerli olur. Şahitliği makbul olur.

Bekar biri hilal görürse, asil ve zarif bir kızla evlenir. Aynı rüyayı bir kadın görürse, muradına kavuşur veya kız çocuğu olur.

Kısır biri hilal görürse, çocuğu olur. Hilalin tamamlanıp ay olduğunu görmek dünya ve ahiret hayatının mesut olacağına ve yarım kalmış işinin tamamlanacağına işarettir.

Hilalin koynundan çıktığını görmek: Hayırlı bir evlat sahibi olmaya delalet eder.

HİLE: Birisinin size herhangi bir hususta hile yaptığını görmek, bazı kimselerin size akıl vereceği şeklinde yorumlanır. Birisine hile yaptığını görmek de, hile yaptığın kişinin bir sıkıntısını gidereceğine işarettir.

HİNDİ: Sükûnet ve huzuru ifade eder. Evde ve ailede yaşanacak huzur ve güven demektir.

Hindi yavruları görmek: Görenin sevdiği kişiye kavuşmasına işarettir. (bk. örnek 52)

HİNDİSTAN CEVİZİ: Falcıyı, büyücüyü ve müneccimi temsil eder. Rüyada hindistan cevizi yediğini gören böyle bir kimsenin sözüne itibar eder veya böyle biri sayesinde mala kavuşur.

Hindistan cevizi aldığını, bulduğunu veya yediğini

 görmek: Fal, büyü ve müneccimlik gibi bir işle uğraşmaya veya bunlarla uğraşan birisiyle tanışıp onu tasdik etmeye ve dostluk kurmaya işaret eder.

HİZMETÇİ: Rüyada hizmetçi görmek hayır, bereket ve afiyet demektir. Bazen de gizli düşman ile tabir olunur. Büyük bir zatın hizmetinde bulunmak, bir vazife veya memuriyete atanacağınıza işarettir.

Hizmetçiyi öpmek veya onunla evlenmek: Görülen kişiye büyük menfaatiniz veya iyiliğinizin dokunacağına işarettir.

Hizmetçiyi dövmek veya kovmak: O kişiden memnun olacağınızı gösterir.

HORLAMAK: Rüyada horlamak, gizli tutulmasını istediğin bir şeyin ortaya çıkmasına veya korkusuzluğa ve rahatlığa işaret eder.

HOROZ: Erkek çocuk, mal, düşman ve kulağa hoş gelen bir haberdir. Bir horozun üzerine saldırdığını gören şarlatan bir hasmı yüzünden üzülür. Horozla kavga ettiğini gören, birinin belasına uğrar. Bir horoz kestiğini gören, yakınlarından birini kaybeder.

Kendini horoz olarak görmek: Kısa bir zaman sonra vefat etmeye,

Evde horoz gezdiğini görmek: Eve hırsız girebileceğine,

Bir horoz aldığını görmek: Nüfuzlu bir kişiyle dost olup ondan menfaat göreceğinize,

Horoz kesmek: Hasım ve düşmanlarınıza galip geleceğinize,

Horoz okşamak: İyiliksever ve cömert bir kişi ile tanışıp dost olacağınıza işarettir.

HORTLAK: Elbisesi beyaz olan bir hortlak görmek, yakında iyi bir şekilde değişecek bir olayla ilgili olunacağına; rüyayı görenin öldüğünü bildiği birisini görmesi, onunla hiç korkmadan konuşması çok güzel bir rüya olup muradına kavuşacağına işarettir.

HORTUM: Hortumun içinden su akıyorsa kazançlı bir yatırım yapmaya işaret edilir. Susuz hortum, kazancın eksilmesidir. Hortumla bahçe sulamak ailenizin geçimini bollaştırmaya işaret eder.

Hortumun delik olup suyun boşa akması: Kazandığınız paranın siz farkına varmadan başkaları tarafından kullanıldığı veya çalındığına işaret eder.

HUBUBAT: Rüyada görülen toprak mahsullerinden buğday başakları, gelirin artmasına; çavdar, yulaf veya arpayı pazardan almak veya evde yemek, ev hayatında ufak tefek üzüntüleri haber verir.

HUNİ: İsraftan kaçınan, işlerinde tedbirli davranan birisine işaret eder.

HURİ: Cennet'te hurilerle beraber olduğunu ve eğlendiğini gören, evlilik hayatında çok mutlu ve huzurlu olacağına işaret eder.

HURMA: Hurma ağacı, şeref ve itibardır. Kişinin karısını ve asil bir insanı da temsil eder. (Diğer tabirleri için bk. Ağaç.) Hurmanın kendisi üzüm gibidir. Kuru hurma ağacı her mevsimde itibar, şeref ve kazanç olarak yorumlanır.

Taze hurma yemek: Ele geçecek olan mal ve paradır.

Birisinin tek bir hurma vermesi: Bekar için evliliğe, evli için oğul sahibi olmaya işaret eder.

Hurma ağacı dikmek: Şan ve şeref sahibi olmaya, bol kazançlı bir işle uğraşmaktır.

Hurma ağacı kesmek: Kötü bir rüyadır. Sıkıntı, gam ve hüzün demektir.

Hurma ağacının kuruması: Mutluluğunuzun azalması, işlerinizin bozulması ve zarara uğramak olarak tabir olunur.

Hurma salkımı: Çok mal kazanmaya ve rüya sahibinin dağılmış olan evlatlarının tekrar bir araya toplanmasına işarettir.

HUTBE: Rüyada hutbe okuduğunu gören, eğer durumu uygun ise politikaya atılır ve önemli bir yere gelir. Hutbe okunduğunu ve kendisinin de dinlediğini gören, siyasi bir topluluk içinde yer alır. Hutbe doğru sözlülük ve halka yardımı birlikte temsil eder.

Bir kimsenin hutbe okuduğunu ve herkesin onu dinlediğini görmek ise, birlik ve beraberliğe işaret eder.

Dinî hayatı yerinde olmayan biri için rüyada hutbe okumak ve dinlemek bir ikaz niteliği taşır.

HÜZÜN: Rüyada zıttı ile tabir edilir. Bazı tabirciler rüyada hüzünlü olmayı bir günah işlemek olarak da yorumlamışlardır.

HAZRETİ MUHAMMED'İN KABRİ: (Ravza-i Mutahhara) Ravza-i Mutahhara'yı gören Hz. Muhammed'i görmüş gibidir. Peygamberimizin kabri ile minber arasında durduğunu gören, Cennetliktir. Buna dair hadis de vardır. Oradan bir şey almak dinde fakih olmaya, orada hutbe dinlemek dinini tamamlamaya işarettir. Bu rüya da edebe aykırı davranmamak şartıyla her haliyle hayırdır. (bk. örnek 27)

ÖRNEK 27
Bir Rüzgar Beni Kendi Etrafımda Döndürüyor

Rüyamda Unkapanı'ndaki Saraçhane'deyim. Güya orada Hazreti Muhammed'in mezarı varmış. Orucun ilk günüymüş, biz de oraya iftarımızı açmak için gitmişiz. Ezan okunuyor. Ezan okununca her yer sarsılıyor. Müthiş bir rüzgar çıkıyor ve bu rüzgar beni kendi etrafımda döndürüyor. Elimi anneme uzatıyorum. Güçlükle onun elini tutabiliyorum. O sırada sınıfımızdan bir kız arkadaşımı görüyorum.

Rumuz: Denizlerin Dibi

Allah hayretsin.

Siz genç yaşta hacca gideceksiniz. Kabe'nin etrafında tavaf yapacaksınız ve bu sizin iç dünyanızda büyük manevî değişikliklere sebep olacak. Kalben sağlam bir imana ulaşacaksınız. Belki döndükten sonra, belki hacca gitmeden önce evleneceksiniz. Gördüğünüz sınıf arkadaşınızın evlenmesinde de rol oynayacaksınız.

Anlatılmayan rüya, uçan kuşun ayağındadır. Gerçekleşmesi, anlatılmasına ve tabirine bağlıdır.

Abdulkadir Geylani

IHLAMUR: Bir hasta rüyasında ıhlamur içtiğini görürse, iyileşir. Sıkıntı içinde olan birisi için bu rüya sıkıntısından kurtulmaktır. Ihlamur ağacı da evlilik ve bereketle tabir edilir.

Ihlamur ağacı dikmek: Kârlı bir iş veya ticaretle uğraşmaya,

Ihlamur gölgesinde oturmak: Mutlu ve sizi sevindirecek bir haber almaya,

Ihlamur içmek: Hastanın şifa bulmasına, hasta olmayanın da sıhhat ve afiyetinin devam edeceğine delalet eder.

IRMAK: Rüyada görülen ırmak, işlerin iyi gitmesi, kazancın çoğalması, ferah ve bolluktur. Irmakta boğulduğunu görmek ölüme, çamaşır yıkadığını görmek dinî bir müesseseye yardım ederek sevap kazanmaya işaret eder.

Irmakta yüzmek: Su berrak ve temiz ise, bol kazanç ve rızık demektir.

Irmaktan karşıya geçmek, atlamak: İçinde bulunulan gam, keder ve üzüntüden kurtulmaya, düşmanını mağlup etmeye işarettir.

Irmağa girmek: Güzel insanlarla ve mübarek zatlarla beraber olmaya işarettir.

IRMAK TAŞI: Rüyada görülen çay ve ırmak taşı o kişinin meşguliyetine ve bahtsızlığına işaret eder.

ISINMAK: Rüya sahibinin rızk ve menfaate ermesine işaret eder.

Vücut ısısının arttığını görmek: Başlanılacak kötü veya tehlikeli bir işe işaret eder.

Vücut ısısının düştüğünü görmek: Üzüntü duymayacağınız, belki de fazlaca kaygısız bir ortam veya topluma gireceğinize delildir.

ISIRGAN OTU: Refah ve saadetin artacağına bir işarettir. Bazı tabircilere göre de rüyada görülen ısırgan otu kötü bir haberdir. Isırganı yemek de kötü bir haber ve başarısızlıktır.

Ayrıca çevrenizdeki insanlara karşı daha açık ve daha dürüst olunması gerektiğine de işaret eder.

ISIRMAK: Isırmak sevgi ile yapılıyorsa sevginin ve muhabbetin artmasıdır. Aksi takdirde zarar, düşmanlık ve keder olarak tabir olunur. Bir adamın kendisini ısırdığını gören ya o adamdan veya şekil yahut vasıfları bakımından ona benzeyen birinden zarar görür.

Tanımadığınız bir insanın ısırması gizli bir düşmandan zarar geleceğine işarettir. Isırırken kan çıkması sevgiye karşılık görmemek veya ileri gitmektir.

Parmağını ısırmak, utanılacak veya pişman olunacak bir iş yapmaya; kendi etini ısırdığını görmek, ispiyonculuğa işarettir. Kendi ısırdığı yerden kan çıktığını görmek de günah ve mihnete yorulur.

Rüyada birisini veya bir şeyi ısırmak hile, kin ve düşmanlıktır. Bazılarına göre ise, ısırılan şeyi aşırı derecede sevmektir. Isırmak, fazla sinirlenmeye de işarettir.

ISLANMAK: Allah'ın rahmetidir. Bazı tabirciler ıslan-

mayı bol kazanç ve mirastan mal elde etmek olarak yorumlamışlardır.

Islak bir şeye dokunmak: Rüyayı gören kişinin mahkemeye düşüp sıkıntı çekmesine ve çok maddi zarar etmesine işarettir.

Islak pamuk veya bez ellemek: Acı bir haber almaya veya üzülmeye işarettir.

ISLIK: Haksızlığa, kötü işlerle meşgul olmaya, işarettir. Ayrıca ıslık durumuna göre:

Gece çalınan ıslık: Üzüntü ve kedere,

Tiz sesli ıslık: Kişinin büyük miktarda para veya mal kaybedeceğine,

Kalın ıslık sesi: Çevrenizdeki insanlara karşı daha duyarlı ve hassas davranmaya,

Rüyada ıslık çalan: Üzüntü ve sıkıntı çekeceğine,

Islık çalındığını duyan: Sizi sıkıntı, keder ve hüzne boğacak bir haber almaya delalet eder.

ISPANAK: Tasa ve derttir. Hastalık olarak da tabir edilir. Rüyasında ıspanakla ilgili herhangi bir yemek yemek ise, muradına ulaşmaya işaret eder.

ISSIZ YER: Rüyada ıssız bir yer görmek; üzüntü, keder ve sıkıntıdır.

ISTAKOZ: Istakoz görmek bol kazançtır. Istakoz yediğini görmek işlerde başarılı olmaya delalet eder.

Eğer görülen ıstakoz canlı ise elinize büyük miktarda para geçeceğine işarettir.

IŞIK: Rüyada yalın olarak görülen ışık her muradınıza ulaşacağınıza, hasımlarınızdan kurtulacağınıza ve düşmanlarınızı mağlup etmeye işaret eder.

Güneş ışığı: Huzur ve mutluluğa,

Ateş ışığı: Sürpriz haberlere,

Şimşek ışığı: Umulmadık zamanda gelen iyi habere,

Lamba ışığı: Neşe ve huzura,

Kibrit ışığı: Samimi ve uzun sürecek arkadaşlığa,

Mavi ışık: Orijinal düşünceye,

Kırmızı ışık: Tehlikeye,

Beyaz ışık: Zihin açıklığı ve zekaya,

Sarı ışık: Sağlıksızlığa ve rahatsızlığa işaret eder.

IZGARA: Kocasının malını israf eden kadındır. Aynı zamanda felaket ve sıkıntıya da işarettir.

OKUMA PARÇASI
Hazreti Safiye'nin Rüyası

638 miladi yılında mayıs ve haziran aylarında zengin Yahudi vahası olan Hayber'e hücum edilmiş, kale düşmüş ve zafere erilmişti. Nadiyr sülalesinden bir şefin kızı olan Safiye de esirler arasındaydı. Safiye, kale kumandanıyla evliydi. Hazreti Peygamber Hayber'e gelmeden önce Safiye bir gece rüyasında Ay ile Güneş'in gökyüzünden inerek kucağına düştüğünü görmüştü. Uyandığında, bu rüyayı kocasına anlatmış, kocası da "Sen Peygambere eş olacaksın. Kale düşecek." tabirinde bulunmuştu. Gerçekten sonuç böyle olmuştur. Karısının rüyasına sinirlenen kale kumandanı Safiye'yi tokatlamış, yüzünü gözünü mosmor etmişti. Esirler arasında onu bu haliyle gören Hazreti Peygamber

"Nedir bu halin?" diye sormuş, o da rüyasından dolayı kocası tarafından dövüldüğünü açıklamıştı. Hazreti Peygamber:

"Doğrudur söylediklerin." diyerek onu zevceliğe kabul etmişti.

(Hekimoğlu İsmail, Nurettin Ünal. İlimde, Teknikte, Edebiyatta, Tarihte, Dinde Rüya, Türdav, İstanbul: 1981, s. 245)

Yorumların Doğruluğundan Emin Olabilir miyiz?

"Hayatın önemli bir yanı üzerinde düşündüren bir yorum, hiç de eksik bir yorum olamazdı; çünkü açıklamalardan çok olgunlaşma önemliydi."

Doğru yorum için üç metot vardır.

1. Rüya yorumları arasında kıyaslamalar yapmak. Bundan daha da iyisi, aynı gece görülen rüyaları kıyaslamaktır; çünkü bir gecede görülen rüyalar, genellikle aynı mesele üzerinde odaklanır.

2. Yorum, subjektif duyguları kıyaslayarak doğrulanabilir. Örneğin, rüya görenin karşılaştığı gerçek ne denli tatsız olursa olsun bir iç panik duyulmaması sağlıklı bir yorum işareti olabilir.

3. Yaşantıların kalitesine bakmak. Eğer rüya görenler olgunlaşıyorlarsa, çevrelerindeki hayatı olumlu olarak etkileyebiliyorlarsa, rüyaları anlamaları ve ona uygun yaşama şansları çoğalır.

Rüyalar üzerinde çalışıldıkça evrensel disiplin oluşturulabilir.

"Rüyalar bir şeyle birçok şeyi ifade ederler, öyleyse yorumlayabildikleriniz, başlangıçta rüyanın sadece bir bölümü, bir yanıdır."

SADIK RÜYANIN İŞARETLERİ

Sadık rüyanın birinci işareti, rüya görülür görülmez hemen uykudan uyanılmasıdır. İkincisi de, sadık rüya bütün ayrıntıları ve heyecanıyla rüyayı gören kişinin zihnine nakşedilmiş gibi nettir.

İBADET: Rüyada Allah'a ibadet ettiğini görenin bütün hayallerine ulaşacağına ve er geç doğru yolu bulup Allah'a (cc) döneceğine delildir.

İbadet edilmesi uygun olmayan bir yerde ibadet etmek: Hakkınızda çıkacak dedikodu, fitne ve fesada işaret eder.

Kimsenin bulunmadığı bir yerde ibadet etmek: Dünya sıkıntı ve kederlerinden kurtulup, huzura kavuşmaktır.

İÇ ÇAMAŞIR: İç çamaşırına ait görülen rüyalar, çok kıymetli bir armağana işaret eder. İç çamaşırlarını soyunmak ise, tedbirli olmak şartıyla çabuk geçirilecek bir hastalıkla yorumlanır.

İÇKİ: (Rakı, konyak, viski...) Sarhoşluk verici bir şey içtiğini gören kişinin eline haram mal geçer. Menfaatini her şeye tercih eder. Bira içtiğini gören, hasta olur veya az bir mal kazanır.

Ne olduğunu bilmeden güzel ve lezzetli bir su içmek: Hidayet ve ilim demektir.

Sabahleyin soğuk ve lezzetli bir su içmek: Helal bir mala sahip olmaya, rızkın genişliğine işaret eder.

İDAM: Rüyada idam edilmiş bir kimse görmek, arkadaş ve dostlarının arasında itibarının artacağına işarettir. İdama mahkum edildiğini gören kişinin ömrü uzar.

Asılmak suretiyle idam edildiğini görmek: Mesleğinde ilerlemeye, mal ve servet sahibi olmaya delalet eder.

Kendini asıp idam etmek: Sonu hayırlı, bereketli ve kârlı bir iş demektir.

Asıldığı ipin koptuğunu görmek: Zengin ise fakirleşir; Tüccar ise işlerinde zarar eder.

İDRAR: Nesil, evlat veya istenmeyen şeydir. Rüyada idrarını tutamayan, istenmeyen bir şeye dûçar olur. Erkekliği zayıflar. İdrar yapamadığını gören ise, zahmet, keder, gam ve sıkıntıya düşer. Bundan ızdırap duyduğunu görmek bu durumun uzun süreceğine işarettir.

Bilmediği bir yerde işediğini gören, bir kadınla kötü fiilde bulunur ve evlenir. Safra işediğini görenin hastalıklı çocuğu olur.

Sidiğinden pislik çıktığını gören yakın akrabasından biriyle zina eder. Bir mescitte işediğini gören dindar bir çocuğa, mihraba işediğini gören âlim bir çocuğa sahip olur.

Kuyuya işediğini görmek: Helal rızkınızdan kayba uğrarsınız.

Kan işediğini görmek: Boşadığınız veya mahreminiz bir kadın ile münasebette bulunursunuz.

İdrar içtiğini görmek: Şiddetli sıkıntı ve darlık çekmektir.

İFLAS: Rüyasında iflas ettiğini gören bir insan, büyük kazançlı ve kârlı işlere girişecek, birçok fayda ve kazanç sağlayacaktır.

İFTİRA: Bir iftiraya uğranıldığının görülmesi, beklenmedik bir haber alınacağına işarettir. Rüyayı gören kadın ise, kocasının sözlerine son derece dikkat etmesi ve evlatlarına daha şefkatli davranması gereklidir.

İĞDE: İğde veya iğde ağacı rüya sahibinin iyi dostlar edineceğine ve para kazanacağını gösterir. Rüyada iğde yemek sıkıntıya girmeye işaret eder.

İĞNE: İşlerin yoluna girmesidir. Hele iğne ile bir şeyler diktiğini görmek daha iyidir. Bütün işler yoluna girecek demektir.

Toplu iğne: Tasarruf, kazanç ve gelir demektir.

İğne yemek veya yutmak: Bir zarar ve fenalığa uğramaktır.

Dikiş diktiği iğnenin elinden alınması veya kırılması: Kişinin halinde olacak olan kötüleşmeye, işlerinin düzensiz gideceğine ve bozulacağına işarettir.

Rüyasında birisine iğne battığını görmek: O kimseyi ayıpla ve kendisi de başkaları tarafından ayıplanma ile karşı karşıya kalır.

Kişinin rüyasında insanların elbiselerinin diktiğini görmesi: İnsanlara nasihat etmesi ve insanların arasını düzeltmeye çalışması demektir.

Yalın olarak görülen iğne para ve maldır.

İHANET: Birisinin, kendisine ihanet ettiğini görmesi veya bir arkadaşının sadakatsizliğini keşfetmesi, genç bir erkek için bekarsa, aşk üzüntüleri; âşık değilse, işten dolayı sıkıntı; orta yaşta ise etrafındaki ihaneti keşfedeceğine, genç kızlar için sıkıntılı ve üzüntülü halinde yazdığı mektuptan aşkı ile kavga edeceğine; evliler için, aileden birinin sadakatsizliğinden üzüntü ve darbeye uğrayacağını bildirir.

İHRACAT: Bir kişinin rüyada kendisini ihracat işleriyle uğraşıyorken görmesi, o rüyayı görenin çok ihtiraslı biri olduğuna, hareket ve davranışlarıyla çevresindekileri kırıp geçirdiğine, etrafının sevgisini yitirmekte olduğuna bakar.

İHTİLAL: Rüyada herhangi bir memlekette ihtilal olduğunu görmek orada kıtlık olacağına ve geçimde sıkıntı çekileceğine işaret eder.

Bir ihtilal hareketine katıldığını görmek: Bereketsiz kazanç ve çekilecek sıkıntılardır.

İHTİYARLIK: Rüyasında gerçekte genç olduğu halde ihtiyarlamış bir halde bulunduğunu görmek rüya sahibinin büyük bir üzüntüye düşeceğine ve bir yakınını kaybedeceğine ima eder.

Bir ihtiyarın kendine doğru geldiğini görmek: Hayatta hayır ve bereketle karşılaşmaya işaret eder.

İhtiyarın kendine iltifatlar ettiğini görmek: Muradlarının gerçekleşmesi ve işlerinin düzelmesidir.

İKİZ: Rüyada görülen ikiz çocuk ortaklar arasındaki uyum ve işlerin iyi gitmesidir. Böyle bir rüyayı; zahmet, üzüntü, yorgunluk olarak yorumlayanlar olmuştur. Rüyada ikiz görmek ayrıca güzel bir gelir kapısı olacak bir iş demektir.

İKRAMİYE: Kendisine veya tanıdığı birisine büyük ikramiye çıktığını gören kişiye ya bir bela ve musibet uğrar ya da elinden para çıkar.

İLAÇ: (Genel olarak) İlaç içtiğini gören dindarsa, dininde doğruluğa kavuşur; din ile alakası yoksa, dünyası mamur olur. O ilaçtan fayda görmesi şartıyla.

Müshil ilacı içmek: Hasta için şifa, hasta olmayan için gam ve kederdir.

Acı bir ilaç içmek: Çabuk geçecek ve zararsız bir hastalığa.

Kendi yaptığınız ilacı içmek: İşlerinizin yoluna gireceği ve sıkıntılardan kurtulmaya işarettir.

İLKBAHAR: Rüyada ilkbahar görmek gümüşe, ömrü kısa olan çocuğa, nikahı uzun sürmeyecek olan hanıma veya kısa sürecek bir mutluluğa işaret eder.

İMAM: Rüyada cami veya mescit imamı görmek, önderlik ve sözü dinlenir olmakla yorumlanır. Bu da yine rüya görenin durumuna göre; vali olmak, kaymakam olmak, muhtar olmak veya geniş halk gruplarına sözü geçmekle yorumlanır.

Genel olarak imam görmek liderlik demektir.

Bilmediği bir yerde tanımadığı bir cemaate imamlık yaptığını ve namazda okuduğu sureyi bilmediğini görse, o kişi için güzel bir ölümle öleceği, ölümünün yaklaştığına işarettir.

Bir kadın rüyasında erkeklere imam olduğunu görse, vefat eder. Kadınlara namaz kıldırdığını gören kimse zayıf bir topluluğun işlerini görmeye memur edilir. Kendisi tek olarak, cemaattekiler de tek tek namazlarını kılıyorlarsa, o cemaattekilerin ve imamın zorba oldukları anlamına gelir.

Cünüp halde namaz kıldırmak veya namazda bir şey okumamak: Rüyayı görenin ölümüne yorumlanır.

İMPARATOR: Rüyasında imparator gören kişinin, talihi açılacak, bir kumardan (piyango, spor toto gibi) büyük miktarda para kazanacak demektir.

İMTİHAN: İmtihanı başarmak, bir sıkıntıdan kurtulmak; imtihanda başarısızlık; umulmadık iyi bir haber, imtihan etmek; umulmadık kötü bir haber; imtihan sorumluluğu; bir aşk başlangıcı; imtihan korkusu yeni bir iş teşebbüsünün başlangıcına işarettir.

İMZA: Rüyada herhangi bir belgeye imza atmak, işlerin neticeleneceğine işaret eder.

İNAT ETMEK: Kötülük yapmaya veya görmeye işaret eder. Yine bir kimsenin rüyasında inat etmesi o kimsenin içinde bulunduğu bir şeyden kaçmasına, kavga etmeye veya düşmanlığa ve tartışmaya işaret eder.

İNCİ: Evlat, ilim, hikmet, servet ve Kur'an ile tabir olunur.

Dağınık birçok inci, çocuk ve servet demektir. Dizili inci ilim, hikmet ve Kur'ân'dır. Bir inci gerdanlık taktığını gören ilim ve itibarıyla saygı görür veya Kur'ân ilimleriyle meşgul olur.

Avucunda bir iki incisi olduğunu görenin onların sayısı kadar hayırlı çocukları olur. Yere saçılmış, dökülmüş inciler, yerine ulaşmamış iyiliğe ve layığına söylenmemiş ilme işarettir.

Dizilmiş inci, manevi güzelliklere; dizilmemiş inci, mal, servet ve çocuklara işarettir.

Ağzına bir inci almak: Dinin güzelliğine,

Kendine inci verilmesi: Rüyayı gören bekar ise, çok güzel bir kadınla evlilik yapacağına,

İnci kusmak: Halkı dolandırmaya veya yolsuzluk yapmaya,

İnci saymak: Karşılaşılacak sıkıntılara ve çekilecek olan darlıklara,

İnci çiğnemek: Yalancılık, riyakarlık ve halkı kandırmaya,

İnci almak: İlim, irfan ve fazilet sahibi olmaya, halk arasında muteber bir konuma gelmeye işaret eder.

İNCİL: Bu rüyayı gören hıristiyan ise, çok mala kavuşacak demektir. Müslüman ise, dininde eksik olduğunu veya batıl işlere meylettiğini gösterir. Yanında İncil taşıdığını gören, ibadete, riyazete kavuşur.

İncili öptüğünü veya başına koyduğunu gören, en ağır hasta bile şifa bulur. Bir Müslüman için İncil okumak boş işlerle uğraşmaya işarettir.

İNCİR: İncir ağacı, büyük, nüfuzlu, halka büyük faydası olan bir insana;. meyve ve yaprakları da maldır.

İncir ağacının altında oturduğunu gören, bir zatın

sayesinde geçinir. İncir ağacı, geçim kaynağıdır. Bu sebeple bahçesinde birçok veya birkaç incir ağacı olduğunu görmek fakirlik yüzü görmemek demektir.

Mevsiminde taze incir faydadır. Mevsiminin dışında taze incir sarısı; hastalık; mor ve siyah olanı gam ve keder; yeşil ve ham olanı borçtur. Bunları ağacından koparıp yemek anlamı daha da güçlendirir. Kuru incir görmek veya yemek; helal mal ve kazanç demektir.

İNEK: Bolluk ve bereket anlamına gelir. Böyle bir rüya gören kişinin eline bol miktarda para geçecek demektir. Ancak görülen rüyada inek sağılıyorsa rüyayı gören kişi para kaybına uğrayacaktır.

İNMEK: Yüksek bir yerden aşağıya inmek insanın rütbe, hanım, din gibi bulunduğu halden ayrılmasına işaret eder.

İndiği yerin miktar ve ölçüsüne göre, arzu ve isteği güçleşir. Bununla birlikte bazı tabirciler böyle bir rüyayı dinde önder olmakla birlikte dünya nimetlerine de sahip olmak şeklinde yorumlamışlardır.

İNSAN: Bilinmeyen ve meçhul bir insan, kişinin kendisine yorulur. Kişinin yaptığı iyi veya kötü işler rüyayı görenin işleri olarak ele alınır.

Üç kişi görmek: Kötü davranışlardan ve suçlardan kaçınmaya,

Rüyada birinden bir şey almak: O kişinin makamına geçmeye veya onunla kavga etmeye işaret eder.

İNŞAAT: Bir binanın yapılışını görmek genç bir erkek için yeni başlayacağı görevi başarı ile sonuçlandıracağına; orta yaşta birisi için, çok çetin bir işin altından kalkacağına; yaşlılar için ümitlerinin ve hayallerinin hiç de boşa çıkmayacağına işarettir.

İNTİHAR: Rüyada intihar eden birisini görmek, üzücü ve sıkıntılı bir habere işaret eder. Kendisinin intihar ettiğini gören kimse rahata ve mutluluğa kavuşur.

İNTİKAM: Rüyada intikam almak bir dostun ölüm haberini almaya işaret eder.

İP: İp yemin ve sözleşmedir. Gökten sarkıtılan ip Kur'ân'dır. İp dindir. Bir ipe tutunduğunu gören Allah'ın ipi olan hak dine yapışır.

Eğer rüyada ip boyunda, omuzda veya sırtta ise emanet sebebiyle yapılacak bir sözleşmeye işaret eder. Bazen rüyada ip görmek hile ve sihre de işaret eder.

İpin yeni ve sağlam olduğunu görmek: Bir yolculuğa çıkmaya ve sağ salim evine dönmeye,

İpin eski ve çürük olduğunu görmek: Çıkılan seyehatte sıkıntılar çekileceğine ve muradınıza ulaşamamaya,

İpin koptuğunu görmek: Ümit bağladığınız bir işin olmayacağı veya böyle bir kişinin sizi üzeceğine işaret eder.

Birini iple bağlamak: O kişinin kudret ve nüfuzunu kırmaya işaret eder.

İPEK: Erkek için haram mal ve kadın, kadın için itibar, koca ve mevki demektir. Siyah ipek kederdir. İpekli kumaş da ipek gibidir.

İpek satın aldığını görmek: Elinize geçecek olan dünya malı veya paraya işarettir.

İpek satmak veya vermek: Zarar ve ziyandır.

İpekli elbise: İtibarlı ve zengin bir kadınla evliliğe veya böyle bir kadınla dost olmaya işaret vardır.

İRİN: İrin ve kanlı irin, haram mal ve gamdır. Çıbanından veya yarasından irin aktığını gören haram maldan veya gamdan kurtulur.

Çıkan irin kanlı olursa: Haram mal, gam keder ve hüzne işarettir.

İrini diliyle yaladığını görmek: Başkalarının hakkını yemek veya kötü bir işe kalkışmaktır.

Vücutta bulunan bir yaranın irinle dolu olduğunu görmek: Ele geçecek olan haram mal veya kazançtır.

İSA (as): Rüyada Hazreti İsa'yı (as) görmek Allah'ın rızasını kazanmaya, yolculuğa, iyilikseverliğe, ibadetlerin çokluğuna ve mübarek bir kişiye işarettir. Ayrıca tıp ilminde ilerlemeye, kendine kötülük ve hilenin ulaşamayacağına da delildir.

Hz. İsa'yı bir şehir veya camide görmek ve halkın ona bakması: Halkın içinde bulunduğu bela, musibet ve sıkıntılarından kurtulmasıdır.

Hz. İsa'yı annesi Hz. Meryem ile görmek: Büyük bir bereket, selamet ve kurtuluş anlamına gelir.

Hz. İsa'yı hasta görmek: Toplumda adalet ve ucuzluk olacağı anlamına gelir.

Hamile bir kadının Hz. İsa'yı görmesi: Çok güzel bir erkek evlat sahibi olmasına işarettir.

İSHAL: Rüyada ishal olduğunu gören kimse malını çokça israf eder. Kabız olduğunu gören kimse içinse, bu rüya, cimriliğe işaret eder.

İSKELE: Halka hizmettir. Bir iskelede bulunduğunu gören halka hizmet veren küçük, fakat önemli mevkilere gelir. Bir iskelenin yıkıldığını görmek, halka hizmet veren bir kurumun kalkmasına işaret eder.

Bir iskeleyi yıktığını gören, halkın maişetine mani olur. Bunu görev olarak yapıyorsa, zabıta veya benzeri kuruluşlarda görev alır.

İskele yapmak veya tamir etmek: Halka hizmet etmek veya halka faydalı bir işle uğraşmaktır.

İSKELET: Mal ile tabir olunur. Bir yığın insan iskeletini bir arada görmek, gömü bulmak veya hayvanlardan, evlerden, dükkanlardan birçok mala kavuşmak demektir. İskeletin canlandığını görmek, eğer ondan korku duyuluyorsa, bu zenginliğin kısa sürede olacağı, korkulmuyorsa, gizli ilimlere aşinalık kazanmaya delildir.

İSTASYON: İşlerin aksaması ve bazı düşüncelerin gerçekleşmemesidir. Bazen de yolculuktan vazgeçmeye işaret eder.

İSTİRİDYE: İstiridye veya midye görmek, nüfuzlu bir şahsiyetle tanışacağınızı ve bu tanışmanın hayat tarzınızda çok iyiye doğru büyük değişikliklere sebep olacağını gösterir.

İŞÇİ: Kendisini rüyada bir işçi çalıştırırken görmek veya kendisinin çalışması, pek iyi yorumlanacak bir rüya değildir. Rüya sahibimin itibar ve güvenini kaybetme ihtimali vardır.

İŞKEMBE ÇORBASI: Rüyada işkembe çorbası içmek, o rüyayı görenin geniş çapta iş yorgunluğu içinde olduğuna ve dinlenmesi gerektiğine işaret eder.

İŞKENCE: İşkence görmek iki şekilde yorumlanır. İşkenceyi yapan şahıslar ise, mal ve yardım olarak yorumlanır; devlet ise, helak olmaya delalet eder.

Kendine işkence yapıldığını görmek: İçinizin sıkıntılı olduğuna ve ferahlamanız gerektiği anlamına gelir.

İTFAİYE: İtfaiye veya itfaiyeci görmek hakkınızda yapılan ve sizi üzecek olan dedikodulara işaret eder. Bütün bunlardan sonunda kurtulacağınız anlamını da beraberinde taşır.

İTİRAF: Kişinin sır gibi saklanan bir şeyi bir büyüğe anlatması, itiraf etmesi, tedbirsiz bir anlaşma yapması demektir.

İYİLİK: Bir iyilikte bulunan veya bir fakire yardım ettiğini gören, çok sevinçli bir haber alıp, zengin olur.

OKUMA PARÇASI

Rüya, Bir Başka İlim Adamının Yardımına Koşuyor

19. asrın ortalarında ilim adamlarını hayrete düşüren bir olayın hikâyesi bilim tarihinin sayfalarında yerini aldı. Kimya ilminde büyük bir adımın atılmasına yol açan olay, Alman kimyacısı Friedrich August Kekule'un rüyasıydı. 1850 yıllarında İngiltere'nin sisi eksik olmayan şehri Londra'da çalışmalarını sürdüren Kekule, yorgun argın laboratuvardan oteline dönerken otobüste uyuyakaldı. Biraz sonra da rüya görmeye başladı. Rüyasında atomlar zıplayıp oynayarak karşısında dans ediyorlar, bazıları da elele verip zincir şeklinde bir halka meydana getiriyorlardı.

Arabanın fren yapmasıyla Kekule uyandı. Rüyası ona çok şeyler öğretmişti. Gördüklerini formül haline getirip defterine kaydetti. Rüyadan istifade ederek ortaya attığı teori ile meşhur oldu ve kimya ilminde de büyük bir hamlenin öncülüğünü yaptı.

Aradan 15 sene geçti. Bir kış günü Kekule, çalışma odasının şöminesinde yanan odunların çıtırtısını dinlerken uyuyakaldı. Rüya görmeye başladı. Yine rüyasında atomların hoplayıp zıplayarak dans etmekte olduğunu ve onları birbirine kenetleyen zincirlerin de birer yılana benzediğini gördü. Sonra yılanlardan biri aniden dönerek kendi kuyruğunu ısırdı. Bu esnada Kekule de uyanıverdi. Böylece karbon atomlarının zincirler şeklinde halkalar meydana getirebileceğini rüya sayesinde fark edebilmişti. Bunun neticesi olarak iç yapısı çözümlenemeyen benzinin mahiyeti anlaşıldı.

(Hekimoğlu İsmail, Nurettin Ünal. İlimde, Teknikte, Edebiyatta, Tarihte, Dinde Rüya, Türdav, İstanbul: 1981, s. 85)

OKUMA PARÇASI

MUZAFFER OZAK'IN RÜYASI

Muzaffer Ozak, sahaflar şeyhi olarak tanınır. Son devrin arif, alim zatlarından biridir. Kendisini çok etkileyen iki gençlik rüyasını şöyle anlatır:

"Gençliğimde, Ayasofya'da tefsir dersleri alırken, bir gece gördüğüm rüyada, Peygamberimiz (sav) Hz. Ali'nin (k.s) tuttuğu bir deve üzerindeydi. Hz. Ali'nin bir elinde de meşhur kılıcı Zülfikar vardı. Peygamberimiz bana sordu:

"Müslüman mısın?"

"Evet." dedim.

"İslam için başını verebilir misin?" Buyurdular. Ben yine "Evet." dedim. Peygamberimiz (sav) Hz. Ali'ye başımı kesmesini emir buyurdular. Hz. Ali de başımı gövdemden ayırdı. Korku içinde uyandım. Bu rüyayı Kur'an-ı Kerim hocama anlattım. Hocam, rüyayı tefsir etti ve dedi ki: "Sen, Hz. Ali'nin yoluna gireceksin ve bir tarikin şeyhi olacaksın."

Yıllar sonra bir rüya daha gördüm. İstanbul Boğazının ortasında, Üsküdar ile Topkapı arasındaydım. Bir yelkenlideydim; ancak yelkeni yırtık ve direği kırıktı. Kuvvetli bir fırtına vardı. Bu sırada birisi bana doğru bir kâğıt uzattı ve okumamı istedi. Eğer okursam felaketten kurtulacağımı da söyledi. Ertesi sabah, dükkanımı açtığımda, rüyamda gördüğüm zat, kapının önünden geçti. Fakat cesaret edip de ona seslenemedim. Ertesi gün, yine aynı zatı rüyamda gördüm. Sabahleyin de aynı şahsın dükkanımın önünden geçtiğini şaşkınlıkla müşahede ettim. Bunların manevi bir anlamı olduğunu hissediyordum. Ama buna rağmen bir şey yapamadım.

Bir müddet sonra, aynı zatı yine rüyamda gördüm. Beni kucaklayıp öyle bir sıktı ki kemiklerim kırılıyor sandım. Sonra da Halveti tarikatının tacını tuttu ve benim başıma koydu.

Sabahleyin dükkanımı açar açmaz, aynı şahsı elinde aynasıyla gördüm. Bu defa dükkanımın önünde durdu ve başını içeriye uzatarak "Beni üç kere gördün. Ne zaman inanacaksın?" dedi.

"Şimdi" dedim ve ellerini öptüm. Bu zat, Seyyid Ahmed Tahirü'l-Meraşî idi. Onun dervişi oldum. O tarihten itibaren ta yedi yıl her gün dükkanıma geldi.

(Vehbi Vakkasoğlu, Maneviyat Dünyamızda İz Bırakanlar s. 160-161)

(Hasan Avni Yüksel, Türk İslam Tasavvuf Geleneğinde Rüya, MEB, İstanbul: 1996 s. 237)

Aynı Kişinin Farklı Zamanlarda Gördüğü Aynı Rüya;

Aynı insan tarafından farklı zamanlarda görülen aynı rüya tabirde çok farklı olabilir. Rüya tabirinde zaman, oldukça önemli bir konudur. Rivayete göre bir adam Hz. Ebu Bekir'e gelerek şöyle söylemişti:

"Ey Allah'ın Rasulünün halifesi, rüyamda bana yetmiş ağaç yaprağı verildiğini gördüm. Bunun tabiri nedir?" Hz. Ebu Bekir bu rüyayı "Sana yetmiş değnek vurulacak." şeklinde tabir etmiş ve gerçekten de bir hafta sonra o adama bir sebepten yetmiş değnek vurulmuştur.

Bir yıl sonra yine aynı adam, yine aynı rüyayı görmüş ve yine Hz. Ebu Bekir'e gelerek yine aynı rüyayı gördüğünü söyleyerek yine tabirini istemiştir. Hz. Ebu Bekir de:

"Senin eline yetmiş bin dirhem para geçecek." demiştir. Rüya sahibi de hayret ederek

Ey müminlerin emiri! Geçen sene aynı rüyayı bana yetmiş değnek olarak yorumladınız, öyle oldu. Bu sene ise, aynı rüyayı yetmiş bin dirhem ile yorumluyorsunuz. Bunun manası nedir? diye sorunca Hz. Ebubekir:

"Geçen sene rüyayı gördüğün zaman ağaçların yaprakları dökülüyordu, onun için o rüyayı öyle tabir ettim. Bu sene ise, sen rüyayı gördüğünde ağaçlar da yeni yeni yapraklanıyordu. Bunun için bu rüyanı böyle tabir ettim." Çok geçmeden bu tabir de aynen çıkmıştır.

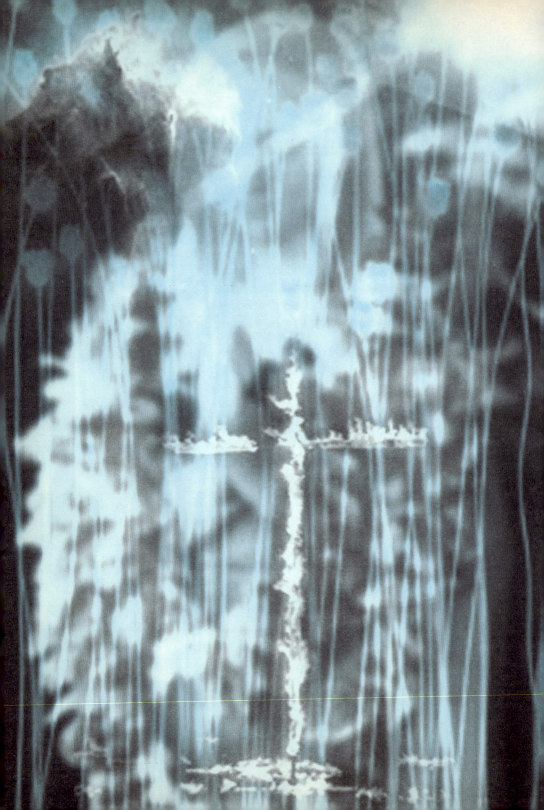

Yorumlanmamış bir rüya, okunmamış bir mektuba benzer.

TALMUD, Berachot 55a

JAGUAR: Rüyada Güney Amerika'da yaşayan pars cinsinden bu hayvanı görmek, bir uğur, bir müjdedir.

JALUZİ: Rüyada perdelik jaluzi görmek, çok yakında hayırlı bir haberin alınacağı ya da bir hastalıktan kurtuluş yolunun bulunacağı olarak kabul edilir.

JAMBON: Jambon ya da jambon yenildiğini görmek zenginlik işareti olarak kabul edilse de bu tesfir batılı rüya yorumcularına aittir. Doğulu Müslüman rüya tabircileri, böylesine rüyaları genellikle pek hayra yorumlamaz, uğursuzluk olarak kabul ederler.

JANDARMA: İşlerdeki başarıdır. Bazen bir haber almaya da işaret eder. Jandarma görmenin emniyet ve huzur anlamlarına geldiği de söylenmiştir.

Yolda jandarmalar tarafından çevrilmek: Mutluluğunuzun veya aldığınız iyi haberlerin çok uzun sürmeyeceğine işaret eder.

JAPON: Japon gören bir kimse, eğer bekar ise, hayatını sadık birisi ile birleştirecek demektir. Rüyayı gören evli ise, bu da hayra yorulur.

JAPON GÜLÜ: Japon gülü görmek, büyük bir seyahatin habercisi olarak yorumlanır.

JARTİYER: Jartiyerini düşürmek veya kaybetmek, günlük hayatınızda ufak tefek dertleriniz olacağına ve hafif çapta bazı hayal kırgınlıklarına uğrayacağınıza işarettir.

JENERATÖR: Meslekte beklenmedik şekilde yükselmeye işaret eder. Bazı tabirciler, jeneratörü etrafındaki insanları aydınlatmak olarak yorumlamışlardır. Rüyayı gören kadın ise, bir çocuğu olur.

JET: Aceleciliğe ve bazen de kısa bir sürede ulaşılacak olan başarıya işaret eder. Jet uçağına binmek terfi ve ilerlemeye işaret eder.

JETON: Jeton kolay kazanılan paraya işarettir.

JİLET: Ümitsizlik ve başarısızlığa işaret eder. Jiletin, sağlık ve mutluluk anlamına geldiğini söyleyenler de vardır.

JÜPİTER: Jüpiter yıldızını görmek hastalık, sıkıntı ve hüzün demektir. Zamanla artan sıkıntı ve keder anlamı da vardır.

JÜRİ: Kişi hakkında bir karar çıkacağına işaret eder. Rüyada jüri görmek kalabalık bir toplantıya katılmak da olabilir.

OKUMA PARÇASI

Hazreti Yusuf (as)'un Rüyası

Yusuf'un rüyasında Güneş vardı, Ay vardı, Yusuf'un rüyasında tam on bir yıldız vardı. Berrak ve derin gökyüzü, Yusuf'un, elini uzatsa dokunabileceği kadar yakındaydı. Güneş ve Ay birbirinin ışığını söndürmemekte, on bir yıldız başının üzerinde titremekteydi. Yusuf'un rüyasında önce on bir yıldız teker teker gelip Yusuf'un tam arkasında durdular. Yusuf döşeğinde, sağdan sola attı kendini.

Ay geldi sonra, Yusuf'un başının üzerindeki lacivert semadan indi ve sağ yanında, tam omzu hizasında durdu. Yusuf'un şakaklarında, dudaklarının kenarında ve burnunun üzerinde ter taneleri. Yusuf döşeğinde, soldan sağa attı kendini.

Yusuf'un başının üzerindeki gökten bu kez Güneş indi. Geldi ve göklerden inen Güneş Yusuf'un tam önünde durdu. Dört bir yan ışıklarla doldu. Gece aydınlandı. Çöl aydınlandı. Yusuf'un içindeki karanlık aydınlandı.

Sonra hepsi bir arada, Güneş, Ay ve on bir yıldız, Yusuf'un etrafında döndüler ve yerlere kadar eğildiler, secde ettiler.

Yusuf döşeğinde kendini sağdan sola, soldan sağa attı bir kez daha. Boncuk boncuk terledi. Gül perçemleri alnının üzerinde, gömleği sırtında sırılsıklam. Haykırarak uyandı: Baba! Babacığım! Kendisine ne olduğunu anlamadan ağladı. Baba! Babacığım!

Yusuf'un başı, Yakub'un çenesiyle boynunun arasındaki korunakta. Saçlarının ıslaklığı Hazreti Yakub'un omzunu ıslattı. Bir yaprak gibi titrerken Yusuf baba kucağındaki emniyette bile, Hazreti Yakub sordu: "Oğulcuğum, ne oldu, de bana, neyin var?"

Yusuf titremekte, Yakub güçlü bir çınar. Kalın ve kocaman ve koruyucu dalları, serinletici yaprakları var. Sordu Yakub tekrar tekrar: "Anlat oğulcuğum bana, neyin var?"

Yusuf önce kesik kesik ve zayıf bir sesle, sonra berrak ve

coşan bir suyun sesiyle anlatmaya başladı. Dedi: Düşümde Güneşi, gördüm canım baba.

Yakub titredi.

Sonra ayı gördüm, diye ilave etti. Yakub ürperdi.

Sonra on bir yıldız gördüm yanı sıra.

Yakub yumdu gözlerini, içinden bir deniz geçti.

Geldiler, teker teker, gökten yanı başıma indiler. Döndüler çevremi bir kez. Sonra önümde...

Yakub yumdu gözlerini daha sıkı, açtı gözlerim daha büyük içindeki göklere.

Canım baba, canımın İçi baba. Döndüler çevremde bir kez ve önümde eğildiler, secdeler ettiler. Yakub, içindeki göklerde eridi.

Kendisine olağan olmayan bir rüya anlatılan bir baba, Yakub, daha bir yasladı Yusuf'u kocaman sinesine, dallarını ve yapraklarını sıkıca bastırdı Yusuf'un göğsüne. Yumdu gözlerini tekrar, tekrar açtı içindeki göklere ve denize.

On bir yıldız Yusuf'un önünde secdelerde. Yusuf'un gözlerinin derinliğinde mor benekli bir ceylanın gözlerindeki endişenin billur derinliği.

Ay Yusuf'un önünde secdede. Bir ceylan, ırmak kıyısına inmiş su içmede.

Güneş Yusuf'un önünde secdede. Yusuf'un gözlerinde su içen ceylan ok yemiş, ürkek ve acılı, titremekte. Hay, dedi Yakub, Rabbim, Hay! İçinde endişe.

Sustu Yakub. Neden sonra, sus, dedi Yusuf'a, rüyan sana devlet demektir. Ama zamanı çok sonraları gelecektir. Şimdi sus canım oğul!

(Nazan Bekiroğlu, Yusuf İle Züleyha, Timaş yay. İstanbul 2000, s.160-167)

OKUMA PARÇASI

Barbaros Hayrettin Paşa'nın Rüyası

Barbaros Hayrettin Paşa, Cezayir'in fethinden sonra idareyi Kadıoğlu'na teslim edip Cedel'e çekilmişti. Bu sırada rüyasında Hızır (a.s.):

"Üç seneye kadar yine gelirsin, nusret senindir." diye haber vermişti. Ancak Kadıoğlu bu devirden sonra Cezayir halkına zulmetmeye başlamıştı.

Hayrettin Paşa Cezayir'den ayrılırken:

"Benim bu gitmem kendi reyimle (seçimimle) değildir. Elem çekmeyin, Hak Teala ecelden aman verip bu Cezayir'de daha kısmetimiz varsa, inşallah sizinle üç seneye kadar yine görüşürüz." demişti.

Üç senenin dolmasına çok az kalmıştı. Kırk kişi olan Cezayir uleması, salih kimseler ve ileri gelenler üç seneye kadar Paşa'nın geleceğine inanıyorlardı. Fakat üç yılın dolmasına kırk gün kala bunlardan bazılarının inançları bozulmuş,, Paşa'nın gelmeyeceğini söylemeye başlamışlardı.

"... Böylece hepsinin fikri değişti. Yalnız birkaç kişi bizim (Barbaros Hayrettin Paşa'nın) iyiliğimize ve boş adam olmadığımıza inanır olmuştu.

Toplantıdan sonraki gece bu kırk kişilik ulemanın hepsi bir rüya görüp, ertesi gün birbirlerine rüyalarını anlatırlar. Hepsi de aynı rüyayı görmüşlerdir. Gördükleri rüya şu idi:

Bunlar kendilerini deniz kenarında, etrafı güllük gülistanlık, akar sular, misk gibi kokular, kokusu gönülleri coşturan bir yerde buldular. Burada yeşillikler içinde yeşil bir otağ kurulmuş içerisinde Nebiler Sultanı, doğrular rehberi, yüce ve temiz Hazreti Muhammed Mustafa (sav) etraflarında da Yüce

Nebi'nin kutlu sahabileri (ra) oturmuşlar.

Bu kırk kişi otağın dışından bakarlar ki tahkir edip küçümsedikleri adam (Paşa) kırmızı bir elbise içerisinde, belinde pırıl pırıl bir kılıç, Rasulüllah'ın önünde edep ve saygıyla başı önünde diz çöküp oturmuş. Resulü Ekrem (sav) efendimiz şöyle buyurmuş:

"Ya Hayrettin! Allah'a tevekkül et, kendi yerine dön. Kafirlere ve hasmın olan münafıklara karşı zafer kazan."

Rüya burada bitmiş, uyanıp:

"Esselâtü veselâmü aleyke yâ Rasulüllah!" demişler. sabahleyin bir araya gelip durumu öğrenince, bizim hakkımızda fikirlerini değiştirmeyen iki üç kişi:

Gözünüzle gördünüz mü, kimde ne varmış? Rasulüllah'ın sancağını çekip ömrünü yüce dinimiz için haycayan gazileri siz boş mu sanırsınız? O gazi size ihlasını da imanını da göstermiş oldu. Sizler de ne olduğunuzu anladınız mı?" dediler.

Diğer ulema da başlarını önlerine eğip cevap vermekten kaçındılar.

Aynı gece aynı rüyayı ben dahi gördüm. Uyandığımda henüz miskü amber gibi bir koku hala üzerimdeydi. Kendi rüyamı kendim tabir ederek şöyle dedim:

"Ey koca günahkar Hayrettin, bu saadet ki sana lutfedildi. İnşallah yine Cezayir'e dönüp dostlarımızı mutlu, münafıkları da mağlup etmemiz bize nasip olacak." dedim.

Bu rüyadan sonra Barbaros Hayrettin Paşa, Cezayir'e dönmüş Kadıoğluy'la savaşmış ve Cezayir'i tekrar ele geçirmiştir.

(Hasan Avni Yüksel, Türk İslam Tasavvuf Geleneğinde Rüya, MEB. İstanbul: 1996 s.296)

Çevremizin bize zorla giydirdiği kıyafeti uykumuzda üstümüzden çekip atarız. Böylece ve ancak o zaman bize belki de ürkütücü gibi gelebilecek bir özgürlüğün farkına varırız. Rüya gerçeği içinde artık her arzumuz gerçek olabilir. Usta bir insan kendisini anlayabilmek için rüyalarını anlamaya çalışır. Bu ayrıntılara takılmış bir çaba olmaktan çok, kişiliğin genel kalitesini anlamaya yöneliktir.

Emerson

KABADAYI: Rüyasında bir kabadayı gören kişi çevresinin sevgisini ve itibarını kazanacak, çok zor bir uğraşta kıvançlı bir zafer elde edecek, aşkta karşılık görecek ve sağlığı düzelecek demektir.

KABAKULAK: Rüyada kabakulak hastalığına tutulduğunu gören kişi, sıkıntı içine düşecek ve bu sıkıntıdan büyük uğraşlar sonunda kurtulabilecek demektir.

KABAK: Rüyada kabak görmek şerefli, insanlara yakın, iyi idareci âlim veya doktor olan bir kimseye işaret eder. Rüyada kabak, hasta için şifadır.

Rüyada pişmiş kabak yediğini gören bir kimseye dünyalık veya dinine ait olan kaybettiği bir şey geri döner.

Rüyada kabak yemek zihin ve zekanın iyiliğine işaret eder. Kabak bazen keder, sıkıntı, dar geçim veya hastalık ya da hapse girmeye işaret eder.

KABARCIK: Rüyasında vücudunda kabarcıklar ve çıban çıktığını gören kimsenin malı artar. Vücudunda yara olduğunu ve ondan kan ve irin gibi şeylerin çıktığını gören kimseye erişecek olan zararı olmayan faydalı maldır.

KÂBE: Kâbe cumhurbaşkanı, devlet başkanı, büyük komutan, evlilik, emniyet, şeref, itibar, azamet, ululuk, kudret ve saadetin temsilidir.

Kâbe'de namaz kıldığını gören, büyük devlet adamlarına yakın olur. Onda görülecek arıza hem rüya sahibinin hem yakın olduğu devlet ve itibar erbabının eksikliğini gösterir.

Kabe duvarının yıkıldığını veya yarıldığını görmek, kişinin içinde bulunduğu duruma göre hayatında bazı kötü olayların geçeceğine işarettir. Her rüya gibi bu da şahıstan şahısa değişik olarak yorumlanabilir.

KABİR: Rüyada kabir görmek rüya görenin hapse girmesine yorumlanır. Kabir kazmak veya kabir yaptırdığınızı görmek de evinizi tamir ettireceğinize işaret eder.

Diri diri kabre girmek: Hapse girmeye veya işlerinizde karşılaşılacak olan zorluklara işaret eder.

Kabirden diri bir insan çıktığını görmek: Başlanılan bir işte veya genel olarak işlerinizde başarılı olmanız demektir.

Zengin bir adamın kabri üzerinde durmak: Elinize yakın zamanda bir para veya mal geçmesi beklenir.

Kabir üzerinde yeşillikler ve çiçekler görmek: O kabir sahibinin Allah nezdinde makbul ve iyi bir kul olduğuna delildir.

Kabristanı bakımlı ve çok güzel görmek: Toplumun ve memleketin güzel günlerine veya zenginleşeceğine işaret eder.

KABURGA KEMİĞİ: Rüyada görülen kaburga kemikleri kadınlardır. Kaburga kemiklerinin birisinde meydana gelen şeyin tabiri o şeyin kadınlarda meydana gelmesidir.

Bazen de kaburga kemikleri, değişik yaş ve konumlardaki sevgi ile birbirlerine bağlı akrabalara işarettir.

Kaburga kemiğinin büyüdüğünü görmek: Rızkın artması ve sıkıntılardan kurtulmadır.

Kaburga kemiklerinin olmadığını görmek: Aileden birinin vefatına işarettir.

Kaburga kemiklerini yemek: Çekilecek sıkıntılardan dolayı evin eşyalarını satmaya delalet eder.

KABUS: Rüyada kabus görülmesi her insanın gizli düşmanının meydana çıkmasına ve onu mağlup edeceğini gösterir.

KAÇMAK: Pişmanlık ve tövbe ile tabir edilir. Kimden ve niçin kaçtığını bilmeyen tövbe ile günahlarından kurtulur. Kendisine iftira edilmişse, temize çıkar.

Kimden ve niçin kaçtığını gören, korkulardan emin olur. İnsan neden kaçıyorsa, ondan emin olur.

KADEH: Hanıma ve hizmetçilere işaret eder. Dolu kadeh hamile kadındır. Eğer kadehin içindeki suyun döküldüğü görülürse, hamile olan kadının çocuk düşürmesidir.

Kadehin kırıldığını görse, kadın ölür. Aynı zamanda kadeh rızka da işarettir.

Kadehteki suyu vs. tamamen içip bitirmek: Ömrün kısalığına veya ölümün yakın olduğunu gösterir.

KADIN: Kadın dünyanın kendisidir. İhtiyar bir kadın para ve maldır. İhtiyar bir kadınla yattığını gören ondan bir şey alır veya ihtiyar bir kadının kendisine doğru geldiğini gören, kolay kazanılacak dünyalığa kavuşur. Kendisi de dünyaya meyleder.

Çirkin ve ihtiyar bir kadının kendisinden yüz çevirdiğini ve uzaklaştığını gören, fakir düşer ve ahiret hayatına meyleder.

Güzel kadın fakir için para ve rızık, zengin için fitnedir. Bir kadınla çekişmek de malda noksanlıktır.

Güzel bir kadını öpen, zevk yolunda malını çarçur eder. Bir kadının kendisini öptüğünü gören, mala kavuşur. Kısacası kadın, dünyanın kendisidir. Tanınmayan kadın daima tanınan kadından makbuldür.

Yabancı bir kadını öpmek: Kıymetli bir eşyanın kaybolacağına,

Yaşlı bir kadınla şakalaşmak veya sevişmek: Dünya mallarından tahminlerin üstünde faydalanmaya,

Genç karınızı ihtiyarlamış görmek: Keder ve hüzne işarettir. Tam zıttı olursa, bereket ve bol kazanç anlamına gelir.

KAFA: Büyük bir zat ile tabir olunur. Vücuttan ayrılmış bir kafayı elinde tutmak, tüccar iseniz, büyük kazançlara; memur iseniz, yükselmeye ve malınızın artacağına delalet eder.

Kendi kafanızın kesilmiş olduğunu görmek ve ona bakmak: İş ve hayatınızda başarılı olacağınız anlamına gelir.

Kafasının büyüdüğünü görmek: Mal, şeref ve itibarınızın çok fazla artacağı ve yükseleceği anlamına gelir.

Kafanızı eti helal bir hayvan kafası olarak görmek: Bereket ve hayır demektir. Eti yenmeyen bir hayvan ise, şer, keder ve sıkıntı demektir.

Hayvan kafası almak, yemek veya görmek: Hayırlı mal ve kazanç demektir.

KAFES: Rüyada görülen kafes, hapis, beşik, ev ve evlenmeye işaret eder. Başını bir kafese sokarak sokaklarda yürüdüğünü gören kişi evini satar.

Kuş kafesi: Hileyle birilerini aldatmaya,

Kafeste bulunan bir kuşu azad etmek: Kötü davranışları bırakıp güzel bir hayat yaşamaya işarettir.

KAFKASYA: Rüyasında kendisini Kafkasya'ya gitmiş gören kişinin, başı durup dururken derde girebilir. Bu nedenle çok dikkatli olması gerekir.

KÂĞIT: Bir kimsenin rüyasında kâğıt üzerine yazı yazdığını görmesi, kendisi ile başka insanlar arasında olan bir şeyi inkar etmesine işaret eder. Bir kimse elinde bir kâğıt görse, o kimsenin ihtiyacı giderilir ve işi görülür.

Mavi kâğıt: Doğru ve güvenilir haber,

Kahverengi kâğıt: Neşe ve sevinç,

Kırmızı kâğıt: Keder ve hüzün,

Beyaz kâğıt: Aşk,

Sarı kâğıt: Nikah anlamlarına gelir.

Yazılı bir kâğıt aldığınızı veya bulduğunuzu görmek: Güzel bir haber almaya, murada kavuşmaya işarettir.

KAHKAHA: Rüyada kahkaha ile gülmek üzüntü ve ağlamaya işarettir. Bazı tabircilere göre de uzun ve kimseye muhtaç olmadan yaşanacak bir ömür demektir.

KAHVALTI: Rüyada kahvaltı yapmak uzun bir yolculuğa işarettir veya ekonomik zorluklara ve krizlere işaret eder.

KAHVE: Kahve sade ise, hastalık ve meşakkat; şekerli ise, az mal; yalın olarak kahve içtiğini görmek, rahat bir hayat geçirmektir.

Sade kahve içtiğini görmek: Hastalık, keder veya hüzünlü bir duruma düşmek anlamlarına gelir.

Şekerli kahve içmek: Önemsiz, küçük veya haram ve hayırsız bir kazanç anlamına gelir.

KAHVEHANE: Rüyada kahvehane önünden geçmek, herkes için yakında alacağı bir teklifin aldatıcı olup, bu teklifi reddetmesi gerektiğini; kıraathanede oturuyor ise, başarıya ulaşacağını, bir işi üzerine alacağını haber verir.

KALABALIK: Rüyada görülen kalabalık ve izdiham, saltanatın, rütbenin ve şanın büyük olmasına işarettir. Rüya gören tüccar ise, müşterisi çok olur.

Toplanan kalabalık iyilik için toplanmışsa, rüya sahibi için iyi; kötülük için toplanmışsa, rüya sahibi için kötüdür.

KALP: Rüyada kalp; akıl, zihin, amir, hakim, feraset ve din ile tabir edilir. Kalbinin çalındığını ve çok korktuğunu gören, delirir veya büyük bir musibetle karşılaşır.

Göğsünün yarılıp içinden kalbinin çıkarıldığını gören, mecnun olur. Şayet kalbi yıkanıp yerine konmuşsa, ki bunu herkes göremez, evliya olarak ölür.

Kalp ile ilgili rüyalar çok çok seyrek görülür; çünkü kalp rüyasının ortası yoktur. Ya dünyaca ya ahiretçe insanın, belanın veya hayrın en üst makamına ulaşmasını temsil eder. Yaralı bir kalp bütün insanlığa şefkati temsil eder.

Kalbinizi pişirip yediğinizi görmek: Bütün kötü söz ve davranışlardan kaçınıp güzel bir hayat yaşamaktır.

Kalbinizi çiğ olarak yediğinizi görmek: Merhametsiz, acımasız ve zalim bir kişiliğinizi ifade eder.

Kalbin siyah olduğunu görmek: Çok büyük ve kötü günahlar işlemeye ve çirkin bir hayat demektir.

Kalbinizi sert ve ateş gibi görmek: Halka acımayan insafsız bir kişi olduğunuzu,

Yumuşak görmek: Merhametli ve insaflı bir kişi olduğunuzu;

Beyaz ve parlak görmek: İyi niyetli ve salih bir kişi olduğunuzu gösterir.

KALBUR: Rüyada kalbur görmek, ilim ve iyiyi kötüden ayırmaya işarettir. Kalbur almak, yapmak veya bulmak, şefkatli bir eşe veya sadık bir dosta işaret eder.

Kalburun kaybolduğunu veya yırtıldığını görmek: Dostlarınızdan birisinin veya eşinizin vefatı demektir.

Bir şeyleri kalburdan geçirmek: Yapacağınız işler sonunda büyük menfaatler elde edeceğinizi gösterir.

KALE: Kendi manasıyla tabir olunur. Rüyada bir kalede bulunduğunu gören her işinde güvenlik içinde ve sebat üzerinde bulunur. Kaleden çıktığını veya bir daha dönmediğini gören, din ile ilgisini koparır. Sürdürdüğü işinden ayrılır.

Bir kale yaptığını görmek geleceğini garanti altına almaktır. Zıddı da bu mananın zıddı ile yorumlanır. Eski kaleleri gezdiğini görmek küçük menfaatlerdir.

Kale yıktığını görmek: İnanç zayıflığına veya düşmanlarınızdan göreceğiniz zararlara işarettir.

KALEM: İlim, iyilikle emir, kötülükten nehyetme ve çocuğa işarettir. Kalem, insanların kendisiyle şan ve şeref kazandığı şeylere, cömertlik ve iyiliğe işarettir.

Bazen de kalem bir sırdaşa işaret eder. Düşmana karşı zafer kazanmak manasına da gelir. Kalem ile yazdığınızı; fakat yazının görünmediğini görmek, ticarette zarar ve ziyana işaret eder.

Kalemin kırıldığını, kaybolduğunu veya çalındığını görmek: Başladığınız işlerde çok zorluk ve meşakkatlerle karşılaşacağınız anlamına gelir.

Okur yazar olmayanın yazı yazması: Sıkıntı ve hüzün demektir.

Kalemlik: Bekar kişinin zengin bir kişiyle evlenmesidir.

KALDIRIM: Rüyada kaldırım görmek, hayatta sonuç alınamayacak işlerin peşinden koştuğunuzun ve bu işleri bırakmanız gerektiğinin işaretidir. Kaldırımda düşmek ise, hayırlı bir haber anlamına gelir.

KALORİFER: Kış gününde görülürse, hayra; yaz gününde görülürse, sıkıntıya işarettir. Ayrıca kalorifer dostlarınızdan göreceğiniz yardımları da simgeler.

KAMA: Genç bir erkeğin rüyasında savunması için başkasına kama çekmesi, girişeceği bir teşebbüste, kuvvetli bir rakiple karşılaşacağı ya da aşka veya sevgiye işaret olarak da yorumlanır. Yaşlılar için, ciddi bir rekabet yüzünden çıkacak güçlüklere; bir kadın için, kendisine kötü bir arkadaşından zarar geleceğine işaret eder. Daha yaşlı ise, aile kavgalarının önlenmesine delalet eder.

KAMÇI: Rüyasında kamçı gören kişi arzularına ulaşır, ihtiyaçlarını giderir. Çocuk ve haline uygun arkadaş manalarına da gelir. Bir kimse rüyada bir adamı kamçı ile dövdüğünü görse, o kimseye nasihat eder. Rüyada dövülen kişide ağrı ve titreme görülürse, nasihatleri tesirli olur.

Elinde kamçı görmek: Çevrenizdeki insanlara bir şeyler anlatmanız ve tesirli olmanızdır.

Bir atı kamçılamak: Başladığınız veya başlayacağınız işlerde muvaffak olmaya ve kazanacağınıza işarettir.

Kamçı ile dövüldüğünü görmek: Sizi dövenden veya başka birisinden çok büyük iyilikler görmektir.

KAMIŞ: Kötü söz ve insanlara işaret eder. Bir kimse rüyasında elinde bulunan bir kamışa dayandığını görse, o kimsenin ömründen az bir şey kaldığına ve fakirleşip ihtiyaç içerisinde öleceğine işarettir.

Şeker kamışı, zahmet ve sıkıntıyla kazanılan maldır. Bazen sokakta veya kamışın görüldüğü yerlerde kavgaya işaret eder.

Kendini kamışlar arasında görmek: Kötü ve günahkar kimselerle kurulan dostluk ve arkadaşlık demektir.

Evde veya bahçede kamışlar olduğunu görmek: Kötü bir kişi veya kötü huylar anlamına gelir.

KAMP: Kampa dünyalık için veya tefekkür için gitmiş olmaya göre ayrı ayrı tabir edilir. Tatil için kampa gidildiyse,

hep bu dünya için çalışıldığına; tefekkür için gidildiyse, dünya ve ahiret saadetine işaret eder.

KAMYON: İzzet ve şereftir. Bazı tabirciler "Rüyada görülen araba, rüya sahibinin geçimi için aldığı tedbire işaret eder." dediler.

KAN: Kan yaradan çıkıyorsa gam, keder ve zarardır. Yara olmadığı halde bedeninden kan çıktığını gören memur ise, rüşvet alır veya verir. Kan içtiğini gören ya kan döker veya haram mal yer. Kanın üstünü lekelemediğini gören, günahtan kurtulur.

Tenasül uzvundan kan aktığını gören erkeğin, karısı düşük yapar. Vücuttan kan aktığını görmek fakir için mal kazancı, zengin için mal kaybı demektir.

Kan işediğini görmek: Sakat çocuklar olarak tabir edilir. Bazen de dul bir kadınla nikahsız düşüp kalkmayı gösterir.

Kan gölü veya kan akan çeşme görmek: Görülen yerde kan döküleceğine yorumlanır.

Burundan akan az miktarda kan: Keder ve sıkıntılarından kurtulup huzura kavuşma anlamına gelir.

Damarlarından kan geldiğini görmek: Zengin için zarar görmeye ve fakirleşmeye, fakir için mal kazanma ve zenginleşmeye işaret eder.

Bir yerde birikmiş kan görmek: O yerde haksızlık ve zulüm yapılacağını gösterir.

Vücuttan akan kanın üstünüzü lekelemesi: Hayırsız ve gayrı meşru yollardan kazanılan ve sonunda size hayır sağlamayan mal demektir.

Ağzından kan geldiğini görmek: Yalan söylemeye, dost, akraba ve yakınlarınıza iftira etmeye veya kandırmaya işaret eder.

KANAL: Han, dükkan, sanat ve yolculuk gibi rızkın geleceği yerlere ve sebeplere işaret eder. Eğer rüyada bir şehrin dışından içine doğru kanalla temiz su aktığı görülürse, bu hastalıklardan kurtulmaya işaret eder. Eğer bu yerin halkı sıkıntı içindeyse, Allah onlara yağmur, bolluk, genişlik, yaşayışlarında refah ihsan eder.

Kanalın suyu bulanıksa veya kanal dışına taşıyorsa, salgın hastalık, kötü haber veya haram maldır.

Bekar bir kimse bir kanalın bostan veya tarlasına aktığını görse, evlenir. İçinde su olmayan boş bir kanal rüya sahibi için güçlüktür. İçinde su olan bir kanal kolaylıktır.

KANALİZASYON: Kötü iş, hayırsız mal, günahkar bir hayattır. Kanalizasyona girmek, kötü ve zararlı işlerle uğraşmaktır.

Kanalizasyonda temiz su görmek: Kirli işlere karışacağınız ve zarar göreceğiniz anlamlarına gelir.

Kanalizasyonda pislik ve dışkı görmek: Oyuna getirilip üzüleceğinize işaret eder ve kötü bir rüya sayılır.

KANARYA: Hırs tama ve kavgaya işarettir.

Kanarya sesi: Yeni bir aşk hayatına başlamaya ve bunun uzun süreli mutluluklara vesile olacağı anlamına gelir.

Kanaryayı kafeste görmek: Aile hayatında olan sıkıntı ve problemlerdir.

Kanarya öldürmek: Önemli ve yüce kimselerin takdirlerini kazanmaktır.

KANAT: Erkek evlattır. Rütbeye de işaret eder. Kanat, mal ve yolculuktur. Kişi rüyasında kanadının yerinden koparıldığını görse, çocuğu ölür.

Kanadı kendisine ağırlık veriyor ve uçamıyorsa, o kimsenin günahlarına işaret eder.

KANGREN: Rüyada kanser olmak, korkunç, tutulacak tarafı bulunmayan, hile, anlaşılmaz ve arkadaşlığı zor bir adama işarettir.

Kangren olan uzvun kesildiğini görmek: Çektiğiniz bir sıkıntının biteceği ve huzura kavuşacağınız anlamına gelir.

KANUN: Kanun ile ilgili bir rüya görenin, davranışlarında bir adaletsizliğin söz konusu olduğuna işarettir. Özellikle rüya görenin yakınlarına karşı daha fazla anlayış göstermesi gerektiği anlamı çıkar.

KAPI: Meslek, geçim ve kazançtır. Kapının açılması, açılmak; kapanması, kapanmak olarak tabir olunur. Bir kapıyı çalmak dua etmektir. Kapı açılırsa duası kabul edilmiş demektir. Evinin kapısının olmadığını görmek evinin düzenini yitirmektir.

Kapı yapmak veya kilitlemek evlenme teklifi ve evlenme olarak yorumlanır. Sokak kapısı, geniş rızktır. Kale kapısı, şehrin valisidir.

Evinde birçok kapı bulunduğunu gören çabucak zengin olur. Kapı rüyası kapının büyüklüğü, küçüklüğü, eskiliği, yeniliği ve kime ait olduğunun bilinip bilinmediğin göre tabir edilir.

Kapının halkası ve tokmağı: Postacı veya haber olarak yorumlanır.

Bir kapı açtığını görmek: Çözülmemiş ve sonuçlanmamış problemlerin halledileceği anlamına gelir.

Açık kapıdan girmek: Huzura ve mutluluğa giden yolların önünüzde olduğu ve geleceğinizin aydınlık olduğu anlamına gelir.

Kapı eşiği: Aile ve eş demektir.

Kapı çalmak: Ortaya çıkacak olan anlaşmazlık, kavga ve tartışma demektir.

KAPLAN: Yüksek mevki, kumandan, itibar, düşmana üstünlük demektir. Kaplan eti, maldır. Derisi, kılı ve kemiği, hasımdan alınan mala işarettir. Açık oynayan rakibi de temsil eder. Diğer manaları aslan gibidir.

Kaplan rüyası, aslan rüyasına nispetle daha zayıftır.

Kaplanı okşayıp sevdiğini görmek: Düşmanlarından salim olmaya,

Kaplanla boğuşup onu öldürmek: Hayatta başarılı olmaya ve hasımlarınıza karşı galip gelmeye,

Kaplandan süt sağdığını görmek: Düşmanlarla iyi geçinmeye işarettir.

Sağdığı sütten içmek: Düşmanlarından istifade etmek ve onlardan faydalanmaktır.

Kaplana binmek veya onunla beraber yürümek: Daha akıllı ve tedbirli davranmak gerektiği anlamına gelir.

KAPLICA: Kötü alışkanlıklarının kendisine zarar getireceğine işarettir.

KAPLUMBAĞA: Kaplumbağa, zahit, ibadete düşkün ve eski ilimleri iyi bilen birisiyle tabir olunur. Herhangi bir yerde yalnız dolaşan bir kaplumbağa görmek, ilme ve âlime itibar edilmediğini gösterir.

Kaplumbağa etini yediğini gören, gizli ilimlere vakıf olur veya eski bir hadiseyi, bir kıymetli eseri ortaya çıkarır. Kaplumbağa öldürdüğünü gören, böyle birine zarar verir.

Kara kaplumbağası: Hayırlı bir haber almaya da işarettir.

KAR: Yağmur gibidir. Mevsiminde görülen kar bolluk ve saadete kavuşmaya işarettir. Mevsiminde olmayan kar ise, keder, sıkıntı, fakirlik ve ayrılığa işaret eder.

Baharda kar yağdığını görmek, mağlubiyete; yazın kar yağdığını görmek ise, zarara uğramaya ve hastalığa işarettir.

Yazın kar yediğini görmek: Başlanılan işte hayır, bereket ve bolluk demektir.

KARABİBER: Rüyada çokça olan ve yenilmeyen karabiber, maldır. Eğer ondan birazcık yenirse, üzüntü ve kederdir.

KARACİĞER: İlim, genişlik, bolluk ve mal ile tabir edilir. Yorumu da bu çerçevede yapılır. Bir kimse rüyada ciğere baksa ve onda kendini görse, ölür.

Bir kimse rüyasında ciğerini kestiğini görse, kendisi veya sevdiği bir kişi ölür.

Karaciğerin kopması: Evladınızın ölümüne,

Karaciğerin yarılması: Çocuğunuzun hastalığına,

Karaciğerini çıkarıp atmak: Evlatlarından ayrılmaya, kendi eliyle zarar ve ziyana girmeye ve toplum nazarında küçülmeye,

Karaciğer pişirmek: Evlat sahibi olmaya veya kârlı bir işe girişmeye işaret eder.

KARAKOL: Üzüntü, keder ve şiddettir. Bazı tabirciler, borç, hastalık ve gayrette meydana gelecek kusur ve tembelliğe işaret olduğunu da söylemişlerdir.

Birçok kimseyi karakolda görmek: Herhangi bir sebepten dolayı mahkemeye veya karakola düşmeye işarettir.

KARANFİL: Rüyada görülen karanfil çiçeği, cömert, iyi huylu, halk arasında sevilir, hayırlı bir zat ile tabir edilir. Aynı zamanda derin bir sevgi ile birisine bağlanmaya da işaret eder.

Karanfil koklamak, başa göğse takmak: Cömert bir insan ile kuracağınız dostluğa ve bu kişinin size faydalı olmasına,

Kuru karanfil tohumu görmek: Halk arasında takdir edilmeye ve şöhret bulmaya,

Halka karanfil dağıtmak; Halka yardım ve iyilikte bulunmaya,

Karanfil yemek: Sıkıntı ve kederle karşılaşmaya işaret eder.

KARANLIK: Küfür ve dinsizlik, çaresizlik, işlerde zorluk ve meşakkat, mutsuzluk ve keder veya sapıklık olarak yorumlanır.

Karanlıktan kurtulabildiğini gören, bir saldırı veya kazadan kurtulur. Fakir ise, zengin olur; dine saygısı yoksa, dindar olur.

KARARGAH: Zafer, sevinç, kurtuluş ve müjdedir. Aynı zamanda düğün dernek gibi halkın genel olarak katıldığı birliktelikler anlamı da vardır.

KARDEŞ: Rüyada bir kimse kardeşini görürse, yakınlarından veya dostlarından iyi haber alacağına; erkekler için, mali durumunu düzelteceğine; kadınlar için sıkıntılı anında ummadığı birisinden yardım göreceğine işarettir.

KARGA: Mal ve haberdir. Kargayı bir dalda gören gurbete gider. Etinden yediğini gören haram mal edinir. Karganın sesi haberdir. Çift bağırışlar iyi değildir. Beş ve daha fazla karga çığlığı hayırlı haberdir.

Rüyada bir karga ile uğraştığını gören insan fasık ve çok yalancı bir insanla uğraşır. Bir kimse rüyasında bir kargaya rastlasa veya kargayı elinde tuttuğunu görse, bu rüya o kimsenin kendi işinde aldanacağına ve isteğinden vazgeçeceğine işarettir.

Bir karganın konuştuğunu görmek: Bir yabancıdan görülecek olan destek ve yardımı simgeler.

Karınızın üzerinde veya yatağında karga görmek: Karınızın yabancı bir erkek ile münasebette bulunduğuna işaret eder.

Alaca karga görmek: Yalancı, kendini beğenmiş ve kibirli bir kişi ile tabir edilir.

Evinizde karga görmek: Ahlâksız bir kişinin aileniz veya eşiniz hakkında yapacağı kötülüklere işaret eder.

Karganın doğurduğunu görmek: Sevinç ve mutluluğa,

Kargayı kesmek: Hayırsız ve kötü bir evlat sahibi olmaya,

Karga avlamak: Hayırsız bir mal veya paraya sahip olacağınıza işaret eder.

KARIN: Mal, akraba ve evlat ile tabir edilir. Karnının delindiğini gören kadınsa, kocasından; erkekse, karısından emin olmaz. Karnının şiştiğini görmek de belaya yorulur.

Karında kıllar görmek: Keder ve sıkıntıya,

Kendi elinizle karnınızı yarıp içine bir şeyler koymak: Haram mal ve kazanca,

Birinin karnını yardığınızı görmek: Ona iyilik ve hayırda bulunmaya,

Karnından çocuk çıktığını görmek: Yakında hayırlı bir evlat sahibi olmaya delildir.

KARINCA: Karıncalar insanları temsil eder. Evinde karıncaların dolaştığını görenin nesli o kadar çok olur ki kendisi bile şaşırır. Karıncaların bir yiyeceğe veya bir şeye üşüştüklerini görmek o şeyin ortadan kalkacağına veya karaborsaya düşeceğine işarettir.

Karıncaların dışardan eve bir şeyler taşıdıklarını gören zengin olur ve çok işçi çalıştırır. Karıncaların bir şeyi yuvalarına taşımaları o şeyin rağbet kazanacağı şeklinde yorumlanır.

Bir bölgeyi karıncaların istila ettiğini görmek bazen istila ve savaşa da işaret eder. Sonuç olarak karınca aile fertleri, akraba, yolculuk, ayrılık, servet ve nimet olarak değerlendirilir.

KARNABAHAR: Mevsiminde pişmiş karnabahar kadınlardan gelen faydadır. Bunun dışında bela ve musibet olarak anlaşılır.

KARPUZ: Mevsiminde göz aydınlığı ve sevinçtir. Mevsimi dışında keder ve üzüntüdür. Tamamen yetişmemiş ve olmamış karpuz, sağlamlıktır. Yeşil karpuz şehre, çocuğa veya hanıma işarettir.

Evinde birçok karpuz görmek: Mal ve paranın yakın zamanda artması,

Güzel bir karpuz yemek: Sıhhat ve afiyet,

Bozulmuş ve çürümüş bir karpuz yemek: Keder, sıkıntı ve üzüntü,

Küçük karpuz: Bereket ve hayırlı mal,

Sarı ve tatlı karpuz: Sevinç, hastanın şifa bulmasına hayırlı evlat, mutluluk ve huzurlu bir hayat anlamlarına gelir.

KARTAL: İktidar, güç, kuvvet, heybet, şeref, itibar, nüfuz ve tahakkümdür. Devletin kuvvetini sembolize eder. Bir kartalı kendisine itaat ettirdiğini gören devlet güçlerini kendi menfaatine kullanır.

Bir kartalın kendisini pençelediğini gören, devletin takibatına uğrar. Bir kartala binip bir daha inmediğini gören Azrail'e teslim olur. (bk. örnek 28)

ÖRNEK 28

KARTAL BENİ GAGALIYOR

Rüyamda bir kartal görüyorum. Kartal gelip beni gagalıyor. Çok korkuyorum. Gagasıyla sol bacağımı yaralıyor. Ne yapıyorsam onu yanımdan uzaklaştıramıyorum. Korkuyorum. Birilerinden yardım istiyorum; ama o beni gagalamaya devam ediyor. Sağ kolumu da ısırıyor. Büyük bir acı ve korkuyla uyandım.

M.A. - İstanbul

Allah hayretsin.

Keşke bu rüyayı hiç anlatmasaydın. Gerçi çok önemli bir sıkıntı değil; ama kartal, rüyada genelde güçlü bir düşmanı veya üstesinden gelinemeyecek bir sıkıntıyı temsil eder.

Bu tür rüyalar görüldüğünde, daha doğrusu, hoşunuza gitmeyen bir rüya gördüğünüzde sol omuzunuza tükürün. Peygamberimiz, ümmetine bunu tavsiye ediyor. Gördüğünüz ve kötü olduğunu sandığınız bir rüyayı kimseye anlatmayınız. Aklınıza her geldiğinde, içinizden, üç kere "Euzu billahi mine'ş-şeytani'r-racim" -besmelesiz- diyerek her seferinde sol omuzunun üzerinde biri varmış da onun yüzüne tükürüyormuş gibi tükürün, ondan size zarar gelmez." deniliyor.

Bu rüya da benzer rüyalardan. O yüzden "Sizi maddî ve manevî bazı sıkıntılar bekliyor, diyeyim ve bu kadarla yetineyim. Siz yine de size yaptığım tavsiyeye uyun. İnşaallah rüyadaki hakikat hayale dönüşür.

KASA: Sahibinin bedenidir. Kasaya gelen herhangi bir zarar sahibine aittir. Kasa, ait olduğu kişinin sırrıdır. Eğer rüyada görülen kasanın ağzı açıksa, sahibinin sırları ortaya çıkar.

KÂSE: Rüyada görülen kâse ya hanım ya da evin geçimi demektir. Hasta olan bir kimseye kâse içinde su veya rakı sunulsa, o hastanın ölüm şarabını içmesi demektir.

Dolu kâse: Bir kısmet veya kâra,

Boş kâse: Hüzün ve kedere,

Altın veya gümüş kâse: Bol kazanç veya kârlı ticarete,

Kâse ile içki sunmak: Aşkta kaybetmeye veya kedere,

Kâse ile su görmek veya içmek: Evlat sahibi olmaya işaret eder.

KAŞ: Zînet ve maldır. Rüyada kaşının gürleştiğini gören zengin olur. Kaşının gür ve güzel olduğunu görmek uzun ömür anlamına gelir. Kaşlarının yeniden bittiğini gören iki kız sahibi olur veya itibarı artar.

Kaşların haddinden fazla uzaması altından kalkılamayacak işe ve dolayısıyla üzüntüye delalet eder. Kaşlarını tıraş ettiğini, yolduğunu veya kaşlarının döküldüğünü görmek zarar ve ziyandır.

Kaşlarının ağardığını görmek: Halk arasında şöhret kazanmaya veya iyi bir nam sahibi olmaya işaret eder.

Kaşlarını tarayıp, fazlalarını kesmek: Sıhhat ve şöhretini korumaya veya daha iyi bir hale gelmeye delalet eder.

KAŞAR PEYNİRİ: Mal, bolluk ve uzun ömürdür. Taze kaşar, kolay elde edilecek mala; kuru ve eski kaşar ise, zor ve meşakkatle kazanılacak mala işarettir.

Kaşar satmak, vermek: Elinden mal çıkacak, mal kaybedecek ve zarara uğrayacak demektir.

 Kaşarı herhangi bir hayvana kaptırmak: Mal veya şöhretini başkasına kaptırma veya kaybetme demektir. Diğer peynir çeşitleri de aynı şekilde yorumlanır.

KATIR: Mal ve menfaattir. Erkek katır, güç, servet ve uzun ömürdür. Bir katıra bindiğini gören memleketinden ayrılır. Dişi katır, kadın olarak tabir olunur.

Dişi katırını kaybettiğini veya onun öldüğünü gören, karısını kaybeder. Dişi bir katıra bindiğini göre,n kısır bir kadınla evlenir.

Yalın olarak katır; yolculuk, kısır kadın, başarı, üstünlük ve ahmak adam demektir.

Yüklü katır: Malın artacağına,

Katır derisi: Miktarınca mal ve servet,

Sahipsiz bir katıra binmek: Kötü bir adama veya zararlı bir kişiye,

Siyah bir katıra bindiğini görmek: Mal, mülk ve para sahibi bir kadına işaret eder.

KATIRTIRNAĞI: Rüyada katırtırnağı çiçeğinin görülmesi, sizin şair ve de romantik ruhlu birisi olduğunuzun işareti olarak kabul edilir.

KATİL: Doğulu ve batılı rüya tabircileri tarafından sevinçli bir haberle karşı karşıya kalınacağı şeklinde yorumlanır.

KATLİAM: Hafif bir hastalık başlangıcıdır.

KAVAK: Kavak ağacı, sert ve kendisinde hayır olmayan, şöhretli bir adamdır. Rüyada kavak ağacı gören kimsenin hanımı vefat eder. Kavak ağacı diktiğini gören kimsenin bir çocuğu olur.

Kavak ağacına dayandığını veya çıktığını görmek: Uzun boylu ve zayıf karakterli bir kişiyle tanışmaya veya onunla kurulacak ortaklığa,

Kavak ağacı dikmek: Başlanılan işlerinizde istediğiniz sonuçlara ulaşamayacağınıza,

Kavak ağacını kesmek: Uzun boylu bir kişiyle düşman olmaya, onu yenmeye ve galip gelmeye işarettir.

KAVAL: Oyun ve fitnedir. Ferahlık ve sevinç olduğu durumlar da olur. Ölü üzerine ağlayan bir kadın ile tabir edenler de olmuştur. Rüyada kaval çalmak, hasta için ölüme, çocuk isteyen için de çocuğa işaret eder.

KAVANOZ: Asil bir kadındır. Eğer kavanoz camsa, bu kendisiyle övünülecek bir arkadaştır.

Bir kavanoz bulmak veya almak: Asil bir kadınla yapılacak bir evliliğe,

Kavanozu kırmak veya kaybetmek: Böyle bir kadını kaybetmek veya ondan ayrılmaya işaret eder.

KAVGA: Cehd, gayret ve mücadeledir. Dünyalık bir iş için biriyle kavga ettiğini gören, dünya işlerinde gayretli olur. Eğer dünya işlerinden değilse, mağlup olan galip gelir.

Kadınlar ve çocuklarla kavga ettiğini görmek, birilerinin şerrine uğranılacağına işaret eder. Tanımadığı biriyle kavga ettiğini gören yorgun düşer.

Başbakan, bakan, devlet başkanı, komutan vs. gibi kimselerle kavga ettiğini gören, kuvvetli bir belaya uğrar veya öldürülür.

KAVUN: Mevsiminde de olsa kavun, hastalık, gam keder ve üzüntü demektir.

Kavun yemek: Dermanı olmayan bir hastalığa,

Birisine kavun vermek veya satmak: Hastalıktan, dert ve sıkıntılardan kurtuluşa işaret eder.

KAYA: Kayalar mal ve büyük adamlarla tabir edilir. Taşın rengine, sertlik ve yumuşaklığına göre anlam kazanır. Büyük ve sert kayalar katı kalpli bir insan demektir. Yerinden kopup yuvarlanan kaya, önemli bir şahsın görevden alınması veya ölmesidir.

Rüyada şehir içinde görülen büyük taşların çokluğu ucuzluk ve bolluğa işarettir.

Kireç taşı: Büyük bir mutluluğa ulaşmaya,

Mermer taşı: Deniz veya hava işleriyle meşgul olmaya, işarettir.

Bir kayanın üstüne çıktığını görmek: Başarılması güç bir işe başlamaya,

Kayanın yıkıldığını veya parçalandığını görmek: Savaş veya umumi belaya işarettir.

Kayayı yarıp ortasından su çıktığını görmek: Fakir ise, zenginliğe; zengin ise, mal ve paranızın artacağına veya elinize bol miktarda para geçeceğine işaret eder.

KAYINVALİDE: Hayırlı bir haberin yanı sıra ele çok miktarda para geçeceğine işarettir.

KAYNAK: Su kaynağı, genel olarak nimet, hayır, bereket, arzu ve maksada kavuşmaktır. Rüyada görülen kaynaklardan tabirce güzel olmayanı ancak onun suyunun bulanık olması ve akmamasıdır.

Eğer bir kişi rüyasında bir mahalle veya ev içinde su kaynağı meydana çıktığını görse, kaynaktaki su ister taşsın ister taşmasın o yerde üzülecek, ağlanılacak bir şeyin meydana çıkmasına işaret eder.

Kaynak suyundan içerse, bu yine üzüntü ve kederdir. Böyle bir sudan abdest aldığını görmek ise üzüntü ve kederden kurtulmaktır. Bu rüyayı gören korku içinde ise, emin olur. Hasta ise, iyileşir; borçlu ise, borcunu öder.

KAYAN YILDIZ: Rüyada semadaki yıldızın birdenbire kayması ve rüya sahibinin üstüne gelmesi, herkes için en iyi isteklerinin gerçekleşeceğine işarettir. Yıldız, suya veya denize düşerse, onun murad ve isteklerini unutması gerekir.

KAYBOLMAK: Rüyada âlim bir kişi halk arasında kaybolsa, halkın o âlimin ilminden faydalanmasına işaret eder. Rüyasında evini ve elbiselerini kaybettiğini gören kişi, gerçekte sahip olduğu şeyleri kaybetmez.

KAYIK: Balıkçı kayığı rızık ve dalgadır. Rüyada görülen yelkenli kayık, üzüntü, keder ve sıkıntıların gitmesine ve gönlün açılmasıdır.

KAYISI: Ümitsizlik ve keder demektir. Yeşil kayısı almak, toplamak veya yemek, hastalığınızın geçeceğine veya az miktarda para kazanmaya işaret eder.

Sarı kayısı görmek: Hastalık ve sıkıntılarınızdan dolayı para kaybedeceğinize,

Kayısı ağacı: Çok zengin ve dini zayıf, karakteri zayıf bir adama,

Ağaçtan kayısı toplamak: Güzel ve sarışın bir kadınla yaşanan aşk hayatına işaret eder.

KAZ: Mal ve nimettir. Bir kimse bir şehirden veya mahalleden kaz sesleri işitse, o yerden musibet ve ölüm haberleri işitmesine işaret eder.

Kaz eti yemek: Yakın bir zamanda kazanılacak çok para ve mala,

Kaz tutmak veya almak: Zengin biriyle evlenmeye, kârlı bir işe başlamaya delalet eder.

KAZMA: Elinize bol miktarda ve umulmadık bir zamanda para geçeceğinin işareti olarak yorumlanır.

KAZMAK: Rüyasında kuru toprak kazdığını gören kişinin eline kazdığı miktar kadar mal geçer. Toprak kazmak hiledir. Bazen toprak kazan öldürülür. Bazen de hilesi kendi aleyhine döner.

Toprağı kazıp çıkardığını gören kişi hasta ise veya yanında hasta varsa, ölür. Eğer yolcu ise, kazılıp çıkarılan toprak, o kişinin yaptığı bu iş geçimi için gösterdiği gayrettir.

KEÇİ: Koyun gibidir. Teke, koç ve oğlak ise kuzu gibidir. Fakat bunlar daha az olarak tabir edilir. Keçinin inat ve huysuz kadın anlamı da vardır. Rüyada bir keçi aldığını görenin huysuz bir karısı olur.

Keçiden süt sağmak: Helal mala kavuşmaya,

Keçi eti: Hastalık ve sıkıntıya,

Keçi başı yemek: Uzun ve bereketli bir ömre işaret eder.

KEÇİ BOYNUZU: Meşakkatli ve az maldır. Yorgunluğu kazancından çok iştir.

KEDİ: İçten pazarlıklı kadın, ev halkından gelecek olan gönül kırıklığı, bundan doğan hüzün ve düzenbaz eş demektir.

Bir kedi ile oynadığını ve kedinin kendisini tırmaladığını gören kişi sonu gelmeyecek bir aşka düşer veya uzun sürecek bir hastalığa tutulur. Siyah kedi büyük korku ve telaştır. (bk. örnek 29)

ÖRNEK 29
RÜYAMDA BİR KEDİ ÜZERİME ATLIYOR

Ben 17 yaşında bir lise öğrencisiyim. Güzel bir ailem ve hamd olsun mutlu bir yaşantım var. Rüyamda büyücü gibi bir kadın beni kovalıyor. Nereye kaçsam peşimden geliyor. Sonra bir eve giriyorum. Orada annemle bir akrabamı görüyorum. Onlara bir cadının beni kovaladığını söylüyorum. Sonra hepimiz bir odaya giriyoruz. Akrabam, annemi "Bu büyücü buraya da gelecek. Ondan kurtulmak için yerdeki halıda yazılanları okumalıyız." diyor. Yerdeki halının üzerinde de Kur'an harfleriyle yazılmış bir yazı var. Akrabam bize o yazıyı tercüme ederek okuyor, biz de onları ezberlemeye çalışıyoruz. Sonunda da o büyücü gelmeden uyanıyorum.

İkinci olarak rüyamda bir kedi üzerime atlıyor.

F. N.

Allah hayretsin.

Büyük ihtimalle size büyü yapacaklar ve uzun bir süre onun etkisinde kalacaksınız. Sonra anneniz ve bir akrabanızın yardımıyla ondan kurtulacaksınız. Rüyada gördüğünüz kedi ise size iftira atacak bir kadındır, dikkat edin.

KEFEN: Hem menfaat, hem zarardır. Birine kefen yaptığını veya getirdiğini gören, o kimse için iyilik yapar. Biri için kefen aldığını gören, ona yardımda bulunur.

Bir ölünün kefenini soyup aldığını gören, gizli bir ilme sahip olur veya eline haram mal geçer. Rüyada bir erkeğin diri diri kefen giydiğini görmesi zinaya meyledeceğine; tamamıyla giymiş ise, zinaya çağrılacağına işarettir.

Biri kefen giydiğini ve baş ayak kısımlarının kefendeki gibi bağlı olduğunu görürse, o kişi ölür veya işi bozulur. Kefen biçildiğini gören, insanların iyiliğini ister.

Birçok kefen toplamak: Gelecek için para biriktirmeye veya miras yoluyla para kazanmaya,

Bir ölüyü kefenlemek: Büyük bir hayır ve berekete işaret eder.

KEKELEMEK: Rüyasında konuşurken kekelediğini gören kimse güzel ve düzgün konuşur amir olur ve düşmanlarına galip gelir.

KEL: Rüyasında saçlarının yanlardan döküldüğünü gören kişinin malına, yangın veya başka sebeplerle zarar gelmesine ve insanlar arasında kötü görülmesine işarettir.

KELEBEK: Zarif ve duygulu bir kadın, gerçekleşmesi yakın gizli bir emel, kısa sürecek mutluluk ve refah olarak yorumlanır. Rüyada bir kelebek tuttuğunu gören böyle bir nimete kavuşur.

Kelebeği elinden kaçırdığını gören karşılık görmeyeceği derin ve unutulmaz bir aşka düşer. Birçok kelebeğin uçuştuğunu görmek, o yıl bolluğa kavuşmak demektir.

Bir kelebek tuttuğunu ve kelebeğin elinde öldüğünü gören, hatırını ve değerini bilmeyeceği zarif bir kızla evlenir. Kelebek, gözü dışarıda olan kadın olarak da tabir edilmiştir.

KELEPÇE: Kötü bir rüyadır. Kelepçe takılı olmak; işten elini eteğini çekmek, hapse girmek, elden ayaktan düşmek, söz ve itibarını kaybetmek demektir. Elindeki kelepçenin açıldığını görmek çok iyidir.

KEMAN: Karışık bazı aşk serüvenlerinin başlangıcı olarak tabir edilir.

KEMENÇE: İşlerinizde acele etmeniz gerektiğinin işaretidir.

KEMER: İnsanın mesleği ve şerefidir. Nikah anlamına da gelir. Güzel bir kemer taktığını gören itibarlı bir iş yapar, saygıdeğer olur.

Bir kadının beline kemer taktığını gören, onunla evlenir. Kadın belinde kemer bulunduğunu ve bundan hoşlandığını görürse, evliliğinde mutlu olur. Kemerin sıkı veya siyah olduğunu görmek, mutsuz ve geçimsiz bir evliliğe işaret eder.

Belindeki kemerin yaptığı işe mani olduğunu veya dar olduğu için namaz kılamadığını gören, ne işinden huzur görür ne de dininden.

KERESTE: Nifaktır. Rüyada kereste görmek dininde nifak olan dışı içinden iyi görünen bir kimse olarak tabir edilmiştir.

KERTENKELE: Halkın malına hile yapan birisidir. Yine kendisinden vahşet beklenen korkunç bir insana işaret eder. Her halükârda kertenkele görmek şüpheli ve kötü mal veya insandır.

KESMEK: Kesilen uzva göre değişirse de pek hayırlı bir rüya olarak kabul edilmez.

Ekmek kesmek: Sevinçli bir haber almaya,

Ağaç veya kereste kesmek: Eski bir dostu kaybetmeye işaret eder.

KESTANE: Cimri bir adam ve zor kazanılacak mala işarettir. Kestane yediğini görmek cimri bir adamdan yararlanmak veya meşakkatli bir işe atılmaktır.

Bazı tabirciler kestaneyi; salih kimseler, vücut sıhhati ve uzun bir yolculuk ile de tabir eder.

KEZZAP: Acı bir haber alınacağına işaret sayılır. Kezzap içmek ise, mühim bir karar verilecek demektir.

KIL: Vücut kılları mal ve mülk olarak yorumlanır. Vücudunun kıl bulunmayan yerinden kıl çıktığını gören, ödeyebileceği borç altına girer.

Kasık ve vücut kıllarının uzadığını gören, çokça haram mal edinir. Tıraş ettiğini gören, malını kaybeder, dinde kemal sahibi olur.

Eğer kadın koltuk altı kıllarının uzadığını görmüşse ve çocuğu olmaya uygunsa, oğlu olur. Koltuk ve eteğini tıraş ettiğini gören kadın, kocasının sevgisini kazanır.

Bu rüyayı gören kız ise, temiz; dindar bir kimse ile evlenir. Göğsünden kıl bittiğini gören, kadın veya erkek, dile düşecek çirkin bir hareket yapar.

Kısaca söylersek kıllar, maldır. Fazla uzaması gam ve keder; tıraş edilmesi, mal kaybı ve zarardır. (bk. örnek 30)

ÖRNEK 30

Bacaklarında ve Kollarında Kalın Kıllar Vardı

Rüyamda, çok eskilerde tanıdığım ve bir zamanlar ilgi duyduğum kız arkadaşımı görüyorum. (Ama aslında hemen hemen 10 senedir onu hiç görmedim ve aklıma da gelmedi). Rüyamda onu gelinlik giymiş görüyorum; ama gelinlik bizim bildiğimiz bir gelinlik değil. Örme bir gelinlik. Kız arkadaşımın saçları, olduğundan daha gür görünüyor. Yüzü açık. Bana nasıl göründüğünü soruyor. Pek sevimli bulmuyorum; ama incinmesin diye "Çok güzel." diyorum. Bu arada, "Acaba bu benimle mi evleneceğini sanıyor." diye düşünüyorum. Benimle sevişmek istediğini söylüyor. Ona evli olduğumu söylüyorum. Kendisiyle evlenecek şahsın ben olmadığımı söylüyorum. Daha sonra onu soyunmuş görüyorum. Beni kendisine davet ediyor. Ona yaklaşıyorum. Bacaklarında ve kollarında kalın kalın kıllar görüyorum ve bundan iğreniyorum. Vücudunun her tarafında böyle kıllar var. Çok itici geliyor. Uyanıyorum.

M - Bakırköy

Allah hayırlara çıkarsın.

Büyük ihtimalle o arkadaşınıza benzer bir kadınla karşılaşacaksınız. Bu kadının birileriyle beraberliği olmuş. Zahiren mazbut görünse de, manen çok kirli. Ahlaki açıdan da bazı zorlukları olabilir. Büyük ihtimalle size yakınlık duyacak ve beraber yaşamayı teklif edecek. Siz ailenize duyduğunuz saygıdan dolayı ondan uzak durmaya çalışacaksınız. O sizden yararlanmanın bir yolunu bulacak; fakat kısa sürede, onunla ilgili birtakım bilgiler elde edecek ve ondan uzaklaşacaksınız.

KILIÇ (vb.): Kınında kılıç, insanın karısıyla; çekilmiş kılıç, nüfuz ve emir ile yorulur. Elinde bir kılıç taşıdığını gören nüfuz sahibi olur.

Beline bir kılıç bağlandığını veya kılıcını çektiğini gören, erkek çocuk sahibi olur. Kılıcı kırılmak evlat vefatına, kınında kırılmak anne rahminde ölümüne işarettir.

Kılıcın ucu baba, amca ve dayıyı temsil eder. Yüzü anneyi ve halayı temsil eder. Bunlarda meydana gelen bir hasar onlara işaret eder.

Kınının kırıldığını görenin karısı ölür. Kılıç kemerinin kısalığı işlerde zarar veya üstesinden gelememe, kılıcının elinden alındığını görmek, işinin gücünün veya makamının elinden alınacağına işarettir.

KINA: Kişinin yapacağı işteki kabiliyetidir. Kına mal ve ailedeki zînete de işaret eder.

Kına yaktığını görmek: İşlerin iyi gideceğine, malının artmasına yüksek bir makama geçmeye delalet eder.

Bir kadının aynı rüyayı görmesi, bereket ve selamet demektir.

KIRAĞI ve ÇİĞ: Rüyada kırağı veya çiğ düştüğünü görmek üzerinde bulunduğumuz işte birilerinin yardımını görmeye işarettir.

Kır çiçeklerinden yapılmış bir buket görmek: Hüzün ve kedere işaret eder.

KIRBAÇ: Rüyada kırbaçlandığını ve üzerinde kırbaç izlerinin kaldığını gören, yediği kırbaçlar nispetinde mala kavuşur. Kendisini kırbaçlayanı tanıyorsa ondan fayda görür.

Kendisini birini kırbaçlıyorken gören, kırbaçladığı kimseye yardım eder. Kırbaçlamak da dövmek gibidir. Yalın olarak kırbaç görmek iyi sayılmaz.

KIR ÇİÇEĞİ: Rüyada kendisini kır çiçekleri arasında gören bir genç, yakında iyi bir davete çağırılacağına; orta yaşta bulunuyorsa, eğlenceli bir ziyafete; genç bir kız için, hiç beklenmedik bir eğlenceye; daha büyük yaştakiler için iyi bir geleceğe işaret eder.

KIRLANGIÇ: Yeri yurdu olmayan, daima gezip dolaşan bir insan demektir. Gökte kırlangıçlar dolaştığını gören, uzun sürecek yolculuklara çıkar.

Evine bir kırlangıcın yuva yaptığını gören, düşmanlarına davetiye çıkarır. Kırlangıç yumurtası görmek, havadan gelecek servettir.

Kırlangıç iş ve hareket, ses sanatı ve enginlikte hayra işaret eder.

KIRMAK ve KIRILMAK: Zarar vermek, zarara uğramak demektir. Kırdığı şeyin rüyadaki tabiri ne ise, onun elden çıkması ile yorumlanır.

Uzuvların birinin veya birkaçının kırıldığını görmek de o uzuvların temsil ettikleri kimselere zarar veya ölüm geleceğine işarettir.

KISALMAK: Rüyada uzun boyun kısalmasında hayır yoktur. Böyle bir rüya itibar kaybetmek veya ecelin yaklaşmasına işaret eder.

KISRAK: Şerefli bir kadına işaret eder. Bekar bir insan, bir kısrağa bindiğini veya ona sahip olduğunu ya da onu satın aldığını görse, şerefli ve mübarek bir kadın ile evlenir.

Kısrağın ölmesi, kaybolması ve doğurması gibi olaylar yine hanımıyla, hanımının durumuna göre tabir edilir.

KIVILCIM: Rüyada görülen kıvılcımlar kötü sözlerdir. Üzerine kıvılcım sıçradığını gören kimse yüksek mertebedeki bir insandan çirkin bir söz işitir.

Eğer üzerine sıçrayan bu kıvılcım alevleniyorsa, o söz büyür ve artar.

Eğer kıvılcımlar rüya sahibini azıcık yakıyorsa, rüyayı gören kişinin düşmanının söylediği sözden dolayı üzüleceğine işaret eder.

Kıvılcımların kendi üzerinde çoğaldığını gören kimseye azap erişir. Bazen de kıvılcımlar ateşi ve ateşin kıvılcımlarını görmeyi gerektiren kötü emellere işarettir.

KIYAMET: İki şekilde yorumlanır. Kimileri için sıkıntıdan kurtulmaya, kimileri için sıkıntılı zamanların başlamasına işarettir.

Kıyametin koptuğunu görmek, ciddi bir değişikliğin olacağına işarettir. Kıyamet alametlerinden birini görmek kargaşa ve huzursuzluğa işarettir.

KIZ: Rüyada görülen genç kızlar hayır, bereket ve selamet demektir. Güzel ve genç bir kızla gülüşmek veya sevişmek; saadete kavuşmaya, bol rızk ve mala, geniş bir servete sahip olmaya işaret eder.

Bir genç kızı öpmek: Dünyaya meyletmeye ve dünyalık mala,

Çirkin bir kız: Haram mala, gam ve kedere,

Kız çocuğunun güldüğünü görmek: Toplumda itibar, şan ve şeref kazanmaya,

Kız çocuğunun ağladığını görmek: Sevindirici bir haber almak veya umulmadık bir yerden gelecek paraya,

Kız çocuğunun öldüğünü görmek: Refah ve mutluluğun sona ermesine işaret eder.

KIZMAK: Hapse işaret eder. Rüyasında evinden sinirli sinirli çıktığını gören kişi hapsedilir. Bu kızgınlığı Allah için bir haksızlıktan kaynaklanıyorsa kuvvet ve rütbeye erişir.

KİBRİT: Belli bir sıkıntıdan sonra elde edilecek maldır. Bekar için rüyada kibrit görmek hanıma, cahil için ilme, fakir için zenginliğe işarettir.

KİLER: Ağzı sıkı, sırrını kimseye söylemeyen kadındır. Kilerde olanlar da kadının içinde sakladığı şeylerdir.

Rüyada görülen kilerin güzelliği, rüya sahibinin ahlak ve

huyunun güzelliğine; kötülüğü ise, rüya sahibinin kötü arzularına ve ahlakının kötü oluşuna işaret eder.

KİLİM: Bir kimsenin rüyada arkasına bir kilim aldığını görmesi veya kilime bürünmesi, başkasına ihtiyaçlarını söylemesine işarettir.

KİLİSE: Kendi anlamıyla yorumlanır. Tek başına bir kiliseyi gezdiğini veya orada dua ettiğini gören işinde ikiyüzlü olur. Bekarsa, hıristiyanla evlenir.

Kilisede müzik söylendiğini ve kendisinin de iştirak ettiğini gören, çaresi olmayan bir gam ve üzüntüye düşer.

Kilisede namaz kıldığını gören, bir çok insanın kendi sayesinde Müslüman olmasını sağlar.

Bununla birlikte kilise, Müslüman için hayırlı bir rüya sayılmaz. Kilisenin sağlamlığı ile onu rüyada görenin inancı ters orantılıdır.

KİLİT: Emin bir adam, bakire kadın, sevgi, kuvvet, yemin, kefil, kurtuluş, ahde vefa, keder, ferah ve sevinçtir. Görülen rüya ve kişinin durumuna göre değişik anlamlarda tabir olunur.

Rüyada bir kilidi açtığını gören fakir ise, zengin olur; hasta ise, şifa bulur; bu açılan kapıya göre değişir; çünkü ölüm de olabilir. Bekarsa, evlenir; bir işe söz vermişse, ondan cayar; evli ise, (bazen) boşanır; hapis ise, kurtulur. Kilitlemek ise zıttıdır. Nişanlı birinin kilit açtığını görmesi nişanı bozmasıdır.

KİR: Rüyada kişinin elbisesinde, vücudunda ya da saçında görülen kir, rüya sahibi için üzüntü ve kederdir. Kirli paslı elbiseler, günahtır.

Kir dine de dünyaya da nispet edilse bozulmadır. Rüyada kulağının kirini temizlediğini gören bir kişiye neşeleneceği bir haber ulaşır.

Rüyada kulaklarının kirlerini yediğini gören kimse çok sinirleneceği bir iş yapar. Bir insanın rüyasında kulağında çokça kir olduğunu görmesi o insanın işiteceği çirkin bir söze işarettir.

KİREMİT: Eşinizle aranızı açmaya çalışan fitne için uğraşan bir kişinin varlığına işaret eder.

Evin kiremitlerini aktarmak: Yeni bir eve taşınmak veya mekanı değiştirmek anlamlarına gelir. Aynı zamanda yeni bir ev satın almaya da işaret eder.

KİRPİK: Kaş gibidir. Kirpik daha çok hayırlı evlat demektir. (bk. Kaş) Aynı zamanda rüyada kirpik görmek dini korumaya işarettir.

Rüyasında kirpiklerini yolduğunu gören kimseyi dininden dolayı düşmanı rezil eder. Kirpiklerinin çok güzel olduğunu gören kimse dindar olur.

KİTAP: Çok kitap görüp de onları okumadığını gören istidatlı olduğu halde kapasitesinden faydalanmıyor demektir.

Tek kitabı uzun uzun okuduğunu gören, fakat ne olduğunu bilmeyen sonu olmayan bir işle ömür tüketecek demektir. Bir kitap ciltlediğini gören, büyük bir insana iyilik eder. Kitap ilimle yorumlanır. Gördüğü kitap ne ile ilgili ise, o konuda ihtisası gösterir.

Rüyada görülen kitap açık ise, yaygın bir haber; kapalı ise, gizli bir haberdir. Bazen kitap rüya sahibinin kendisiyle iyi anlaşan arkadaşıdır bazen de üzüntü ve kederden kurtulmaya ve hastalığının iyileşmesine işaret eder.

KİTAPÇI: Kitapçı görmek garip haberler almaya, günahkar birisinin tövbe etmesine, kafirin Müslüman olmasına, üzüntü ve sıkıntılardan kurtulmaya işarettir.

KOÇ: Şerefli ve muteber bir adama işaret eder. Koçun yününü ve kuyruğunu aldığını gören kimse şerefli bir adam tarafından mal veya yardıma erişir.

Birtakım koçların bir yerde boğazlanmış olduğunu görmek o yerde savaş veya kavga gibi bir olay sebebiyle bazı insanların öldürülmesine işaret eder.

Rüyada bir koçla mücadele ettiğini veya ona binmek isteyip de koçun itaatkar olup olmadığını görmek hep kuvvetli bir insan ile mücadeleye ve ona galip gelip gelmemeye işaret eder.

Rüyada kurban veya eti için bir koç boğazladığını gören kimse esirse, esaretten kurtulur; korku halinde ise, emin olur; borçlu ise, borcu ödenir; hacca gitmemiş ise, hacca gider.

KOKLAMAK: Rüyada güzel kokulu bir şeyi kokladığını gören kimse basit bir hastalık geçirir. Kötü koku, onu koklayan için çirkin söz ve kederdir. Rüyada güzel koku sürünmek kadın için evlenmeye, erkek için iyilik ve övgüyle anılmaya işarettir.

KOL: Kollar insanın yardımcılarıdır. Sol kol akrabadan yardımcıları temsil eder. Kollarında bir değişiklik gören buna göre tabir etmelidir. Kol iktidar, maharet, meslek ve zanaatı da temsil eder.

Kolun kuvvetliliği ve zayıflığı bunların durumlarıyla yorumlanır. Bir erkek için sol kol, karısı; sağ kol da çocukları ve mesleğidir. Kadın için ise, sol kol kocasıdır.

KOLONYA: Sıkıntı içinde bulunmaya işarettir. Kolonya koklamak çekilen sıkıntının daha bir süre devam edeceğine işarettir.

KOLTUK: Ev mobilyasından olan koltuk refahı, büro tipi koltuk önemli bir memuriyeti temsil eder. Büro tipi koltuğun şekli ve konforu nispetinde kazanılacak ün ve mevki artar.

Koltuk vermek veya satmak da zıddı ile tabir olunur. Sandalye daha düşük bir memuriyeti temsil eder.

KOLYE: Bir kadının rüyada kolye görmesi, kocası ve ondan doğacak çocuklarıdır. Tabir de kolyenin değerine, hangi madenden yapılmış olduğuna göre değişir.

KOMUTAN: Komutan görmek kudret ve ihtişam ile yorumlanır. Kendisinin komutan olduğunu ve orduları sevk ve idare ettiğini gören, gerçekten askerse, rüya olduğu gibi çıkabilir; eğer asker değilse, ihtişamlı bir liderliğe işarettir.

Bir komutanın kendisine bir şey verdiğini görmek, devlete intisaba; tüccarsa, devletin desteğini kazanmaya işarettir.

KONSER: Rüyada bir konser salonunda müzik dinlemek veya şarkı duymak, genç bir erkek için, başarılı bir işe ortaklaşa girmeye dair bir fırsatın çıkacağını; orta yaştakiler için, işlerinde şansının iyi gideceğini; aile ve iş hayatında mutlu olacağını gösterir.

Rüyada konsere gittiğini görmek, genç bir kız için, çok sevineceği bir ziyarette bulunacağı; yaşlı kadınlar için, çok kıymetli bir hediye alacağı şeklinde yorumlanır.

KONSERVE: Eski defterleri karıştırmaya başlayacağınıza ve işlerinizin bozulacağına, zor anlar yaşayacağınıza işarettir.

KORKU ve KORKMA: Rüyada korku zıttı ile yorumlanır. İnsan korktuğu nispette güvenlikte olur ve korktuğu şeyden emin olur. Sebepsiz yere çok korktuğunu gören, layıksa muhakkak ki Allah'ın dostu olur ve O'nun sevgisini kazanır.

Rüyada korku daima iyidir. İnsanın üzerinde bulunduğu kötü durumlardan kurtulmasını gösterir; psikolojik bir rahatsızlıktan kaynaklanmamak şartıyla. Al basma gibi daha çok, tok karınla yatmaktan veya sinir bozukluğundan kaynaklanan korkular bu bahsin dışındadır.

KORUNMAK: Bir kişi rüyasında birisinin kendisini koruduğunu ve etrafında gezindiğini görse, o kişinin, işlerinin güçleşmesine, zahmet çekmesine ve şiddetli hastalığa işarettir.

KOŞMAK: Rüyada koştuğunu gören, dünya malına doyamaz. Koşarken durduğunu gören, kanaat sahibi olur. Yalın olarak koşmak ve koşu, ihtiras ve uzun yaşama arzusudur.

KOVA: Hanım, sıhhat, uzun ömür, mal, hayır ve berekete işarettir. İçi su dolu kova görmek, çevrenizde az sevilen veya takdir edilmeyen bir kişi olduğunuza işaret eder.

Su dolu kovadan su içmek: Kazandığınız paralardan faydalanacağınız ve sonunuzun selamet olacağı anlamına gelir.

KOVAN: Rüyada arı kovanına sahip olduğunu gören kimse için bu rüya hanımdır. Arılar, kadının nesli; bal da maldır. Bazen de arı kovanı, üzüntü ve kederden kurtulmaya, çalışma ve ibadet için boş olmaya işaret eder.

Kovandan bir şeyler çıkardığını görmek: Aile fertlerine ve çevrenizdeki insanlara sıkıntı veren bir kişiye,

Arılar hücum eder; fakat sokmazlarsa: Çevredeki insanların size zarar vermeyeceğine,

Arıların hücumundan dolayı kaçmak veya ölmek: Yeni bir belde veya memlekete seyahat veya göçe işarettir.

KOYUN: Rüyada koyun, koç, kuzu görmek güç, kuvvet, helal mal, çocuk, itibarlı insan, kurtuluş, zafer, şifa, amaca ulaşma olarak yorumlanır. Koç şerefli, itibarlı, güçlü bir insanı temsil eder. Rüyada kendisinin bir koçu bulunduğunu gören itibarlı olur.

Koç almak için pazarlık yaptığını görene itibarlı bir insan muh-

taç olur. Bir koçun öldüğünü görmek büyük bir zatın vefatına, onun kesildiğini görmek böyle bir insanın öldürüleceğine işarettir.

Etinden yeniliyorsa, malının dağıtılacağına işarettir. Etin pişirildiğini ve ondan yediğini gören kendi yakınını kaybeder ve mateme girer. Kendisine birçok koç verildiğini gören, her koç bir yıl olmak üzere itibarlı ve rahat geçirilecek yıllara işarettir.

Dişi koyun, itaatkar kadın ve kolay kazanılan helal rızıktır. Kuzu ise, oğlan çocuk ve murattır. Bunlarda görülen haller onlara nispetle yorumlanır.

KÖK: Rüyada görülen ağaç kökü, dünya hayatından ve menfaatlerinden lezzet alamamak, iç sıkıntısı ve stres demektir.

KÖMÜR: Kömür babayı, oğlu, yardım görülen kimseyi, saygıdeğer bir zatı gösterir. Sırtında kömür taşıdığını gören, o yük kadar itibar kazanır.

Bir yığın kömürü bulunduğunu ve bunları sakladığını gören, altın ve gümüş biriktirir. Kömür alıp sattığını gören, kuyumcu olur. Beline kömür bağlandığını görenin erkek çocuğu olur.

Birinin kömür verdiğini görmek o kişiden maddi menfaat ve kazanç sağlamaya işaret eder. Elinin yüzünün kömür tozu veya isi ile kirlendiğini görmek para veya menfaat yüzünden gam veya keder çekmek demektir.

Rüyada sönmüş kömür görmek hasta için hastalıktan kurtuluşa veya sıhhate işaret eder. Bazı yorumcular da "Manevi kirlerden temizlenmeye ve maddi refaha işaret eder." demişlerdir.

KÖPEK: Pek büyük ve ehemmiyetli olmayan bir düşmandır. Köpeğin üzerine saldırıp havladığını görmek böyle bir insandan zarar görmektir. Isırması bu zararın daha büyük olacağını gösterir.

Dişi köpek, kötü huylu bir kadınla tabir olunur. Köpeğin eti, mirastan kalacak maldır. Bir köpeği olduğunu gören, düşmanlarına galip gelir.

Süs köpeği rüyada sevinç ve ferahlıktır. Bir kimse rüyasında av köpeklerinin ava çıktıklarını görse, bu rüya bütün insanlar için hayırdır ve yapılacak olan bir harekete işaret eder.

Rüyada köpek öldürmek, düşmanların şerrinden kurtulmaya, köpek eti yemek, düşmanların malından veya parasından fayda görmeye işaret eder. Azgın ve kudurmuş bir köpek görmek, tedbirli olunması gerektiğine işaret eder.

Ashab-ı Kehf'in köpeği Kıtmir'i görmek hapsedilmeye veya hapisten kurtulmaya işaret eder.

Av köpeklerinin avdan döndüklerini ve bir şehre girdiklerini gömek işsizliğe işaret eder.

KÖPRÜ: Şeref ve mevki sahibi bir adam, din ve dünya hayatının esenliği, menfaat ve emniyettir. Bir köprü yaptığını gören, dininde sağlam olur yıkmak da aksidir.

Köprü rüyaları da rüyayı gören kişinin konumuna ve köprünün durumuna göre tabir edilir. Mesela, köprüyü geçtikten sonra karşı tarafta varılan yer hoşlanılmayacak bir yerse, bu rüyada hayır yoktur. Köprüyü geçtikten sonra mescit bulunan bir yere ulaşırsa o kişi yolculuğunda muradına erişir, hacca gider veya hayırla anılacağı eserler bırakır.

Rüyada köprü doğru yoldur. Rüyada kendisinin köprü olduğunu gören kimse, saltanata ve kuvvete erişir.

KÖR: Rüyada kör olduğunu gören kişi ya dalâlete düşer ya çocuklarını kaybeder. Kadınsa, kocasından ayrılır. Bir

Körü elinden tutup yürüttüğünü gören, bir insanın doğru yolu bulmasını sağlar.

Gözüne perde indiğini gören, hüzne düşer veya sevdiği bir dostunu kaybeder. Gözlerinin çok iyi gördüğünü gören veya körken gözlerinin açıldığını gören ya hidayete erer, dinini sağlamlaştırır veya erkek bir çocuğu olur.

Bir başkasının kör olduğunu görmek, ümit edilmeyen bir yerden kazanılacak menfaate; iki gözü kör bir adam görmek, dinsiz ve ahlaksız bir adamla tanışıp arkadaşlık etmeye işaret eder.

İki gözünün birden beyaz olduğunu görmek, uzun sürecek bir keder veya ayrılık demektir. (bk. Göz)

KÖŞK: Ahlaklı kişiler için itibar ve şerefinin yükselmesine, ahlaksız ve günahkar bir kişi için hapse atılmaya veya ekonomik darlığa işaret eder.

KÖY: İyi bir rüya olarak tabir edilmez. Köyden şehre gitmek daha hayırlı bir rüyadır. Rüyada köy; yoksulluk, zahmet, sıkıntı ve telaş ile tabir edilir.

Bir şehirden bir köye nakledildiğini gören kimse, rahatlıktan sıkıntıya, emniyetten korkuya düşer. Bir şehirden bir köye geçtiğini gören kimse güzel bir işe bayağı bir işi tercih eder veya iyi bir iş yaptığı halde bunu kötü bir şey zannederek pişman olur.

KRAL: Rüyada kral görmek, iş hayatında başarıya ulaşacağınıza işarettir.

KRALİÇE: Kraliçe ile ilgili rüyalar, genellikle hayra, şan şeref ve itibara işarettir.

KUBBE: Kadına işaret eder. Rüyasında kubbe yaptığını gören kimse evlenir. Bir kimse rüyasında birtakım kubbe ve kümbetler görse veya yapsa bu rüya o kişinin şanının yüceleceğine işarettir.

Eğer rüyasında kubbenin üstünde bir kuş görmüşse, o insanın makamının yüce olmasına işaret eder. Ev içinde görülen kubbe kadındır.

KUCAKLAMA: Kucaklamak, zafer, sevgi, barış ve sahip olma ile tabir olunur. Birini kucakladığını gören ya ondan gelecek tehlikeden emin olur ya da onun sevgisini kazanır.

Bir ölüyü kucakladığını gören çok yaşar. Ay'ı kucakladığını gören çok güzel ve asil bir aileden gelen bir kızla evlenir. Evli ise, bir kız çocuğu olur.

Güneş'i kucakladığını gören ve eğer durumu da uygunsa devlet başkanı, başbakan veya bulunduğu toplumun lideri olur.

Bir yıldızı kucakladığını gören, kardeşini sever ve onun tarafından sevilir. Bir kadını kucakladığını gören -ileri gitmemek şartıyla- maddi nimetlere kavuşur. Düşmanıyla kucaklaştığını gören onunla barışır. Kavuşma anlamı da vardır.

KUDÜS: Kudüs ve Kudüs topraklarını görmek hem Yahudi, hem Hıristiyan hem de Müslüman için bolluk, rahat, yükselmek ve şerefe işarettir.

Dindar bir Müslümanın Kudüs'ü görmesi, Hak dostu olmak ve Allah'a yakın olmakla yorumlanır. Kudüs haccın da davetiyesidir. Kudüs'te gezdiğini gören, ömrünün sonuna kadar güvenlik içinde yaşar, düşmanlarına galip gelir.

KULAK: Kadın akrabaları temsil eder. Kulağının kesildiğini gören, karısını veya yakın kadın bir akrabasını kaybeder. Kulağına bir şey soktuğunu veya sokulduğunu gören, istemediği bir şey işitir.

Kulağını tıkayan, ailesi ile ilgili dedikoduları işitir. Kulağına küpe taktığını gören, kadın olsun erkek olsun,

rüyası taktığı küpeye göre iyi veya kötü yorumlanır.

Bazen de kulak, ilim, akıl, din ve kendisiyle iftihar edilen evlat ve akrabaya işarettir. Rüyasında kulağının büyüdüğünü, güzelleştiğini ve ondan nur girdiğini veya çıktığını gören kimse için bu rüya hidayet ve Allah'ın emir ve yasaklarına uyması demektir.

Kulağının küçük olduğunu görenin rüyası da bunun aksiyle yorumlanır. Rüyasında kulağının üzerinde bir kulak daha olduğunu gören kimse arzu ettiği bir şeye ulaşır. Ziyadeleşen kulak güzel ise, arzu ettiği şey de güzeldir.

Kulağının herhangi bir hayvanın kulağı gibi olduğunu gören kimse, rütbesini ve kendisine gösterilen saygıyı kaybeder.

KULE: Bazı tabircilere göre kule, ölüme işarettir ve böyle bir rüyada hayır yoktur. Bazılarına göre de kendisinin bir kulede olduğunu gören kişi meşhur bir adamı yener.

KULÜBE: Kulübe veya yazlık bir evde oturduğunu görmek, çok memnun kalacağı bir misafirin geleceğine veya küçük bazı işlerinin bir süre için iyi gideceğine; bir kadın için, çok güzel bir sürpriz veya güzel bir hediye alacağına işarettir.

KUM: Altın veya bu tür servete işaret eder. Ayrıca rüyada görülen kumun tabiri toprak gibi yorumlanır.

Rüyada kum görmek mal demektir. Fazlalığı din ve dünya meşguliyetidir.

Bir kimse kendisini rüyasında kumda yürüyor görse kumun azlığı ve çokluğu nispetince din ve dünya meşgalelerinden bir şey ile uğraşır.

Tabir yapılırken kum içinde yürüyenin kadın veya erkek

olması ve yürüyüşün meşakkatli veya kolay olması fark eder. Böyle bir rüyayı kadın görmüşse, onun uzun süre kocasız kalmasına işarettir.

Erkeğin kum içinde güçlükle yürümesinin tabiri de böyledir. Aynı zamanda rüyada görülen kumun rengi de rüya tabirini etkiler.

KUM SAATİ: Kum saatinin alt ve üst iki şişesi iki çocuk, iki kardeş veya iki ortaktır. Kum saatinde meydana gelen şeyin hayır veya şer oluşu bu kişilere göredir.

KUMAR (Her Türlüsü): Rüyada kumar oynamak düşmanlık ve münakaşadır. Batıl ve uygunsuz bir işte bulunmaya işarettir.

KUMAŞ: Çeşitli renklerdeki kumaş, kadın için şeref ve sevince işaret eder. Rüyada bir top kumaş dürdüğünü, satın aldığını veya kendisine hediye edildiğini gören kimse uzak bir yere yolculuğa çıkar.

Rüyasında kumaş dokuyan, düren veya açıp dağıtan kimse için de tabir aynı şekildedir.

KUMBARA: Rüyada görülen kumbara, rüya sahibinin bedenidir. Kumbarada meydana gelen değişiklikler buna göre yorumlanır. Bazılarına göre de kumbara gizli ve saklı şeylerdir. Rüyasında kumbaranın açık olduğunu gören kimsenin sırları ve gizli şeyleri açığa çıkar.

KUMRU: Rüyasında kumru gören birisi hayra ve hoş şeylere erişir. Kumru, rüyada bahar mevsiminde görülmüşse, rüya sahibinin beklediği işi yapılır. Diğer mevsimlerde görmüş ise, o işin gerçekleşmesi bahara kalır.

Kumruyu rızkı bol bir çocuk olarak yorumlayan tabirciler de olmuştur.

KUNDAK: Hem iyi hem kötüdür. Doğacak bir çocuk için kundak hazırladığını görmek, çocukları için servet hazırla-

maya, doğmuş bir bebek için kundak malzemesi aldığını görmek bol çocuk ve şefkate işarettir.

Bir çocuğu kundakladığını gören, zahmete düşer ve çocuklarına karşı şefkatini yitirir. Çözen ise, tam zıttı ile tabir edilir. Bir bebeği kundaklı görmek ise, sıkıntıya işarettir.

KUR'A: Rüyada kur'a çektiğini gören iki şey arasında zor bir tercih yapmak zorunda kalır. Rüyada kur'a çekmek sıkıntıya, galip gelmeye ve uğraşmaya da işaret eder.

KUR'ÂN-I KERÎM: İlim, hikmet, doğruluk ve açıksözlülükle yorumlanır. Kur'an okuduğunu veya Kur'an'a baktığını gören halk arasında ilim, hikmet ve adaletiyle şöhret bulur. Kişi buna uygun değilse rüya o toplum için geçerlidir. Böyle bir rüya o kişiye miras kalacağını da gösterir.

Kur'an sayfalarını çiğnediğini gören, ilim sahibi olur. Yaktığını gören, eğer dindar değilse, fitnede aşırı gider. Eğer dine saygılı ise, topluma zararı dokunacak bazı şeylere mani olur. Kur'an sureleri asıl anlamlarıyla yorumlanır.

Hafız olmayan bir kimse Kur'ân ezberlediğini görse, mal sahibi olur. Rüyasında Kur'ân dinlediğini gören kişinin devlet ve saltanatı kuvvetli ve güzel bir sonuca erişir.

Rüyada yerini bilmediği bir ayet okuduğunu veya okuduğu yeri bilmediğini gören kimse hasta ise, Allah ona şifa ve afiyet ihsan eder.

KURBAĞA: Dindar, kanaatkar, zahid bir insanla yorumlanır. Kurbağa sesleri o bölge için Allah'ın lütfudur. Şayet kurbağa sesleri rahatsız edecek kadar çoksa, bir grup insanın fitne çıkarmak için toplanmasını gösterir.

Kurbağa bulmak veya tutmak, âlim ve erdemli bir kişi ile dostluk kurmaya işaret eder. Gökten kurbağa yağdığını görmek o yere bir bela ve musibet isabet edeceğine işaret eder.

Kurbağa eti, dostlardan faydalanmaya işaret eder. Kurbağa ile konuştuğunu görmek hayır, bereket ve kazanç demektir. Bir kurbağayı öldürmek âlim ve değerli bir dostu incitmeye işaret eder.

Rüyada görülen kurbağa yavrusu (larva), erkek için yeni bir sevgiliye, kadın için erkek çocuk sahibi olmaya işarettir.

KURBAN: Rüyada dinin belirttiği hayvanlardan birini kurban ettiğini gören, kendi durumuna göre ulaşabileceği en büyük şerefe nail olur. Mutlu olacağı bir kadınla evlenir veya insanlık için çok yararlı olacak bir erkek evladı olur.

Rüyada Allah rızası için kurban kestiğini gören, esir ise, hürriyetine kavuşur bir iş üzerindeyse, ondan çok hayır görür, bir dilek veya duası varsa, kabul olmuş demektir. Bir tarafı eksik veya sakat bir hayvanı kurban ettiğini gören, geçiminde dara düşer, işi yarım kalır, dinde bidatlara dalar.

Bir kişi rüyasında kendisini kurban ettiğini görse, esir ise, esaretten kurtulur; borçlu ise, borcundan kurtulur, fakir ise zengin olur ve kolaylığa kavuşur.

KURBAN BAYRAMI: Geçmiş bir neşe ve sevincin geri gelmesine ve her türlü tehlikeden kurtuluşa işarettir. Kendisini Kurban Bayramında görürse, bu kişi hapiste ise, kurtulacağına; üzerinde borç varsa, borcunun ödeneceğine işarettir.

Kendisini Kurban Bayramı gününde görmesi, sabır, neşe ve kolaylık geleceğine, tövbesinin kabul olacağına işarettir.

KURŞUN: Menfaat, hizmet ve ev eşyasına işarettir. Kurşun eritmek insanların onunla ilgilenmesine işarettir.

Rüyada kurşun erittiğini görmek başlanılan işte başarı ve muvaffakiyet demektir. Büyük miktarda yük halinde görülen

 kurşun ise, kısa zamanda kazanılacak mal ve menfaat demektir.

KURT: Hain, zalim, yalancı ve aynı zamanda cesur bir düşmandır. Bir kurt tarafından kovalandığını veya ısırıldığını görenin, devletin emniyet kuvvetleriyle başı derde girer.

Bir kurdu öldürdüğünü görmek darlıktan kurtuluşa, maddî ve manevî yüksekliğe işaret eder. Rüyada kurt kafası görmek memuriyette çok sıkıntı çekmeye işaret eder.

Kurt kemiği ve derisi görmek elinize geçecek mala ve servete işaret eder. Rüyada kurt eti yemek ele geçecek gayri meşru mal ve servete işaret eder.

Bir kurt tarafından ısırıldığını gören, devletten veya resmî kurumlardan zarar görür. Kurt avlamak hayırlı ve bereketli bir iş demektir.

KURU ÜZÜM (Yemiş): Rızık ve bereket olarak tabir edilir. Ayrıca diğer kabuklu yemişleri görmek rızkın bolluğuna işarettir.

Kuru yemişlerin kabuklarının kırıldığını görmek: Hoşlanmadığınız bir kişiyle tanışmaya veya karşılaşmaya,

Kuru yemiş yemek: Endişe ve sıkıntıya düşmeye işaret eder.

KUŞ: Yalın olarak kuş görmek iyidir. Bilinsin, bilinmesin, tanınsın veya tanınmasın kuş ferahlık, haber ve göz aydınlığıdır. Büyük kuşlar, yüksek himmete; küçük kuşlar, aile efradına işarettir.

Kuş sesleri ve elinde bir kuş öldüğünü görmek iyi değildir. Bir bölgede daha önce orada görülmemiş cinsten kuşların bulunduğunu görmek bir istilayı haber verir.

Rüyada görülen kuş, rüya sahibinin amelidir. Bazen de bilinmeyen kuş, öğüt ve nasihate işarettir.

Rüyada görülen kuş güzelse, ameli de güzeldir ya da hayırlı bir haberle ona birisi gelir. Rüyada kendisiyle birlikte çirkin bir kuş gören kişinin ameli kötüdür veya ona birisi kötü haber getirecektir.

Bilinmeyen kuş aynı zamanda rızıktır. Duruma göre rüyada görülen; fakat tanınmayan kuşun Azrail'e işaret ettiği de olur. Rüyada kuşun ağzıyla yavrusuna yem verdiğini görmek darlığa ve kötü işleri gizlemeye işarettir.

Uçan bir kuş görmek, sulh ve sükûnete işaret eder. Vahşi bir kuş yakaladığını gören, yakın bir zamanda ve umulmadık yerden servet sahibi olur. Üzerine bir kuş konduğunu gören, başlanılan işte başarı ve hedefe ulaşılacağına işaret eder.

Üzerinde bir kuşun uçtuğunu gören, arzu ettiği işin gerçekleşmeyeceğine ve muradının boşa çıkacağına işaret eder. (bk. örnek31, 32)

ÖRNEK 31

Odamın İçi Kuşlarla Doluyor

Rüyamda çok geniş bir odanın içinde oturuyorum. Bir kuş gelip evin içine giriyor. Sonra ardından sayısız kuşlar geliyor. Odanın içi kuşlarla doluyor. O kadar kuş var ki sonunda evin tabanı çöküyor. Benim bulunduğum dairenin altında bir başka daire varmış. Bu dairenin içinde başkalarına zarar veren karanlık birtakım insanlar varmış. Bu kuşlar da güya onları yok etmek için gelmişler. Benim bulunduğum dairenin tabanı çökünce onlar da altında kalıp ölüyorlar; ama bana hiçbir şey olmamış. Sonra hiçbir şey olmamış gibi o ilk gelen kuş gelip omzuma konuyor. Benimle konuşuyor. Sanki bir insan gibi bana bakıp gülüyor.

M - Küçükyalı

 *Allahüâlem sizin bazı sıkıntılarınız var ve size zarar vermek isteyen bazı insanlar mevcut. Bu sıkıntılarınız çok kısa zaman içinde sona erecek ve size karşı çekememezlik yapan insanlar da size zarar veremeyecekler. Büyük ihtimalle dualı bir insansınız. Birileri size çokça dua ediyor ve işleriniz size rağmen yoluna giriyor.*

KUŞ KAFESİ: Genç bir erkek için çok güzeldir. Kafeste kuş görmek, mutluluğa, refaha ve başarıya; orta yaştakiler için, işlerinde zorluk çekeceğine; genç kız için, ani olarak evlenmeye; evli ve çalışan bayan için işlerinin güçleşeceğine işarettir. Boş kafes ise, herkes için sürprizdir.

KUYRUK: Herhangi bir yerde kuyruğa girmek bütün arzu ve isteklerinizin yakın zamanda gerçekleşmesi demektir. Kendini kuyruklu görmek veya kuyruğunun olduğunu görmek yeni bir kişiyle tanışmaya ve bu kişinin huzursuzluk ve tasaya sebep olacağına işarettir.

KUYRUKLU YILDIZ: Menfaat ve mal demektir. Menfaatin büyüklüğü, yıldızın parlaklığı ve ışığın şiddetiyle doğru orantılıdır.

KUYU: Hile ve birisini aldatmak anlamlarına gelir. Rüyasında kuyu kazan kimse kuyuya kendisinin girdiğini görse, başkasına yapacağı hile kendisine döner.

Bir kimse rüyasında kuyuya girdiğini ve oradan gökyüzünü göremediğini görse, o kimseye hırsızların şerri uğrar. Rüyada kuyu görmek, aynı zamanda, uğursuzluğa, üzüntüye ve hapse işarettir.

Diğer yönüyle de kuyuya düşen kimsenin gamı gider, büyüklere yaklaşır, izzet ve yüksekliğe nail olur. Bazen de rüyayı gören ile ailesi arasında meydana gelecek olan kıskançlık ve hayırsızlığa, bu durumda rüya sahibinin önce mağlup sonra galip olmasına işaret eder.

Rüyasında kuyuya düşen kişi daha sonra kurtulacağı bir ithamla karşılaşır. (Hz. Yusuf örneği) Rüyada bir kuyudan abdest aldığını veya yıkandığını görmek ise, kuyudan ziyade abdest ve yıkanma üzerine yoğunlaşılarak yorumlanır.

Bulanık kuyu suyu görmek, hüzün, keder ve sıkıntı demektir. Eğer kuyunun suyu berrak ise, huzur, mutluluk ve servettir. Kuyudan suyun taştığını görmek bolluk ve berekete işaret eder.

ÖRNEK 32
Rüyamda Beş Muhabbet Kuşu Görüyorum

Rüyamda beş tane muhabbet kuşu görüyorum. Bu kuşların dördünü kendim besliyorum. Kalan bir tanesi ise, elime konuyor ve benimle konuşuyor.

M.E.

Evleninceye kadar en az beş arkadaşınız olacak. Bunların hepsini önceden tanıyorsunuz ve onlar da birbirini tanıyor. Bunlarla hep evlenmek için arkadaşlık kuracaksınız; ama bunlardan en sonuncusuyla evleneceksiniz.

KUYUMCU: Rüyada kuyumcu görmek rüya sahibinin durumuna göre, riya, yalan, hile, şiir söylemeye ve sözü dilediği kalıba dökmeye, ilime, hidayete, sevince de işaret olabilir.

Kendisini kuyumcu olarak görmek böyle bir adamla tanışmaya veya dostluk kurmaya işaret eder. Kuyumcudan bir şeyler almak bu tip bir adamdan haber almaktır.

KUZU: Hayırlı bir evlat sahibi olmaya işaret eder.

Otlakta bir kuzunun otladığını görmek: Sizi çok sevindirecek bir habere,

Bir oğlak veya kuzu bulduğunuzu veya otlattığınızı görmek: Evlat sahibi olmaya,

Kuzu kestiğini görmek: Yakın bir zamanda zengin olacağınıza veya hedeflerinize ulaşacağınıza,

Kuzu eti yediğini görmek: Oğul veya kızınızdan faydalanacağınıza işaret eder.

KÜL: Faydası olmayan mal ve devletten alınan maaştır. Boş söz, yararlanılamayan ilim anlamına gelir. Kül yediğini gören, hükümetten fakirlik maaşı alır veya boş sözlere itibar eder.

Ağzından kül çıktığını görmek herhangi bir sebeple ağızdan çıkacak boş söz veya küfür demektir. Rüyada kül üzerinde oturmak hile veya yalanla uğraşmaya ve kazanç sağlamaya işaret eder.

KÜMES HAYVANI: Rüyada kümes hayvanlarından birini görmek, genç bir erkek için yüksek mevkide bulunacağına; orta yaşlılar için, daha fazla tecrübeli olması itibarıyla işlerini genişletmek ve ilerletmek bakımından çok iyi bir fırsatın ele geçeceğine işarettir.

KÜPE: Madenine göre değişik mânâlarda yorumlanır. Altın küpe taktığını gören, musikiye düşkün olur belki de ses sanatçısı olur.

Küpesinde ayrıca inciler bulunduğunu gören ilim ve Kur'an ile uğraşır. Halka şeklinde bir küpe taktığını gören, halkın sevgisini kazanır. Hamile kadın, gümüş küpe taktığını görürse, erkek; altın küpe taktığını görürse, kız doğurur.

Kulağında plastik veya maden olmayan bir küpe taşıdığını gören, halk arasında itibarsız olur. Her bir kulağında ayrı bir küpe taşımak ikiyüzlülüktür. Karısının böyle yaptığını gören onu boşar.

KÜRDAN: Helal rızka, temizliğe, tövbe ve istiğfar etmeye işarettir. Ayrıca böyle bir rüya, işçiye ve çocuğa da yorumlanabilir.

KÜREK: Genellikle iyi yorumlanır. Kayıkla yolculuk yaparken kayık küreklerinizin kırıldığını görmek sevdiğiniz insanların iyilik ve yardımlarından mahrum kalmaya işarettir.

Fırınlarda kullanılan ateş küreği görmek, makam ve memuriyetin artacağına insanlara iyilikte bulunacağınıza işaret eder. Demirden bir toprak küreği gören yakın bir zamanda menfaate ulaşır.

KÜRK: Mal ve menfaattir. Kış mevsiminde, menfaat; yaz mevsiminde üzüntüdür. Yalın olarak kürk, deri gibidir. (bk. Deri) Çok pahalı bir kürk aldığını gören zengin ve sapık birinden yararlanacak demektir.

KÜRTAJ: Düşük gibidir; ancak bunda kasıt olduğu için şartları daha ağırdır. Bir kadının rüyasında kürtajla veya başka bir vasıta ile çocuğunu düşürdüğünü görmesi, malını veya kocasını kaybetmesine işarettir. Sıkıntıda olan veya hasta bir kadının çocuk aldırdığını veya düşürdüğünü görmesi sıkıntıdan kurtulup şifa bulacağına işarettir.

OKUMA PARÇASI

Akşemseddin'nin Hacı Bayram-ı Veli'ye İntisabı

"Bazı sofiler, Akşemseddin'e H. Bayram'ı tergip ederler idi. Meşrebin ana muvafık anlardandı. Lakin H. Bayram nefsi için ve bazı mühimmat-ı meşrua için dervişlere derveze ve cerr ittirirdi. Ol sebepten Akşemseddin iba edüp H. Bayram'a varmazdı. Sekiz yüz kırk tarihinde diyar-ı Arab'a müteveccih oldu. Haleb'e vardı. Ol tarafta düşünde gördü ki boynuna bir zincir takarlar, cebren Ankara şehrinde Hacı Bayram eşiğine bırağurlar. Nazar eder, zincirin ucu Hacı Bayram'ın elinde görür." Hemen bu vakıayı gördü, hali tebdil oldu. Döndü Ankara şehrine geldi. Hacı Bayram iltifat etmedi. Akşemseddin hizmete başladı. Taam vakti geldi. Teknelerle yoğurt ve buğday şurbası getirdüler. Bölük bölük üleştirdiler. Ol cemaati kelplerine dahi aş ve ekmek verdiler. Akşemseddin'e iltifat eylemediler. Akşemseddin dahi vardı ol kelplere verilen taamın yanında oturdu ve yemeğe başladı. Bayram bahtiyar oldu.

"Hay köse beni yaktın... dedi, kendi sofrasına çağırdı. Zencir ile cebren gelen konuğu bu vecihle konuklarlar." dedi. Bu sözden Akşemseddin'e irade-i sadıka hasıl oldu.

(Ali İhsan Yurt, Fatih Sultan'ın Hocası Şeyh Akşemseddin Hayatı ve Eserleri)

(Hasan Avni Yüksel, Türk İslam Tasavvuf Geleneğinde Rüya, MEB, İstanbul 1996: s. 237)

CENNETİN KAPISINDAYIM

Talha İbnu Ubeydillah radıyallahu anh anlatıyor:

"Belî (kabilesinden) iki kişi Aleyhissalâtu Vesselâm'ın yanına geldiler. İkisi beraber Müslüman olmuştu. Biri gayret yönüyle diğerinden fazlaydı. Bu gayretli olanı, bir gazveye iştirak etti ve şehit oldu. Öbürü, ondan sonra bir yıl daha yaşadı. Sonra o da öldü."

Talha (devamla) der ki: "Ben rüyamda gördüm ki: "Ben cennetin kapısının yanındayım. Bir de baktım ki yanımda o iki zat var. Cennet'ten biri çıktı ve o iki kişiden sonradan ölene (Cennet'e girmesi için) izin verdi. Aynı vazifeli zat, bir müddet sonra yine çıktı, şehit olana da (içeri girme) izni verdi. Sonra, adam benim için geri geldi ve:

'Sen dön. Senin Cennet'e girme vaktin henüz gelmedi.' dedi." Sabah olunca Talha bu rüyayı halka anlattı. Herkes bu rüyada şehid olan zâtın sonradan Cennet'e girmesine şaştı. Bu, Resulullah'a kadar ulaştı, rüyayı ona anlattılar. (Dinledikten sonra) Aleyhissalâtu vesselâm: "Burada şaşacak ne var?" buyurdular. Halk "Ey Allah'ın Resülü! Bu zat (din için) çalışmada öbüründen daha gayretli idi ve şehit de oldu; ama cennete öbürü ondan evvel girdi." dediler. Bunun üzerine Resulullah aleyhissalâtu vesselâm "Berikisi ondan sonra bir yıl hayatta kalmadı mı?" dedi.

"Evet!" dediler. Aleyhissalâtu Vesselâm: "Ve o ramazan idrak edip oruç tutmadı mı? Bir yıl boyu şu şu kadar namaz kılmadı mı?" Halk yine "Evet!" deyince, Resulullah aleyhissalâtu vesselâm: "Şu halde ikisinin arasında bulunan mesâfe gök ile yer arasındaki mesafeden fazladır!" buyurdular."

Rüya Tabirleri

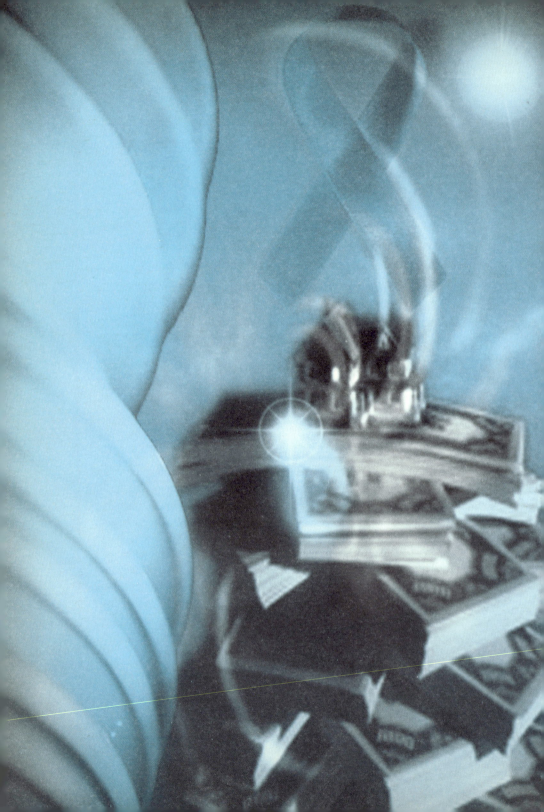

Rüya görmek, uykudayken ruhumuzun gösterdiği bütün faaliyetlerin, anlamlı ve özellikli bir biçimde yansımasıdır.

Erich Fromm

LADES: Lades kemiği ile ladesleştiğini gören kimse için bu rüya iş hayatında hatalar yapacağına, bir arkadaşı tarafından aldatılacağına ve kolay kolay hazmedemeyeceği bir üzüntü ile karşılaşacağına işarettir.

LAĞIM: Dünyalık ve dinen mekruh işlerdir. Lağıma düştüğünü gören helal ile haramı ayırmadığı için zengin olur. Üstüne başına bulaştığını görmek de öyledir.

Rüyada lağıma girdiğini görmek karanlık ve kötü işlerle uğraşmaya işaret eder. Lağıma girmek; fakat orada temiz ve berrak su görmek, bulaştığınız pis işlerden kurtulmaya işaret eder. Lağımda pis su ve insan pisliği görmek ise tanıdığınız bir kişi tarafından komplo ile kandırılmaya ve hüzne işaret eder. (bk. örnek 33, 34)

ÖRNEK 33
HER TARAFTA ÖBEK ÖBEK İNSAN PİSLİĞİ VAR

Rüyamda güya uykudan uyanınca evin içini lağım basmış görüyorum. Her tarafta öbek öbek insan pisliği var ama hiç kokmuyor. Bakıyorum tavanda bir boru var. O borudan evin içine lağım damlıyor. Kendi kendime demek ki "Buradan damlayan lağımlarla bu öbek öbek pislikler oluşmuş." diyorum. Annem, babam ve ağabeyim gelmişler. Güya evi temizlememe yardım edeceklermiş. Uyandım.

A.B. - Levent/ İstanbul

Allah hayretsin.

Rüyanız korkulacak bir rüya değil, aksine maddi zenginlikten haber veren bir rüya. Anlaşılan maddi durumunuzda hayli değişiklik olacak ve bütün aile efradınızın da yararlanacağı bir zenginliğe kavuşacaksınız; ancak bu paranın tamamen sıhhatli bir kazanç olacağını söylemek zor. İçinde haram şüphesi olabilir. Allah hayretsin ve size gelecek zenginliğin hayırlı bir zenginlik olması için dua edin.

LAHANA: Gizli mal ve saklanan sır demektir. Lahana yediğini gören, başkalarının sırrını öğrenmeye vesile olacak gizli bir ilme sahip olur; fakat bu sırları açığa vurmaz.

Lahananın yapraklarını sararmış görmek kısa süren bir hastalık veya musibettir. Bahçeden veya pazardan alınan bir lahanayı evine götüren kişi için bu rüyası sır saklamaya ve bu şekilde meşhur olmaya işaret eder.

LÂLE: Âşık olmaya işarettir. Lale yetiştirdiğini gören kişi yakınlarından veya akrabalarından saygı ve sevgi görür.

Rüyada lale almak veya bulmak gönül hoşnutluğuna işaret eder. Saçınıza veya şapkanıza takılı olan lale, başlayacağınız işte başarı sağlayacağınıza işarettir.

Çürümüş veya kurumuş lâle görmek hüzün ve bereketsizlik demektir ve kalbin kırılacağına veya ihanete işarettir.

LADES KEMİĞİ: Rüyasında lades kemiği ile ladese tutuşan, son günlerde iş hayatında büyük bir hata içine düşmüş demektir.

LAMBA: (Gaz, elektrik, havagazı lambaları vb.) Lamba yanıyorsa, menfaat, merak ettiği bir konuda malumat, başarı, Allah'ın yardımı, şifa, işleri yoluna koyma gibi birçok tabirleri vardır. Lambanın şu veya bu şekilde sönmesi bir belaya veya devlet tarafından uğranacak zarara işarettir.

Gündüz elinde bir mum (lamba) ile yürüdüğünü gören kimsenin dini kuvvetli olur ve o kişi doğru yol üzerinedir.

Eğer bir kadın rüyasında yanan bir lamba görürse rüyası diğer kadınlar arasında çok güzel ve çekici olacağına işarettir. Rüyada sönmüş lamba görmek hayal kırıklığı ve ümitsizlik demektir.

Lambanın kendi kendine söndüğünü gören, hasta için ölümün yaklaştığına ve ekonomik durumun kötüleşeceğine işaret eder. Rüyada kırık bir lamba görmek veya taşıdığı lambanın kırıldığını görmek ölüme işarettir.

LASTİK: Rüyada lastik görmek ikiyüzlü bir kişiyle tanışmaya işarettir. Lastik ayakkabı giydiğini gören bir kişi, neşesini kaçıracak bir işle karşılaşır.

Lastik tekerlek görmek yeni arkadaşlarla tanışmaya ve onlardan birisi ile akrabalık kurmaya işarettir.

LAV: Yanardağdan akan lav gören kişi, büyük bir aşk macerası yaşayacak demektir; ancak çok dikkatli olması gerekir.

LAVABO: Basit bir hizmetçiye ve basit bir hanıma işaret eder. Bilmediği lavabo zina eden kadındır. Lavabonun kapandığını gören kişi idrar güçlükleri çeker.

LAVANTA: Lavanta veya lavanta kokulu şeyler görmek âlimin, ilminin artacağına; zengin kişinin, mülkünün artacağına; fakir birinin ise, refah seviyesinin yükseleceğine işaret eder.

Rüyada lavanta sürmek, halk arasında sevilmeye bütün sıkıntı ve kederlerden kurtulmaya işarettir. Genel olarak rüyada güzel kokulu bir şey görmek ferah ve mutluluk demektir.

LEĞEN: Kadın, izzet, rütbe, rızık ve maldır. Eğer rüyayı gören bekar bir erkek ise, şerefli bir kadına, kadın için de zengin ve kültürlü bir kişiyle evliliğe işarettir.

LEŞ: Sevimsiz bir habere işaret eder. Kokmuş bir hayvan leşi görmek önemli bir sırrın ifşasına ve bundan dolayı da zarara uğranılacağına işaret eder. Pis koku yayan leş, azgın düşman olarak tabir edilir.

ÖRNEK 34
DEREDEN YEMYEŞİL PİS LAĞIM AKIYOR

Rüyamda bir dere görüyorum. Dere yemyeşil, pis lağım akıyor. Bir de bakıyorum derenin içinden bir bölük asker geliyor. Hiç etrafla ilgilenmeden, sağa sola bakmadan, uygun adım ve düzenli bir şekilde sert adımlarla yürüyorlar. Ayaklarını vurdukça pis sular etrafa sıçrıyor. Bir ara ben de o pis suyun içine giriyorum. Eteklerim kirleniyor ama sonra silkeleyip temizliyorum.

A. T.- İstanbul

Allah hayretsin.

Sizin ailenizin bir ferdiyle ilgili bazı vehimleriniz var. Ondan, bazı kötü işler yaptığı hususunda şüpheleniyor olabilirsiniz ve onu bu durumdan kurtarmak istiyorsunuz. Büyük ihtimalle bunu başaracaksınız. Belki dedikodulardan veya sıkıntılardan siz de nasibinizi alacaksınız; ama sizi vehimlendiren hadise, ummadığınız bir şekilde ortadan kalkacak ve siz de rahata kavuşacaksınız.

LEYLEK: Soylu, soplu, dindar ve tedbirli bir insan olarak yorumlanır. Leylekle konuştuğunu gören böyle biriyle dost olur. Bir leylek öldürdüğünü gören kişinin rüyası kuvvetli ve itibarlı bir hasmından kurtulur.

Havada leylekler gören yolculuğa çıkar veya sevinçli bir haber alır. Evinin üstünde leylek gören bir süre kalacak

 itibarlı bir misafirin geleceğini gösterir.

Rüyada bir leylek tuttuğunu veya bulduğunu görmek soylu ve değerli bir kişiyle tanışıp uzun bir dostluk kurmaya işarettir. Bir leylek öldürdüğünü gören güçlü ve mevki sahibi bir düşmana galip gelir.

Leylek ile konuştuğunu gören, toplumun hayretle karşıladığı bir iş yapar ve bundan büyük maddi kazanç sağlar.

LİMAN (Rıhtım ve Mersa): Yolculuktan vazgeçmeye, dikbaşlı kadına, rahat ve yerleşik düzene, sakin bir hayata işarettir. Bir geminin limana veya rıhtıma yanaştığını gören, evlenecekse, despot bir kadınla evlenir devamlı yolculuk yapan, yerleşir; evli ise, huzurlu bir hayatı olur.

Kadın bu rüyayı görse, güçlü ve zengin yahut rahatına düşkün bir adamla evlenir. Bir limanda birçok demirlemiş gemi görenin evine değerli misafirler gelir veya yolunu beklediği kişiye kavuşur.

LİMON: Mevsiminde olsun olmasın hastalık ve yorgunluktur. Portakal, biraz daha hafif bir hastalık ve yorgunluk olarak yorumlanır.

Kınamaya da işarettir. Rüyasında birisinden limon alan kişi, limon veren tarafından kınanır veya dedikodusu yapılır.

LİMONATA: Limonata yapmak veya içmek gönül ferahlığına ve iç huzuruna işaret eder.

LİMON ÇİÇEĞİ: Rüyada limon çiçeği veya limon ağacı görmek iç sıkıntısı ve çevreden duyduğunuz sıkıntıya işaret eder. Limon ağacı, halka faydalı işler yapmaya veya zengin ve namuslu kadın demektir.

LİNÇ: Rüyada linç edildiğini gören, halkın el birliği ile en yüksek mevkilere getirilir. Eğer bir iş kuruyorsa, herkesten yardım görür. Bu rüyayı gören politika ile uğraşıyorsa, iktidara gelir. Birinin linç edildiğini ve kendisinin de onlar arasında yer aldığını görse, onun da o şahsa yardımcı olacağına işarettir.

LOHUSALIK: Gam ve kederden, sıkıntıdan kurtulma mânâları varsa da genel çizgileriyle hayız gibi yorumlanır.

Bir erkeğin kendisini lohusa olarak görmesi bir işe girişmek ve başarmak demektir. Lohusalık erkek için iyi, kadın için kötüdür.

LOKOMOTİF: Seyahate işarettir. Lokomotif olduğunu gören insan önemli bir işin önüne düşer ve arkasında insanları sürükler. Ayrıca mali olarak ilerleme ve zenginliğe de işaret eder.

LOKUM: Rüyada lokum görmek veya lokum yemek, kısmetin açılacağına ve rızkın genişliğine işarettir.

LÜLE TAŞI: Rüyada lüle taşı veya lüle taşından yapılmış bir süs eşyası veya tesbih görmek, çevrenizde bulunan, yüzünüze gülen; fakat size ihanet eden veya edecek olan bir yakınınızın varlığını gösterir.

Sadık Rüyaların Doğruluğunu Gösteren Deliller

1. Rüya gören şahıs derhal uyanır.

2. İdrak devamlı ve sabittir. Çünkü rüya bütün teferruatıyla onun hafızasına nakşedilmiştir. Görülen rüya uyanıldığı zaman da aynı tazeliğini ve canlılığını korur.

3. Vahyin alametleri aynı zamanda sadık rüyanın da alametleridir.

Rüyanın Anlatılacağı ve Tabir Edileceği Zaman

· Rüya gece anlatılmamalı. anlatılırsa da söze "Gündüz niyetine." diyerek başlanmalıdır.

· Güneşin doğup battığı zamanlarda, zeval vaktinde rüya tabir edilmemelidir.

· Rüya tabiri için en iyi zaman şafağın sökmesinden güneşin doğmasına kadar olan süredir.

OKUMA PARÇASI
İBRAHİM TENNÛRÎ'NİN RÜYASI

İbrahim Tennûrî, Kayseri''de irşad ile meşgul iken büyük bir kabız hastalığına yakalanır. Kabzı çözmeye muvaffak olamayınca Akşemseddin'i ziyaret ederek hastalığını tedavi ettirmek için yola koyulur. Yolculuk esnasında konakladığı bir yerde rüya görür. "Rüyasında Şeyh Akşemseddin Hazretlerinin suretinde bir kimseyi arkasına önü dikilmiş bir cübbe giymiş, başındaki tacı altına bir tülbent örtülmüş olarak görmüş; Şeyh Hazretleri bir sıcak tennûr (tandır) üzerine oturup:

"Siz dahi kabızlığı gidermek için böyle yapınız!" demişlerdir. İrahim Tennürî, hemen bir tennûr kazdırarak içine ateş yaktırır, daha sonra şeyhin gösterdiği şekilde tandırın üzerine oturup iyice terler ve kabız çözülür.

İbrahim Tennûrî, daha sonra şeyhin huzuruna varıp gördüğü rüyayı anlattıklarında şeyh

"-Bundan sonra bu âdeti terk eylemeyiniz! içlerinin temizlenmesi için dervişlere de bu usulü uygulayınız!" diye tavsiyede bulunur. Bu tedaviden sonra onun ismi Tennûrî kalır.

(Hasan Avni Yüksel, Türk İslam Tasavvuf Geleneğinde Rüya, MEB, İstanbul 1996 s. 110-250)

Rüya, nefsin düşünceyi kullanıp duyuyu kullanımdan kaldırmasıdır.

Kindi

MAAŞ: Rüyada maaş almak uğursuzluğa ve başkasının elindeki mala göz dikmeye işarettir. Bazı tabircilere göre ise, sözünde durmaya ve dostluğu korumaya işarettir.

MADALYA: Rüyada görülen veya alınan madalya madenine göre yorumlanır. Genellikle fayda ve berekettir.

Bir madalya kazanmak işlerinizde iyiye doğru olacak ilerleme ve gelişmeye işarettir. Madalyayı birisine verdiğini görmek zarara ve elinizden çıkacak mala işaret eder.

Gazi madalyası aldığını gören, yüksek şan, şeref ve mevkiye ulaşır. Göğsündeki madalyayı çıkartıp attığını gören kişinin rüyası kendi eliyle kendini zarara sokacağına işaret eder.

MADEN: Refah, rütbe, makam ve şöhret olarak tabir edilir. Rüyada maden ocağı görmek çalışkan ve hırslı bir kişiye işaret eder.

Bir maden külçesi bulmak veya elinde tutmak iş hayatınızda ve duygusal hayatınızda başarılı olmaya işaret eder.

MADENCİ: Rüyada başka madencilerle beraber maden ocakları ile maden kuyularını dolaşmak, erkek için bir arkadaşıyla anlaşma; tecrübeli bir adam için, işini genişleteceğine; bekar bir kadın için zengin birisiyle evleneceğine; evli bir kadın için de şansının çok açık olduğuna işarettir.

MADEN OCAĞI: Derin ve uzun bir maden ocağına girmek, rüya sahibinin bir düşmanı olduğuna, bundan ötürü dikkat etmesi gerektiğine işarettir.

MADENİ PARA: Hangi madenden olursa olsun madenî bozuk paralar sıkıntı ve telaştır. Ne kadar çok madeni paraya sahip olduğunu görenin başı o kadar çok ağrır. Onları bir yere topladığını görmek, fayda sağlamayacak işler yüzünden sıkıntı çekmektir. Madenî para dağıttığını gören ise, sıkıntıdan kurtulur ve rahata kavuşur.

MADEN SUYU: Rüyada maden suyu görmek veya içmek hoş bir seyahate ve güzel bir rızka işarettir. Hasta birisi bu rüyayı görmüşse, sağlığına kavuşur. Sağlıklı bir kişi bu rüyayı görürse, arzu ve emellerinin gerçekleşeceğine işaret eder.

MAĞARA: Ölüm, kabir, korku, hapis, zor iş, güvenlik, asil ve esrarlı kadın, hile ve tuzak demektir. Rüyada bir mağaraya girip çıkmadığını gören ölür. Girdikten sonra korkuyla çıkan zor bir işe kalkışır yahut kendi eliyle rahatını bozar.

Mağaraya girip dinlendiğini gören hapse girer. Mağarada insan kemikleri görüp bunlardan alan, hazine bulur veya antika işleriyle uğraşır.

Bazen de "Ashab-ı Kehf" kıssasına binaen rüya sahibinin ömrünün uzunluğuna ve hayrının çokluğuna işaret eder. Yine rüyada mağara görmek korku içinde bulunan bir kimse için emniyet demektir.

Karanlık bir mağaraya girmek, mezara; karanlık ve geniş bir mağara, çok büyük ve zor, sıkıntı ve darlıklara; aydınlık bir mağaraya girmek ise, düşmanın şerrinden kurtulup emin olmaya delalet eder.

MAĞAZA: Rüya sahibinin malı, hanımı, çocuğu veya bineğidir. Mağazada görülen güzellik ve çirkinlik bunlara göre yorumlanır.

MAHKEME: Rüyada bir mahkeme binası veya mahkeme heyeti görmek hayırlı, bereketli kazanç ve gelir demektir. Kendisini mahkemede görmek çok büyük sıkıntı ve kederlerle karşılaşmaya, malınızı belki evladınızı kaybetmeye, hain ruhlu insanlardan zarar görmeye işaret eder.

MAHZEN: Rüyasında mahzenin yıkıldığını gören kişinin annesi hasta ise, ölür. Mahzendeki yiyecek ve hububata ateş

 düştüğü görülse, hububat gibi şeylerde kıtlık olur veya çekirge gibi zararlı şeylerin çıkacağından korkulur.

Bilmediği bir mahzen veya çukura düştüğünü gören kimse hasta ise, ölür; gemide ise, boğulur; yolculukta ise, sıkıntıya uğrar; korktuğu düşmanları varsa, hapsedilir.

Bu hallerin hiçbirisi yoksa ya girilmesi mekruh olan bir hamama veya zina yapan bir kadının evine girer.

MAKARA: Rüyada iplik sarılı makara görmek, işlerinin kolaylaşacağına ve düzgünlüğüne; kuyu ve halat makaraları ise, çok zahmetli işlere işarettir.

MAKARNA: Rüyada her türlü makarna görmek, almak veya yapmak hayırlı ve bereketli bir işe başlamaya işaret eder. Rüyada makarna yemek ele geçecek mal, para veya menfaat demektir.

Birisine makarna vermek, ikram etmek, o kişiye yardım etmeye veya ona menfaat sağlamaya işaret eder. Birisinin size makarna ikram ettiğini görmek ikram eden kişiden veya ummadığı bir yerden göreceği fayda ve elde edeceği menfaate işaret eder.

MAKAS: İkiz veya aynı cinsten iki çocuktur. Daha yalın olarak birbirine benzeyen iki şeydir. Bir makas aldığını, bulduğunu veya bulundurduğunu görenin bir kızı varsa, bir kızı daha olur; oğlu varsa, bir oğlu daha olur; bir dükkanı varsa, bir tane daha olur; bir karısı varsa, bir tane daha alır.

Bir kimse rüyasında gökten bir makas indiğini görse, o kimse ölür. Makas için "Mal taksim eden ve insanların aralarını düzelten bir kimsedir." de denilmiştir.

Bir kimse rüyasında birtakım insanların makasla sakallarını veya elbiselerini kestiğini görse, o kimsenin insanların gıybetini yaptığına veya onlara ihanet ettiğine işaret eder.

Rüyada kırık makas görmek veya elindeki makasın kırıldığını görmek sahip olduğunuz varlığın veya sevinç kaynağının elinizden çıkacağına işaret eder.

MAKBUZ: Borçlanmaya ve para harcamaya delalet eder. Eğer rüyada makbuz yazdığınızı görüyorsanız, huzur ve sükun dolu bir hayat sürmeye işarettir.

MAKYAJ: Hile ve aldatmaya işaret eder. Aynı zamanda kibar, nazik hal ve tavırlar olarak da tabir olunur.

MANASTIR: Yalnızlığa, güzel ahlâklı olmaya ve uzlete çekilmeye işarettir. Rüyada manastır gören kimse hasta ise, ölür. Manastırın tabiri kiliseninki gibidir.

MANAV: Hayra işarettir. Bazı yorumcular manavı mal ve kazanç olarak da yorumlamışlardır.

MANDALİNA: Eğer görülen mandalina tatlı ve lezzetli ise çabuk geçen hastalık ve sıkıntıya; ekşi ve acı ise, uzun süren ve sonu acı biten hastalık ve sıkıntılara işaret eder.

MANDOLİN: Rüyada mandolin gören kimse yakın dostlarıyla çok neşeli günler geçirecek demektir.

MANGAL: Para kasası ile tabir edilir. Mangal satın aldığını gören kişinin eline para geçer. Mangalın kırıldığını gören kimse zarara ve ziyana uğrar.

Mangalı herhangi birine vermek veya satmak yapılan yanlış bir işten dolayı çekilecek olan sıkıntı ve ekonomik darlık demektir. Mangalı taşımak veya nakletmek de malını nakletmek olarak yorumlanır.

MANİKÜR: Erkek veya kadının rüyasında tırnaklarını manikür yaptırdığını görmesi yeni başlanılan bir aşk veya güçlü bir duygusal hayata işaret eder.

MANKEN: Rüyada elbise veya herhangi bir şey tanıtan mankenleri görmek zayıf karakterli ve ahlaksız bir kişiyle kurulacak dostluk anlamına gelir.

MANOLYA: Rüyada her ne şekilde olursa olsun görülen manolya çiçeği veya ağacı sevgiliye açılmaya, sevdiğine kavuşmaya işarettir.

MANTAR: İleri gelen kimselerin sevdiği vefalı bir kimsedir. Eğer mantar büyük olursa, kadınlar tarafından bir rızka erişir.

Zehirsiz mantar, umulmadık bir yerden ele geçecek olan mal ve rızıktır. Zehirli mantar, zarar ve ziyana işaret eder.

Mantar satın almak veya yemek kolay kazanç anlamına gelir. Şişe ağızlarına konulan mantardan görmek yalan söz, yalancı bir kişi veya hilebaz olarak yorumlanır.

MANTI: Mantı yediğini gören kimse en yakın dostlarından birinin ihanetine uğrayacak ve üzüntü içinde kalacak demektir.

MARANGOZ: İnsanları terbiye eden bir kişiye işaret eder. Rüyada görülen marangozun, yaptığı işe göre de değişik şekillerde tabir edilebilir.

Kilit, kapı, pencere marangozunun, hanım ve çocuklara, gemi marangozunun yolculuğa işaret etmesi gibi.

MARMELAT: Marmelat yenildiğinin görülmesi; başta kötü koşullarla başlayan bir işin, başarıyla sona ereceğine işarettir.

MARTI: Cömert ve zengin bir adam veya güzel, mal mülk sahibi kadınla tabir olunur. Bir martı tuttuğunu gören ya böyle bir kadınla evlenir ya varlıklı bir insandan büyük maddi yardımlar görür veya eline çokça para geçer.

Deniz üzerinde martıların uçtuğunu gören kişinin rüyası güzel ve hayırlı bir haber almaya işaret eder.

MARUL: Sağlığa işarettir. Mal ve gösterişle tabir edenler de vardır. Rüyasında marul yediğini gören kişinin rüyası bir iş veya meslek sahibi olamayacağına, ticarette muvaffak olamayacağına işaret eder.

MASA: Rüyada görülen üzeri dolu masa, zenginliğe, boş masa fakirliğe işarettir. Çalışmaya ve gayret göstermeye de yorumlanır.

Masanın üzerinde boş yemek tabakları varsa, zenginlik ve mutluluk; tabaklarda yemek varsa, sevinç demektir.

MASKE: Bazı sırlarınızın yakınlarınız tarafından öğrenileceğine işarettir. Rüyada maskeli baloya gitmek neşeli bir haber alınacağına işarettir.

MATBAA: Çok iyi bir hayat geçirmeye, fırsatlarla dolu bir hayatınız olacağına işaret eder. Matbaaya girmek veya orada çalıştığını görmek memuriyete girmek veya memuriyette yükselmek demektir.

MATKAP: Hilesi çok olan ve sert konuşan birisine işaret eder. Bazen ihtiyaçları gidermeye ve amaçları elde etmeye de işaret eder.

MAVİ: Mavi renk görüldüğü takdirde, aileniz içinde muhabbetin işaretidir. Rüyada mavi gök görmek, aşkta sadakâti ifade eder.

MAYDANOZ (Tere, Roka vb.): Maydanoz her mevsimde ve her şekliyle hayırlı bir rüyadır ve menfaat olarak tabir olunur. Bazı tabirciler maydanozu nişanlanma veya evlenme olarak yorumlamışlardır.

Pişmiş maydanoz helal mala, sıhhat ve şifaya, çiğ maydanoz ise bir kadından yardım göreceğinize işaret eder. Sararmış ve solmuş bir maydanoz geçici ve kısa süreli bir

 hastalığa yakalanılacağına işaret eder.

MAYMUN: Zalim, düzenbaz, her türlü kötülüğü çekinmeden yapabilecek erkek veya kadındır. Bir maymuna bir şeyler verdiğini gören nankör bir insana yardım eder. Maymun eti gam ve kederdir.

Rüyasında bir hastalıktan dolayı ilaç için maymun eti yediğini gören kişi, o hastalığından kurtulamaz. Rüyada maymunu omzuna almış olduğunu gören kimse, hırsızlık yapar.

Rüyada maymun görmek zulüm ve haddi aşmaya, Allah'ın azabını gerektiren kötülükler yapmaya işaret eder.

Bir maymunla boğuştuğunu ve yenildiğini gören için bu rüya zorluk ve hastalık demektir.

MAYMUNCUK: Çok yakında merak ettiğiniz bir konuyu öğreneceğinizin ve bu konudaki merakınızı tatmin edeceğinizin işaretidir.

MAYO: Rüyada mayo görmek deniz kenarında bir ev alma ihtimalinin olabileceğini gösterir.

MAYTAP: Şenlikli ve neşeli günlerin başlangıcına işarettir.

MAZOT: Arap memleketlerine bir gezi yapmanız ihtimali olduğunu gösterir.

MECLİS: Mecliste herhangi bir kişi veya topluluğa nasihat etmek hastalık veya keder demektir. Rüyada bir meclis görmek dünya işlerine yorumlanır.

Mecliste müzakerelerin sessizlik ve sükûnet içinde yapıldığını görmek, memleketin içinde bulunduğu zorluklardan kurtulacak veya daha iyi duruma gelecek olması demektir.

Eğer mecliste kavga ve kargaşa varsa devletin kurumları arasındaki uyuşmazlıklara ve kargaşaya işaret eder.

MEDİNE: Ticareti, doğru sözlülüğü, güvenilir insanları temsil eder. Kendisini Medine'de gören tüccar olur veya tüccarlarla arkadaşlık eder. Kendisini Medine caddelerinde geziyor görmek, çok kısa zamanda çok zengin olmaya işarettir.

Medine'de gezdiği halde Peygamber'in kabrini ziyaret edemediğini gören ve bundan üzülen, dünya yüzünden ahiretini ihmal eder.

MEHTAP: Mehtabın rengine göre yorumlanır. Parlak ve beyaz renkli mehtap helal ve bol kazanç anlamına gelir. Mehtabın rengi kırmızı ise haram mal ve gayr-i meşru kazanç demektir.

Yeni doğan bir Ay görmek, karşı cinsten birisiyle uzun süreli bir arkadaşlık kurmaya işarettir. Tam Ay (Dolunay) sebat ve kararlılık; yarım Ay, değişiklik ve farklılık; dörtte bir Ay ise fesat ve bozgunculuk demektir.

Rüyada Ay tutulması görmek deprem felaketine, Ay'ın önünde bulutlar olduğunu görmek de sel, hortum gibi âfetlere işaret eder.

MEHTER: Rüyada mehter takımı görmek ya da bir mehter marşı dinlemek, çevrenizde büyük bir mutluluk havasının eseceğine ve düğün dernek olacağına işarettir.

MEKKE: Mekke'yi görmek her türlü beladan ve geçim korkusundan emin olmak demektir veya insanların hayrına ilk defa bir iş yapmaya muvaffak olmaktır. Mekke'yi görmekle de yorumlanır.

Mekke, hiçbir şekilde şerre yorumlanamayan bir rüyadır. Mekke'ye alınmadığını gören bir Müslüman dinden çıkar.

MEKTUP: Rüyada bir mektubu yazıp tamamladığını

Mgören, işinde neticeye ulaşır, ihtiyacı görülür. Bitirememek ise zıddıyla bilinir. Kendisine bir mektup verildiğini gören, o sırada neye ihtiyacı varsa ona kavuşur.

Mektubu, kaybolmuş birisi göndermiş olsa ve zarf içinde yazı bulunmayan beyaz bir mektup görse, kaybolmuş kişinin haberinin kesilmiş olmasına işarettir. Rüyasında kendisine mühürlü bir mektup geldiğini gören kişi, büyük hayırlara, makam ve mevkilere ulaşır.

MELEK: Melek ve melekler görmek, insanın içinde bulunduğu duruma göre yorumlanır. Melek, sevinci, şerefi, sıkıntılardan kurtulmayı ve bol rızkı temsil eder.

Rüyada halkı savaşta olan bir yere melekler inerse, oradaki insanlar muzaffer olurlar; sıkıntı içindelerse, sıkıntıdan kurtulurlar. Meleklerle beraber uçtuğunu ve gökyüzüne yükseldiğini gören kişiye şehitlik makamı nasip olur.

Genelde rüyada melek görülmesi izzet ve şereftir. Bazen de meleklerin görülmesi, o yerde yapılan bazı zulümlere veya kötü amellere de işaret edebilir. Rüyada melekleri sokaklarda görmenin halkın ölçü ve tartıda eksiklik yapmasına işaret etmesi gibi.

MEME: Kadın için kız evlat ve servet, erkek için kadın veya kız çocuğu demektir. Rüyada memesinin büyüdüğünü gören kadın, zengin olur veya bolca kız çocuğu dünyaya getirir. Bir erkek memesinin büyüdüğünü görürse, kız evladı olur veya karısı tarafından miras kalır.

Evlilik çağındaki genç kızlar bu rüyayı görürlerse, evlenirler. Küçük kız ve yaşlı kadın için aynı rüya ölüm veya kısa ömürdür. Memesinde yara gören, evladından hayır görmez.

MENDİL: Arkadaşa, hanıma ve hizmetçiye işaret eder.

Mendilde görülen çirkinlik, temizlik, güzellik veya sertlik gibi şeylerin tabirleri de hizmetçiye aittir.

MENEKŞE: Rüyada toprakta dikili bir menekşe görmek bir kadın aracılığıyla fayda görmeye veya ondan istifade etmeye işaret eder. Dalından koparılmış menekşe ise sıkıntı ve keder demektir.

Bir kadın menekşeyi dalından koparıp kocasına verirse kocasından ayrılır. Aynı şekilde erkek de eşine menekşe verirse, ondan boşanır. Bekar bir kadının menekşe topladığını görmesi evliliğine, erkek içinse, gam ve kedere işarettir.

Bazı yorumcular "Rüyada menekşe görmek kötü ve yanlış bir hayata veya yeni bir aşk hayatına işaret eder." demişlerdir.

MENGENE: Bir sıkıntıdan çok yakında kurtulacağınıza ve elinize yüklü bir miktarda para geçeceğine, uzun zamandan beri beklediğiniz bir mektubun elinize geçeceğine, yakınlarınızdan birinin evleneceğini görmenize işarettir.

MENİ: Mal ve nimettir. Rüyasında kendisinden meni aktığını ve üstüne bulaştığını gören kendi çocuklarına da geçecek hayırlı servete kavuşur; rüyasında üzerine sıcak meni boşaldığını gören, hazine bulur.

Menisinin sarı olduğunu görenin hastalıklı, kırmızı olduğunu görenin ömrü kısa çocuğu olur. Menisinin siyah olduğunu gören, kavminin efendisi olacak bir çocuk sahibi olur.

Meni rüyaları çok enteresandır. Rüyayı gören, tabirciye rüyayı anlatırken "Benden meni çıktı." derse yukarıdaki mânâları elden çıkmak olarak yorumlamak gerekir. "Benden meni geldi." ifadedisini kullanırsa yukarıdaki manalar doğru olur.

MENTEŞE: Rüyada menteşe görmek, çok yakında sıkışık bir durum içine düşeceğinize işarettir.

MERASİM: Rüyada merasime katılmak, siyasete atılmaya işarettir. Bazı tabirciler "Merasim şöhrete işarettir." demişlerdir.

MERCAN: Rüyada görülen mercan kız evlat ve zenginlik olarak görülür. Mercan zevce ve hayırlı evlat olarak da yorumlanır.

Rüyada birisinin size mercan verdiğini görmek, o kimsenin mal veya parasından istifade etmeye işarettir. Rüyasında üzerinde mercan taşıdığını gören kişi yakın zamanda para, mal ve nimete kavuşur.

MERCİMEK: Şifa ve sıhhate işarettir. Gamdan ve korkudan kurtulmak olarak da tabir edildiği olmuştur. Çiğ mercimek, keder ve sıkıntı demektir.

MERDİVEN: Merdiven kendi anlamıyla tabir olunur. Bir merdivenden yukarı çıktığını görmek, yüksek mevkilere çıkmaktır. Merdivenden indiğini görmek, memursa, görevden alınmak; sıradan biriyse, itibarını yitirmek; tüccarsa, zarar etmektir.

Toprak merdivenden çıkmak, mal mülk; demir merdivenden çıkmak kalbi katılık ile yüksek makamlara gelmek; tuğla ve tahtadan bir merdivenden çıkmak, hile ve dalavere ile yükselmek demektir.

Merdivenden çıkmak, kazanmak; inmek de kaybetmektir. Beş basamaklı bir merdivenden çıktığını gören, dinin bütün icaplarını yapan bir insan olur.

MERMER TAŞI: İzzet ve yüksekliğe, mala, iyi geçinen karı-kocaya işarettir. Bir kimse rüyasında yanında mermerden bir şey olduğunu görse, fakirlikten sonra zengin olur. Durumuna göre evlenir veya yüksek bir mevkiye gelir.

Mermerden yapılmış havuz, şadırvan, fıskiye gibi şeyler bunlara sahip olan kimse için üzüntü ve sıkıntıların gitmesine, büyük sevince, şerefli hanıma, güzel evlada, yüksek mesken ve rızıklara işarettir.

Rüyada mermerden kabirler ve nakışlı direkler görmek de ahiretin kurtuluşuna, güzel övgüye işarettir. Genel olarak rüyada mermer taşından bir şeyler görmek şan, şeref ve övgüyle tabir edilir.

MERYEM ANA: Rüyada Meryem anayı görmek hayırlı ve uzun bir ömre, kıymetli ve hayırlı evlatlara sahip olmaya işaret eder.

MESCİD: Esenlik, mutluluk ve rahatın sembolüdür. Bir mescid inşa ettiren, bekar ise çok salih ve iffetli bir kadınla evlenir. Yarım kalmış bir mescidi tamamladığını gören, bozulmak üzere olan bir evliliği kurtarır.

Mescid, kişinin kendi yuvasını temsil eder. Mescidin güzelliği ve temizliği yuvanın güzelliğine ve temizliğine, kirliliği de yuvanın ihmal edildiğine yorumlanır. Bu, kişinin durumuna göre değişir. Mescid, âli himmet sahibi insanları da temsil eder.

MESCİD-İ AKSA: Rüyasında Mescid-i Aksa'da namaz kıldığını gören bir kimse iyilik ve ihsan sahibi birisi olur. Mescid-i Aksa'da kıbleden başka yöne namaz kıldığını gören hacceder. Mescid-i Aksa'da ışık veya mum yaktığını görenin, evlatları yüzünden başı derde girer.

MEŞALE: Veli insana, alim, hikmet sahibi alicenap kimseye işaret eder. Elinde bir meşale taşıdığını ve çevreyi aydınlattığını görenin kendisi veya neslinden biri insanlığa büyük hizmetlerde bulunur.

Işık, din ve hidayeti temsil eder. Meşale hakim için adalet, başkan için düzen, zengin için huzur, fakir için refah, günahkar için bağış, hasta için şifa olarak tabir olunur.

MEŞE AĞACI: Hayırlı ve uzun bir ömre işaret eder.

Meşelik görmek: Sözü değersiz, sohbeti basit bir kişiyle yapılacak olan dostluğa işarettir.

Meşe palamudu görmek: Kadın ve erkek için mutlu ve huzurlu bir evlilik hayatı ve bunun sonucu hayırlı bir erkek evlat sahibi olmak demektir.

Meşe ağacı görmek veya gölgesinde oturup dinlenmek: Genç bir erkeğin başarabilmesi için bütün kuvvetiyle çalışacağına; yaşlı ise, yakın bir arkadaşından yardım isteğine; dul bir kadın için kendisinden çok yaşlı birisiyle evlenmesine; evli ise, güç bir işte başarı elde edeceğine işarettir.

METRE: Bir işe başlamak veya ticaretle uğraşmaya işarettir.

MEVSİMLER: İlkbahar mevsimi, sıhhat ve afiyete; rızkın genişliğine ve arzularınızın gerçekleşeceğine işarettir.

Yaz mevsimi, bolluk ve bereket demektir. Kendini yaz mevsiminde gören kişinin hac farizasını yerine getirmesine işaret eder.

Sonbahar mevsimi hastalığa, iç sıkıntısına ve başlanılan işlerde başarısızlığa işaret eder.

Kış mevsimi veya kendini kışın ortasında görmek, mutlu ve güzel bir hayatın varlığına ve işlerde başarıya delalet eder.

Yaz mevsiminde, kış mevsimini andıran hava olayları veya baharda kışı andıran fırtına, kar ve yağmur görmek kara haber almaya ve başarısızlığa işaret eder.

MEYHANE: Duruma göre üzüntü ve kederden kurtulmak ya da üzüntü ve sıkıntıya düşmektir. Bazen de böyle bir rüya zina eden bir kadına, ahlâksız bir hizmetçiye işaret eder.

Rüyasında meyhane gören kişi hasta ise, ölüm zamanının yaklaştığına; takva sahibi ise, onun üzerine fitnenin gelmesinden korkulur. Hidayette ise, dininin zayıflamasına işaret eder.

MEYVELER (Genel olarak): Her türlü meyve mal, servet ve çocuk ile tabir olunur. Önemli olan, meyvenin mevsiminde görülüp görülmediğidir.

Mevsiminde görülmemiş bir meyve rengine göre bir hastalık, sıkıntı, keder, üzüntü, dert ve kayıptır. Sarısı, hastalık; siyahı, üzüntü, keder ve ölüm; yeşili, mal kaybı, zarar ve ziyan, kırmızısı tasa ve telaş demektir. Mevsiminde yenen bir meyve ise çocuk, mal, servet, lezzet, kazanç ve ferahtır.

Rüyasında ağacın kökünden meyveler topladığını gören kimse, şerefli birisine düşmanlık yapar. Ağaçlardan çeşitli meyveler topladığını gören kimse, ilmi ve rütbesi yüksek kimselerden ilim öğrenir.

Bir kimse rüyasında yetişebildiği bir ağaçtan o ağacın meyvesinden başka bir meyve topladığını görse, bir dostuna damat olmaya veya kendisinden çok hayır göreceği bir ortağa işarettir.

Dağlarda bulunan sahipsiz yabani meyveler, ilim ve rızka ve doğrudan Allah'tan gelecek olan ihsanlara işarettir. (bk. örnek 35)

ÖRNEK 35

Burası Meyve Hali mi?

Rüyamda yürüyüşe çıkmışım. Yürüyüş sırasında birileriyle tanışıyorum. Bir bayan, bir genç kız ve bir erkekten oluşan bir aile. Onların evine gidiyoruz. Çok temiz bir ev. Güya onların da 30-35 yaşlarında, eşinden yeni ayrılmış bir çocukları varmış. Beni ona istiyorlar. Çocuğu görüyorum. "Bu benden daha genç, nasıl olur?" diyorum. O şahsın, 10-12 yaşlarında bir de kızı varmış. Onu beğeniyorum; ama benden genç olduğu için "Olmaz!" diyorum. Birbirimize anlamlı anlamlı bakıp gülüyoruz. Sonra bahçe gibi bir yere çıkıyoruz.

M Bahçede iplerde bir çok yıkanıp asılmış işlemeli beyaz masa örtüleri, yastık kılıfları, çarşaflar var.

Hemen devamında kendimizi müzikli bir ortamda buluyoruz. Dans ediyoruz, ama bir bayanla. Bir de bakıyorum dedem yanımda. Bir başka insan var. O da onun dedesiymiş. İkisi de mütebessim. Sağ tarafımızda bir cam var. Karşıda bir kahvehane varmış. İnsanların camdan bize baktıklarını görüyorum. Oradan çıkıyoruz. Güya ben eve gidiyormuşum. Kocaman bir meydanda sandıklar dolusu sebze ve meyveler görüyorum. "Burası meyve hali mi?" diye soracakken uyanıyorum.

K.G. - Edirne

Allah hayretsin.

Bu rüya, büyük ihtimalle aynıyla vaki olacak. Yaşıtınız veya sizden bir iki yaş küçük, büyük ihtimalle bekar biriyle evlenme ihtimaliniz olacak. Kişinin iyi bir mesleği var. Biraz ailesinin kontrolünde olabilir. Onunla evlenip evlenmemek tamamen sizin inisiyatifinizde olacak. Sizin gibi eşinden ayrılmış birisinin evlenmesine de önayak olacaksınız. Evlenmeniz, sizin aileniz için de sevinçli bir durum yaratacak. Bolluk içinde bir evlilik olacak ve büyük ihtimalle nikah törenine katılanlar çok olacak. Bu insanın bağ ve bahçeleri bulunan biri olması gerekir.

MEYVE BAHÇESİ: Meyve bahçesinde dolaşmak, çok hayırlı bir rüya olup, mutluluk ve refahla dolu bir gelecek demektir. Meyve toplamamanız iyi, güzel bir iş yapıp, büyük bir servet sahibi olacağınızı gösterir.

MEYVE SUYU: Ummadığınız birisinin size kötü bir şaka yapacağına işarettir.

MEZAR: Ev, sıhhat ve uzun ömür ile tabir olunur. Kendi kabrinin kazıldığını gören, bir ev alır; kendisi kazıyorsa da aynıdır.

Ölmediği halde mezara konduğunu ve üstünün kapatıldığını gören, hapse girer. Bilinen bir adamın kabrini kazdığını gören, onun yolundan gider.

Peygamberimiz (sav)'in mezarını kazıp, oradan bir şeyler aldığını gören dinde hüccet olur. Herkes onun sözüne göre hareket eder.

Mezarlıkta toprak kazdığını gören, çok yaşar. Mezarlıkta dolaşıp, ölülere selam verdiğini gören, her şeyini kaybeder ve dilenmek zorunda kalır. Kendi mezarı üzerinde çıplak ayakta durduğunu gören, iman ile ölür.

MEZARLIK: Üzüntüye, kedere, dünyadan uzaklaşmaya, rızkın daralmasına işarettir. Bilmediği bir mezarı açtığını gören, birinin gizli hallerine muttali olur.

Yahudi ve Hıristiyan mezarlığı görmek, dünyayı sevmek ve zengin olmak demektir. Bir gayr-ı müslim mezarını açtığını görene, ummadığı kimseden miras kalır. Bu kabirlerden bir şey alan, düşmanlarına ait sırlara vakıf olur, ticarette ileri gider.

MEZAR TAŞI: Mezarlıkta gezerken mezar taşlarının yazılarını okuyup ve onlara bakan kişi yalnızsa, uzun ve manasız bir hayata; evli ise uzun bir ömre işarettir.

MEZBAHA: Rüyada mezbaha görmekte hayır yoktur. Bir hastanın rüyasında mezbahaya girmesi, onun öleceğine ve malının mirasçılarına dağıtılacağına işarettir. Mezbaha, zulüm, işkence ve hapishaneye de işaret eder.

MIKNATIS: Adi; fakat faydalı bir kimse ile tabir edilir. Elinde birden çok mıknatıs olduğunu gören kişinin eline haram mal geçer.

MISIR: Hastalık ve haram maldır. Patlatılmış mısır, çiğ mısırdan daha iyidir. Haşlanmış mısır, zor kazanılır maldır.

Rüyasında mısır yemek, mısır tarlası görmek genç bir erkek için yapı işlerindeki başarısına; daha tecrübeli bir yaşta ise, zor olmasına rağmen yaptığı işin sonunda kazanca; genç ve bekar kadın için çok dedikodulu bir evliliğe; iş kadını için beklenmedik bir yerden gelecek paraya işarettir.

MIZRAK: Silahla beraber görülür ve demirden yapılmış ise, kuvvete ve galibiyete; eğer silahsız veya demirden değilse, kazançlı bir ticarete işaret eder. Bu rüyayı gören fakir ise zengin olacağına işarettir.

MİDE: Ömür, rızık ve maişettir. Mide evlat ile de tabir olunur. Midenin durumuna göre iyi ve kötü evlat olarak tabir tabir olunur.

MİHRAB: Önderlik ve liderlikte yorumlanır. Mihrabda namaz kıldığını gören, halkın sevgisini kazanacak bir iş yapar.

Mihrapda yüzünü halka dönüp oturmuş olduğu halde konuştuğunu gören, hukukta en üst makama gelir; politika ile uğraşıyorsa, başbakanlığa kadar çıkabilir. Hiçbiri olmasa bile, sevilip sayılacak takdir edilecek bir insan olur.

Kadının mihrab görmesi erkek evlatla yorumlanır. Mihrap bol rızk ve iyi eşe de işarettir. Kıblede olmayan mihrap ise, fitne ve bozgunculuktur.

MİKROFON: Rüyada miktofon görmek veya miktofonla konuşmak, siyasi hayata atılacağınıza işarettir.

MİKROSKOP: Çocuğunuzun teknik işlere karşı geniş bir eğiliminin olduğuna işaret eder. Çocuğunuz yoksa, bu vasıfta bir evlat sahibi olacaksınız demektir.

MİLLETVEKİLİ: Rüyada kişinin kendisini milletvekili

seçilmiş olduğunu görmesi, yüksek sosyeteden ve üst seviyeden kişilerle arkadaşlık yapacağına işarettir. Yapılan işlerde başarı ve yüksek gelir, anlamına da gelir.

MİMOZA: Mimoza ağacı veya mimoza çiçekleri görmek, duygusal hayatınızda başarı ve mutluluk anlamına gelir.

MİNARE: Devlet başkanı ve değerli bir insanla yorumlanır. Bir minarenin yıkıldığını görmek, devlet başkanının veya herkesçe sevilen bir kimsenin öleceğine işarettir.

Minarede ezan okuduğunu gören, halkı doğruluğa çağırır. Yanlış okuduğunu gören, kendi ayıbını ortaya döker. Bir minareyi yıktığını gören, bir topluluk arasına fitne düşürür. Minarenin üzerine yıkıldığını veya harap olduğunu gören, temiz karısı dururken başka kadınlarla düşüp kalkar yahut erkek evladı kalmaz.

Minare yaptığını veya tamir ettiğini görmek, halka faydalı bir iş yapmak; minare yıkmak ise, toplum zararına bir işle meşgul olmaktır.

Minarenin kendi kendine yıkılması ise değerli ve büyük bir zatın vefatına işaret eder.

MİNBER: İktidardakileri temsil eder. Minberin temiz ve aydınlık olması yönetimin iyiliğine, zıttı da kötülüğüne işarettir. Minberden hutbe okuduğunu gören, insanlara hükmedecek bir mevkiye gelmeden bu dünyadan gitmez. Minber kadar şerefi, itibarı ve üstünlüğü temsil eden bir şey görülmez. Zaten bu rüyayı da herkes göremez.

Rüyada minder görmek, şöhrete işarettir. Rüyasında bir mindere oturduğunu gören kimse sevince erişir. Birden çok minder, maldır.

MİSAFİR: Rüyada gelen misafir, o kişinin yaşadığı yerlerden bir haber almasına işaret eder. Gelen misafir fakir ise, rüyayı gören zengin olur. Evinde hamile birisi varsa, rüyada görülen misafir erkek çocuğa müjdedir. Hamile birisi

 yoksa rüya sahibine acil olarak erişecek olan rızka işaret eder.

Bir misafirine karşı çok fazla izzet ve ikramda bulunmak, yaptığınız iyiliklerin karşılığını dünyada ve ahirette görmeye, gurbette, iseniz vuslata işaret eder.

MİSVAK: Rüyada misvak kullanmak sünnet-i seniyyeye uymaya işarettir. Misvakla dişler temizlenirken kanamışsa, günahları biriktirmeye, aile halkına eziyet etmeye, onların mallarını almaya ve halkı gıybet etmeye işaret eder.

Misvak kullanmanın günahtan temizlenmeye, borcunu ödemeye, salih amellere işaret ettiği de görülmüştür. Misvakla dişlerini fırçaladığını ve dişlerinden kan aktığını görmek bekar kadının evlenmesine, evli bir kadının da çocuk sahibi olmasına işaret eder.

MİTİNG: Rüyada mitinge katılmak o kişinin huyunu gösterir. Hırçın ve gerilimli bir miting, rüyayı görenin fıtratının da bu şekilde olduğuna işaret eder.

Rüyada büyük bir topluluğun miting düzenlediğini görmek, evinize gelecek kalabalık bir misafir grubuna işaret eder.

MİZAN: Mahşerde mizanın kurulduğunu gören, adaletle muamele görür ve o bölgede adalet yaygınlaşır. Kendi günah ve sevaplarının tartıldığını gören, gördüğü şekliyle muamele edilmeye layıktır.

MOBİLYA: Memuriyet, mansıp ve makama işarettir. Borçlanmak mânâsına da gelir.

Rüyada mobilya almak, satmak ve yerleştirmek işlerinin yoluna girmesine, bekar için ani evliliğe, evli için de sevinçli bir hayata işaret eder.

Eşyası olmayan bir evde oturduğunu görmek, sosyal

çevresi iyi olmayan bir semte taşınmaya delalet eder. Dayalı döşeli bir evde boş bir odada bulunduğunu görmek ise, umutlarının boşa çıkmasına işaret eder.

MOTOR: Rüyada işleyen bir motor görmek, işlerin düzgün gideceğine; çalışmayan bir motor görmek ise, işlerin bozulacağına işarettir.

MOZAİK: Çok yakında tarihî ve turistik bir geziye çıkacağınıza işarettir.

MUKAVELE: Rüyada mukavele yaptığını gören kimsenin bu rüyası, mukaveleyi yapan kimsenin, yapılan kimseye borçlu olacağına işarettir. Eğer yapılan mukaveleyi yerine getirdiyse, o kimsenin imanına ve güzel ahlâkına işarettir.

MUM: Kişinin eşi, işi, dirlik ve düzenidir. Evinde mum yaktığını ve odanın olunla aydınlandığını gören, o yıl nimete kavuşur.

Mumunun söndüğünü görenin eşi ölür veya işleri bozulur. Bir yerde pek çok mum yandığını görmek, bilginlerin çokluğuna; mumların söndüğünü görmek, o bölgeye bir bela ve musibet geleceğine işarettir.

Adak olarak mum diktiğini gören bidate düşer ve günahla hayatını geçirir. Mescide mum diktiğini gören hayırlı ve alim bir evlada sahip olur. Yanan bir mum görmek, hayatınızda ve işlerinizde dikkatli olmanız gerektiğine; sönmüş bir mum görmek ise, itibar ve saygınızın azalacağına işaret eder.

MUMYA: Eski bir dostunuzdan umulmadık bir zamanda hayırlı bir haber alacağınıza işarettir.

MUSİKİ: Rüyada müzik sesi duymak, fevkalâde güzel bir düş olup, rüya sahibinin en büyük dileğinin olacağını haber verir.

MUSİKİ ALETLERİ: Rüyada musikî aletlerinden herhangi birini çalmak, muradınıza ermeye ve parlak bir geleceğe kavuşmaya; piyano veya başka bir müzik aleti satın almak, güzel sanatlar alanında beklediğinizden daha büyük bir

 başarıya; genç bir kız bunları rüyasında görmüş ise, evliliğinin huzur ve mutluluk içinde geçeceğine işarettir.

MUSKA: Rüyada boynunuza bir muska asıldığını görmek, hayırlı bir haber işiteceğinizin işareti olarak kabul edilir.

MUSLUK: Musluk ile ilgili bütün rüyalar hayra, berekete, sağlığa, bolluğa ve işlerin düzeleceğine, iyi haberler alınacağına yorumlanır.

MUTFAK: Evinin mutfağında kendisini gören bir insan, bekar ise, yakında izdivaç edecek demektir.

MUTFAK EŞYASI: Hizmetçiler, yardımcılar, çoluk çocuk, mal, kazanç, geçim, evin hanımı, evin reisi gibi manalara gelir. Tencereler, ev reisleriyle ilgilidir. Bunlarda görülen durum, hane halkına nispetle yorumur.

MUZ: Zenginlik, güzellik ve çekiciliğini kaybetmeyen kadındır. Muz ağacı görmek, daha çok böyle bir kadını temsil eder.

Muz bölgesinde uyumak veya meyvesini yemek, böyle bir kadınla evlenmek veya zengin olmaktır.

Rüyada muz almak veya bulmak, bol ve helal kazanca; muz satmak ve kaybetmek ise, herhangi bir sebepten dolayı zarar görmeye işarettir. Birisine muz verdiğini görmek, o kişiye yardımının dokunması demektir.

MÜCEVHER: Cariyeler, odalıklar, metresler, biriktirilmiş mal, meşhur olacak evlat, zengin, güzel ve namuslu kadın, faydalı söz, güzel iş, pişmanlık gibi birçok anlamı vardır.

Mücevher sattığını gören erkek ise, kadın işlerini yapar; kadınsa erkekler için çok para harcar. Halka mücevher dağıttığını gören halkı doğruluğa çağırır, kötülükten men eder.

MÜEZZİN: Din adamları ve din görevlileri ile yorumlanır.

Rüyada müezzin görmek, o müezzinin hali ile mevsuf bir din adamıyla karşılaşmak demektir. Öfkesi, maddî; sevgisi, manevî kazanca işarettir. Müezzinin yüzvermediğini görmek, uzun ömürle birlikte pek hayırlı sayılmaz.

MÜHENDİS: Mamur bir şeyin harap olmasına, harap olan bir yerin bayındırlığına işarettir. Kendisini mühendis olarak görmek, ömrünün uzun olmasına işarettir.

MÜHÜR: Zevce ve çocuklardır. Hanımı hamile olan bir adam rüyasında altından bir mühür görse, erkek bir çocuğu olur. Rüyada mühür bulmak, saliha bir kadına, çocuğa veya mala işaret eder.

MÜNAKAŞA: Rüyada bir başkasıyla tartışmada bulunmak, erkekler için mahkemeye düşülmüş bir davadan başarı kazanacağına; kadınlar için dargın olduğu birisiyle barışacağına işarettir.

MÜREKKEP: Görülen mürekkebin kıymeti ölçüsünde erişilecek olan makam ve mevkiye işaret eder. Hasta olan birisi mürekkep görse, hastalığından kurtulur. Mürekkebin zahmet ve sıkıntı anlamları da vardır.

Siyah mürekkep, önemli bir haber; mavi mürekkep, önemli açıklamalar; kırmızı mürekkep, ayrıldığınız bir dosta veya arkadaşa tekrar kavuşmak demektir. Elbisenize veya eşyaların üzerine mürekkep döküldüğünü görmek; rüyayı gören, yazı ve baskı ile uğraşıyorsa, iyi; uğraşmıyorsa, sıkıntı ve keder demektir.

MÜŞTERİ: Rüyada alışveriş eden bir kimseyi görmek darda kalmış bir kimseye işarettir. Bir şey satın alması veya satması, o kimsenin muhtaç kalmasına işarettir.

MÜZE: Herhangi bir müzeyi gezmek, hoşunuza giden, becerebileceğiniz ve yapmaktan zevk duyacağınız cinsten bir işe iyice yerleşene kadar pek çok iş yeri değiştireceğinize işarettir.

MÜZİK: Rüyada gerek sesle, gerek müzik aletleriyle

 müzik dinlemek, iş hayatınızda büyük başarı yaşayacağınıza işarettir. Dinlediğiniz müzik sesi kulağı tırmalıyorsa, görüşleri mantıklı olmayan kimselerin tavsiyelerine uyduğunuz takdirde çok ciddi bir hata işleyeceğinizi gösterir.

Rüyada dans müziği dinlemek ve bu müziğe uyarak dans etmek, sevilen bir insan olduğunuzu gösterir. Tatlı ve romantik bir müzik dinlemek, aşka ve mutluluğa; kederli ve hüzünlü bir müzik dinlemek, canınızı sıkacak haberlere hazırlanmanıza işarettir.

MÜZİK ALETLERİ: Çalmak, dinlemek, yapmak, satmak ve satın almak hep üzüntü ve kederle tabir olunur. Ney çaldığını gören mahzun bir ömür geçirir.

OKUMA PARÇASI

Rüyadaki Yardım

19. Yüzyıl ilim adamlarından Cromwel Varley, kız kardeşi ile beraber oturmaktaydı. Kalp krizi geçiren kız kardeşinin uzun süre yaşayacağından ümitli değildi. Son günlerinde onu yalnız bırakmamak ve muhtemel bir krizde yakınında olabilmek için yatak odasını, kız kardeşinin yatak odasından ince bir duvarla ayrılan odaya nakletti.

Cromwel Varley, bîr gece uykusundan öylesîne dehşet verici bir kabusla uyandı vücudunun hiçbir zerresini kımıldatmağa muktedir olamıyordu. Kalbi şiddetle çarparken görünmeyen ellerin, gövdesini kuvvetle bastırdığını hissediyordu. Kulakları uğulduyor, üzerinden ağır vasıtalar geçiyor gibiydi. Gözleri açık olduğu halde ve bütün zorlamasına rağmen yatağa çivilenmişti. İşte bu anda garip bir şey oldu. Sanki yavaşça açılan oda kapısından kız kardeşi bir hayalet gibi içeriye süzüldü. "Cromwel, içinde bulunduğun kabustan seni kurtaracağım." diye haykırdı..Ne yaptıysa Cromwel'in durumu değişmiyordu. Sonunda, "Ölüyorum Cromwel, imdat!..." diye çığlık atıp yere yuvarlanınca, Cromwel ok gibi yataktan fırladı. Kabustan kurtulmuştu. Etrafına bakındı. Odada kız kardeşi falan yoktu. Doğruca onun odasına gitti. Kapısı kilitliydi. Sabahı beklemekten başka çaresi olmayan Cromwel odasına döndü; fakat yatağa girmeye cesaret edemedi. Gün ışıyıncaya kadar kitapları karıştırdı.

Sabahleyin kız kardeşinin odasına girdiğinde, bitkin bir halde bulunan hastanın ağzından şu sözleri işitti.

"Cromwel, bu gece rüyamda odana girdim. Sen bir kabusun pençesinde kıvranmaktaydın. Bu kabustan ani bir şok ile kurtulabileceğini tahmin ederek seni korkutmaya çalıştım. Ne yaptıysam korkutamadım. Bana olan düşkünlüğünü bildiğimden öldüğümü söylemek aklıma geldi, "Ölüyorum Cromwel, imdat! diye bağırınca sıçrayarak uyandın."

(Hekimoğlu İsmail, Nurettin Ünal. İlimde, Teknikte, Edebiyatta, Tarihte, Dinde Rüya, Türdav, İstanbul: 1981, s. 40)

SÜT ANNELİK

Ümmü'l-Fadl radıyallahu anhâ'dan rivayet edildiğine göre: Kendisi (bir gün): "Ey Allah'ın Resûlü! Rüyamda sanki sizin uzuvlarınızdan birinin evimde olduğunu gördüm." demiş, Aleyhissalâtü Vesselam da: "Hayır görmüşsün. Kızım Fâtıma bir oğlan çocuğu dünyaya getirir, sen onu emzirirsin." buyururlar.

Gerçekten de Hazreti Fâtıma radıyallahu anhâ (bir müddet sonra) Hz. Hüseyin veya Hasan radıyallahu anhümâ'yı doğurdu. Ümmü'l-Fadl da (kendi bebeği) Kusam'ın sütüyle onu emzirdi.

Herkes kendi varlığının karanlıklarında rüyalarının sırlarını gizlerler.

Ahmet Hamdi Tanpınar

NADAS: Nadas edilmiş bir tarla görmek rüya sahibinin kendisini zekası ile çevresindeki insanlara sevdirmesidir.

NAFTALİN: Rüyada naftalin görmek malı muhafaza etmeye ve onu gereği gibi kullanmaya işaret eder. Aynı zamanda geçmişteki hatalarınızın hâlâ dostlarınız tarafından unutulmadığını gösterir.

NAKLİYECİ: Rüyada görülen nakliyeci; mal biriktiren, dünya ehli, gururlu bir kişidir. Süt nakliyecisi, ilim talep eden ve ondan istifade eden birisi olarak tabir edilir.

Bir yerden başka bir yere taşındığını gören acele ve kısa süreli bir yolculuğa çıkar. Rüyada sadece nakil vasıtaları görmek, seyahate ve ömrün genellikle seyahatle geçeceğine işarettir.

NAKIŞ: Rüyada nakış işlediğinizi görmek, işlerinizde başarıya ererken aşk hayatınızda büyük bir yenilgiye uğrayacağınıza işarettir. Nakışı başkası işliyorsa, başınıza gelecek bir olaydan ötürü karakola, mahkemeye veya hastaneye düşeceksiniz demektir.

NAMAZ: İslam ve inanç ile yorumlanır. Bir mescid veya camide cemaatle namaz kıldığını gören, büyük bir cemaatten yardım görür. Sözünün makbul olacağı bir ortama kavuşur.

Tek başına namaz kıldığını gören, evinde huzura ve Allah'tan gelecek gizli ilimlere mazhar olur. Doğu veya batıya doğru namaz kıldığını gören dinini ihmal eder. Meşru olmayan kaynaklardan zengin olur.

Kıbleyi arkasına alıp namaz kıldığını gören, dine muhalif bir topluluğa katılır.

Bununla birlikte namaz, hayırla yorumlanır. Ateşe, aynaya karşı namaz kıldığını gören, fitneye meyleder. Bir sahra veya düzlükte namaz kıldığını gören, sıkıntıdan feraha çıkar.

Vakti içinde sabah namazı kıldığını görmek: Sıkıntı ve kederlerden kurtulmaya, kötü giden işlerin düzeleceğine;

Öğle namazı kılmak: Ulaşmak istediğiniz hedeflere tek tek ve kesin olarak ulaşacağınıza;

İkindi namazı kıldığını görmek: Ufak bir zahmet ve zorluktan sonra felaha ulaşmaya ve mutluluğa kavuşacağınıza;

Akşam namazı kıldığını görmek: Sizi sevindirecek haber ve olayların yaklaştığına;

Yatsı namazı kıldığını görmek: Eğer Müslümanca bir hayat yaşıyorsanız günlerinizi ibadet ve zikirle geçirmeye, aksi halde kötü arkadaşların etkisiyle kötü bir hayat yaşamaya;

Cuma namazı kıldığını görmek: Her türlü işte muvaffak olmaya;

Cenaze namazı kıldığını görmek: Uzun ve hayırlı bir ömre;

Abdestsiz namaz kıldığını görmek; Hastalık, sıkıntı ve kedere işaret eder.

NANE: Tazesi de kurusu da günlük üzüntüler ve duyulacak acı sözlerdir.

NAR: Mevsimindeki mal ve kadınla tabir olunur. Ekşi nar her mevsimde tasa ve üzüntüdür. Mevsimi dışında tatlı nar da hastalık ve üzüntüdür. (bk. Meyveler)

Bir kimse rüyasında narın kabuğundan yerse, hastalığı iyileşir. Nar ağacını kesmek, akrabaları ziyareti kesmeye işaret eder. Rüyada görülen nar taneleri kolaylıkla elde edilecek olan maldır.

Olgunlaşmış nar topladığını görmek güçlü ve değerli bir kişiden miras veya ticaret yolu ile kazanç sağlamaya işaret eder. Ham (olgunlaşmamış) nar topladığını görmek hastalık ve kedere işaret eder.

NAZARLIK: Rüyada nazarlık görmek, takmak veya asmak, birbirini kovalayan çok iyi müjdeli haberlere işarettir.

NECASET: (İnsan Pisliği) Necaset kadar çeşitli anlamlar

ifade eden çok az şey vardır. Özet olarak, dışkı rüyada haram mal, zorla alınmış para ve mülk, yol kesicilik, fahişe ile yakınlık, karısına karşı gazap, zillet, hastalık, gizli işlerin ortaya çıkması, ihanet, ceza, idam, iftira, bol mahsul, sadaka, menfaat, boşanma, hastalık ve faizden kazanılan para olarak tabir olunur.

Kendini büyük abdest bozarken görmek, kendi eliyle kendini rezil etmeye ve kendisini kötü davranışlardan koruması gerektiğine işaret eder.

NEHİR: Nehir başbakan, daha alt makamlar, nimet ve menfaat demektir. Temiz ve berrak bir nehirde yüzdüğünü veya su içtiğini gören, devlet adamları ile dost olur veya zenginliğe kavuşur.

Bulanık ve çamurlu bir nehirde yüzdüğünü gören, keder ve üzüntü denizine düşer. Bir nehirden abdest aldığını gören, bütün günahlarından tövbe eder.

Temiz akan bir ırmak veya nehir âlim bir insan anlamına da gelir. Kısacası su temiz ise, iyi; bulanık ise, kötüdür.

Evinden nehir çıktığını görmek, devlet memuriyetine ve kazanca işarettir. Bir nehrin üzerinde yürüdüğünü görmek, kişinin iyiliksever olduğuna ve sıhhate işaret eder.

Azgın sularla çağlayan bir nehir görmek, başlanılan işlerde muvaffakiyet ve başarılı olmaktır.

NEZLE: Rüyada nezle olduğunuzu görmeniz, hayatta metin davranmanız gerektiğine işarettir.

NİKAH: Rüyada yapılan nikah namaz, oruç, hac gibi bir farzın yerine getirilmesine işarettir.

NİKAH MEMURU: Bekar bir kimse için izdivaca; evliler için ayrılığa veya başka bir kimsenin kendisiyle kontrat imzalayacağına işarettir.

NİLÜFER: Rüyada nilüfer çiçeği görmek sıhhat ve afiyet

demektir. Nilüfer çiçeğini gören bir erkek ise, nilüfer çiçeği gibi masum güzelliği olan bir kadınla evlenmeye; aynı rüyayı gören kadın ise duygusul ve vefalı bir erkekle yapacağı evliliğe işaret eder.

NİNE: Rüyaların en hayırlılarından biridir. Büyük bir neşe, sağlık ve varlık kaynağı olarak yorumlanır.

NİŞANLANMAK: Rüyada tanımadığınız birisiyle nişanlanmak, iyi bir haberle karşılaşacağınızı gösterir. Nişan bozulması ise pek hayra yorulmaz.

NOHUT: Zor kazanılan mal olarak tabir edilir. Rüyada taze nohut görmek hastalık ve sıkıntıya işaret eder. Nohut yemek, satın almak, iç sıkıntısı ve kederdir. Nohut satmak ve kaybetmek ise rüyayı gören için sıkıntı ve kederlerinden kurtulmak demektir.

NOTER: Yapılacak işlerde dikkatli hareket etmeye işarettir.

NUR: Aydınlık ve doğru yola işarettir. Kafir bir kimse karanlıktan aydınlığa çıkarsa İslam'la Allah'a yakınlığı keşfeder. Aydınlıktan sonra karanlığa çıkarsa, fakirlikten zenginliğe, dalaletten sonra doğru yola, isyandan sonra tövbeye işarettir.

NUTUK: Yorumlanması bakımından hutbe gibidir. Siyasi taraf daha ağır, doğru sözlülük daha hafiftir.

Bir boşluğa nutuk attığını gören, kadri anlaşılmadan dünyadan gider. Büyük bir kalabalığa nutuk irad ettiğini gören, politikada önemli mevkilere gelir. Devlet hayatı hakkında söz sahibi olur.

Nutuk okuduğunu ve kimsenin kendisini dinlemediğini gören, zenginse malından; iktidar sahibi ise, iktidarından olur.

NÜFUS CÜZDANI: Çocuğa ve çocuk sahibi olmaya işarettir.

Rüya Tabir Eden Kimselerde Bulunması Gereken Özellikler;

· Çok iyi bir din bilgisine sahip olmalıdırlar.

· Tabir ilminin bütün inceliklerini bilmelidirler.

· Ruhanî kelimelerle cismanî kelimeleri birbirinden ayırabilmelidirler.

· Güvenilir, temiz huylu ve doğru kişiler olmalıdırlar.

· Rüya sahibinin utanacağı, ayıp şeyleri insanlara söylememelidirler.

· Rüyanın hepsini dinleyerek iyi ile kötü arasını iyice ayırmalıdırlar.

· Rüyayı tabir etmekte acele etmemelidirler.

· Akıllı, müttaki ve kötülüklerden sakınan kişiler olmalıdırlar.

· Kur'an, hadis ilminin dışında dili iyi bilmeleri, ata sözlerine ve halkın kullandığı tabirlere aşina olmaları gerekmektedir.

· Kültürlü olmalılar ve içinde yaşadıkları toplumların gelenek ve göreneklerine de vakıf olmalıdırlar.

· Tabir edecekleri rüyanın nerede ve ne zaman, nasıl ve kim tarafından görüldüğünü iyice tespit etmelidirler.

· Tabirci içinde bulunulan zamanı ve mevsimleri de dikkate almalıdırlar; çünkü rüya tabirinde mevsimler de önemlidir.

· Rüyayı anlatan kişinin dininden emin olmalıdır. Çünkü rüyalar dinlere göre değişir.

· Kur'ân ve hadisler de yapılan tabirler en doğru tabirler oldukları için bu rüyalardaki semboller; mutlaka dikkate alınmalıdır.

· Tabirci, rüyada sezişin görüşten daha kuvvetli olduğunu göz önünde bulundurmalıdır.

· Rüyada ölünün, çocuğun, hayvanların söyledikleri sözlerin "hak" olduğunu dikkate almalıdırlar.

OKUMA PARÇASI

Bir Rüyanın Önlediği Felaket

Geçen harp esnasında fırtınalı bir gün, C-23 numaralı İngiliz denizaltısı, şafak sökmeden Harwich Limanı'ndan ayrılmıştı. Buz gibi rüzgar, yağan yağmuru sulu sepken haline getiriyordu. Bütün o gün ve onu takip eden gece, denizaltı, güvertelerine vuran rüzgar ve sulu sepken tarafından kamçılana kamçılana, fırtınalı denizde çalkalanıp durdu.

Denizaltının havanın bu şiddetine tahammül edemeyeceğini düşünen kaptan, nihayet subaylarından Brandt'a dalma emrini verdi.

"Kahvaltıdan sonra ön derinlik ölçü cihazının yanına bir gözcü koy. Geri kalan herkes bu gecenin 10'una kadar serbesttir. Bu saatten evvel su yüzüne çıkamayacağımız muhakkak." dedi.

Denizaltı daldıktan sonra, vazife başında bulunmaları icap edenler hariç, bütün subaylar ve mürettebat uykuya çekildi. Hiç olmazsa, 10 saat uyuyacağını tahmin eden Brandt, başını yastığa koyar koymaz derin bir uykuya daldı.

Rüya görmeğe başladı. Bir mühimmat fabrikasında idi. Pantolonlu kadınlar mermileri barutla doldurmakla

meşguldüler. Çalıştıkları odanın bir ucunda, üzerinde "Müfettiş" yazılı cam bir bölmeyle ayrılmış kısım vardı. Buraya yaklaşan Brandt, kız kardeşinin içeride bir masa başında oturduğunu görür gibi oldu. Genç kadın, Brandt'ın bulunduğu istikamete baktığı halde, onu görür veya tanır gözükmüyordu.

Aradaki kapıdan öteki odaya bakan Brandt, bir ateş dilinin, yerden kadınların mermileri doldurdukları odaya doğru, yılan gibi kaydığını dehşet içinde gördü.

Kız kardeşine bağırmak istedi ise de, sesinin kısıldığını fark etti. Başı masanın üzerine düşen kadıncağız uyuyor görünüyordu. Brandt ona doğru koşmak isteyince bacakları hareket etmedi. Sonra kulakları sağır edici infilak, etrafı toz, alev ve dumana boğdu. Brandt, tekrar ileri atılmağa çalışırken başının, yatağın tavanına vurmasıyla uyandı. Bir mühimmat fabrikasında değil, C-23 deniz altısında emniyetteydi!

Gördüğü rüyayı hatırlayınca, yüksek sesle "Aman ne feciydi!" diye söylenmekten kendini alamadı. Biraz daha kendine gelince saatine bakmayı akıl etti. Saat 10'du. Halbuki kaptan denizaltının saat 10'da su yüzüne çıkmasını emretmişti. Acaba kendisini niçin uyandırmamışlardı?

Brandt heyecanla yataktan fırladı. Nöbetçinin yanına gidince onun uyumuş olduğunu gördü. Adamcağız, Brandt kendisini sarsınca dahi uyanmadı. Adamın kalbini yokladı, pek hafif atıyordu. Brandt, derin bir uykuda olan kaptanı da uyandıramadı kalbini yokladı., pek hafif atıyordu. Brandt, kendi kalbinde de bir ağırlık olduğunu ve nefes almakta güçlük çektiğini hissetti.

Bunun üzerine adamların üzerine, kova kova su dökerek onları uyandırmaya girişti. Bu suretle uyanabilen üç kişinin yardımıyla denizaltıyı su yüzüne çıkardı. Kaportaları açtıklarında ortalığın apaydınlık olduğunu görerek hayretler içinde kaldılar.

Denizaltı 24 saat müddetle; yani kaptanın emrettiği müddetten 12 saat daha fazla suyun dibinde kalmış ve bu 12 saat zarfında hava, gaz dumanlarıyla ağırlaşmıştı. Dumanlar Brandt'tan başka herkesi kendinden geçirmişti.

C-23 limana dönünce, Brandt kız kardeşinin bir mektubunu buldu. Genç kadın şunları yazıyordu:

Bugün fabrikada korkunç bir felaket oldu. Kadınların mermi doldurdukları atölyede bir infilak, 36 kadını öldürdü. Binanın içinde yüzlerce kişi ağır surette yaralandı. Ben, büyük bir talih eseri olarak, yarasız beresiz kurtuldum.

İnfilak, saat 10:00'dan az evvel vuku buldu. Saat 10'da atölyeleri dolaşıp teftiş etmem lazımdı. Bu arada hayatımda ilk defa olarak masamın basında uykuya daldım. Uyurken seninle ilgili korkunç bir rüya gördüm. Rüyamda bir denizaltının içindeydim. Sen ve arkadaşların ölü olarak yatıyordunuz.. Nedense senin tamamıyla ölmediğine inanarak seni uyandırmağa çalıştım. Ne çare ki sesim kısıldığından kendimi sana işittiremiyordum.

Tam bu sırada infilak beni uyandırdı. Uyumamış olsaydım, saat 10:00'da atölyeleri dolaşmağa çıkacağımdan, şimdi sağ olarak sana bu mektubu yazamayacaktım. Beni uyandıran infilak duyulduğu zaman saat tam 10:00'du.

Brandt sesini çıkarmadan mektubu kaptana uzattı. "Buna ne dersiniz?" diye sordu. Kaptan, mektubu okuduktan sonra hayretle mırıldandı: "Ne diyeyim? Şimdi hayatta olduğumuza göre, Allah'a çok şükür."

(Hekimoğlu İsmail, Nurettin Ünal. İlimde, Teknikte, Edebiyatta, Tarihte, Dinde Rüya, Türdav, İstanbul: 1981, s. 43)

Ebu Rezîn el-Ukeylî Lakît İbnü Amir İbnü Sabire (ra) anlatıyor: "Resûlullah (sav) buyurdular ki: Mü'minin rüyası, nübüvvetin kırk cüzünden bir cüzdür. Bu rüya, anlatılmadığı müddetçe bir kuşun ayağında (takılı vaziyette) durur. Anlatılacak olursa, hemen düşer."
Tirmizî, Rü'ya 6, (2279, 2280)

OBA: Rüyanızda bir ırmak kıyısında ve yeşillikler içerisinde kurulmuş bir oba görürseniz, bu sonsuz bir sevince ulaşacağınızı ve kendinizi çok mutlu hissedeceğinizi gösterir.

OBJEKTİF: Rüyada fotoğraf makinesi objektifi görmek, rüyayı görene nazar, değeceğine işarettir.

OCAK: İnsanın karısı ve evdeki düzenidir. Ocağın kireçten veya topraktan olması, kadının asil olmadığını, tahtadan olması, nifakçı olmasını; altın, gümüş vb. gibi madenden olması, kadının asil bir aileden olmasını gösterir.

Ocağın yandığını gören kişi, çoluk çocuğu ile sevinç ve refaha erişir. Ocak ateşsiz ise, üzüntü ve kedere; ateşli ise, ihtiyaçları gidermeye ve rızka işarettir.

ODA: Ev gibidir. Sahibini bilmediği bir odaya girdiğini gören, ölür. Odanın tavanının üzerine çöktüğünü gören, zengin olur.

Odanın damının yarılıp su akması veya tavandan su damlaması, akan su miktarınca para veya mülk kazandırır. (bk. örnek 36)

ÖRNEK 36

Arkadaşımın Yatak Odası Darmadağınıktı

Ben genç bir kızım. Bir süre önceye kadar beraber çıktığımız bir arkadaşım vardı. Sonra ayrıldık; ama hâlâ arkadaşız. Rüyamda onların evinin alt katındayız. Biri gelip ondan yıkamak için çamaşır alıyor. Ben niçin

Galatasaray halısını getirmediğini soruyorum. Onun aynısını almayı düşündüğümü, o yüzden de görmek istediğimi söylüyorum. O da "Görmene gerek yok Sana bir tane alırım." diyor. Ben ısrar edip görmek istediğimi söyleyince evlerine gidiyoruz. Arkadaşımın yatak odasına giriyoruz. Oda darmadağınık. Duvarlara rastgele bir şeyler asılmış. Annesi yatağının dağınık olduğunu görerek, "Nasıl olsa yine yatacak diye toplamadım. Kusura bakma." diyor. Önemli olmadığını söylüyorum. Ama halıyı göremiyorum. Onun yerine duvardan yazılı bir çerçeve indiriyor, bana veriyor. Okumaya çalışıyorum. Bir arkadaşım gelip "O öyle okunmaz." deyip elimden alıyor. Bu arada, onun şu anda konuştuğu kız ve iki arkadaşı geliyorlar. Bizim okuldan ayrıldıklarını söylüyorlar. Bir iki bir şeyler oluyor. Daha sonra sevdiğim o arkadaşla birlikte birbirimize sarılıp uyuduğumuzu ve daha sonra o şekilde uyandığımızı görüyorum.

Karşılıksız Aşk

Allah hayretsin.

Genç kızımız kendisine uygun bir rumuz seçmiş. Bu aşkın sonu yokmuş. Olsaydı bile onu zaman içinde sevmediğini anlayacaktı; çünkü asla onunla uyuşamayacaklardı. Odasının dağınık olması ise o gencin iç dünyasını gösteriyor. Meydana gelen olaylar yeniden arkadaş olmanızı sağlayacak. Aslında ikiniz de birbirinizi seviyorsunuz ve birlikte geçirdiğiniz unutulmaz anlarınız olmuş. Bu hatıralar yeniden canlanacak ve iş resmiyete binecek. Anneniz de bir şekilde olaydan haberdar olacak ve bu işte size yardımcı olacak; çünkü çocuk iyi ve rahat yaşayan biri. Sonra içi dışı bir olan biri. Bu hususta, size en yakın arkadaşınızın yardımını da göreceksiniz. Bu olayı kadere bırakın ve sonucuna razı olun.

**ODUN:** Hasedi, dedikoduculuğu, arkadan çekiştirmeyi, iftira atmayı temsil eder. Sırtında veya elinde odun taşıdığını gören yukarıda söylenenleri huy edinir.

Ormandan odun taşıyıp getirdiğini gören kimse ile iyi geçinemez. Odun yaktığını ve ateşinde ısındığını gören, giderek değeri anlaşılacak güzel bir iş yapar.

Odun sattığını görmek, çevrenizdeki insanların zarar görmesine ve aleyhlerinde çalışmalar yapılacağına işaret eder. İşsiz bir kişi rüyasında bir kucak odunu olduğunu görürse, yakın bir zamanda iş sahibi ve zengin olur.

Rüyada ateşe odun attığını görmek, ölüme veya bir suçluyu adalete teslim etmeye işaret eder. Rüyada odun yemek haram mal yemeye ve bundan dolayı zarar görmeye işaret eder.

Rüyada oduncu görmek veya odunculuk yaptığını görmek zorluklarla karşılaşmaya, sonunda bütün zorlukları aşıp muvaffak olunacağına işaret eder.

Kış mevsiminde oduncu görmek ise, mirasa konmak ve zahmetsiz mal kazanmaktır.

OĞLAK: Rüyada görülen oğlak, çocuktur. Bu sebeple boğazlanmış oğlak gören birisinin çocuğu ölür. Yemek için oğlağı boğazladığını gören kişinin eline çocuğu eliyle mal geçer. Başkalarına yedirmek için oğlak boğazladığını gören kişinin aile ve yakınlarından bazılarının çocuğu ölür.

Oğlak kesmek veya oğlağa bindiğini görmek çocuklarla uğraşmaktır ve bu sebeple mutluluğa işarettir.

Rüyada oğlak eti yediğini görmek oğlu sebebiyle mal ve menfaat sahibi olmaya işaret eder.

OJE: Rüyada tırnaklarını boyadığını gören, hilekarlığı meslek edinir. Bir rivayete göre de tırnağını boyamak malını ve güzelliğini gizlemektir.

Tırnağını boyayıp da boya tutmadığını gören halktan ayıbını gizleyemez. Tutarsa ayıplarını halktan gizlemeyi başarır.

OKLAVA: Kötü bir söz duymaya işarettir. Birisinin size oklava ile vurduğunu görmek, size vuran kimse tarafından zarar ve ziyana uğratılacağınıza işaret eder. Birisini oklava ile dövdüğünü görmek o kimseye sizin elinizle zarar ve sıkıntı ulaşacağına işarettir.

OKŞAMA: Cimanın biraz daha hafifidir. Birini okşadığını ve bundan zevk aldığını gören, ona yardım eder. Karısını okşadığını ve bundan zevk almadığını görenin karısına olan sevgisi azalır. Okşamak yalın olarak menfaattir.

OKUL: Rüyada okul görmek cami ve mescid görmek gibidir. Çatısı olmayan bir okul, cami veya mescid görmek, tamamlanmayan işi, faydasız ibadet ve amelsiz ilmi temsil eder. Okul görmek, çoğu kere eksikliklerini tamamlamakla yorumlanır.

OKUMAK: Rüyada bir şeyler okuduğunu görmek sevinçli haberlere işarettir. Gerçekte okuma bilmediği halde rüyada okuduğunu gören kişi için bu rüya bundan sonra zenginleşeceğine, bütün ihtiyaçlarına kavuşacağına ve korktuğundan emin olacağına işarettir.

Sayfayı ters tarafından okuduğunu gören kimsenin üzerinde borç birikir. Bir kimse güzel ve doğru bir şekilde

 bir kitabı okusa, o kimse bilmediği bir devlete yolculuk eder ve orada meşhur bir iş yapar.

OLTA: Rüyada olta görmek hileye işaret eder. Kendisiyle av avlanan bütün aletlerin tabirleri böyledir. Tabirce iyi olan kendi tuttuğunun başkalarınınkinden fazla olması demektir.

OMUZ: Ana ve baba, iki kardeş, ortak, rütbe ve makam olarak yorumlanır. Kuvvet ve kudreti de temsil eder. Rüyada omuz gören, omzunun durumuna göre rüyasını bunlardan biriyle yorumlamalıdır.

Omzunda bir şey taşıdığını gören, onunla rızıklandırılır. Ağırlığı nispetinde rızkı geniş olur. Bir sevdiğinizi veya yakınınızı omzunu geniş olarak görmek ondan menfaat görmeye işarettir.

Kişinin omzunu dar ve biçimsiz olarak görmek, sağlığın bozulmasına ve işlerinizde meydana gelecek aksiliklere işaret eder. Omuzlarının ağrıdığını görmek aile fertlerinden biri sebebiyle sıkıntı çekmeye işaret eder.

ORDU: Rüyada ordu görmek Allah'ın askerlerine işaret eder ki onlar da Allah'ın azap ve rahmet melekleridir. Ordudan bir asker olduğunu gören hasta ise, ölür; hasta değilse, üzüntü ve hayal kırıklığına uğrar.

Rüyada bir şehre veya bir yere askerin geldiğini görmek o yere ve o şehre yağmur yağacağına işarettir. Düşmana mağlup olmuş bir ordu görmek çevrenizdeki insanların size sıkıntı ve zarar vereceğine işaret eder.

Size ait bir ordunun var olduğunu görmek, her türlü

sıkıntı ve kederden kurtulmaya işarettir. Bir orduda vazifeli olduğunu görmek saygıdeğer bir kişi olacağınıza işarettir.

ORKİDE: Kısa zamanda işlerin düzeleceğine, bekarlar içinse mutlu bir evliliğe işaret eder.

ORMAN: Rüyada orman görmek korku ve yalnızlığa; değerli ve cömert bir kişi ile kurulacak dostluğa işaret eder.

Güneşli bir havada ormanda dolaşmak: Yakın bir zamanda sevinçli bir haber veya olayla mutlu olmaya;

Ormanda bir fırtınaya yakalanmak: Hayatta zorluk ve meşakkat çekmeye;

Ormanda bir ağaç gölgesinde oturmak: Büyük bir zatın himayesine girmeye;

Ormanda yeşil ağaçlar kestiğini görmek: Evladının vefatına veya felaketlere uğramaya;

Ormanda kuru dal ve ağaç topladığını görmek: Hayırlı kazanç ve menfaat elde etmeye işarettir.

ORUÇ: Sağlık ve bol rızkla yorumlanır. Oruç tuttuğunu ve orucu tamamladığını görenin geçimi kolaylaşır. Dininde sağlam olur.

Bilmeden orucunu yediğini gören, ummadığı yerden bir mala konar veya miras kalır. Hasta birisi, oruç tuttuğunu görürse, iyileşir. Yola çıkacak biri oruç tuttuğu halde orucunu bozduğunu görürse, yolculuğunda çok zorluklar çeker. Ramazan orucunu tuttuğunu gören, günah ve gamdan, meşakkat ve fakirlikten, hane içindeki geçimsizliklerden kurtulur.

 Rüyada hiçbir şeye bağlı olmaksızın, ne için olduğu bilinmeden insanların oruçlu olduklarını görmek, kıtlığa ve geçim darlığına işarettir.

OTEL: Otel gören, hasta ise ölür; yolcu ise, gider; yer değiştirir yalnız insan yalnızlıktan kurtulur. Otelde kaldığını gören, bir fahişe ile düşüp kalkar veya öyle birinin sırtından geçinir. Bilmediği bir otele indiğini gören, yalnızlıktan kurtulur, yeni arkadaşlıklar edinir, evlenir; evli ise, çocukları olur. Otelin durumuna göre bu rüyanın tabiri değişir.

OTOMOBİL: Diğer binek araçları gibidir. Hem mal hem yolculuk anlamı vardır. Otomobil, daha çok kısa sürecek yolculukları temsil eder. Arabanın rengine göre bu seyahatin rahat mı, zor mu geçeceğini kestirmek mümkündür. Kendisine bir araba aldığını gören, ya gerçekten araba alır veya seyahate çıkar.

Arabasının kaybolduğunu gören, işinde zorluğa düşer veya karısıyla aralarında tatsızlık çıkar. Kendisine bir araba verildiğini gören, bekarsa, evlenir; evliyse satın almak gibi tabir edilir. (bk. örnek 37)

ÖRNEK 37
ARABA ŞOFÖRSÜZ YOLUNA DEVAM EDİYOR

Ben Tahtakale'de esnaflık yapan 25 yaşında bir gencim. Rüyamda arabamla bir rampadan çıkıyormuşum. Birden bire arabanın kapısı açılıyor ve düşüyorum. Arabayı ben kullanıyorum. Yanımda da kimse yok. Araba şoförsüz yoluna devam ediyor. Sonra sağa sapıyor ve bir süre gittikten sonra üç beş metre yüksek bir yerden aşağı uçuyor. Önce tavanın üstüne düşüyor, sonra yuvarlanıp tekerler üzerinde duruyor. Ben de onun yuvarlanışını seyrediyorum. Yanıma gelen tanımadığım biri "Şimdi ne olacak?" diye soruyor. Ben de "Canım sağ olsun." diyor ve uyanıyorum.

Ş. B.

Evet canınız sağ olsun. Gençsiniz, her şeye yeniden başlayacak güce ve zamana sahipsiniz. Ne tür bir esnaflık yaptığınız, çalıştığınız yerin size ait olup olmadığı konusunda ayrıntı yok. Ne olursa olsun, siz elinizdeki işi kaybedeceksiniz. Bu sizin için bir kader ve bundan hayli tecrübeler çıkaracaksınız. Yeni hayatınızı kurmak konusunda da bir dostunuz size yardım edecek.

OYUNCAK: Rüyada herhangi bir oyuncak satın almak, yakında çok sevinçli bir habere; çocukları eğlendirmek ve neşelenmeleri için oyuncakla oynatmak, merhametsizlik yüzünden bazı kayıplara işarettir.

OTURAK YERİ: Kazanç, iş, menfaat ve mal ile tabir olunur. Burada iyi kötü bir durum görmek, bunlara nispetle yorumlanır. Büyümek iyi, küçülmek kötü yorumlanır.

Makatında yara veya çıban olup da oturamadığını gören, işinde sebat edemez. Oraya bir şey battığını gören, bir hasetçinin hasedine uğrar. Çamur bulaştığını görmek kazançtır.

OKUMA PARÇASI
EVLİYA ÇELEBİNİN RÜYASI

Bu hakir, beyn-el nevm vel yakazada (uyku ile uyanıklık arasında) iken gördüm ki Yemiş İskelesi kurbunde (yakınında) Ahî Çelebi Cami'sindeyim. Derhal caminin kapısı küşada olup (açılıp) pürsilah askerlerle caminin içi doldu. Ben hakir, minber dibinde oturup bu nur yüzlü cemaati temaşada hayran oldum, yanımdaki cana dönüp 'Benim sultanım, cenab-ı şerifiniz kimdir? İsm-i şerifinizi bize ihsan buyurunuz.' dedim. Anlar etti, 'Aşere-i mübeşşere daha yaşarlarken Peygamberimiz tarafından cennetlik oldukları bildirilen on zattan kemankeşlerin piri Sa'd îbn-i Vakkas'ım' dedikte dest-i şerif mübarek elini, öptüm. Ya sultanım, bu nura gark olmuş cemaat kimlerdir dedim. 'Anlar cümle ervah-ı enbiya - peygamberlerin ruhudur geridekiler sahabe-i kiram peygamberimizin yakınlarıdır. Sağdakiler Hz. Ebübekir ve Ömer, soldakiler Hz. Osman ve Ali'dir.' dedi. Ya sultanım, bu cemaatin bu camide toplanmalarının sebebi nedir? dedim. 'Azak caniplerinde sıkıntı içinde olan Tatar hanedanına imdada gideriz. Şimdi Hz. Peygamber de gelecektir. Sana, ikamet et, deyu işaret buyururlar. Sen dahi savt-ı âlâ ile -yüksek sesle - kamet getir - cemaatla namazı da müezzinin okuması- Namazdan sonra heman kalk. Mihrabta otururken dest-i şeriflerini bus edip; Şefaat ya Resülallah!' diye medet rica et, diye Sa'd İbn-i ebi Vakkas Hazretleri ne yapmam lazım geldiğini bana tamamıyla talim ettiler. Hazreti Peygamber mihraba geçip iki rek'at sünnet-i fecri eda edip hakîre bir dehşet ve vücuda bir lerze (titreme) vaki oldu. Ama Hazretin cemi-i eşkaline nazar eyledim. Sonunda Bilali Habeşi fatiha, edip Hz. Peygamber mihrabda ayak üzeri dururken hemen Sa'd ibn-i ebî Vakkas elimden yapışıp huzur-u *peygambere götürüp;*

"Sadık ve müştak aşıkın Evliya kulun şefaatini rica eder" dedi. Ağlayarak mübarek dest-i şeriflerini küstahane bus ettim; fakat mehabetinden 'Şefaat ya Resülallah!' diyecek yerde 'Seyahat ya Resülallah!' deyivermişim. Hemen hazret tebessüm edip (Şefaati ve seyahati ve ziyareti yarabbi sıhhat ve selametle kolaylaştır) buyurup Fatiha dediler. Orada bulunanların hepsinin mübarek ellerini öptüm. Hazreti Peygamberin eli zagfıran-ı verd-i handan (gül suyu) gibi kokardı. Amma diğer enbiyanın elleri ayva gibi kokardı. Hazreti Ebubekir'in eli kavun gibi, Ömer'in eli anber gibi, Osman'ın eli yasemin gibi, Hazreti Hasan'ın karanfil, Hazreti Hüseyin'in eli beyaz gül gibi kokardı."

Evliya Çelebi bu rüyayı gördükten sonra Kasımpaşa Mevlevi dergahı Şeyhi Abdullah Dede'nin (rüyanın tabirini ondan rica etmiş) tavsiyesiyle seyahatine de İstanbul'u gezmek ve yazmak suretiyle başlamıştır.

(Hekimoğlu İsmail, Nurettin Ünal. İlimde, Teknikte, Edebiyatta, Tarihte, Dinde Rüya, Türdav, İstanbul: 1981, s. 177)

Hz. Ebu Hüreyre (ra) anlatıyor: Resulullah (s.a.v) şöyle demişti: "Benden sonra, peygamberlikten sadece mübeşşirat (müjdeciler) kalacaktır!" Yanındakiler sordu:
"Mübeşşirat da nedir?" Rasulullah
"Salih rüyadır!" diye cevap verdi.
Muvatta'nın rivayetinde şu ziyade var: "Salih rüyayı salih kişi görür veya ona gösterilir."

Buhari, Tabir, 5

 **ÖDÜNÇ VERMEK / ALMAK:** Bir kimse rüyasında kendisine kıymetli bir şeyin verildiğini görse, rüyası ödünç aldığı şeyin değeri nispetinde borca gireceğine işaret eder. Bir kişi rüyasında birisine ödünç verse, bu şeyin kıymeti kadar o kimsenin menfaat görmesine işarettir.

Ödünç, bazen bilinmeyen bir zamanda dünyanın o şahsa yönelmesine bazen de fitneye sebep olacak bir ayıba işaret eder. Ödünç vermek, günahkarın tövbe etmesine, kafirin Müslüman olmasına, fakirin için zengin olmaya işaret eder.

ÖĞRETMEN: Rüyada okul öğretmeninizi görmek, bilgi ve tecrübenizin artacağına işarettir. Bir öğretmenin dersinde dinleyici olarak bulunduğunu görmek, rahat ve mutlu bir hayat sürmeye ve işlerinizde göstereceğiniz başarıya işaret eder.

Kendini öğretmen olarak görmek ise bilgilerinin artacağına ve hayatta başarılı olunacağına işaret eder. (bk. örnek 38)

ÖRNEK 38

BİR YIĞIN ÇOCUK

Ben bir öğretmenim. Evliyim ve iki de çocuğum var.

Rüyada güya bir yığın çocuğum olmuş; hatta biri de ikiz. Ben nasıl bu kadar çok çocuğum olduğuna şaşırıyorum, ama yine de bana sevimli geliyor.

Rumuz: Öğretmen-Bahçelievler / İstanbul

Allah hayretsin.

Sanırım oldukça aktif bir öğretmensiniz. On parmağınızda on marifet olmalı. Size verilen her görevi de hemen kabulleniyorsunuz. Sanırım şu sıralarda da başınızda yapmanız gereken bir yığın iş varken, bunlara yenileri eklenecek. Bunların biri iki kademeli veya iki ayrı ayağı var; ama siz üstesinden geleceksiniz.

ÖFKE: Rüyada öfkelenmek; işinin karışmasına ve malının zayi olmasına; öfkesi Allah içinse, bu hayır ve hasenata erişmeye işaret eder. Rüyasında öfkesini yutan kişi, övgüye layık olur ve ailesi dışındaki insanlara da hayırda bulunur.

ÖKÇE: Rüyada ayak ökçesi görmek, evlat ile tabir edilir. Bu sebeple rüyasında ayağının ökçesi olmadığını gören bir kişinin neslini devam ettirecek evladı kalmaz. Rüyaya gelecek zarar veya güzellik çocuklar ile tabir edilir.

Aynı zamanda ökçe, insanın din ve dünyasındaki akıbetine de işaret eder. Rüyada ökçenin güzelliği salih ameller şeklinde de tabir edilebilir.

ÖKSÜRÜK: Şikayet edilmeye işarettir. Rüyasında öksürdüğünü gören bir kişi o yerdeki devletin başı konumunda olan birisine şikayet edilir. Aynı şekilde rüyasında öksüren kişinin de birisini şikayet etme arzusu olabilir.

ÖKSÜZ: Rüyada kendisini yetim görmek, daima maddî bakımdan refah içinde yaşayacağınıza ve dostlarınız tarafından çok sevileceğinize işarettir. Bir yetimhaneyi ziyaret etmek, dostlarınız tarafından çok iyi haberler almaya ve işinizin gelişip ilerlemesine işarettir.

ÖKÜZ: Devlet, hükümet, işveren, mal, ucuzluk, pahalılık, itibarlı ve şerefli insan, düşman, düşmanlık gibi birçok anlamları vardır.

Rüyada bir öküz tarafından süsüldüğünü ve bulunduğu yerden öteye fırladığını gören işini kaybeder. Sadece süsüldüğünü; ama bir şey olmadığını gören amirlerinden ve işvereninden azar işitir.

Siyah bir öküze bindiğini gören, önemli bir mevkiye gelir. Sarı inek, hastalıktır. Bir yerde birçok zayıf ineğin görülmesi kıtlık ve pahalılığı; semiz inekler de bolluk ve ucuzluğa işaret eder.

Bir öküzün kesilip etinin dağıldığını görmek, büyük bir insanın öldürüleceğine ve malının dağıtılacağına işaret eder.

Bir inek veya öküzün kendisine doğru geldiğini gören, ondan zarar geleceğini sanmıyorsa, devlet ve itibarın kendisine doğru geldiğini görür. Tersi de bunun zıddı ile tabir olunur.

ÖLÇMEK: Rüyada kol ve karış ile bir şeyler ölçmek, yolculuğa işarettir. Karışı ile bir yeri veya bir şeyi ölçtüğünü gören, hacca veya uzak bir yere yolculuğa çıkar. Rüyada ekili bir tarlayı ölçtüğünü gören kimse, salih kimselerin durumunu sorar.

Yol ölçtüğünü gören, ölçtüğü yol kadar yolculuk yapar. Çöl ölçtüğünü gören, dert ve kederlerinden kurtulur. Rüyada çok ölçüp biçen bir kimseyi görmek, başkalarının halini araştıran, insanların sırlarını öğrenmeye çalışan bir kişiye işaret eder.

ÖLDÜRME: Rüyada birini öldürdüğünü gören, ona çokça yardım eder. Birinin kendisini öldürdüğünü gören, kendisini öldürenden çok yararlanır. Öldürüldüğünü görenin, ömrü uzar.

Bir kalabalık tarafından öldürüldüğünü veya linç edildiğini gören, devletin en büyük yardım ve desteğini görür yahut emrinde çalışan birçok işçisi olur. Birini kasten ve suçsuz yere öldürdüğünü gören, bir zalimin tasallutuna uğrar.

Kendi kendisini öldürdüğünü gören, tövbe ederek günah ve iç sıkıntılarından kurtulur. Evladını öldürdüğünü gören bundan üzüntü ve pişmanlık duymuyorsa, ona çokça servet bırakır.

Pişmanlık ve üzüntü duyuyorsa, belki de dünya malı için oğlu ile kavga eder. Boynu burularak öldürüldüğünü gören hasta ise, üzüntüden kurtulur.

ÖLÜ: Rüyada ölmüş birinin dirildiğini görmek, ölü ürkütücü değilse, hayırdır. Ölmüş birinin dirildiğini görmek yahut ölmemiş gibi onunla sohbet etmek, bir şey almak, bir şey vermek, hep ölünün rüyadaki durumuna göre tabir olunur.

Ölmüş birinin dirildiğini görmek yahut ölmemiş gibi görmek, yüzü güleç ise, iyi; değilse, zarar, kayıp, keder ve üzüntüdür.

ÖLÜ ve ÖLÜM: Ölüm dünya hayatı için iyi, din ve ahiret hayatı için kötü bir rüya olarak görülür. Rüyasında öldüğünü ve tabutunun eller üzerinde taşındığını gören, cebir ve zorla üstün mevkilere gelir.

Rüyada öldüğünü ve kimsenin üzerine ağlamadığını görenin, malının veya evinin bir tarafı çöker. Öldükten sonra yeniden dirildiğini gören, günah işledikten sonra pişman olup tövbe eder.

Ölüsü yıkanırken kendisini yıkayanı öptüğünü gören, kötü yaşantısı varsa, bunu bırakır, tövbe eder. Devlet başkanı, başbakan, vali gibi kimselerin öldüğünü görmek, halkın çaresizliğe düşeceğine işarettir. Ölüm, uzun ömür de demektir. Ölüm rüyasının, tek başına bir kitabı dolduracak kadar değişik tabirleri vardır. (bk. örnek 39)

ÖRNEK 39

Cenaze Merasimi

Rüyamda yengem ölmüş. Kalabalık. Herkes ağlıyor. Ben de ağlıyorum. O sırada bize bir kadın geliyor. Elinde de bohça. Bohçayı açıyor. İçinden oyalı tülbentler ve dantteller çıkıyor. Ben içimden kadına, "Cenazeye gelmiş, elindekileri niye getirmiş." diye kızıyorum. Daha sonra ağabeyim benim kılıç çiçeğimi koparıyor. Ağabeyime çiçeğimi kopardığı için kızıyorum.

F. İstanbul

Allah hayretsin.

Rüyada ölmek nefsi ıslah etmektir. Sizin de yengenizi ölmüş görmeniz iki şekilde yorumlanabilir. Birincisi, yengeniz, onda sevmediğiniz hallerini terk edecek ve salih bir insan olacak. İkincisi dindarlık yolunu seçecek. Bohçacı kadın ise, yeni bir ilişkiyi gündeme getiriyor. Büyük ihtimalle ağabeyiniz bir başka kadına gönül verecek. Bu kadın güzel sanatlara ilgisi olacak ve nispeten ahlâkî açıdan serbest fikirli olacak.

ÖLÜDEN BİR ŞEY ALIP VERMEK: Ölü, yiyecek vermiş ve siz yiyeceği yemişseniz rızk bolluğuna; yememişseniz, malınızın ve geçiminizin eksilmesine işarettir. Eski bir elbisesini verdiğini ve giydiğini gören, çok şiddetli üzüntüye düşer.

Elbise yeni ve sağlam ise, ferahlık olarak yorumlanır. Eğer elbiseyi alıp bir kenara bırakıp sonra tekrar alıp giyerse, vefat eder. Ölüden bir şey almak genellikle iyidir. Vermek ise, genellikle vefat veya üzüntüye işarettir.

ÖLÜ GÖMMEK: Rüyada ölü gömmek, hapishaneye

girmek, fakirlik, sıkıntı ve işlerin iyi olmayacağına işaret eder.

ÖLÜ ÜZERİNE AĞLAMAK: Bir kimse feryat edip ağlayarak birisinin ölümünü ilan etse, o kişi bilinen bir insansa, o ölümün ardından musibete düşer. Bağırarak ağlamak ağlayan kişinin fitne uyandırmasına işarettir. Bazen de bu şekilde ağlamak hidayetten sapıklığa veya dinden dönmeye işarettir.

ÖLÜ YIKAMAK: Onun borcunu ödemeye işarettir. Bir ölünün kendi kendini yıkadığını görmek, o ölünün evlat ve torunlarının üzüntüden kurtulup mal ve evlatça artmalarına işarettir.

Bir insanın bir ölüyü yıkadığını görmesi onun eliyle dini bozuk bir kimsenin hidayete ereceğine işarettir.

ÖNLÜK: Rüyada kendini önlük giymiş olarak görmek, yakında yeni elbiseler giyeceğinize işaret eder. Rüyada bir önlüğü yamamak, yeni bir aşk macerasının kahramanı olacağınıza işarettir.

ÖPMEK: Süslü bir kadını öptüğünü ve onu kucakladığını gören dul bir kadınla evlenir. Tanınan, bilinen bir artist kadını, onunla tanışıklığı ve arzusu olmadan öpmek ve kucaklamak, evli bir kadınla düşüp kalkmaktır.

Tanımadığı bir kadını öpen bütün kalbiyle dünyaya meyleder. Bir kadınla şehvetli olarak öpüştüğünü gören, gerçekten o işi yapar veya ondan uygun olmayan şeyler ister. Şehvetsiz olsa, büyük yardım ve menfaattir. Bunun dışında öpmek mal, sevgi, zafer, amaca ulaşmak ve müjdeli haberdir.

ÖPÜCÜK: Öpüşme rüyaları aşkla, flörtle ve izdivaçla ilgili rüyalardır. İnsanın rüyada sevgilisini öpmesi, onunla kuracağı yuvada mesut yaşayacağını; insanın rüyada karısını veya kocasını öpmesi, ev içinde kavgasız yaşaya-

cağını gösterir. Rüyada bir yabancıyı öpmek, hislerinizden emin olmadığınıza ve sevgilinizi birden bire başkasına tercih etme ihtimalinin olduğuna işarettir.

ÖRDEK: Asil ve saygıdeğer bir kadındır. Aynı rüyayı kadın görse, yardımcıları ve yiyicileri çok zengin bir adamdır. Sürüyle ördek, ucuzluk ve çokça maldır.

Bir yerde ördeklerin sesli olarak ötüşmeleri kadınların sesli ve feryat ederek ağlamalarına işaret eder. Yabani ördekleri görmek kara ve denizde ticaretle uğraşan kişilere işaret eder. Rüyasında beyaz ördek aldığını gören kimsenin eline çok mal geçer.

ÖRMEK: Rüyasında herhangi bir şey ördüğünü gören kişi, malını veya işini kaybeder. Fanila veya çorap ördüğünüzü görmek hayatta hiç parasız kalmayacağınıza işaret eder. Balık ağı ördüğünüzü görmek size iyilik yapan kimseleri üzdüğünüze işaret eder.

ÖRTÜNMEK: Rüyada kendisini elbise gibi bir şeylerle örtünmüş olarak gören kişi için bu rüya rızık talep etmekteki sevincine ve onun için hasıl olacak yüksek makama işarettir.

ÖRÜMCEK: Yoldan çıkmış, serkeş, hilekar, korkak bir erkek veya kocasıyla uyuşmayan, evinin iffetini dikkate almayan bir kadın yahut da çaresiz, dünya ile ilgisi kalmamış, ibadete düşkün bir insanı temsil eder.

Bunun bu tabirlere gelmesi rüyayı görenin hali ve rüyanın seyrine bağlıdır. Bir örümcek ağını gören, uzağa düşer.

Evinde birçok örümcek ağı olduğunu gören, bunları temizlemiyorsa, şiddetli bir fakirliğe mahkum olur, temizliyorsa, talihini yenmeye çalışır. Bir örümcek tuttuğunu gören, zarif ve çaresiz bir insanla dost olur.

ÖRÜMCEK AĞI: Örümcek ağı, genç erkekler için bütün işlerini alt üst eden bir düşmana ve bu düşmanını öğrenmeden işlerinin yoluna girmeyeceğine; tecrübeli yaşta ise, kesinlikle başarıya; kadınlar için rakibi ile arasının açılmasına; yaşlı kadınlar için para işlerinde sıkıntılı bir duruma düşeceğine işarettir.

ÖVÜNME: Büyük günahlardan birini işlemek demektir. Genç bir insanın kendini övdüğünü görmek düşmanından zarar görmek veya patronundan azar işitmektir.

Kendi üstlerine karşı kendisini övdüğünü gören, onlardan kötü muamele görür. İhtiyar bir kadının kendisini övmesi dünyanın insana meyline ve önder olmaya alamettir. Bilinen bir yaşlının övmesi de iyidir. Övünme de çoklukla terslikle yani zıddı ile yorumlanır.

ÖZÜR: Rüyada özür dilemek, uzun ömre ve yüksek bir mertebeye işaret eder. Bir tanıdığınızdan bir suçunuzdan dolayı özür dilemek, o kişiden büyük bir menfaat göreceğinize işaret eder.

OKUMA PARÇASI

Sadık Rüya

Şair Nabi, zamanın paşalarından birinin iltifatına mazhar olur ve beraberce hacca giderler. O devirlerde hacca deve ile gidilir. Develerin sırtına yüklenen ve "Mahmil" ismi verilen iki kişinin rahatça yolculuk edebileceği bir semer vardır. Nabi ile Paşa da böyle bir devede yolculuk ederler. Nihayet bir seher vaktinde Medine topraklarına girerler. Nabi, Peygamber'in kabrini ziyaret edeceğim diye heyecanlanır, mahmilin öbür tarafında ise paşa yatmış uyuyor. Bu durum Nabi'yi müteessir eder. "İki cihan güneşinin bulunduğu topraklara geldik. Biraz sonra Medine şehrine gireceğiz. Böyle yatmak hiç münasip olur mu?" diye düşünür ve bu heyecanla dudaklarından şu mısralar dökülür

Sakın terk-i edebten kûy-ı mahbub-ı Hudadır bu

Nazargâhı İlahîdir, makam-ı Mustafa'dır bu.

Nabi, farkında olmayarak bu mısraları birkaç kere tekrarlar. Her tekrar edişte sesi biraz yükselir. Ve nihayet öbür tarafta uyumakta olan Paşa uyanır.

"Nabi ne oldu, ne söylüyorsun?" der. Nabî de:

"Efendim, Peygamberimizin kabr-i saadetlerinîn bulunduğu Medine şehrine geldik de, bazı şeyler hatırladım, bundan söyledim."

Paşa da Nabi'nin heyecanına katılır. Abdest alıp yaya olarak Medîne sokaklarında Ravza-ı Mutahhara'ya doğru yürürler. Bu esnada kulaklarına bir ses gelir. Durup dinlerler.

Gelen ses Mescid-i Nebevi'nin minarelerinden yükseliyor. Sesi dikkatle dinleyince, biraz evvel Nabi'nin söylediği mısraların, müezzin tarafından okunduğu anlaşılır. İyice duygulanırlar. Paşa, Nabi'ye şöyle seslenir:

"Nabi bu hal nedir?" Nabi de:

"Bilmiyorum." der.

Her İkisi de sükut ederler ve beraberce minarenin kapısına giderler. Müezzinin minareden inmesini beklerler. Müezzin inince:

"O söylediklerin ne idi? Onları ne için söyledin? Sebebi nedir?" diye sorarlar. Fakat müezzin bir türlü söylemez. Ne kadar ısrar ederse de, "Söylemem, kafamı kesseniz yine söylemem." deyince:

- Ama... der Nabi. "Bunları biraz önce ben söyledim. Sana kim söyledi. Bu sefer müezzinin rengi ve tavrı değişir. Ve heyecanla:

- Senin ismin Nabi mi? der. "Evet" cevabını alınca müezzin Nabi'nin ellerine, Nabi de müezzinin boynuna sarılır. Bu dehşetli manzarayı seyreden Paşa, dayanamayıp:

"Nereden bildin onun isminin Nabi olduğunu, Allah aşkına söyle." der. Müezzin rüyasını anlatır.

"Efendim, akşam abdestli olarak yatmıştım. Biraz evvel Peygamberimizi rüyamda gördüm. Ya müezzin kalk yatma. Benim aşıklarımdan biri benim kabrimî ziyarete geliyor. Şu cümlelerle minareden onu istikbal et." dedi. Ben de hemen kalktım. Abdest aldım. Peygamberimizin iltifatına mazhar olan aşık kimdir? diye düşünerek minareye koştum. O beyitleri okudum. Bir taraftan da sizleri intizar ediyordum. Bunun için sizi görünce isminiz Nabi'mi diye sordum."

Birbirlerinden dua isteyerek ayrılırlar.

(Hekimoğlu İsmail, Nurettin Ünal. İlimde, Teknikte, Edebiyatta, Tarihte, Dinde Rüya, Türdav, İstanbul: 1981, s. 173)

Rüya Tabirleri

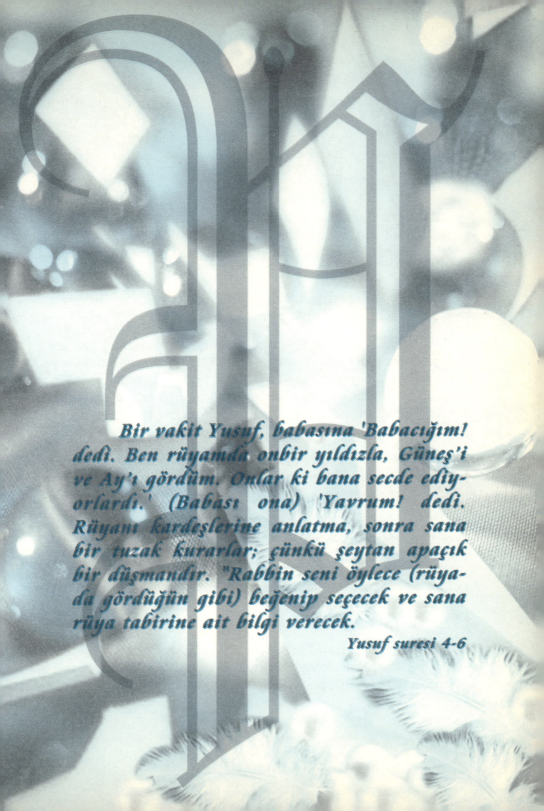

Bir vakit Yusuf, babasına 'Babacığım! dedi. Ben rüyamda onbir yıldızla, Güneş'i ve Ay'ı gördüm. Onlar ki bana secde ediyorlardı.' (Babası ona) 'Yavrum! dedi. Rüyanı kardeşlerine anlatma, sonra sana bir tuzak kurarlar; çünkü şeytan apaçık bir düşmandır. "Rabbin seni öylece (rüyada gördüğün gibi) beğenip seçecek ve sana rüya tabirine ait bilgi verecek.

Yusuf suresi 4-6

PADİŞAH:  Rüyada padişah ve sultan görmenin yorumu da kişinin durumuna göre değişir. Evine padişah geldiğini gören ya büyük bir lütfa veya büyük bir belaya hazır olsun. Kişi bunu rüyasının seyrinden anlar.

Padişahtan azar işitmek zarara, ondan tokat veya dayak yemek kudret ve malın artmasına yorumlanır. Padişahla kucaklaştığını yahut ona yardım ettiğini gören, devletin önemli mevkilerine gelir, zengin olup şöhret bulur.

Sultan ve padişah, memleketin yönetimini de temsil ettikleri için bazen rüya genele ait olur.

PALAMUT: Genç bir erkek rüyasında palamut topladığını görürse, sonu şüpheli olan bir işte başarıya; tecrübeli bir yaşta ise, az ücretli bir işi kabul edeceğine; genç bir kadın için çok iyi bir şansa; daha büyük yaştakiler için yapacağı bir işteki başarısından, başkalarının da istifade edeceğine işarettir.

PALMİYE: Evlerde salonları süsleyen palmiyeyi bahçede görmek, rüyayı görenin çok faydalı bir deniz yolculuğuna çıkacağını gösterir.

PALTO: Rüyada palto giymek, iyi bir mevki sahibi olacağına işarettir.

PAMUK: Rüyada pamuk helal mal, iffet, makbul iş ve halkın saygısını ifade eder. Pamuklu kumaş ve keten de pamuk gibi tabir edilir.

Rüyada pamuğun didilip atılması, günahların eksilmesine ve Hz. Peygamberin sünnetine işaret eder. Rüyasında bir hastalıktan dolayı pamuk kullandığını gören kimse, dinini güzel yapacak bir işe döner ve dinî emirleri yerine getirir.

Herhangi bir hastalığı olmadan pamuk kullanan kimse, verdiği sözü yerine getirir.

PANAYIR: Rüyada panayır görmek, geniş çapta bir alış veriş yapacağınıza ve bu alış verişten kârlı çıkacağınıza işarettir.

PANCAR: Üzüntü ve kedere işarettir. Rüyada pancar ektiğini görmek tanıdığınız insanlara iyilik yapacağınıza işarettir. Tarladan pancar topladığınızı görmek, piyango gibi bir şans oyunundan büyük bir para kazanmaya işaret eder.

PANJUR: Bazı yeni sırlar keşfedeceğinizi ve öğrendiklerinizi işinizde akıllı bir şekilde kullanacağınızı gösterir.

PANTER: Rüyada panter görmek, tatlı aşk günlerinin başlayacağına ve mali bir kriz içine düşüleceğine işarettir.

PANTOLON: Siyah renkli pantolon giymek, hatırlı insanlar için iyi bir rüyadır. Eski ve yırtık pantolon giymek tasa ve kedere işarettir. İpek ve yün pantolon, rengi ne olursa olsun, çok iyi bir şekilde yorumlanır.

PAPA: Rüyada papa ile konuşmak, sonu şüpheli bir işe atılmaya; papa ile ayinde bulunmak yakınlarından birinin vefatına işarettir.

Papadan bir şey almak bir Hıristiyan tarafından dava edilmeyi; papaya bir şey vermek bir Hıristiyana çok değerli bir yardımda bulunmayı gösterir. Kendisini papa olarak görmek büyük bir felakete uğranılacağını gösterir.

PAPAĞAN: Kadın ticaretiyle uğraşan çok yalancı ve zalim bir insana ve filozofa işaret eder.

Papağan, güzel hareket eden ve düzgün konuşan bir kadına veya çocuğa ya da yabancı bir kadına işaret ettii gibi aşırı derecede kibirli olan ve çok zina eden erkeğe de işaret eder.

 Rüyada erkek papağan görmek, açık sözlü, güzel ve zeki bir kadınla evliliğe; papağan öldürmek, evladınızı kaybetmeye; bir papağanı kafesten azat etmek, bir kişiye veya topluluğa büyük bir iyilikte bulunmaya işaret eder.

PAPATYA: Rüyasında birisinden papatya aldığını gören kişi o kimse ile dost olur. Bazı tabirciler papatyayı güzel bir kadın ve hanımın akrabaları olarak yorumlamışlardır. Papatyayı dalından koparmak, arzu ve isteklerinizin yerine geleceğine, birisine papatya almak veya hediye etmek o kimseye faydasının dokunmasına işarettir.

Kırda papatya topladığını ve demet yaptığını görmek, umulmadık bir yerden menfaat veya para kazanmak demektir. Papatyanın yapraklarını koparmak dostlarından ayrılmaya ve uzun süreli dostluk kuramaktır.

Evindeki vazoda tek bir papatyanın ıslanmış olduğunu görmek, yeni bir arkadaş veya yardımcı sahibi olmaya işaret eder.

PAPAZ: Bidat ve dünyadan elini eteğini çekmektir. Rüyada papaz olduğunu veya ondan bir şey aldığını, bir papaz tarafından öpüldüğünü gören, dünya ile alakasını keser, miskin ve fakir duruma düşer. Bazen de hilekar bir insanla tabir olunur.

PARA: Rüyada görülen para, riya ve mücadele esnasında söylenen bir sözdür. Para, alçak söz ve şerre işarettir. Rüyasında para bulan kişinin bu rüyası meşakkat ve usanca işaret eder. Rüyada görülen para cüzdanı, sahibinin bedenidir.

Ona gelecek herhangi bir şey sahibine aittir. Bazı tabircilere göre de para cüzdanı, sahibinin sırrıdır. Bu sebeple, rüyasında cüzdanının açık olduğunu ve ondan paraların düştüğünü gören kişinin sırları ve gizli şeyleri açığa çıkar.

PARFÜM: Gören kişi için zengin ise, malından; alim ise, bilgisinden; mesleği varsa, mesleğinden; halkın yararlanması demektir. Güzel kokular süründüğünü gören, halkın övgüsüne mazhar olur.

Bir kadının parfüm süründüğünü görmesi, şan ve şerefinin artmasına, eğer bu kokudan etrafındakiler rahatsız olmuşsa, adının kötüye çıkmasına işarettir.

PARKİNSON: (bk. Titreme)

PARMAK: İkinci derecede evlat ve kardeş çocuklarıyla iş ve meslekleri temsil eder. Başparmak muhakeme ve dirayeti; şehadet parmağı otorite ve iktidarı; orta parmak rahat ve huzuru veya varsa toprakla ilgili varlığı; yüzük parmağı, yaşama sevincini, refahı; küçük parmak ticaret, meslek ve ilmî faaliyeti temsil eder. Bunların herhangi birinde meydana gelen bir durum yukarıdaki anlamlarla tabir edilir.

Sol elin parmakları ile ayak parmakları da torunlar ve kardeş çocuklarıdır. Parmaklarını birbirine geçirerek el bağladığını gören, zaruret içinde kalır.

Rüyada parmakları kesik birisini görmek güvenilen mal sebebiyle sıkıntıya düşmeye işarettir. Bazen parmaklar beş vakit namazla tabir edilir. Baş parmak, sabah namazına; şehadet parmağı, öğle namazına; orta parmak, ikindi namazına; yüzük parmağı, akşam namazına ve küçük parmak da yatsı namazına işarettir.

Rüyada parmakların uzunluğu fazla hırsa, parmaklarının bir parmak fazla olduğunu görmek akraba, namaz ya da ilimde fazlalığa işarettir. Parmaklarının birinin diğeriyle yer değiştirdiğini gören, kişinin namazını diğer bir vakte tehir ettiğine işarettir.

Parmaklarının birbirine geçirilmiş olması da namazları

cem ettiğine ya da akrabalarının ona bir işinde yardım edeceklerine işarettir.

Rüyasında parmakları birbirine geçirmek rüyayı gören kişinin durumuna göre değişik anlamlara gelir. Bazen akrabalığa, ortaklığa, alış verişte anlaşmaya ve isteklere kavuşmaya işaret ederken bazen de rüya sahibinin geçimi için çalışmayıp boş kalmasına ve namazını terk etmesine işarettir.

PASAPORT: Rüyada pasaport çıkarmak veya görmek uzun bir yolculuğa çıkmaya işarettir.

PASTIRMA: Rüyada pastırma, sucuk ve salam gibi şeyleri satın almak veya satmak, kısmet ve nimete işarettir. Bunlar para ve iş konusunda iyi haberler müjdeler; fakat rüyada bunları yemek, hiç de iyi bir şekilde yorumlanmaz. İşlerde güçlük çekmeye ve ertelemeye işarettir.

PAŞA: Rüyada üniformalı bir Osmanlı paşası görmek, şan, şeref ve itibar işareti olarak tabire tabi tutulur.

PATATES: Patates her mevsimde ve ne şekilde olursa olsun maldır. Topraktan elde edilecek servet demektir.

Patates soymak kısmetin genişliğine ve arzu edilen hedeflere ulaşmaya işarettir. Patates ekmek yeni ve kazançlı bir işe başlamak demektir.

Pazarda veya başka bir yerde birçok patates görmek büyük bereket ve bolluk demektir. Başlanılan işte büyük kârlar sağlanacağına işaret eder.

Çürümüş patates görmek haram mal sahibi olmaya işaret eder.

PATLICAN: Pek hayra yorulamayan bir rüyadır. Mevsiminde bile düşünce ve tasadır. Göğüs hastalıklarını temsil eder.

Rüyada patlıcan yemek; yaltaklığa, kin ve kıskançlığa ve ikiyüzlülüğe işaret eder.

Beyaz patlıcan görmek halk arasında şan ve şöhretin artacağına işaret eder.

PATRİK: Bir kimse rüyasında patrik olduğunu görse, bu o kişinin öleceğine, boğulacağına veya elindeki nimeti kaybedeceğine işaret eder.

PAZAR YERİ: Rüyada pazar yeri görmek, menfaat, savaş, fitne, imtihan, geçim, iş ve durgunluğa işaret eder.

Pazar yerinde alış veriş yaptığını görmek, gelecekte sıkıntı ve keder çekmeye, şimdiden tedbirli olunması gerektiğine işaret eder.

PAZI: Kadın yüzünden düşülecek dert olarak tabir edilir. Rüyada pazı otu yediğini görmek, hafif bir hastalık geçirmeye işaret eder.

PAZU: Pazular da omuz gibidir. Kuvvet, yardımcı ve kardeşler olarak yorumlanır. Pazusunun zayıfladığını gören, yardımcılarını kaybeder. Tersi ise zıddı ile tabir edilir. Kolun kuvvetli oluşu meslekte ileri gitmeye de işaret eder.

PEÇETE: Arkadaş ve hanıma işaret eder. Rüyada katlı peçete görmek, bir mektup yüzünden hüzne düşüleceğine, beyaz peçete görmek, ferah bir habere; kirli ve renkli bir peçete görmek, adının bir dedikoduya karışmasıyla yorumlanır.

Kirli bir peçeteyi kullanmak, hastalık ve sıkıntıya düşmektir.

PEHLİVAN: Rüyada pehlivan görmek münakaşa yapmaya; pehlivanlık yaptığını görmek ise, iş hayatında başarısızlığa ve rakiplerinize yenileceğinize işaret eder.

PENCERE: Kurtuluş ve ferah olarak tabir olunur.

Pencereyi açmak bunlara kavuşmaktır. Kapatmak da zıddı ile tabir edilir. Bir pencere önüne bağlandığını gören delirir. Evdeki küçük pencereler hizmetçilerdir. Hasta için şifadır.

Rüyada penceresi olmayan bir evde pencere görmek, sultan için saltanata, tüccar için ticarete işarettir. Rüyada pencere yapmak tabirce ev yapmak gibidir.

Pencereyi kırdığını veya yerinden söktüğünü görmek, itibarını ve haysiyetini sarsacak bir harekette bulunmaya işaret eder.

Penceresi olmayan bir yerde pencereler olduğunu görmek, yakın bir zamanda ekonomik olarak kâr ve kazancın artacağına işaret eder.

PERDE: Perde yerinde iyidir. Yerinde değilse hüzün, keder, gizlilik, kuvvet ve güçsüzlüktür.

Siyah perde, devlet başkanı tarafından erişecek olan üzüntü ve kederdir. Yeşil perde, hayra ve övülecek sonuca işaret eder. Perdenin kesilmiş ve yırtılmış görülmesi, rüyayı görenin üzüntü ve kederinin gitmesine işaret eder.

Bir evin kapısında siyah bir perde olduğunu görmek o evde hüzün veya ölüm gerçekleşeceğine işaret eder.

PETROL: Rengi siyah ise, üzüntü ve keder; sarı ise, hastalık; su gibi ise, maldır. Gaz ve diğer petrol türevleri meşakkatle elde edilecek maldır.

Mazot, benzin veya gaz içtiğini gören yer altı zenginliklerinden yararlanır veya -eğer renk dikkat çekmişse- o rengin işaret ettiği mana da bir belaya uğrar yahut iyilik görür.

Petrol; şer, şiddet ve savaş ile de tabir edilir.

PEYGAMBER: Büyük peygamberleri görmek izzet, şeref, zafer ve yardıma işarettir. Bir peygamberden azar işiten veya ondan sille, tokat yiyen mağlubiyete uğrar.

Hareti Âdem'i gören, bir şeyde ilk olur. Dini bütün ise, erer. Hazreti Adem (as) ile konuştuğunu gören, tahsil etmediği ilimleri Allah tarafından öğrenir. Hazreti Şit (as)'i görenin mal ve evladı çok olur.

Kavimlerine bela verilmiş peygamberleri gören, düşmanlarına üstün gelir. Hazreti Lut (as)'u gören evlenmek üzere ise, evleneceği kadından hayır göremez. Her peygamber kendi mesleği ve hayatıyla tecelli eder.

Peygamberimiz Hazreti Muhammed (sav) bir hadisi şerifinde "Her kim beni rüyasında görürse, muhakkak ki, o uyanık bir halde de beni görecektir; çünkü şeytan bana benzer bir surete giremez." buyurmuştur. Bu söz rüyayı görene bir nevi müjdedir. Cennete girme müjdesidir; çünkü bizim, Peygamberimiz Hazreti Muhammed (sav) efendimizi bu dünyada uyanık görmemiz mümkün değildir. Yalnız, kemal mertebesine erip, murakabe suretiyle müşahede etmek müstesna. Tabirine gelince, Hazreti Muhammed (sav) rahmet ve bereketin sembolüdür. Rüyayı gören muhakkak ki her türlü keder ve sıkıntıdan kurtulur. Üzerinde çalıştığı işten hayır görür.

PEYGAMBER ÇİÇEĞİ: Rüyasında peygamber çiçeği gören, "Her umduğuna sahip olur." şeklinde yorumlanır.

PEYNİR: Bekar için nikahlanmaya, hamile olan hanım için çocuğa, artan mala ve uzun ömre işaret eder. Peynir bazen rızk ve berekete bazen de içinde maya bulunmasından dolayı faiz karışmış bir mala işaret eder.

Peynir, rüyayı gören için hazır mal ve senenin bolluğuna işaret eder. Peyniri ekmeğe katık edip yediğini gören kimsenin geçimi güç olur.

PINAR: Uzun ömür, saygıdeğer mevki, musibet, felaket, üzüntü ve hastalık olarak tabir edilir. Pınarın kaynayıp aktığını görmek cömert bir insanı da temsil eder.

Güzel ve suyu temiz bir pınardan su içtiğini, elini yüzünü yıkadığını gören, sıkıntıdan ve üzüntüden kurtulur. Su bulanık ve acı ise, üzüntü ve kederdir.

PIRASA: Dedikodu olarak yorumlanır. Kendisini olduğundan fazla gösteren kadın demektir. Rüyasında pırasa aldığını gören kimse, pişman olacağı bir söz söyler.

Bazı tabircilere göre, rüyasında pırasa yediğini gören kimse, zulüm veya hırsızlıkla kötü bir mal yer. Yediği pırasa pişmiş olursa, tövbe eder ve bu haram maldan geri döner.

PIRLANTA: Mağrur, kibirli ve görünüşünden başka bir şeyi olmayan, dışı süs, içi pis bir insan demektir. Pırlanta bir yüzük taktığını gören, böyle biriyle dost olur. Elmas da pırlanta gibidir. Rüyada pırlanta yediğini görmek maddi olarak çok fazla kazanç ve bolluk demektir.

PİLAV: Rüyada pilav yapmak veya yemek, esrarlı işlerin halline işarettir. Niçin ve nasıl olduğunu anlamadığınız olayların iç yüzünü keşfetmek olarak tabir olunur. İç pilavı yediğini görmek, mutlu yaşamanın sırrını elde etmek demektir.

PİLOT: Rüyada pilot görmek veya pilot olmak, yükselmeye ve büyük bir makam elde etmeye işarettir.

PİPO: Rüyada pipo görmek veya pipo içmek, zübbelik ve çok bilmişlik işaretidir.

PİRAMİTLER: Rüyada mısır piramitlerini görmek, eski milletler hakkında düşünmeye işarettir. Bu rüya bekar bir kimse için düğünsüz birisiyle evlenmeye veya sapık insanların arasına girmeye veya fen ilimleri için gayret etmeye ve okumaya işarettir.

PİRE (bk. Bit):

PİRİNÇ: Zor kazanılır mal demektir. İşlerin birbirine karışması olarak da tabir olunur. Rüyada pirinç topladığını görmek, helal kazanç ve gelir demektir. Pirinç pişirdiğini görenin ise, mal varlığı artar, zengin olur.

PİŞİRMEK: Rüyada ateşte bir şey pişirmek isteklere kavuşmaktır. Rüyada bir şeyi pişirmeye çalışmak, faydasını görebileceği bir işi canlandırmaktır. Burada pişirilen şeye göre değişik tabirler yapılır ve rüyada öncelikli olan neyse ona göre bir tabir yapılır.

PİYANGO: Piyango bileti satın almak, ümitsizliklerin devam edeceğine ve kısmetin kapanacağına işarettir. Piyangodan ikramiye kazandığını görmek ise, ummadığınız yerden bir miktar para kazanmaya bu paranın kısa sürede elinizden çıkacağına işaret eder.

PLAJ: Rüyada plajda bulunduğunu görmek İslamî emirleri terk etmeye işarettir. Ayrıca plajda güneş banyosu yaptığını gören ümitsiz ve karşılıksız bir duygusal hayat yaşar. Aşkının karşılığını göremez.

PLAK: Kişi, önündeki günler içinde eğlenceli dakikalar geçirecek demektir.

POLİS: Rüyada polis, devlet ve hükümetle tabir edilir. Bir polisten bir şey aldığını gören, emin olur ve korkularından kurtulur. Polise bir şey verdiğini görenin hükümetle işi olur. Eğer görülen zabıta ise, belediyeyi temsil eder. Yorum da ona göre olur.

Polis tarafından kovalandığını ve yakalandığını görmek ise, hayat boyu namuslu ve dürüst bir hayat sürmeye işaret eder.

POSTACI: Bir davetçiye, bir haberciye ve bazen de hayır için çalışan ve gayret eden bir kimseye işaret eder. Rüyada postacı görmek hareket ve yolculuk demektir.

PORTAKAL: Rüyada portakal görmek halka hayır ve iyilik yapmaya işarettir. Portakalın tadı tatlı ve hoş ise, mal ve menfaat; ekşi ve acı ise, keder ve sıkıntı olarak da tabir edilir.

PUSULA: Bilgin, yol gösterici, hakim ve yönetici, istikamet, vaiz demektir. Bir pusulanın boynuna asılı olduğunu gören, güvenlik kuvvetlerinde vazife alır.

Elindeki pusulanın yanlış gösterdiğini görmek, doğruluktan uzaklaşmaya, işlerindeki düzenin yok olmasına işaret eder.

PUT: Rüyalarda dünyayı en iyi temsil eden şey puttur. Ağaç put, münafık ve hain bir insanı temsil eder. Böyle bir puta taptığını gören, yalancılık ve dalkavuklukla kendisine faydası olmayacak bir insana yaklaşmaya çalışır.

Altın put; fayda görülmeyecek mala, gururlu zengine ve ihanet edecek güzel bir kadına; gümüş put; hayırsız evlada; toprak put, neticesiz iş ve verimsiz mesaiye delalet eder.

Gümüş put ve altın put, hile ile kadınların iffetine zarar vermeye de işaret eder. Yalın olan put, çocuğa, insanı Allah'tan uzaklaştıracak işe, şehvete, mala, sevgiliye, özellikle kadına yorumlanır. Yanında veya boynunda put veya onun şeklini taşıyan, Müslüman bir kadınla evlenir.

OKUMA PARÇASI

Sezar'ın Rüyası

Kahin Spirina, Sezar'a 15 Mart 44'te - M.Ö. - öldürüleceğini haber vermiş. Sezar buna inanmamıştı. Düşünür Strabon da, gökte ateşten insanların birbirleriyle boğuştuklarını ve bir asker yamağının elinden gayet kuvvetli bir alev çıktığını, eli yanmış olması gerekirken hiçbir iz kalmadığını ve Sezar'ın kestirdiği bir kurbanın kalbinin çıkmadığını söyler. Bu rüya, seçkin bir rüyadır). Ki, rüya gerçekleşmiştir.

Kalpurnia 15 Mart 44 (M.Ö.) sabahı kocası Sezar'a:

"Dün gece, rüyamda seni kanlar içinde gördüm. Çok korkuyorum." Sezar, aldırmaz bu sözlere ve kalkar gider senatoya. Sonra da, Marcus Brutus, Deçünus Brutus, Kasshis Longinus tarafından hançerlenir. (*)

(*) Rüya Dünyamız, H. Şinasi Çoruh, Kitapçılık Tic. Ltd. Şti. İstanbul-1968

(Hekimoğlu İsmail, Nurettin Ünal. İlimde, Teknikte, Edebiyatta, Tarihte, Dinde Rüya,Türdav, İstanbul: 1981, s. 247)

Uyuduğumuzda, bütün olumsuz gürültülerden kurtulur ve kendimizle başbaşa kalabiliriz. Böylece de rahatsız edilmeden kendimizi dinleyebilme imkanı buluruz. O zaman en derin ve en değerli duygularımız ile düşüncelerimizi rüyalarımızda gerçekleştirmemizi normal karşılamak gerekir.

Erich Fromm

RADYO: Radyo görmek yakınlarından veya kaybedilmiş, unutulmuş bir insandan haber almaktır. Radyodan türkü ve şarkı dinlediğini gören, acı bir haber alır. Radyoyu kurcalayıp istasyon aradığını ve bir türlü bir istasyon bulamadığını gören işinde kararsızlığa düşer.

Yabancı bir radyo istasyonunu dinlediğini ve normalde o dili bilmediği halde anladığını gören, o ülkeye gider. Radyosunun çalışmadığını gören, çevresi ile irtibat ve ilişkilerini keser.

RAF: Raf yolculuktan dönme, hamilelik durumu, kadın, başkanlık ve hayatı temsil eder. Raflarda görülen iyi ve kötü şeylere göre rüya tabir olunur. Kitap rafları görmek âlim bir çocuğa işaret eder.

Bazen de raf, emin bir kimseye veya sahibine faydalı olacak iş ortağına işaret eder.

RAHİP: Eğer üstü başı düzgün ve temiz ise, dindar ve değerli bir insan ile eğer üstü başı pejmurde ve pis ise, dinsiz ve ahlâksız bir kişi ile karşılaşmaya ve onunla arkadaşlık kurmaya işaret eder.

Rahipten her ne olursa olsun bir şey almak kötü haber veya felaket olarak yorumlanır.

Rahibe bir şey vermek, dini ile ilgili bir konuda hata yapmak, günah işlemek anlamına gelir. Rahiple kavga etmek ve onu yenmek, bir felaketten kurtulmaya ve mutluluğa işaret eder. (bk. örnek 40)

ÖRNEK 40

Ak Merkezde Bir Rahip Görüyorum

Evliyim ve kocam dindar bir adam. Rüyamda Ak merkez'deymişim. Rahip kılığında birini görüyorum. Üzerinde siyah cüppe var, belinde de rahiplerin bağladığı ip var. İpin kenarları sarkmış. Bir de bakıyorum bu rahip benim eşimmiş. Büyük bir şaşkınlıkla "Burada ne arıyorsun?" diyorum. O da bana, "Oğlumu arıyorum." diyor. Yanında birkaç daha rahip vardı. Uyandım.

Rumuz: Ayşegül -İstanbul

Allah hayretsin. İlginç bir rüya.

Eşinizin dindar olduğunu söylüyorsunuz. Kaç yaşında olduğunu belirtmiyorsunuz. Bildiğiniz gibi rahip, dünya nimetlerinden elini eteğini çekmiş insandır. Büyük ihtimalle eşiniz de ömrünün ikinci yarısında hayatını nispeten münzevî ve dünya nimetlerinden uzak geçirecek. Daha doğrusu dünya zevklerine aldırmayacak.

Sorduğunuz soruya "Oğlumu arıyorum." diye cevap vermesi de ilgi çekici. Öyle anlaşılıyor ki erkek çocuğunuz yok. Rüya, eşinizde bir erkek çocuğunun olması konusunda bazı özlemler bulunduğunu açığa vuruyor. Onun rahip kıyafetiyle görünmesi bu konuda pek ısrarcı olmadığını ve büyük ihtimalle bu ümidinden vazgeçtiğini gösteriyor.

RAHİBE: Rahibe de papaz gibidir. Rüyada bir rahibe ile işret ettiğini gören şarap içer. Kendisinin rahibe olduğunu gören, kız evlenemez; evli ise, kocası ölür ve ömrünün sonuna kadar dul kalır.

Genç ve güzel bir rahibeyi zorla iğfal ettiğini gören, cimri bir insanın mirasına konar. Temiz yüzlü bir rahibenin kedisine bir şeyler verdiğini gören, iffetli bir kız doğurur.

Rahibenin kendisine hizmet ettiğini gören, malını halka dağıtır ve kendisi muhtaç duruma düşer. Rahibe ile evlendiğini gören, iffetiyle şöhret bulan asil bir kızla evlenir veya çok büyük bir servete konar.

RAKI: Rüyada rakı görmek veya rakı içmek yanlış hayat tarzı ve çevredeki insanları rahatsız eden kişi olarak yorumlanır. Ayrıca rakı, haram kazanca, gayr-i meşru bir topluluğa üye olmaya veya ağır hastalık ve musibete işaret eder.

RAKS (Her türlü çalgılı oyun): Rüyada oynadığını görmek iyi değildir. Raks ve oyun üç şeyle yorumlanır. Musibet ve bela, üzüntü ve keder, alay ve gözden düşme.

Rüyada çılgınca dans ettiğini gören, eğer dans etmek onun şuur altında yerleşmiş bir heves değilse, âleme rezil olur. Meşhur bir insanın karşısında oynadığını görenin durumu da aynıdır. Bir kalabalık karşısında dans ettiğini veya oynadığını gören, çevresinin alay konusu olur.

Kahkahalarla, çığlıklarla oynadığını veya dans ettiğini gören, üzüntüye düşer, meşguliyeti dans ve oyun oynamak şartıyla.

RAY: Rüyada demir yolunda döşenmiş ray görmek bir yolculuğa işaret eder. Tren rayları üzerinde yürümek küçük bir tehlikeyle karşılaşıp ondan zarar görmeden kurtulmaya işarettir.

Bazı yorumcular ise, tren rayını çok uzun ve meşakkatli yolculuk olarak yorumlarlar.

REÇEL: Meşakkat ve zorluk ile elde edilecek maldır. Rüyada reçel yapmak veya reçel yemek ise, sağlık ve sıhhat içinde yaşamaya işaret eder.

REÇETE: Rüyada bir doktora muayene olup reçete alan kişi, hasta ziyaretine gider veya hafif atlatacağı bir hastalığa yakalanır.

REHİN: Bir kimsenin rüyasında kendisini rehin görmesi o kişinin çok günahkar olduğuna ve bu sebeple cehennemde rehin alınacağına işarettir.

Rüyada rehin olduğunu görmek, zillet ve rezilliktir. Kalbinin birisinin sevgisiyle meşgul olacağına işarettir. Bir kimse rüyasında güzel bir şeyi kötü bir şey karşılığında rehin verse, o kimse alçak birisini sever de bu sevgi onun değerini alçaltır.

RENDE: Kısa ömür ve boşa vakit geçirmektir. Ayrıca rendelenen nesneye göre yorum yapılır. Mesela turp, rendelemek turp ile yorumlanır.

RESSAM: Rüyada ressam görmek, ilme, geometriye, felsefeye, şiir ve gazel söylemeye işarettir. Bazen de rüyada ressam görmek yalan, korkulu ve tehlikeli işlere girmek şeklinde yorumlanır.

Rüyada ressam görmek, görüşü kabul edilecek birisine nesil ve mal sahibine ve her ilimde hissesi bulunan kimseye işaret eder.

REYHAN: Uykusunda ilkbaharda, güneşli havada bahçesinde reyhan görmesi sağlık ve ferahlığa ve çok güzel bir kadınla neşeli bir hayat süreceğine işarettir.

RIHTIM: Yolculuktan vazgeçmeye, tedbirli hanıma, kuvvete ve rahatlığa işaret eder. Ayrıca karı koca arasında güzel bir aile hayatına, rahat ve sükûnete işaret eder.

ROKET: Hayatta büyük çapta bir başarıya ulaşacağınızı gösterir.

ROMA: İlginç aşk serüveni yaşamaya aday olduğunuzu ve böyle bir aşk yaşayacağınızı gösterir.

ROMAN: Rüyada roman okuduğunuzu görmek, boş şeylerle uğraştığınızı gösterir.

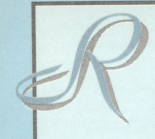

ROZET: Yakında semt değiştirip, yeni arkadaşlar edineceğinizi gösterir.

RÖNTGEN: Rüyada röntgen makinesi görmek veya röntgen çektirmek; ikiyüzlü ve içi dışı farklı bir kişiliğe ve bu durumun kısa zaman sonra ortaya çıkıp herkes tarafından bilineceğine işaret eder.

Kendi röntgenini çektirdiğini gören için rüyası, küçük ve zararsız bir rahatsızlık geçirmeye işaret eder. Başkasının röntgen filmi çektirdiğini görmek, herkesin kusurunu yüzüne vuran ve bundan dolayı hem kendisine hem de karşısındakine zarar veren bir kişiye işaret eder.

RUHUN ÇIKMASI: Rüyada ruhun cesetten çıkarıldığını görmek, emanetleri sahiplerine vermeye veya hastalık ya da hapislikten kurtulmaya işaret eder. Rüya sahibinin görüşemediği kimselerle görüşmesi anlamına da gelir. (bk. örnek 41)

ÖRNEK 41

Ruhum Bedenimden Ayrılıyor

Rüyamda büyük bir çarşıda alış veriş yapıyorum. Elimde poşetler var. Dolaşırken bir araba geliyor ve içinden üç veya dört adam iniyor. Kaçmaya başlıyorum. Adamlar beni yakalıyorlar ve ellerindeki otomatik tüfeklerle beni tarıyorlar. Bu olay rüyamın içinde tam üç defa oluyor. Sonra kendimi yatakta görüyorum. Ruhum bedenimden çıkıp gidiyor. Ve ben bunun farkındayım. Ruhum bedenime tekrar geliyor ve yatağın ortasına oturuyorum. Kelime-i şehadet getiriyorum ve bu sırada uyanıyorum.

A. Ç.

Hükümetle ilgili bir işiniz olacak. Belki loto, belki piyango benzeri bir şeyden büyük paralar kazanacaksınız; ancak bu size fazla huzur getirmeyecek. Daha sonra belki büyük bir tövbe ile hayatınızı yeniden düzene koyacak ve dindarane bir hayat yaşayacaksınız.

Yahut üç veya dört ortaklı bir iş yerinde çalışacak ve onlardan çok büyük yarar göreceksiniz. Dünyalık açısından fazla zorluk çekmeyeceksiniz. Bu insanları önceden tanıyor olmalısınız.

RUJ: Ruj ve allık sürdüğünü gören kadın kocasını memnun eder. Dudaklarına sürdüğü rujun tutmadığını gören, kocasından gerekli ilgiyi görmez.

Haddinden fazla ruj sürdüğünü gören bir yakını tarafından kötü yola düşürülür. Sürdüğü rujun karardığını gören iftira eder veya iftiraya uğrar.

Rujun yüzüne de bulaştığını görmek pek hayırlı değildir. Süslendikten sonra kendisini beğenen kadın, kibirli ve gururlu olur.

RÜŞVET: Rüyada bir kişiden rüşvet aldığını görmek, içinde yaşadığınız arkadaş çevresinin kötülüğüne ve bundan uzaklaşmanız gerektiğine işaret eder.

Rüyada birisine rüşvet teklif ettiğini gören ise arkadaşlarıyla olan dostluklarında daha ciddi ve fedakar olması gerektiğine bir ikazdır.

RÜZGAR: Gören şahsın mevkisine ve durumuna göre değişir. Şiddetli rüzgar toplumu etkileyecek sıkıntılara; tozlu dumanlı eserek ağaçları söken rüzgar, ölümlere sebep olacak bulaşıcı hastalıklara yorulur.

Sam yeli ateşli hastalıklara, soğuk rüzgar damar sinir ve beyin hastalıklarına delalet eder. Hoş ve sakin esen rüzgar sevinçtir. Rüzgara tutulup sürüklendiğini gören uzun bir yolculuğa çıkar. Hortuma tutulup yükseldiğini görenin eceli yakındır.

 Rüzgarda uçtuğunu gören şerefli olur. Rüzgar dokuz şeyin habercisidir. Müjde, söz geçirmek, mal, ölüm, keder ve sıkıntı, savaş, hastalık, şifa ve rahmet. Bu da kişinin ve rüzgarın durumu ve esişine göre değişir.

OKUMA PARÇASI

Hazreti Osman'ın Şehadeti

Bir gün Hazreti Osman, Hazreti Ali'yi asilerle konuşmaya davet etmiş. Hazreti Ali gelerek Hazreti Osman'ın yanına girmek istemiş, asiler ona da mani olmuşlardı.

Medine-i Münevvere'nin duçar olduğu bu hürmetsizlikten müteessir olan ashabın bir çoğu Medine'den çıkmışlardı. Medine'de ashabın büyüklerinden ancak üç kişi kalmıştı. Bunlar, Hazreti Ali ile Talha ve Zübeyr idi. Hazreti Ali, fitneyi bertaraf etmek, Hazreti Osman'a yardım için müteaddid defalar teşebbüs etmiş fakat muvaffak olamayarak evine çekilmek mecburiyetinde kalmıştı. Bunların bütün yapabildikleri, oğullarını Hazreti Osman'ın kapısına göndermekten ibaretti. Bizzat Hazreti Osman, evini muhasara edenlere karşı nasihatlerde bulunmuş, bu da onlar üzerinde bir tesir icra etmemişti. Hazreti Übey bin Kaab asilerle temas ederek onları çevirmeye çalışmış, o da muvaffak olamamıştı. Nihayet Hazreti Osman evinin bir tarafında asilere son derece müteessir bir nutuk irad etmiş ve şu sözleri söylemişti:

"Resul-i Ekrem'in Medine'deki mescidi küçük ve dardı. O zaman her kim mescidi genişletirse, ona, Cennet'te yüksek bir makam verileceği beyan buyrulmuş, ben derhal Peygamberimizin emrini yerine getirmiştim. Siz ise, bugün beni bu mescidde namaz kılmaktan men ediyorsunuz. Müslümanlar Medine'ye geldikleri zaman Rume Kuyusu'ndan başka suyu tatlı olan bir kuyu yoktu. Resul-i Ekrem 'Kim bu kuyuyu satın alır da Müslümanlara vakfederse, Cenab-ı Hak Cennet'de daha büyük bir ecir ihsan eder." buyurmuştu. Allah'ın inayetiyle bu iyilik de bana nasip oldu. Siz ise bugün beni o kuyunun suyundan mahrum ediyorsunuz."

Hazreti Osman, bu tarzda beyanatına devam ederek bir Müslüman ancak üç günah yüzünden öldürülebileceğini, bunların da zina, amden katil ve İslamiyetten irtidat olduğunu, kendisinin ise, bütün bu günahlardan azade olduğunu söylemiş; fakat bütün bu kuvvetli beyanlar müfsitler üzerinde bir tesir icra etmemişti. Hazreti Osman müfsitlerin nasihat ile dağıtılamayacağını anladığı halde nefsini sıyanet için bir Müslümanın da kanını dökmek istemeyerek neticeyi beklemeğe başlamıştı.

Bir gece Hazreti Osman rüyasında Resul-i Ekrem'i ve Hazreti Ebubekir ile Ömer'i görmüş, Resül-i Ekrem ona "Hep oruçluyuz, iftara seni bekliyoruz." demişti. Bu rüyadan sonra Hazreti Osman uyanmış, son deminin yaklaştığını anlamıştı. Ertesi günü Cuma idi. Oruca niyet etti. Bütün gününü ibadet ve Kur'an-ı Kerim tilavetiyle geçirdi. Kapının önünde Hazreti Hasan ile arkadaşları, asileri içeri girmekten men ediyordu. Müdafaa esnasında Hazreti Hasan yaralanmış, asiler duvardan atlayarak içeri girmeye muvaffak olmuşlardı. İçeri girenler arasında Kinane bin Bişr, Hazreti Osman'ın başına bir demir parçası indirmiş. Sudan bin Hamran ikinci darbeyi indirmiş, Hazreti Osman'ın kanları akmaya başlamış, Amr bin Humuk, Hazreti Osman'ın göğsüne hançerini saplamış ve dokuz yerinden yaralamıştı. Diğer bir şaki, Hazreti Osman'ın yanında bulunan ve onu müdafaaya çalışan zevcesi Naile'nin birkaç parmağını doğramıştı.

Hz. Osman hemen ruhunu teslim etti ve inşaallah iftar için iki cihan serverinin sofrasına yetişti.

(Hekimoğlu İsmail, Nurettin Ünal. İlimde, Teknikte, Edebiyatta, Tarihte, Dinde Rüya,Türdav,İstanbul: 1981, s. 275)

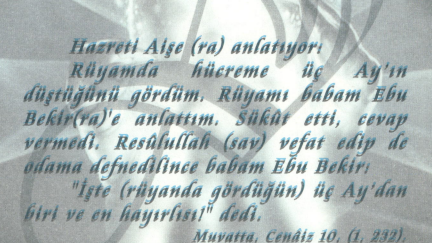

Hazreti Aişe (ra) anlatıyor:
Rüyamda hücreme üç Ay'ın düştüğünü gördüm. Rüyamı babam Ebu Bekir(ra)'e anlattım. Sükût etti, cevap vermedi. Resûlullah (sav) vefat edip de odama defnedilince babam Ebu Bekir:
"İşte (rüyanda gördüğün) üç Ay'dan biri ve en hayırlısı!" dedi.

Muvatta, Cenâiz 10, (1, 232).

 **SAAT:** Çocuk ve ortağa işarettir. Rüyada görülen saat sahibi için süs ve güzelliktir. Rüyasında kusursuz ve tam olarak işleyen bir saat görmek geçim bolluğu, rızkın genişliği ve aile saadetine işaret eder.

Saatin kırıldığını veya kaybolduğunu görmek; iç sıkıntısı, keder, ölüm, hastalık gibi bir kötü duruma işaret eder. Saatin bozulmuş olduğunu görmek ise, işlerinin bozulacağına işarettir.

Rüyada saatin çaldığını duymak, sevgili ve değerli bir kişiyle karşılaşma ve dostluk kurma veya kazanç sağlanacak bir işe başlamaya işaret eder. Eğer uyanıldığında saatin kaç kez vurduğunu hatırlarsa, o sayıya terettüp eden ay içerisinde bu olay gerçekleşir.

Yeni bir saat satın almak, herkesi iyi bilip her sırrı onlarla paylaşmanın yanlış ve tehlikeli olduğuna bir işarettir. Aynı zamanda bir saat almak bir evlat sahibi olmak olarak da yorumlanmıştır.

SABAH: Kurtuluş, refah, ucuzluk demektir. Töhmet altında olan töhmetten, sıkıntıda olan sıkıntıdan, hasta olan hastalıktan kurtulur. Pahalılık varsa, ucuzluk; keder varsa, sevinç gelir. Sevda çekip sabah olduğunu gören sevdiğine kavuşur.

Hamile ise, kız çocuğu olur. Sabah en iyi rüyalardan biridir; çünkü kötüye yorulmaz. Her ne şekilde olursa olsun içinde bulunulan zorluk, sıkıntı ve meşakkatlerden kurtuluşa bir müjdedir.

SABUN: Mal, takva ve durumunu düzeltme olarak yorumlanır. Bir sabunla elini yüzünü yıkadığını gören, gireceği davada temize çıkar. Davası yoksa, maddî ve manevî durumunu düzeltir.

Rüyasında bir sabunla elbise yıkadığını ve temizlediğini

gören kimse, hasta ise, iyileşir; günahkar ise, tövbe eder; borçlu ise, borcunu öder.

Rüyada sabun yediğini gören için bu rüya başlanılan işte zor kazanç ve sıkıntı fazlalığına işaret eder. Sabun yapmak, almak veya bulmak farklı alanlarda iyilik, güzellik ve bolluk demektir. Sabunu atmak veya satmak, gelirlerini veya mal varlığını başkasına kaptırmaya işaret eder.

Rüyada sabununu kaybetmek yakın bir zamanda yakalanılacak olan bir hastalık veya derde işaret eder.

SAÇ: Kişinin kendi halini görmesidir. Rüyada saçının arttığını gören, altından kalkamayacağı işlerin altına girer ve bu yüzden gam, keder ve üzüntüsü artar. Uzun saç, tek başına keder ve üzüntüdür.

Kadın için bunun tam aksidir. Rüyada saçının uzadığını gören kadın, sevilmiyorsa, sevilmeye başlar. Kız ise, evlenir.

Erkek için saç, iş anlamına da gelir. Saçını tıraş ettiğini gören memur görevinden ayrılır. Hacda vaktinde tıraş olduğunu gören her türlü günahından arınır. Saç devlet erkanı için dert ve keder, fakir için mal ve saadet, inanan için hac, bazen de ömür ve mal olarak yorumlanır.

Kişinin içinde bulunduğu duruma göre tabiri değişir. Saçına kır düştüğünü gören, itibarlı ve saygıdeğer olur. Saçının tamamen ağardığını gören, gücünü yitirir. Saçının döküldüğünü görmek yakınlarını kaybetmek olarak yorumlanır. (bk. Bıyık ve Sakal)

Çirkinleştirmeyecek şekilde saçını kısaltmak ve yolmak, hüzün ve kederin gitmesine işarettir. Avuç içi ve ayak altı gibi uygun olmayan yerlerde saç bitmesi, o kişinin rahatının bozulmasına veya Allah'ın rızası olmayan bir işte çalışmasına işarettir.

Kadın ve erkeklerden saçını örmeyi âdet etmiş kimsenin rüyada saçını örmesi hoştur. Bunların dışındakiler için saç

örmek, işlerin durgunluğuna, fazla borçlanmasına ve bazen de işinde aciz olmasına işaret eder. (bk. örnek 42, 43)

ÖRNEK 42

BABAM SAÇLARIMI YAKTI

Rüyamda bizim evdeyiz. Yeni doğum yapmış kardeşim de bizde. Onlara gitmek için babamdan izin istiyorum. Neden, nasıl çıktığını bilmediğim bir tartışma çıkıyor. Babam saçlarımı yaktı. Yarısında söndürdüm. Akşam üstüydü. Çıkıp saçlarımı düzeltmek için berber arıyorum. Bütün berberler kapalı ve ben saçlarımı kestiremiyorum. Uyandım. Bu arada bir süre önce nişanlımdan, ayrıldığımı belirteyim. Rüyamda hayal meyal onu da gördüğümü hatırlıyorum, ama net değil.

Rumuz: Sırus

Allah hayretsin.

Bu bir ikaz rüyasıdır. Kendinize dikkat edin. Özellikle de eniştenize dikkat edin. Onunla aranızda istenmeyen bir durum olabilir ve bu sizi aile içinde zor duruma düşürebilir. Dedikodu konusu olabilirsiniz. Bu da sizi uzun süre etkileyebilir. Eski arkadaşınıza yeniden dönebilirsiniz, ama iş işten geçmiş olabilir.

SADAKA: Rüyada birine bir şey verdiğini gören, alimse, ilminden; zenginse, malından; mevki sahibi ise, makamından insanlar faydalanır. Rüyada söz ve sadaka kuvvettir; belalardan kurtulmaktır. Sadaka veren kendisini kıskananları alt etmiş olur.

SAFİR: Rüyada safir taşı veya safir taşından yapılmış bir süs veya zînet eşyası görmek hiç ummadığınız bir yerden bol miktarda para veya yardım geleceğine işarettir.

Rüyada kadının kendisini safir süs eşyaları takınmış görmesi, kocasına göstermiş olduğu sevginin karşılığını göreceği ve mutlu bir yuva sahibi olacağına işaret eder.

SAĞIRLIK: Rüyada sağır olduğunu görmek "Onlar, sağır, dilsiz ve körlerdir." mealindeki ayete binaen dince noksanlığa işarettir.

SAHRA: Rüyada çöl, sahra görmek, şiddet ve mihnetten kurtularak genişliğe ve selamete çıkmaya işarettir. Aynı zamanda günahlardan tövbeye kazanca ve hastalıklardan sağlığa kavuşmaya işarettir.

Rüyada çöl ve sahrada yürümek, kendisinde fayda olmayan bir işe başlamaya işarettir.

SAKAL: Sakal da saç gibidir; fakat sakal biraz daha manevi hayatla alakalıdır. Rüyasında sakalını haddinden fazla uzamış gören, kedere, üzüntüye düşer.

Uzun sakal, eski tabir kitaplarında ahmaklık, aklın azlığı ve tedbirsizlik olarak yorumlanmıştır. Sakalını tıraş ettiğini gören, borçlu ise, borcundan; hasta ise, hastalığından; ortak ise, ortaklıktan kurtulur. Aksi takdirde itibar ve sevinç olarak tabir olunur.

SAKIZ: Rüyasında sakız çiğnediğini gören kişi, yanlış ve hoşa gitmeyen bir şey yapar. Münakaşa ve şikayet gibi durumlarda hep ön plana çıkar.

SAKSAĞAN: Çok korkunç ve tehlikeli bir haberdir.

SAKSI: Rüyasında saksı gören bir kimse, genç güzel bir kızla evlenir; evli ise, kazancı artar.

SAL: Eğer bir erkek rüyasında kendisini bir sal üzerinde, akıntıya kapılarak gidiyorken görürse bu rüya, hayatında ilk bakışta kötü, fakat sonu çok iyi bir değişikliğe işarettir. Aynı

rüyayı bir kadının görmesi, hiç ummadığı bir anda aşkta başarı elde edeceğini haber verir.

SALATALIK: Mevsiminde görülen salatalık kolay elde edilen kazançtır. Rüyada salatalığın bıçakla kesilmesi iyidir. Hanımı hamile olan bir kişi rüyasında salatalık yediğini görse, kız çocuğu olur.

Rüya sahibinin satın alıp evine götürdüğü salatalık hanımının hamile olmasına işarettir. Rüyasında bir salatalık tarlasına sahip olduğunu ve orada hükmettiğini gören kişi mal sahibi olur. Düşmanı onun yanında zelil olur. Bekar ise, evlenir; talebe ise, çeşitli ilim tahsili yapar. Günahkarsa tövbe eder.

SALINCAK: Kendisini rüyada salıncakta gören kişi sapıklık içindedir ve ne yaptığını bilmemektedir. Rüyasında sallanan kişi için bu rüya inancının sağlam olmadığına işarettir.

SALYANGOZ: Rüyada salyangoz görmek, işlerinizde ağır bir tempoda da olsa başarıya ulaşacağınıza, aşkta karşılık göreceğinize, elinize bol miktarda servet imkanı geçeceğine ve mutlu olacağınıza işarettir.

SAMAN: Mal, nimet, bereket, gayeye ulaşmak ve iyilik görmektir. Saman yediğini gören, cahil olduğu halde çok zengin olur. Saman, kendisi kadar paradır, dünyalıktır.

Rüyada samanı sandık, kasa vs. gibi normalinde saman konulmayan yerlerde görünce bu rüya kıtlığa ve samanla beslenen hayvanların helakına işarettir.

Rüyada samanın yandığını görmek, mesut ve mutlu bir hayat sürmeye işarettir. Birisine saman verdiğini gören, o kişiye para yardımı yapar.

Samanlıktan saman çıkarmak elden çıkacak olan para ve

mal olarak yorumlanır. Hayvanlara saman vermek ise, faydalı bir iş veya girişime para yatırmak olarak yorumlanır.

ÖRNEK 43
LOKANTADA SAÇLARIMI KESTİRİYORUM

Rüyamda bir lokantada oturmuş yemek yiyorum. O sırada kendimi görüyorum. Saçlarım uzunmuş. Saçım enseme gelmiş. "Saçlarımın kısa olması gerekir." diyorum. Daha sonra saçlarımın ucundan makasla kestirdim fakat çokça değil. Normal büyüklükte kaldı saçlarım.

M.A.B.

Askerde olduğunuzu söylüyorsunuz. Bu da gördüğünüz rüyayı yorumlamamızda etkili oluyor. Diyebiliriz ki, askerde işiniz başınızdan aşkın ;ama görevlerinizde bir azalma olacak. Küçük bir sıkıntıya düşeceksiniz ama kısa sürede o sıkıntıyı atlatacaksınız. Belki de bir ceza alacak ve bir süre işinizden uzak kalacaksınız.

SANDAL: Küçük memuriyet ve gündelik işler olarak yorumlanır. Rüyada sandal görmek üzüntü, makam ve rütbeye işarettir.

Sandalla denizde bir gezinti yaptığını görenin aile hayatında küçük bir huzursuzluk çıkacağına işarettir. Rüyasında bir sandal satın aldığını gören kişi için rüyası tecrübeli kişilerin fikirlerinden istifade edilmesi gerektiği, aksi halde maddi ve manevi zararlara uğranılacağı şeklinde yorumlanır.

SANDALYE: Rüyada sandalye görmek memuriyet, mansıp ve makama işarettir. Rüyada sandalye gören bir erkek ise, iyi bir mevki ve konuma gelmeye işaret eder.

 Oturduğunuz sandalyeden kalkmak, onu satmak veya kaybetmek, evliler için boşanma veya işinden ayrılma ve iflas olarak yorumlanır.

İki sandalyeyi birbiri üzerine koyup oturduğunu gören için rüyası iki kadınla ilişkide bulunacağına veya iki farklı iş kolunda muvaffak olunacağına işaret eder.

RÜYA ÜÇ KISIMDIR

Avf İbnu Mâlik radıyallahu anh anlatıyor: "Resülullah aleyhissalâtu vesselam buyurdular ki:

"Rüya üç kısımdır: "Bir kısmı; âdemoğlunu üzmek için şeytandan olan korkulardır; bir kısmı, kişinin uyanıkken kafasını meşgul ettiği şeylerdendir; bunları uykusunda görür; bir kısım rüyalar da var ki, onlar peygamberliğin kırkaltı cüzünden birini teşkil eder."

Râvi Müslim İbnu Mişkem der ki: "Ben, Avf İbnu Mâlik (r.a)'e: "Sen, bu hadisi Resülullah aleyhissalâtu vesselâm'dan bizzat işittin mi?" dedim. Avf, (iki sefer tekrarla): "Evet! Ben bunu Resülullah aleyhissalâtu vesselâm'dan işittim. Ben bunu Resülullah aleyhissalâtu vesselam'dan işittim." dedi."

SANDIK: Rüyada içi dolu sandık görmek, bolluk ve zenginliğe; dolu bir sandık satmak veya başkasına vermek, gizli işleri meydana çıkaracağına; başkalarının sandığını açmak, bekarlığa; boş sandık, kıymetsizliğe; demir sandık, mevkide yükselişe; tahta sandık, evliliğe; kırık sandık, iyi bir habere; denizde yüzen sandık, büyük bir kısmete; boyalı ve işlemeli sandık, çok iyi ve mutlu bir yaşantıya; kapağı açılmayan sandık, kedere ve üzüntüye işarettir.

SANDVİÇ: Satın almak veya yemek, sıkıntılardan kurtulup huzur ve güven ortamına ulaşmak olarak yorumlanır.

SARAY: Görkemli ve belki kral soyundan bir kadını temsil eder. Bir saray aldığını gören, fakir ise, zengin olur, soylu bir kadınla evlenir, korktuğu şeyden emin olur.

Rüyada boş bir saray görmek, her alanda büyük güçlükler ve sıkıntılarla karşılaşmaya işaret eder.

Kendine bir saray yaptırdığını gören zengin için daha çok mal ve kazanca; fakirler içinse, yoksulluk ve kederle dolu günlerin yakınlığına işarettir.

Büyük bir kralın sarayında misafir olduğunuzu görmek mevki, itibar ve gelirinizin artarak sosyeteye karışacağınıza işaret eder.

SARGI BEZİ: Rüyada görülen sargı bezi, dürülmüş olmazsa mala, dürülmüş olursa yolculuğa işarettir.

Yalın olarak sargı bezi dertlerden kurtulma demektir. Düşmanlarınızın ve hasımlarınızın saldırılarından zarar almadan kurtulmaya işaret eder.

SARHOŞLUK: Rüyasında sarhoş olduğunu gören kişi için bu rüya üzüntü ve kedere işarettir. Şarap içtiğini ve sarhoş olduğunu gören kimseye haram mal gelir.

Şaraptan başka bir şeyle meydana gelen sarhoşluk, sarhoşluk nispetinde şiddetli bir korkudur. Eğer korku içinde bulunan bir insan rüyasında sarhoş olmuşsa, bu rüya o kimse için hayra işarettir.

Eğer rüya gören salih bir kişi ise, Allah'a olan aşk ve muhabbetinden ötürü vecde gelir ve gönül sarhoşu olur.

Şarap içmediği halde sarhoş olduğunu görmek şiddetli bir korku ve sıkıntıya düşüp zarara uğramaya işaret eder.

SARIMSAK: Ağız kokusu, dedikodu, gıybet, haram mal demektir. Pişmiş sarımsak günahlardan tövbe etmektir. Sarımsak ektiğini gören, ağzı kokan biriyle evlenir veya dedikoduyu seven biri ile düşüp kalkar.

Sarımsağı kökünden çıkardığını gören kimseye akrabaları tarafından bir zarar erişir.

Taze sarımsak görmek; hüzne, kötü söz işitmeye, haram mal kazanmaya işarettir.

Kuru sarımsak görmek; gam, keder ve endişeli bir hayat sürmeye işaret eder.

Tarlada henüz yetişmekte olan taze sarımsaklar görmek, çektiğiniz sıkıntı ve hastalıklar yüzünden uzun bir istirahat yapılması gerektiğine işaret eder.

SARMAŞIK: Rüyada görülen sarmaşık doktordur. Rüyada sarmaşık gören kişi tıp tahsili için çalışır ve gayret gösterir.

SARP YOKUŞ: Rüyasında bir ihtiyacı için bir yokuşa çıktığını gören kimse, rüyadaki azmi ölçüsünde dünya ve ahiretini kazanmaya gayret gösterir. Bazen de sarp yokuş kendilerine mal ve can emanet edilemeyecek olan arkadaşa işaret eder.

Rüyada sarp bir yokuşa çıkmak ilim öğrenmeye, güzel siyaset yapmaya, sözünde durmaya veya yaptığı iyi bir şeyden dolayı rüya sahibinin kadrinin yükselmesine işaret eder.

Eğer birisi rüyasında böyle bir yokuşun zirvesinden ta dibe kadar düştüğünü görse, iyi olan durumunu kaybeder, dinden dönme noktasına gelir.

SARRAF: Rüyada sarraf görmek ticarî işlerinizin bir süre için sekteye uğrayacağına işaret eder. Rüyada sarraflık yaptığını gören borsa ve tahvil işlerinde zarara uğrar.

SATRANÇ: Savaşa düşmanlığa, tazminata, sırlara muttali olmaya, bir halden diğer bir hale dönüşmeye, meslek sahibi olmaya, mizacın bozulmasına ve yolculuğa işarettir. Rüyasında satranç oynayan kişi, kendisinin leh ve aleyhinde olacağını bilmediği halde kavga ve münakaşa çıkarmaya çalışır.

Rüyada satranç oynadığını ve düşmanını yendiğini gören kimse bu galibiyeti gerçek dünyada, uyanıkken de elde eder.

SAVAŞ: Savaş ve çarpışma üç türlüdür. Biri devletler arası, biri iktidarla halk arasında, biri de halkın birbiriyle olan savaşları ve çarpışmaları. Devletler arası bir savaş görmek veba, kolera gibi bulaşıcı hastalıkların yayılacağına işarettir.

SAVCI: Arzuya erişmeye, korku ve şiddetten kurtulmaya işarettir. Rüyada yaşadığınız bölgenin savcısını görmek yakın bir zamanda mahkemelik olmaya işaret eder.

SAYFİYE: Rüyada bir sayfiye yerine gittiğini görmek yolculuk veya başka bir eve taşınmaya işarettir.

SAZ VEYA SAZLIK: Rüyada sazlık bir yer görmek ahlâk seviyesi düşük insanlara yorulur. Rüyada sazlık bir yere girdiğini görmek, bu tip insanlarla kurulan arkadaşlığa işaret eder.

Bir demet saz aldığını görmek, aşağı tabaka insanların aracılığıyla kâr elde etmek demektir. Bahçesinde saz diktiğini veya saz bittiğini görmek, kötü huylu bir kişiyle ortak olmaya ve zarara uğramaya işaret eder.

SAZAN BALIĞI: Rüyada sazan balığı görmek hayra yorulur. Sevinçli bir haber, para, şöhret ve aşk anlamına gelir.

SECCADE: Bir seccade üzerinde oturduğunu gören hacca gider, dine düşkün olur. İpek bir seccadede oturduğunu veya namaz kıldığını gören ibadetinde ve işlerinde ikiyüzlü, gösteriş düşkünü olur.

Seccade satın almak, evine refah ve saadet gelmesi, seccade satmak bir keder ve hüzne uğrayıp zarar görmesidir.

 Yün seccade görmek, kendini ıslah etmeye ve ibadetle meşgul olmaya; pamuktan yapılmış bir seccade görmek, bekar erkekler için güzel ve iyi huylu bir kadın ile evlenmeye işaret eder.

SECDE: Rüyada secde ettiğini gören, dinden olur. Ateşe secde ettiğini gören fitneye düşer veya yanar. Aynaya karşı secde etmek kendisine olduğundan fazla değer vermektir. Bir insana secde ettiğini görmek, onun emrine girmektir. İnsanların kendisine secde ettiğini görmek onlara yönetici olmaktır.

Rüyada secde ettiğini gören, dindar bir hayat sürer. Secde, kurtuluş ve zafere, işlemekte olduğu günahtan tövbe etmeye, ömrün uzunluğuna, tehlikelerden kurtulmaya işarettir.

SEL: Gözyaşı, büyük düşman, zalim ve acımasız yönetici, galip asker, milletin arasına düşecek fitne ve ikilik olarak yorumlanır.

Rüyada her tarafı sel bastığını görmek bütün halkı saracak bir belaya işarettir. Caddelerin bulanık sel aktığını gören üzülür. Bu sulardan geçip üstü başı çamur olursa, karısıyla veya nişanlısıyla büyük bir münakaşa yapar veya başka bir sebepten dolayı üzülür.

Selin, evleri, dükkanları doldurduğunu görmek, Allah tarafından gelecek belaya işarettir. Kısacası sel, üzüntü ve zarar anlamına gelir.

SELVİ: Tek bir ağaç ise, kısa sürecek bir keder ve sıkıntıya; birçok selvi ağacı görmek ise korkulu bir haber veya sevdiğiniz insanlardan birisinin vefatına işaret eder.

Kendi bahçesinde selvi ağacı çıktığını görmek, eşinin ağır bir hastalığa yakalanmasıdır. Selvi ağacının evinin üstüne yıkıldığını görmek rüyayı görenin eşinin ölümüyle yorumlanır.

Selvi ağacını kesmek, evinden dert ve hüznün uzaklaşmasına işarettir.

Boş bir arsaya selvi ağacı diktiğini gören için rüyası hayırlı bir evlat sahibi olmaya işaret eder.

SEMİZ OTU: Mahzun bir adamla karşılaşmaya işaret eder. Semiz otu taze ve yeşil aynı zamanda mevsiminde görülmüşse, mutluluk ve sevince işaret eder. Kuru ve mevsimi dışında görülen semiz otu ise, sıkıntılı bir haber demektir.

Rüyada semiz otu yemek, ek bir işle uğraşmaya ve bundan menfaat elde etmeye işaret eder.

SENET: Genç bir erkek, rüyasında senet veya herhangi bir evrakı imzaladığını görürse, sonunda kendisi için derin üzüntülere sebep olacak mektup yazacağına; orta yaşta ise, güvenilmeyen bir memur olduğuna; genç kızlar için, çabucak izdivaca; evliler için, başka bir eve taşınmaya işarettir.

SEPET: Halkın sırlarını gizleyen kadındır. Rüyasında sepet ördüğünü görmek, kendi ev işlerini düzene sokmaya ve işlerinde başarılı sonuçlara ulaşmaya; sepet satın almak, kendi işlerini bir vekile teslim etmeye veya vekalete işaret eder.

Terk edilmiş bir sepet bulmak, küçük bir yatırım yaparak az miktarda kâr sağlanacak bir işle uğraşmaktır.

Bir kadın veya kıza sepet dolusu çiçek vermek o kadınla veya güzel bir kadınla nişanlanmak olarak yorulur. Meyve sepeti vermek ise, onunla evlenmeye işarettir.

Rüyada sepetin örgüsünü sökmek veya sepet kırmak, işlerinin bozulması veya memuriyetten azledilmeye işarettir. Sepeti ateşe atıp yakmak, sevdiği bir insanın veya eşinin ölümü demektir.

SERAP: Rüyada serap görmek, mümkün olmayan boş

iştir. Eğer serabı gören kimse şahit ise, onun sözleri yalan demektir.

SERÇE: Serçe, ufak; fakat itibarlı bir kadındır. Serçe yavrusu çocukla tabir olunur. Elindeki serçenin uçup gittiğini gören, çocuklarından birini kaybeder.

Rüyasında serçe kestiğini gören kimse, galip gelmeyi arzu ettiği güçlü bir kimseye karşı zafer elde eder.

Serçenin tüyünü yolduğunu veya etinden yediğini gören kimse, şanlı, şerefli bir kimsenin malından servet sahibi olur.

Serçe tuttuğunu gören, önemli bir kişiyle arkadaşlık kurar. Tuttuğu serçe dişi ise rüyası itibar ve şeref sahibi bir kadınla evlenmek olarak yorumlanır.

Etrafında birçok serçenin uçuştuğunu görmek ise, bir topluluğa lider olmaya veya herhangi bir alanda başkan seçilmeye işaret eder.

SERT ve KATI ŞEY: Rüyada elbise ve yiyecek şeylerin sert ve katı olması veya söylenen sözün kaba ve şiddetli olması mal ve refah sahipleri için makamlarının kaybına, hallerinin değişmesine ve rızıklarının azalmasına işarettir.

SERVET: Rüyasında bir servete sahip olanların, yabancılarla konuşurken çok dikkatli olmaları gerekir.

SERVİ: Servi ağacı, güzel bir kadına işarettir.

SES: Rüyada sesinin çıkmadığını veya boğazının tıkalı olduğunu gören hayatı boyunca rızkta darlık ve sıkıntı çeker. Sahibini görmediği bir ses duyan, sesin uyandırdığı tesire göre iyi veya kötü haber alır.

Zayıf ses, korkuya; sesi alçaltmak ise, mütedeyyin ve

mütevazi olmaya işarettir. Hayvanların sesinin tabiriyse, her bir hayvana göre değişir.

At kişnemesi, izzet ve kuvvettir. Köpek uluması, boş sözlere dalmaktır. Kırlangıç sesi, faydalı söz veya Kur'ân-ı Kerim dinlemektir. Güvercin ötmesi, sesli ağlamaya ve nikaha işarettir. Geyik sesi, vatana olan hasrettir. Kedi sesi, hırsız bir hizmetçi tarafından yapılacak fenalıktır. Aynı zamanda bolluğa ve ucuzluğa da işaret eder.

SEVGİLİ: Gerek kız gerek erkek olsun, bekarlar için mutlu bir karşılaşma; eski bir sevgili ise, uzun zamandır ödeyemediği bir borçtan dolayı üzüleceğine; evliler için eski sevgiliyi rüyada görmek, aile içerisinde olacak hoşnutsuzluğa işarettir.

SEYYAR SATICI: Hiçbir yerde dikiş tutturamamaya işarettir. Seyyar satıcıdan alış veriş yapmak bir alışverişte kandırılmak olarak yorumlanır. Rüyayı görenin, karşı cinsten birisiyle kavga etmesine işaret de olabilir.

SIĞIR: Rüyada görülen sığırlar yıllara işaret eder. Siyah ve sarı sığır, sevinç bolluk ve ucuzluk olan senedir. Semiz sığırlar, ucuzluk ve bolluk senelerine, zayıf sığırlar, kıtlık senelerine işarettir. Sığır eti yediğini görmek helal maldır.

Öküz ve sığır boynuzunu gören kimse, büyük mala sahip olur ve durumu düzelir. İnsanlar arasında güzel isimle yad edilir. Sığırların bir yerde toplanmış olduklarını görmek, ızdıraba, seslerini yükseltip bağırmaları edepsiz birtakım insanlara işarettir.

SIRAT KÖPRÜSÜ: Asıl manasıyla yorumlanır. Köprüden geçebilen kimse, dinini sağlamlaştırır. Köprüden geçemeyen veya düşen, dinini heba eden bir kimse olarak yorumlanır.

SITMA: Rüyada sıtma hastalığına yakalandığını görmek, gam keder ve sıkıntı ile yorumlanır. Sıtmaya tutulmuş

 birisinin tedavisi ile uğraştığını görmek sıkıntı ve dert içinde olan birisine yardımda bulunmaya işarettir.

Kendini hasta olarak gören ve meşhur bir kişinin kendi tedavisiyle uğraştığını gören kişinin, rüyası o kişi tarafından büyük bir yardım göreceğine işaret eder.

SİGARA: Rüyada sigara içmek, sünneti terk etmeye veya sıkıntılı günler geçirmeye; kendine sigara verildiğini görmek, dostlar tarafından bir eğlenceye davet edilmeye işarettir. Birisine sigara vermek, sevdiğiniz bir insanı misafir olarak davet etmeye; rüyada sigarayı atmak, hüzünlü ve sıkıntılı bir habere işarettir.

SİGORTA: Rüyada kendisini sigorta edilmiş olarak görmek, içinde taşıdığı şüphe, kuruntu ve darlıktan kurtulma olarak yorulur. Birisini sigorta ettirmek, o kişiyi herhangi bir konuda ikna etmektir.

Sigortaya para yatırmak, sevdiğiniz insanlara işlerinizi vekalet etmek ve işlerin yolunda olmasıdır.

Sigortadan para almak, isminin kötü bir olaya karışmasından dolayı çekilecek üzüntüdür.

SİĞİL: Rüyada görülen siğil, maldır. Bu sebeple elinde veya ayağında siğil gören kişi hesapsız mala sahip olur; fakat bu malın elinden gitmesinden korkulur.

Yüzünde veya burnunda siğil çıktığını gören kişinin rüyası hafif geçecek bir hastalığa işaret eder. Yüzü siğilli bir adam görmek sıkıntı verecek bir misafir ağırlamaktır.

Bütün vücudunu siğillerin kaplamış olduğunu görmek, haram bir maldan elde edilecek olan mal ve kazançtır.

SİLAH: Genel olarak silah evlat, kuvvet, şeref, itibar, memuriyet, emniyet ve başkanlık olarak yorumlanır.

Üzerinde silah bulunduğunu ve bir güven hissi duyduğunu gören, sıkıntılardan, korkulardan ve hastalıklardan kurtulur.

Üzerinde silah olduğunu ve de onu kullanacak güçte olduğunu gören kişi hasta ise, ölür. Eğer bu rüyayı gören korkuyorsa ve hasta ise, Allah ona şifa verir. Eğer yolcu ise, ailesine sağ salim döner.

Rüyada silah kuşanmak ilme, kişiyi fakirlik ve şiddetten kurtaracak mala ve korktuğu kişiye galip gelmeye işarettir.

Silah satın almak, parasının artacağına ve iş hacminin artmasıdır. Silah satmak ise, rütbe ve mevkisini kaybetmeye veya ekonomik zarara uğramaya işaret eder.

Silahını kaybetmek, eşinin veya yakın akrabasının ölümüdür.

Kendini asker veya polis olarak ve elinde silahının bulunduğunu görmek, çevredeki insanlara yardımcı olmak ve onlara faydalı olmaktır.

SİNEMA: Yalan bir haber ve boş vakit geçirmeye işarettir. Bir kadınla beraber sinemaya gittiğini görmek, başarılamayacak bir işle uğraşmaya işaret eder. Heyecanlı bir film seyretmek, yalan bir haber yüzünden heyecan ve hüzne işarettir.

Sinemadan üzgün bir şekilde çıkmak, yakın bir zamanda yaşanacak olan bir üzüntüye; sevinçli olarak çıkmak ise, bir aşk yüzünden gam ve keder çekmeye işaret eder.

SİNEK: Rüyada görülen sinek miskin ve alçak bir kimseye işarettir. Bir kişi rüyasında baş ucunda bir sineğin uçtuğunu görse, o kimseyi tehdit eden zayıf bir düşmandır. Yolculuğa çıkmaya karar veren bir kişinin rüyasında üzerine bir sinek konarsa, yoldaki tehlikelere binaen yolculuğa çıkmasın. Kulağına bir sinek girdiğini gören, kimse hayra ve berekete erişir.

 Sinek öldürdüğünü gören kişi, rahata ve vücut sağlığına kavuşur. Rüyasında sinek birisinin malı üzerine konsa, o kimsenin malının çalınmasına işaret eder. Misafir olan bir kişinin başına konan sinek, malının elinden gitmesini gösterir.

Bazen de rüyada kara sinek görmek, kötü amele ve kötü görülüp yerilmeyi gerektirecek bir şey demektir.

SİRKE: Sirkeyle ekmekle yiyen kimse için takva, bereket, uzun ömür ve maldır. Rüyasında sirke içtiğini gören kişi, ailesiyle düşmanlıkta bulunur.

Sirke yapmak, bir şeyin sebebini araştırmak için çekilecek sıkıntılara katlanmaktır.

Sirke bazen korkudan emin olmak, düşmanın eza ve cefasından kurtulmak, ilim, ibadet ve onların zahmetini çekmek ve de dosta, arkadaşa işarettir.

Rüyada sirkeyi döktüğünü gören, insanları dolandırmak için bir işe girişmeye; fakat bundan vazgeçmeye işarettir.

SİS: Gam ve kederi temsil eder. Ortalığı sis kaplamış görmek, pahalılığa ve herkesi etkileyecek bir sıkıntıdır.

Kendisini sis içinde yürürken görmek, önünde kederli günler var demektir. Siste kaybolduğunu gören, başkasına söyleyemeyeceği ağır sırlara vakıf olur.

Evine sisin çöktüğünü görmek, hastalık ve sıkıntıdır. Önünde sisin dağıldığını görmek, büyük bir mevki sahibi olmaktır.

Güneşin çıkıp sisi dağıttığını görmek, toplum olarak yaşanılan ekonomik sıkıntıların yine devlet tarafından alınan tedbirlerle atlatılacağına işaret eder.

SİVRİSİNEK: Rüyada sivrisinek görmek hain bir düşmana veya hasıma işaret eder. Sivrisinek tarafından ısırıldığını görmek, bir zalim tarafından işkence ve sıkıntıya uğramaya işaret eder.

Üzerinde sürüler halinde sivrisinek olduğunu görmek, yakın zamanda karşılaşılacak olan gam ve kedere işaret eder. Ağzına veya burnuna sivrisinek kaçtığını görmek, büyük bir bela ve musibettir.

Rüyada sivrisinek tutmak, gizli bir düşmanın varlığını fark etmektir. Sivrisineği öldürmek, düşmanını veya hasmını saf dışı bırakmaya işarettir.

Ev veya odadaki sivrisinekleri ilaçla öldürmek, her türlü sıkıntı ve gamdan kurtulmak, bütün düşman ve hasımları mağlup etmektir.

SİYAH (Renk): Siyah giymeyi âdet haline getirmiş kimse için siyah renk, ululuğa; siyah renk giyme alışkanlığı olmayan kimse için rüyada siyah renk giymesi üzüntü ve kedere işarettir. İbn-i Sirin'e göre rüyada görülen her siyah şey maldır. Bütün vücudunun simsiyah olduğunu görmek, beklenmedik bir mal ve servete kavuşmaktır.

SOBA: Rüyada soba görmek üzüntü, keder ve sıkıntıdır. Rüyada soba yaktığını veya sobanın sıcaklığını duyduğunu görmek, tek başına bir işle meşgul olmaya ve kazanca işaret eder. Yaktığı sobanın söndüğünü görmek, zarar ve ziyana; sobanın devrildiğini görmek, tüccarın iflasına, memurun vazifeden alınmasına işaret eder.

Yeni bir soba satın aldığını görmek, bekar kişiler için evliliğe, evli ise yeni bir arkadaş veya yardımcı edinmeye işaret eder. Sobasını sattığını görmek, iş hayatında bir felaketle karşılaşmaya işaret eder.

SODA: Hoş bir hayata ve güzel bir rızka işarettir. Aynı zamanda soda, günah ve kusurlardan tövbe edilerek arınılması gerektiğine işaret eder.

SOFRA: Nimet, davete icabet, güzel bir hayat ve iyi,

 cömert bir adama işaret eder. Rüyasında bir sofra üzerinde yemek ve ekmekler gören kişi için bu rüya, bu yiyeceklerin azlık çokluk nispetince arkadaş ve dostlarıyla sevgisinin artması veya azalmasıdır.

Sofradan rüyada yenen miktar ömrün uzunluğunu gösterir. Rüyasında sofranın kalktığını gören kişi için bu rüya, ömrünün tükenmesine işarettir.

Sofra üzerinde görülen kalabalık çoluk çocuğun çok olmasına, sofra üzerinde birbirine zıt iki şeyin bir araya gelmesi savaşa işarettir.

Sofrada birçok misafirin yemek yediğini görmek, bir topluluğa lider veya başkan olarak onları yönetmek anlamına gelir. Kurulan sofrayı yıkmak, evde tamir edilmez bir felaketin gelmesine; sofrayı kırıp atmak ölüme işarettir.

SOĞAN: Haram para, gizli yollardan kazanılmış mal, büyücülük ve cin çağırmacılık gibi meslekler ile bu yollardan para kazanmaktır.

Soğan doğradığını gören acı söz işitir veya acı bir haberle ağlar. Kabuğu ise, para olarak tabir edilir.

Rüyasında kötü kokulu şeyler yediğini gören bir insanın gizli olan sırları açığa çıkar. Hasta birisi rüyasında azıcık soğan yese, ölür. Çok yese hastalıktan iyileşir. Soğanı rüyada görüp yememek, hayra; yemek ise, şerre işarettir.

SOĞUK: Rüyada soğuk, sıkıntı ve kederle yorumlanır. Kış aylarında havanın soğuk olduğunu görmek ise berekettir.

Soğukta üşüdüğünü, daha sonra güneşte ısındığını görmek fakirlik ve zaruretten kurtulmaya işaret eder. Kor olmuş ateşte ısındığını gören, yetim malı yer veya yetimlere zarar verir.

Vücudunu veya uzuvlarından birini donmuş olarak görmek, kendisinin veya sevdiği insanlardan birisinin vefatına bakar.

SOKMAK (Yılan, çıyan, akrep sokması): Birisini rüyada yılan, akrep gibi zehirli hayvanlardan biri sokarsa, o kişinin sakıncalı ve zararlı bir şey yapması demektir.

SOYUNMAK: Rüyasında sebebini bilmeksizin soyunmuş olduğunu, üzerinde birkaç parça elbise olsa da avret yerinin açık olduğunu ve bu haliyle sokakta ve halk arasında utanmadan dolaştığını gören kişi için bu rüya iyi değildir. Bu kişinin bazı sırları ortaya çıkar ve namusuna zarar gelebilir.

Avret yeri dışında vücudunun aynı şekilde açılmış olduğunu gören fakat bu durumdan utandığını ve giymek için bir şeyler aradığını gören bir kişi için bu rüya hayırlıdır. Hasta ise, şifa bulur; borçlu ise, borcunu öder ve korktuğundan emin olur.

SÖĞÜT AĞACI: Kendisinin aile ve çocuklarına bir menfaati olmaksızın onları seven, kendisiyle hoş geçinen birisine muhalefet edip düşmanlık edene yaklaşan kimseye işaret eder.

Rüyada söğüt ağacını kesmek, eşinden ayrılmaya veya onun ölümüne; kestiği ağacı yakmak ise, ailecek büyük bir felakete uğramaya işaret eder.

SÖNDÜRMEK: Rüyasında bir ateşi söndürdüğünü gören kişi, meydana gelecek olan bir fitneyi yatıştırır. Eğer bu rüyayı gören deniz yolculuğunda ise, boğulur ve su üzerinde görülür. Eğer bu rüyayı görenin beklediği bir yolcusu varsa, yanına gelir veya ondan bir haber alır.

Ateşi söndürürken kül ve duman içinde kalmak, bir deniz yolculuğunda kaza geçirmeye işaret eder.

Bir mum söndürmek, seyahatte olan bir yakınının, sağlık-

 lı bir şekilde seyahatten dönmesi veya iyi haberinin alınması anlamına gelir.

SU: Yalın olarak su, rüyada hayat, ömür, rızk, geçim, menfaat, huzur, temizlik, şifa, sıkıntı, keder, üzüntü, dünya ve ahiret nimeti, helak olmak, dert, tasa, ölüm, çocuk, doğruluk, adalet, hazine, ganimet, mal toplama, ucuzluk, hidayet, tövbe ve keramet manalarına gelir.

Rüyada suyun berrak, temiz ve içilebilecek kadar soğuk olması, yukarıdaki iyi manalara; suyun sıcak, ılık, bulanık ve temiz olmaması kötü manalara işarettir.

Rüyada temiz ve soğuk su içen; durumuna göre hasta ise, şifa bulur; yolcu ise, rahat gider gelir; çocuk bekliyorsa, kız çocuğu olur; sıkıntıda ise, kurtulur; fakir ise, zengin olur; bitmiş bir işi varsa, tekrar canlanır.

Sıcak, ılık ve bulanık su içmek ise, keder, sıkıntı, üzüntü, vefat, malını kaybetme, büyük ve uzun hastalıklara düşme olarak yorumlanır. (bk. örnek 44)

Durgun ve yosunlu bir havuz suyu görmek, sıkıntılı bir habere işarettir. Böyle bir havuzda yıkandığını görmek, bir yakının veya akrabanın vefat demektir. Böyle bir havuzdan su içtiğini görmek, eşinin ağır hastalığına işaret eder.

ÖRNEK 44

Yaşlı Bir Kadın Bana Bir Bardak Su Veriyor

Rüyamda bir deniz kenarında komşu hanımlarla birlikte oturuyoruz. Onlar bir şişeden bardağa su doldurup içiyorlar. Ben de susamışım; ama kimse bana su vermiyor. Ben de kimseden isteyemiyorum. Sonra hiç tanımadığım nur yüzlü, başı kapalı, yaşlı bir hanım geliyor ve bir bardak suyu bana uzatıyor. Ve "Al kızım bu suyu da sen iç." diyor. Ben suyu alıp içiyorum.

Rumuz: Göl Çiçeği

İçinde bulunduğunuz hayat sizi pek tatmin etmiyor. Büyük ihtimalle maddi açıdan fazla bir sıkıntınız olmamalı. Eğer maddi sıkıntılarınız varsa, önce bundan kurtulacaksınız. Daha sonra ciddi bir manevi bunalıma girecek ve bir çıkış yolu arayacaksınız. Yakınlarınızdan bu arayışınıza cevap bulamayacaksınız. Bir gün ummadığınız bir şekilde karşılaşacağınız bir zat, sizin bütün sorularınıza cevap verecek ve belki de yeniden hidayete kavuşacaksınız. Büyük ihtimalle ömrünüzün ahiri dindarane geçecek ve hacca gideceksiniz.

SULU ve ÇİMENLİ YERLER: Rüyada görülen; fakat neresi olduğu bilinmeyen sulu ve çimenli yerler din ve İslam'dır. Bazen de bu rüya Peygamberimizin kabrine, zikir halkasına, hayırlı topluluklar ve hayırlı yerlere, hayırlı kimselerin kabri ve Allah'a ibadet edilen faziletli bir yere işarettir.

SUR: Rüyada görülen sur; Allah yolunda cihat eden mücahitlere, şehrin yöneticisine veya emniyet güçlerine işarettir. Bazen de sur, şehirdeki hak ile batılın arasını ayıran alim bir kişiye ve sevince bakar.

Bir kimse rüyasında bir surda olduğunu görse o kişi düşmanından ve korktuğundan emin olur. Bir kişi rüyasında şehrin surlarının yıkıldığını görse, oranın yöneticisi ve emniyet güçleriyle tabir edilir.

Meçhul bilinmeyen surlar; Kur'ân, ilim, İslam, mal, emniyet, takva, dua, düşmandan korunulacak şeye, hanım ve baba demektir.

SUYA DALMAK: Rüyada suya dalmak; casusa, menfaate ve rızka işaret eder.

SUYA DÜŞMEK: Sevinç ve nimettir. Derin bir suya düştüğünü ve tam dibine kavuşamadığını gören kimse çok fazla dünyalık elde ederek zengin olur veya büyük bir zatın işlerini görür.

SUYA KANMAK: Bir kimsenin rüyasında susuzken suya kanması, çetinlikten kolaylığa, ihtiyaçları gidermeye, fakirlikten zenginliğe, tövbe etmeye, hastanın iyileşmesine, ilim ve amele ve dininin güzelliğine işarettir.

SÜLÜK: Rüyada görülen sülükler insanın vücudunu yiyen kurtlar gibidirler. Kurtlar da kişinin çoluk çocuğudur. Sülükler aynı zamanda alçak ve adi düşmana da işaret eder.

Sülük avladığını görmek, kötü huylu birisine gönlünü kaptırması ve bundan dolayı büyük bir sıkıntı yaşamasıdır.

Boğazına sülük kaçtığını görmek, yakınınızda veya ailenizde hain bir düşmanın varlığını gösterir. Vücudunu birçok sülüğün kapladığını görmek, bütün varlığını kaybetmek ve fakirliğe düşmektir.

Sülük satmak, düşmanına karşı dostlar arasında dost kazanmaktır. Sülük almak ise, bir kişiyi kendine düşman edinmektir.

SÜMBÜL: Rüyada sümbül çiçeği görmek, zenginlik ve itibar olarak yorumlanır. Kendini sümbül tarlasında görmek, güzel ve mutlu bir haber almaktır.

Sümbülü ezilmiş ve dalından kopmuş olarak görmek, gam ve kedere işaret eder. Eşine bir sümbül çiçeğini koparıp vermek, eşinden ayrılmaktır.

Mevsimi dışında sümbül çiçeği görmek gereksiz evham ve fitnedir.

SÜMÜK ve SÜMKÜRMEK: Rüyada sümük, evlat ve mal ile tabir edilir. Sümkürdüğünü gören tıpkı kendisine benzeyen bir çocuğa kavuşur. Sümkürmek cidden güzel bir rüyadır. Borcunu ödemek, gamdan kurtulmak olarak da tabir edilir.

Rüyasında sümüğünün aktığını gören kimsenin evladı çok olur.

Birisinin üzerine sümkürdüğünü görmek, bir kişiyle münakaşa ve kavga etmeye; yere sümkürmek ise, kız evlat sahibi olmaya işaret eder.

SÜMÜKLÜ BÖCEK: Rüyada sümüklü böcek görmek bir yerden bir yere göç etmeye işarettir. Sümüklü böceğin ev veya dükkana girdiğini görmek, o mekanın değiştirilmesi olarak yorumlanır.

Evin bahçesinin sümüklü böceklerle dolu olduğunu görmek, bir mülk satın almak demektir. Bunları kovalamak veya temizlemek, bir mülkü terk etmek veya satmak anlamına gelir.

SÜPRÜNTÜ: Rüyada süprüntü görmek adi ve pis işler yapan bir kişi için hayra, fakirler hakkında mal ve eşyanın çokluğuna işaret eder. Zenginler için zenginliklerinin daha da artmasına izzet ve şerefe işarettir.

SÜPÜRMEK ve SÜPÜRGE: Rüyada süpürge hizmetçiyi ve yardımcıyı temsil eder. Evi süpürdüğünü gören malından harcamak zorunda kalır. Hastası bulunan kimsenin evini süpürdüğünü görmesi, hastanın ölmesiyle yorumlanır.

Namaz kılmak için bir yeri süpürdüğünü gören, helal mal toplar ve bolca sevap kazanır.

Rüyasında başka bir insanın evini süpürdüğünü gören kimse, o kişinin malından bir şeye nail olur. Zenginler için rüyada bir yeri süpürmek, fakirliğe ve mallarında meydana gelecek eksikliğe işarettir.

SÜRGÜN: Hapse işarettir. Rüyada bir şehirden sürüldüğünü gören insan, hapsedilir. Âlim bir kimseyi sürdüğünü ve ona şiddet gösterdiğini gören bir kişi için bu rüya korkunç bir duruma düşmeye ve hilece birisinin onun mülkünü istila etmesine işarettir.

Görünüşü dindar ve salih olan bir kimsenin rüyada sürülmesi, o kimsenin ibadet ehlinden kaçmasına ve ileri gelenler tarafından kabul edilmesine bakar.

SÜRME: Mal, iyi şeyler ve basiret demektir. Rüyada sürme çekmek dini ıslah etmektir. Gözünden rahatsızlığı olan birisinin rüyasında sürme görmesi, şifa bulacağına işarettir.

Bekar bir kızın ve yine dul bir kadının gözlerine sürme çekmeleri, kocaya varmalarına işarettir. Kan ve gül ile sürme çekmek, fasıklığa ve batıl bir nikaha işarettir. Sürme aldığını görmek, işinde artış ve kâr demektir. Sürmeyi etrafa saçmak mal kaybına ve israfına işaret eder.

Sürme imal ettiğini görmek, halka faydalı olmak için bir iş yapmaya, takdir edilmeye ve şöhrete işaret eder.

SÜT: Rüyada görülen süt İslam fıtratıdır. Süt, zorluk çekmeden elde edilecek olan maldır. Bir kimse rüyasında iki memesinden süt aktığını görse, dünya o insana yönelir, talihi açılır.

Bir kimse rüyasında çocuğuna içirmek için süt aldığını

görse, çocuğunu kendisi gibi yetiştireceğine işarettir. At sütü devlet başkanının sevgisine mazhar olmaktır. Diğer hayvanların sütü de güzel rızıktır.

Süt içen kimse için helal mal, ilim ve hikmettir. Rüyasında sütü bir şeye bedel olarak veren kimse, yaratılıştan sahip olduğu fıtratını kaybeder. Süt, mala, uzun ömre, hamile kalmaya, sırların açığa çıkmasına, ilme ve Allah'ı birlemeye işarettir.

Hasta kimseler için süt, ilaç ve rızıktır. Rüyada birisini emzirmekte emen için de emziren için de hayır yoktur.

Bir kadın rüyasında bir erkeği emzirdiğini görse, o erkek emdiği süt kadar kadının malından alır. Hasta birisi süt emdiğini görse iyileşir.

SÜZGEÇ: Duruma göre iyi bir hizmetçiye, din ve ilmin özüne, zenginliğe bazen de hakkı söyleyen doğru bir kimseye işaret eder.

Bazı tabircilere göre süzgeç, sadık bir arkadaş ve değerli bir dost anlamına gelir.

OKUMA PARÇASI

Geylâni'nin Doğum Rüyası

Hicri 470 yılı Ramazan ayının ilk gecesi Seyyid Musa Cengi bir rüya görmüştü: Peygamberler Peygamberi Hz. Muhammed (sav), ashab ve bütün evliya-yı kiram bir yere toplanmışlardı. Resulullah buyurdu. "Ya Musa oğlum. Külli şeye kadir ve her şeyin sahibi olan Cenab-ı Allah, bu gece sana insanların üstünde bir erkek evlat hediye etti. Bu evlat benim evladımdır. Ne mutlu sana."

Uykusundan heyecanla uyanan Musa kalbinde sevinç ve ferahlık duydu. O sabah zevcesî Fatıma bîr erkek evlat dünyaya getirdi. Yavrunun adı Abdulkadir oldu. Bulundukları yer, Hazar Denizi'nin güneyinde Geylan kasabasının Nayf köyü idi.

Bir gün, bir kişi, Abdulkadir Geylani'nîn zenginliğinden bahis açıp, "Hiç bir evliya böyle zengin değildi." diye konuşmuş. Biraz sonra uykusu gelmiş. Rüyasında kıyamet kopmuş. Herkesin günahları ve sevapları nurdan terazilerle tartılıyor. Günahkarlar, cehennemlikler bir tarafa, cennetlikler öbür tarafa ayrılıyor. Sıra kendine gelmiş. Kendisi de cennetlik tarafa ayrılmış. Tam bu sırada ahali arasından bir yahudi fırlayıp

"Bu adamdan benim 10 para alacağım var. Vermedi, adalet isterim." Deyince melekler onu Cennet yolundan geri çevirip o yahudi ile birlikte cehennem yoluna koymuşlar. Yolda gidiyorlarken birden karşı tarafta bir ışık peyda olmuş. Birçok altın ve cevahire bürünmüş atlar üzerinde bir kalabalık görünmüş. En önde bulunan ay yüzlü, Cehennem kafilesini durdurmuş:

"İçinizde bir cennetlik var. Neden cehenneme gidiyor?" demiş. Adam fırlayarak: "Aman sultanım, şu yahudiye on para borcum var, diye cehenneme gönderiyorlar. Beni kurtar.." diye yalvarmış. Bunun üzerine sultan arkasına dönmüş ve adamlarından atlas keseyi almış, içinden çıkardığı parayı yahudi'ye uzatmış:

"İşte borcunu al." demiş.

Cehennem'den yakasını kurtaran adam üzengiye kapanmış, sevinç gözyaşı dökmüş. Bir de başını kaldırmış ki, at üzerinde duran Abdulkadir Geylani'dir. Uykudan uyanan zat hemen Abdulkadir'in huzuruna koşmuş ve büyük sultandan, yanlış düşündüğünden kusurunun affını dilemiş:

Hazreti Pîr,

"Şimdi anladın mı, biz neden zenginiz? Bütün paramız, Allah'ı sevenleri korumak, onlara yardım etmek içindir.

Eğer İbrahim Ethem benim zamanımda olsaydı, ona padişahlığını, servetini terk ettirmezdim. Çünkü servet içinde olup da onu kalbe sokmamak en büyük ibadettir." buyurmuş.

(Hekimoğlu İsmail, Nurettin Ünal. İlimde, Teknikte, Edebiyatta, Tarihte, Dinde Rüya, Türdav, İstanbul: 1981, s. 279)

Buhârî'nin bir rivayetinde Resûlullah aleyhissalâtu vesselâm şöyle buyurur: "Beni rüyada gören, gerçekten beni görmüştür; çünkü şeytan benim suretime giremez."

Buhârî, Tabir 2

ŞADIRVAN: Rüyada şadırvanın uygun bir yerde, orada bulunmaya layık bir insanın yanında görülmesi izzet ve yüceliğe, üzüntü ve kederin gitmesine, güzel haberler almaya ve tatlı nağmelere işaret eder. Bazen de şadırvan mal dağıtmak ve toplayıp çoğaltmaktır.

ŞAFAK: Beklenilen şeyin olmasına işarettir. Şafağın sabaha dönüştüğünü görmek, hasta ise, sıhhate; borçlu ise, borcunu ödemeye; ayrı ise, kavuşmaya işarettir.

ŞAL ve ATKI: Rüyada görülen şal ve atkı; hayat, izzet, şeref, mertlik, velayet, sanat, yolculuk, erkek kardeş ve çocuktur.

Rüyasında üzerine şal veya beyaz bir parça örttüğünü gören kimse ehilse, komutan olur; değilse, içinde bulunduğu topluluğun başına geçip onlar için çalışır.

Rüyasında şalın kendisinden alındığını gören kimse, şan ve şöhretini kaybeder. Bir kimse rüyasında şalının yırtıldığını ve parçalandığını görse, o kimsenin erkek kardeşi veya çocuğu ölür. Rüyada şal görmek memuriyete ve borç ödemeye işarettir.

ŞALGAM: Rüyada şalgam görmek hüzün ve sıkıntı anlamına gelir. Şalgam yemek, gam ve kederle karşılaşmaya delalet eder.

Şalgam ektiğini görmek, kendi hatası yüzünden zarar ve ziyana uğramaya işaret eder. Şalgamı evinden veya elinden atmak, bütün gam ve kederlerinden kurtulmaktır.

ŞAM FISTIĞI: Rüyada şam fıstığı yemek, gereksiz ve faydasız bazı işlerle uğraşmakta olduğunuzu gösterir.

ŞAMARLAMAK: Rüyada şamarlamak gafletten ikazdır. Bir kimse rüyasında birisinin kendisini şamarladığını veya kendisinin birisini şamarladığını görse bu rüya o kimsenin şamar vurulan kimseyi gafletten ikaz etmesine işarettir.

Bazen şamar vurmak, vurulan yerde hastalıktır.

Yabancı birine şamar attığını görmek, zekat vermek olarak yorumlanır. Birisi ile şamar atarak dövüştüğünü görmek ortak bir iş yapmaya ve bundan kârlı çıkmaya işaret eder.

ŞAMDAN: Rüyada şamdan, genç kızlar için evlenmeye; evliler için, çok güzel bir erkek evladının olacağına işarettir.

ŞAMPANYA: Rüyada şampanya patlatmak, haram mal kazanmaya, faize ve gayr-ı meşru şeyleri yapmaya işarettir.

Bir kadının elinden şampanya içtiğini görmek, çok mutlu ve eğlenceli bir hayat sürmeye, güzel bir duygusal hayat yaşamaya işaret eder.

ŞAPKA: Keder ve üzüntüye işarettir. Yeni ve güzel bir şapka satın almak, yeni bir mevki veya rütbeye ulaşmak demektir. Eski kirli ve yırtık bir şapka giydiğini görmek, üzüntü ve kederdir.

Bir kızın elinden şapka almak, onunla yapılacak mutlu bir evliliğe işarettir. Şapka satın almak, çok sevinçli bir haber almaya işaret eder.

ŞARAP: Sıkıntıyla elde edilen haram maldır. Rüyada bir nehirden şarap aktığını görmek dünyada bir fitneye uğramaktır.

Bir kimse şarap yapmak için üzüm sıktığını görse, devletin önemli bir kademesinde yer alır ve onun eliyle büyük hizmetler görülür. Rüyada içki içmek genel olarak, fitne, kötülük, zina gibi şeylere işaret eder.

Bazen de delilik ve akıl ve mantığı kaybettirecek bir üzüntü sebebiyle aklın gitmesine işaret eder. Şarap satın almak, kazançlı bir işe teşebbüs etmeye ve bundan kâr sağlamaktır. Şarap satmak ise, başladığı kârlı bir işi başkasına kaptırmak anlamına gelir.

Rüyada şarap şişesini kırmak, uğraştığı ticarette iflas etmektir.

ŞAŞI: Rüyada şaşı birisini görmek, işlerinizin ve sağlık durumunuzun düzgün gideceğini gösterir.

 **ŞAŞKINLIK:** Rüyadaki şaşkınlık gaflet ve şeytanın sapıtmasına işarettir. Bazen de rüyadaki şaşkınlık, dünyada hayrette kalış ve ahirette güzel sonuçtur. Bazen de rüyada şaşkınlık içinde olduğunu görmek, kendi ihmal ve vurdumduymazlığınızdan dolayı sevdiğiniz insanların sizden uzaklaşması anlamına gelir.

ŞEBBOY: Rüyada şebboy çiçeği görmek, yüksek sosyeteye mensup genç birine âşık olacağınıza, bu ilişkinin sonunu getiremeyeceğinize işaret eder.

ŞEFTALİ: Şeftali ağacı zengin, büyük, halka yardımda bulunan, cesur ve sıkıntı anında sabırlı bir kimseye; erkek kardeşe ve güzel arkadaşa işarettir. Rüyada yenilen şeftali tatlı ise, rüyayı gören kişi istediğine kavuşur; eğer ekşi ve acı ise, korkuya düşer.

Bir ağaçtan şeftali koparmak ve yemek bekar ise, evlenmeye; evli ise, ikiz çocuk sahibi olmaya işaret eder. Manavdan şeftali satın almak, kadın için hayırlı bir kısmet çıkmasına ve evliliğe işaret eder.

Şeftaliyi atmak veya bir başkasına vermek, nişanlı ise, nişanın bozulmasına; evli ise, eşinden veya sevdiği bir insandan ayrılmaya işaret eder.

ŞEHİD: Rüyada şehid olduğunu görmek, iki cihanda mesut olmanın vesilesidir. Şehid görmek veya şehit olduğunu görmek, hiçbir şekilde kötüye yorumlanamaz. Rüyada şehitlik ya bizzat kendisiyle ya da Allah'ın sevgisini kazanmakla tabir edilir.

ŞEHİR: Rüyada şehre girmek hayırdır; oradan çıkmak ise, hoş değildir. Bazı tabircilere göre de "Ben ilmin şehri, Ali de kapısıdır." hadîsine göre şehir, âlim bir kimse ile tabir edilir demişlerdir.

Rüyada bir şehre girdiğini ve harap olduğunu görmek orada alimlerin yokluğuna işarettir.

Rüyasında bir şehri imar ettiğini gören kimse için bu rüya o şehirde alim ve evladının çoğalmasına işarettir. Rüyada tanınmayan şehir ahiret; tanınan, bilinen bir şehir ise, rüya sahibinin veya o şehrin halkının dinidir.

Şehirden çıkmak veya çıkarılmak işinden olması, evinin düzeninin bozulması ve sıkıntıya düşmesi demektir.

ŞEHRİYE: Rüyada şehriye çorbası içmek, tanımadığınız bir kimseden maddî ve manevî bir yönde yardım göreceğinize işarettir.

ŞEKER: Zorluklarla elde edilecek rızka işarettir. Bazen de şeker hapislikten kurtulmaya, hastalıklardan şifa bulmaya, hamile kadın için sıkıntıdan sonra rahat ve ferahlığa, bazen de ilim, Kur'ân ve zanaatla meşgul olmaya işarettir. Bir tane şeker çocukla yorumlanabilirken, çok şeker de dedikoduyla yorumlanır.

Şeker satın almak, bütün keder ve sıkıntılardan kurtulmak, aile üzerindeki her türlü kara bulutların kalkması olarak yorumlanır. Şekerle şerbet yaptığını görmek ise, toplum yararına iyi şeyler yapıp onların iyiliği için çalışan bir kişiye işaret eder.

ŞEKER KAMIŞI: Rüyada şeker kamışı veya şeker pancarı görmek, sevindirici bir haber alacağınıza ve bir dostunuzun çok önemli bir ameliyattan sağ salim kurtulacağına ve elinize bol miktarda maddî imkan olanak geçeceğine işarettir.

ŞEKERPANCARI: Rüyada şeker pancarı görmek, hayırlı ve kârlı bir iş olarak yorumlanır. Rüyada şeker pancarı ektiğini görmek, kârlı bir işe teşebbüs etmektir. Şekerpancarı biçtiğini görmek ise, başladığı işten çok büyük bir kâr elde etmeye işaret eder. Şekerpancarı yediğini görmek, bir mirasa veya piyangodan büyük miktarda para kazanmaya; şeker pancarı satın almak, bir mülk satın almaya işaret eder. Şeker pancarı satmak, bir mülkü veya toprağı başkasına büyük bir kâr ile devretmek anlamına gelir.

ŞELALE: Rüyada şelale görmek; refah, saadet ve mutluluğa işarettir. Bir şelalenin sularında sürüklendiğini görmek hayatta çevrenizdeki insanlara güvenmemeniz gerektiğini bildirir.

ŞEMSİYE: Rüyada şemsiye görmek devletin himayesine

Şgirmek ve ondan istifade etmektir. Güneşli bir havada şemsiye açmak sıcak bir memlekete seyahat olarak yorumlanır. Yeni ve büyük bir şemsiye satın almak ve onu açmak, büyük bir zatın veya güçlü bir adamın himayesine girmek demektir.

Yağmur altında şemsiye açmak, size atılacak bir iftira veya çok zor bir durumdan sağ salim kurtulmaya işaret eder. Rüyada eski ve yırtık bir şemsiye açtığını görmek zalim ve adaletsiz bir hakimle karşılaşmak ve taraf olduğu davayı kaybetmektir.

Şemsiyeyi kaybetmek, büyük bir iftiraya uğramaktır. Şemsiyeyi birisine verdiğini görmek, o kişiyi himayesi altına almaya işaret eder. Şemsiyesini ters dönmüş olarak görmek, işinden çıkarılmak, zaruret içinde kalmak ve fakirliğe uğramaktır. Şemsiyeyi yaktığını gören bir yangın tehlikesiyle karşı karşıya kalır.

ŞERBET: Rüyada içilen şerbetin rengi sarı ise, hastalığa; gül, bal, vişne, nar veya üzüm gibi şurup ve şerbetleri içmek, sağlam bir bünyeye sahip olduğuna; hiç bilmediği bir şurubu içmesi, ilme yakın olmasına işarettir.

ŞEYTAN: Rüyada her ne şekilde olursa olsun şeytan görmek, zahmetle ele geçecek çok miktarda para ve mal anlamına gelir. Rüyada şeytanla konuşmak, yalancı ve hain bir kişiyle yapılacak dostluğa işaret eder. Şeytandan bir şey aldığını görmek düşmandan veya hasımlarından birisinden tehlikeli bir darbe almak demektir.

Şeytana bir şey verdiğini görmek, düşmanın güçlü olmasına ve bunun sebebinin kişinin zayıflıklarından kaynaklandığına işaret eder. Şeytanın kendisini öptüğünü görmek, kanunsuz yollarla kazanılan para ve menfaat olarak yorumlanır. Şeytanla kavga ettiğini gören kişinin rüyası, düşmanları ile yapacağı mücadeledir. Şeytanı kovalamak düşmanlarına karşı galip gelmek anlamına gelir.

ŞİİR: Rüyada şiir okumak, yakında bir teklif üzerine yalan yere şahitlik yapacağına işarettir.

ŞİMŞEK: Rüyada şimşek çaktığını ve ondan korktuğunu gören takibe uğrar. İşinde ihtar ve uyarı alır. Şimşekten korkmuyorsa, gamdan ve kederden kurtulur. Kendi çabasıyla elde edemeyeceği bazı bilgilere kavuşur, sırlar öğrenir.

Gördüğü şimşekle birlikte yağmur da yağıyorsa, rüyayı gören kişide meydana gelecek kötü ve çirkin bir şeye işaret eder. Bazı tabirciler şimşeği uzak bir yerden elde edilecek menfaatle tabir etmişlerdir. Şimşeğin elbisesini yaktığını gören kimsenin hanımı hasta ise, ölür.

ŞİRKET: Rüyada görülen ortaklık, sevinçtir. Fakir birisi rüyasında kendisinden daha zengin olan birisiyle ortak olduğunu görürse, zengin olacağına işarettir. Ortaklık, sevgi, samimiyet ve sözünde durmaktır.

ŞİŞE: Hanıma işarettir. Şişe, sır tutmayan bir hamın veya söz götürüp getiren bir dosttur. Rüyada görülen kırılmış şişeler mala işaret eder. Rüyasında şişe kırığı yüklendiğini gören kimse mal sahibi olur. Rüyada görülen şişeler, kovuculuğa, gizli şeylere muttali olmaya ve vefasız insanlara işaret olabilir. Bir kimse rüyasında bir şişenin kırıldığını görse, o kimsenin evinden fitne kalkar.

ŞİŞMANLIK: Rüyasında şişman olduğunu gören kimsenin malı artar. Şişmanlığı ile beraber üzerinde sarı elbise de olduğunu görürse hastalanır daha sonra da o hastalıktan kurtulur. Şişmanlığı, rüya sahibinin halk içinde beğenilmesi, şanının yücelmesi ve imanının kuvvetlenmesi olarak tabir edenler de olmuştur.

ŞOFÖR: Bulunduğunuz yerden ayrılmaya veya uzun süreli bir seyahate işaret eder.

Kişinin rüyasında kendisini şoförlük yaparken görmesi iş hayatının kötüye gideceğine; bekar kişinin daha uzun süre bekar kalacağına; evli ise, huzursuz bir aile hayatı olacağına işaret eder.

OKUMA PARÇASI

Çobanın Rüyası

Bir zaman ehl-i kalb iki çoban varmış. Kendileri ağaç kasesine süt sağıp yanlarına bırakmışlardı. Kaval tabir ettikleri düdüklerini, o süt kâsesi üzerine uzatmışlardı. Birisi "Uykum geldi." deyip yatar. Uykuda bir zaman kalır. Ötekisi yatana dikkat eder, bakar ki sinek gibi bir şey yatanın burnundan çıkıp, süt kâsesine bakıyor ve sonra kaval içine girer. Öbür ucundan çıkar gider. Bir geven altındaki deliğe girip kaybolur. Bir zaman sonra yine o şey döner, yine kavaldan geçer, yatanın burnuna girer; o da uyanır. Der ki: "Ey arkadaş! Acib bir rüya gördüm." O da der: "Allah hayır etsin, nedir?" Der ki: "Sütten bir deniz gördüm. Üstünde acib bir köprü uzanmış. O köprünün üstü kapalı, pencereli idi. Ben o köprüden geçtim. Bir meşelik gördüm ki, başları hep sivri. Onun altında bir mağara gördüm. İçine girdim. Altın dolu bir hazine gördüm. Acaba tabiri nedir?"

Uyanık arkadaşı dedi: "Gördüğün süt denizi, şu ağaç çanaktır. O köprü de şu kavalımızdır. O başı sivri meşelik de şu gevendir. O mağara da, şu küçük deliktir. İşte kazmayı getir, sana hazineyi de göstereceğim." Kazmayı getirir. O gevenin altını kazdılar, ikisini de dünyada mesut edecek altınları buldular.

İşte, yatan adamın gördüğü doğrudur, doğru görmüş; fakat rüyada iken ihatasız olduğu için tabirde hakkı olmadığından, âlem-i maddî ile alem-i manevîyi birbirinden fark etmediğinden, hükmü kısmen yanlıştır ki: "Ben hakiki maddî bir deniz gördüm." der. Fakat uyanık adam, alem-i misal ile âlem-i maddîyi fark ettiği için tabirde hakkı vardır ki, dedi:

"Gördüğün doğrudur, fakat hakiki deniz değil; belki şu süt

kâsemiz senin hayaline deniz gibi olmuş; kaval da köprü gibi olmuş ve hakeza." Demek oluyor ki; Âlem-i maddî ile âlem-i ruhanîyi birbirinden fark etmek lazım gelir. Birbirine mezcedilse, hükümleri yanlış görünür. Mesela: Senin dar bir odan var; fakat dört duvarını kapayacak dört büyük ayine konulmuş. Sen içine girdiğin vakit, o dar odayı bir meydan kadar geniş görürsün. Eğer desen: "Odamı geniş bir meydan kadar görüyorum."doğru dersin. Eğer "Odam bir meydan kadar geniştir." diye hükmetsen, yanlış edersin; çünkü: Âlemi misali, âlem-i hakikiyeye karıştırırsın.

(Hekimoğlu İsmail, Nurettin Ünal. İlimde, Teknikte, Edebiyatta, Tarihte, Dinde Rüya,Türdav, İstanbul: 1981, s. 270)

RÜYALAR NASIL YORUMLANIR?

"Yorumlamak asla el altındaki bir kitaptaki sembollere bakmak ve onları rüyaya uygulamak değildir. Hangi ruh halinin işe karıştığını ve bu ruh halinin neyi başarmaya çalıştığını fark etmek esastır."

İlk adım rüya sahibinin rüyadaki yerini bulmaktır. İki temel işlevden hangisinin önde geldiğini tespit etmek de ikinci adımdır. Birincisi: Görülen rüyalar bir problem mi çözüyor? İkincisi: Rüya görende yeni potansiyeller mi uyarıyor?"

Edgar Cayce

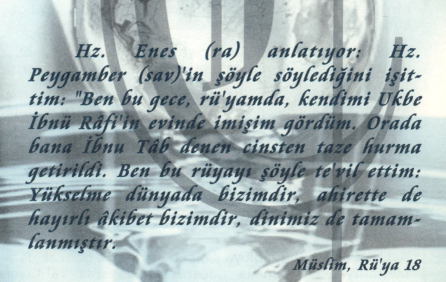

Hz. Enes (ra) anlatıyor: Hz. Peygamber (sav)'in şöyle söylediğini işittim: "Ben bu gece, rü'yamda, kendimi Ukbe İbnü Râfi'in evinde imişim gördüm. Orada bana İbnu Tâb denen cinsten taze hurma getirildi. Ben bu rüyayı şöyle te'vil ettim: Yükselme dünyada bizimdir, ahirette de hayırlı âkibet bizimdir, dinimiz de tamamlanmıştır.

Müslim, Rü'ya 18

TABAK: Rüyada tabak görmek çekirge istilasına veya büyük bir şiddete işaret eder. Rüyasında tabak gören kadın için erkeklerden büyük birisine, aynı rüyayı gören erkek için de asil bir kadına işarettir. Eğer tabak mal olarak yorumlanacak olursa, o malın değeri rüyada görülen tabağın değeri kadardır.

Tabak bulduğunuzu veya aldığınızı görmek, bir sebepten dolayı yaşayacağınız büyük sevinçtir.

Birisine tabak vermek veya tabak kırmak, bir sebepten dolayı keder ve sıkıntı duymaktır.

Rüyada görülen dolu tabak bolluk ve bereket; boş tabak ise, sıkıntı ve kıtlık anlamına gelir.

TABANCA: Rüyada görülen tabanca düşmanla tabir edilir. Tabancasını ateşlediğini gören düşmanıyla münakaşa eder.

Tabanca ile bir şeye kurşun attığını görmek, o kişiye iftira atmaya veya zarar vermeye işaret eder. Boş bir tabanca ile bir kimseye nişan aldığınızı görmek, o kişiyi iftira veya güç kullanarak tehdit edeceksiniz demektir.

Tabancanın bozulduğunu veya kırıldığını görmek, iftira ve kötü sözlerle çevrenizdeki insanları incittiğinizi gösterir.

TABELA: Rüyada tabela görmek; iş hayatınızda, özel hayatınız sebebiyle bir başarısızlığa uğrayacağınızı gösterir.

TABLO: Rüyasında insan resmi olan bir tablo gören için bu rüya yalan söylemeye ve insanları aldatmaya işarettir. Eğer tabloda manzara resmi varsa bu rüya düşünmek ve hakikati araştırmak demektir.

Eğer canlı şeylerin tablosu görülürse, evham ve hayal ile uğraşmak demektir.

Çok kıymetli bir tabloya sahip olduğunuzu görmek, iş ve memuriyet hayatınızda başarılı olamayarak kabiliyetlerinizin boşa gitmesidir.

TABUR: Rüyada askerî bir tabur görmek, yakında şansınızın çok açılacağına işarettir.

TABURE: Yaz günlerini deniz kenarında istirahat içinde geçireceksiniz demektir.

TABUT: Büyük bir mülktür. Kendisinin tabutun içinde veya üstünde olduğunu gören saltanat ve zafere erişir. Eğer rüyasında tabut gören kişinin bir kaybı varsa, kaybettiği şeyin bulunması veya içinde bulunulan kötü durumdan kurtulması anlamına gelir.

Bir tabut aldığını veya kendisine bir tabut verildiğini gören için bu rüya, mal ve mülkün artacağına, itibar ve şerefin yükselmesine işaret eder. Bir tabutun sağlam ve güzel bir şekilde yapıldığını görmek, eşinizin çok namuslu ve güvenilir olduğuna işaret eder.

Kendisini bir tabutun içinde görmek devlet ve saltanat sahibi olmak olarak yorumlanır. (bk. örnek 45)

ÖRNEK 45

İçi Boş Bir Tabut Görüyorum

Rüyamda tabut görüyorum. Tabut tahtadan. İçi boş. Dizlerime vuruyormuşum.

Y -İstanbul

Allah hayretsin.

Rüyada tabut görmek bekar için evlilikle yorumlanır. Tabutun diğer anlamları ise, şeref, itibar, mülk ve kazançtır. Sizin gördüğünüz rüyaya gelince, sanırım bekarsınız ve yakında evleneceksiniz. Hem de severek evleneceksiniz; ancak evleneceğiniz kız, size göre biraz daha fakir olacak.

 **TAÇ:** Rüyayı görenin kadın veya erkek olmasına göre yorumu farklıdır. Rüyayı gören kadın ise, evlenmeye işaret eder. Bir tüccarın başından rüyasında taç kaldırılıp indirilmişse, o kişi malını kaybeder.

İktidar sahiplerinin başlarından tacın alınması, iktidarlarını kaybetmeleridir. Aynı zamanda rüyada taç, ilme ve Kur'an'a işarettir.

TAHT: Taht için genelde hanım denilmiştir. Eğer tahtın üzerinde döşemesi yoksa, bu rüya o kişi için yolculuğa işarettir. Taht üzerinde oturduğunu gören kişinin elinden çıkmış olan şey yine ona döner.

Döşemeli bir taht üzerinde bulunduğunu gören kimse, dinden gaflet eder. Güzel bir taht üzerinde bulunmak, devlet ve yüksekliğe, izzet ve şerefe işaret eder.

Süslü ve mücevherli bir tahtta oturduğunu görmek, eğer böyle bir konuma uygun hayatınız varsa, halk arasında çok sevileceğinize, aksi halde itibarınızı kaybedeceğinize işaret eder.

TAHTA KURUSU: Sizi ısırdığını görmek, etrafınızda size zarar vermek isteyen kişilerin varlığına işaret eder.

TAKSİ: Taksiye bindiğini görmek, yakınınızdaki insanlardan fayda ve yardım görerek işlerinizdeki her türlü zorluğu halletmeye işarettir.

Bir taksi sahibi olduğunu gören, hayat boyu güzel ve mutlu bir hayat sürer.

TANSİYON: Tansiyonun çıkması, nefsani isteklerin galip gelmesine; tansiyonun düşmesi de bunun aksine işarettir.

TARAK: Rüyada görülen tarak, faydalı bir insan, sevinç ve neşe şeklinde yorumlanmıştır. Rüyada tarak ile saçını taradığını görmek, iş hayatınızın çok iyi gideceğine ve sonu hayırlı kısa bir yolculuğa çıkmaya işaret eder.

TARLA: Tarla açık seçik insanın karısını ifade eder. Tarla ile ilgili her rüya insanın karısıyla tabir edilir.

Tarla almak, evlenmek; tarla satmak ,boşanmak; bol verimli tarla, çok çocuk doğuracak kadın; çorak tarla, kısır kadın; başkasına ait bir tarla almak, dul bir kadın ile tabir edilir.

Yonca ekili bir tarla görmek, tasarruf edilmesi gerektiğine işaret eder.

İçi hayvanlarla dolu bir tarla görmek, çok büyük rahmet ve bereketlerle karşılaşmaya işaret eder.

TAŞ: Küçük taşlar ve çakıl, paradır. Kum dünyalık ve servettir. Bir çuval kum taşıdığını gören, onun ağırlığınca altın veya paraya sahip olur.

Birinin kendisine kum verdiğini gören, ondan para alır. Gökten çakıl yağdığını görmek, bölgenin refahına, gökten kum yağdığını görmek, musibete işarettir. Birisine taş attığını görmek, düşmanlarınız ve hasımlarınız tarafından sürekli gözetlendiğiniz anlamına gelir.

Denize taş attığını gören hükümetle ilgili işlerde para harcar. Kuyuya taş atmak ise, bekar için yakın zamanda evliliğe; evliler için de çocuk sahibi olmaya işaret eder. Rüyada taş kesildiğini görmek, merhametsiz ve katı bir yürek sahibi olunduğunu gösterir. Size taş atıldığını görmek, yakınlarınızdan veya dostlarınızdan birisi tarafından iftiraya uğrayacağınıza işarettir.

TATLI: Rüyada az tatlı bir şey yemek devlet kapısından, memuriyet vb. yollarla kazanç elde etmek demektir. Rüyada ne şekilde olursa olsun tatlı, zenginlik ve refah olarak yorumlanır. (bk. örnek 46)

ÖRNEK 46

TULUMBA TATLISI

Rüyamda bir arkadaşımın pastahanesine gidiyorum. Bana dışarıda ki halka halindeki tulumba tatlılarından veriyor. Alıp yiyorum. "Böyle harika bir şey yemedim" diyorum. Tepsinin içinde daha bir yığın halka tatlısı var. Arkadaşım onları da bana sunmak istiyor; ama almıyorum.

Kırmızı Şahin -Adana

Allah hayretsin.

Rüyada tatlı yemek pek hoş değil. Tatlı yemek her mevsimde can sıkıntısı ve hüzünle yorumlanır. Büyük ihtimalle sizin de o arkadaşınızdan size gelecek bir sıkıntıdan dolayı canınız sıkılacak ve kederleneceksiniz. Bu sıkıntıların sizi daha fazla etkilemesine müsaade etmeyeceksiniz. Tatlı bazen devlet eliyle gelecek mal ve menfaate de işarettir. Dolayısıyla bu rüyanızı, devlet kapısından yararlanmanıza işaret sayabiliriz. Belki askerlik anlamına da gelebilir. Tatlıdan çok lezzet almanız, askerliğinizin biraz sıkıntılı geçeceği şeklinde yorumlanabilir

TAVAF: Hürriyet, bağımsızlık, müstakillik ifade eder. Kâbe'yi tavaf ettiğini gören, köle ise, kölelikten; işçi ise, işçilikten; bağımlı ise, bağımlılıktan; hapis ise, hapisten; zanlı ise, zandan; sevip de kavuşamıyorsa, ayrılıktan; hasta ise, hastalıktan; kurtulması mümkün olmayan bir hastalıktan yatıyorsa, yataktan kurtulur.

TAVAN: Ağaçtan ise, gururlu birisine, değilse, kıymetli bir kimseye işaret eder. Rüyasında tavanı üzerine düşüyor gibi gören kimseye böyle birisi tarafından korku erişir.

Evin tavanının yıkılması ev sahibinin öleceğine işarettir. Rüyasında evin tavanında olduğunu ve oradan inmek istediği halde inemediğini gören kimse için bu rüya hapse işarettir.

Tavanın aktığını veya damladığını görmek, gözyaşı dökmek demektir. Tavanda otlar bittiğini görmek, bir kişi tarafından yalan ve hile ile kandırılmak olarak yorumlanır.

TAVŞAN: Kadındır. Rüyasında tavşan tuttuğunu gören kimse evlenir. Tavşan kestiğini görenin alacağı hanımın ömrü az olur. Tavşana bazı tabirciler de korkak bir insan demişlerdir. Tavşan yavrusu ise, keder, üzüntü ve musibettir.

Tavşan tutmak, almak veya bulmak, bekar için evliliğe işarettir.

Tavşan kesmek veya kesilmiş tavşan görmek, eşinden boşanmak demektir. Elinden tavşanı kaçırdığını görmek ise, eşinizin kaçacağına ve sizden ayrılacağına işarettir.

TAVUK: Kadın ve maldır. Kendisine bir tavuk aldığını gören evlenmemişse, evlenir. Evinde sayılamayacak kadar çok tavuk olan kimse amir olur ve bu rüya onun zenginliğine ve korkusunun gitmesine işarettir. Tavuk bazen de üzüntülerden kurtulmak, sevinç ve nimet olarak da değerlendirilir.

Tavuk kestiğini görmek, ailenin yıkılması demektir. Tavuk eti ve tavuk tüyü, mal olarak tabir edilir.

TAVUS KUŞU: Güzel, mal sahibi, pek fayda görülemeyecek bir kadına işarettir. Tavus kuşu, kibirlenmeye, güzelliği ile övünmeye de işarettir. Duruma göre güzel bir kadın ve onun malı, duruma göre de koğuculuk, yalan, kibirlenmek, düşmanlara meyletme, nimetlerin gitmesi ve genişlikten sonra darlığa düşmeye işarettir.

Kendini bir tavus kuşu olarak görmek, yüksek bir makama ulaşmak veya zengin olmakla yorumlanır. Rüyada dişi bir tavus kuşu görmek, güzel ve zengin bir kadın ve onun

 yüzünden elde edilecek olan para demektir.

TEBEŞİR: Zarar ve ziyan demektir. Tebeşir yediğini görmek, devlet yüzünden veya kamu yüzünden zarara uğramak demektir.

Tebeşir ile yazı yazdığını görmek, büyük bir kişi tarafından iltifata mazhar olmak anlamına gelir. Ellerine tebeşir tozu bulaştığını görmek, bir iş dolayısıyla meşakkat ve sıkıntı çekileceğine işaret eder.

TEĞMEN: Gelecekte büyük işler başarmaya işarettir. Kişinin kendisini teğmen olmuş görmesi, kısmetin genişliğine ve çok kârlı bir işle meşgul olmasıdır.

TEKNE: Rüyada tekne görmek bazı yorumculara göre güçlük ve zorla kazanılacak bir servettir. Bazı yorumcular tekneyi kısmet ve gelir kaynağı olarak yorumlamışlardır.

Teknenin yeni, geniş ve temiz olması hayırlı ve bereketli kazançlar demektir. Eski, delik ve kirli bir tekne görmek, şer ve sıkıntıdır.

Evde hamur ve banyo teknesi görmek kişinin ihtiyarlığında çok mutlu olması demektir.

TELEFON: Rüyada telefon görmek veya telefonda konuşmak, haber almaya ve zihinsel gelişmelerdir. Eve veya dükkana telefon bağlattığını veya telefon makinesi koydurduğunu görmek, işlerde kolaylık sağlayacak şeylere işaret eder.

Telefonla konuştuğunuzu görmek, işlerinizde kolaylık ve rahatlık demektir.

TELESKOP: Rüyada teleskop veya dürbün görmek, çok hayırlı ve bereketli bir işe işaret eder. Teleskop ve dürbün ile bir çiftliğe baktığınızı görmek, bir bahçe veya tarla satın almanızı gösterir.

Yıldızlara baktığını görmek, hayatta yüksek bir mevkiye erişmeye ve mirasa konmaya işarettir. Ay'a baktığını görmek ise, ummadığı yerden büyük bir mal ve para kazancı sağlamaktır.

TENCERE: Boş veya dolu olmasına göre yorumlanır. İçindeki şeylerden yemek değişik faydalara işaret eder. Tencere bazen Allah'ın takdirine razı olmak demektir.

Tencere, kuvvete ve düşmana galip gelmeye de işaret edebilir. Rüya görenin durumuna ve rüyanın diğer unsurlarına göre tencere, ev işlerine bakan bir kimse, bazen de hakim, bakan, vergi gibi şeylerdir.

Boş tencere görmek, bir suçtan dolayı karakola düşmeye veya mahkum olmaktır. Yeni bir tencere satın aldığını görmek, hayırlı ve sonu çok kazançlı bir işe başlamayı gösterir.

Yemek pişirmek için ateşe tencere koymak, büyük mal ve menfaatin geleceğine; tencerede pişmiş yemek görmek, zahmet çekmeden elde edilecek mala işaret eder.

Tencerenin kırıldığını görmek, işlerin yakın zamanda bozulacağını gösterir. Toprak tencere görmek, hayırlı kazanç, bol ve bereketli gelir demektir.

TENEŞİR: Rüyasında teneşir görenin mal ve otoritesi artar. Rüyada teneşir yaptırdığını görmek, insanlara yardım olarak yorumlanır. Kişinin kendini teneşir üzerine konulmuş görmesi, mal ve itibarının artmasına delalettir.

TENİS: Rüyada tenis oynamak gurura, başkalarını alaya almaya ve dince noksaniyete işaret eder. Tenis oynarken rakibin galip gelmesi keder ve hüzne işarettir.

TEPE: Değerli bir insan, yüksek bir mevki, çok mal ve ihanettir. Bu manaları verebilmek için rüyayı gören ile tepenin durumunu iyi değerlendirmek gerekir.

Yüksek bir tepeye çıkıp oturmak, mal ve kuvvet sahibi olmaya işarettir. Düz bir mekanda bir tepe görmek, önemli ve kuvvetli bir kişiden yardım görmek demektir.

Bir tepeye çıktığını görmek itibar ve makamın yükselmesidir.

TEPSİ: Rüyada görülen tepsi hizmetçiye işaret eder. Rüyasında bir tepsi satın aldığını gören kimse bekar ise evlenir.

TER: Terlemek güzel bir rüyadır. Ter, sıkıntı ve zorlukları temsil ettiğinden terleyen bu sıkıntı ve zorluklardan kurtulur.

Rüyada ter hasta için şifa, sağlam bir kimse için yapacağı bir işten dolayı çekeceği sıkıntıdır. Rüyasında koltuk altında meydana gelen terin pis koktuğunu gören kişi, halk arasında kötü bir isim yaparak mal ve servete kavuşur.

Ter, maldır. Bu sebeple rüyasında vücudundan ter aktığını gören kimseden vücudundan akan ter miktarınca mal gider.

TERAZİ: Rüyada terazi mahkeme, hakim, adalet, adliye ve yargılanmak anlamlarına gelir. Terazinin aynı zamanda âlim ve Kur'ân gibi kendisine uyulan ve hidayete ulaşılan şeylerle de bağlantısı vardır.

Bazen terazi rüya sahibinin diline de işaret eder. Yani terazide görülen doğruluk veya başka şeyler rüya sahibinin doğruluk, yalancılık, emniyet ve ihanetine işaret eder.

Rüyada doğru ve ayarlı bir terazi görmek, o yörenin idarecilerinin adil olmasına bakar. Terazinin kırıldığını görmek, o beldenin hakim veya savcısının vefatı demektir.

TEREYAĞI: Ehli için fıkıh ilmine, Kur'ân okumaya, ilaca,

mala, tahıla, kazanca, sıkıntı içinde bulunan için, ucuzluk ve bolluğa, hastalar için de şifaya işarettir.

Rüyada tereyağı görmek, erkek için başarı ve muvaffakiyet anlamına gelir. Bu rüyayı genç bir kız görmüşse, hiç istemediği bir işe zorlanmaya, olgun yaştaki kadınlar için dikkat ve basiretli olmaları gerektiğine işarettir.

Eğer bir kişi rüyasıda tereyağlı ekmek yediğini görürse, rüyayı gören ve yakınları için bu rüya iyi bir talihe ve bol kazanca işaret eder.

TERZİ: Rüyada görülen terzi, insanların aralarını düzeltmeye ve dağınık işleri toparlamaya işarettir. Rüyada sökük ve yırtığı dikmek günahlardan dönmektir; ya da bir şekilde gönlü kırılan birisinden özür dilemektir.

TESBİH: Rüyada çekilen tesbih dindar bir kadına, helal geçime veya askerlere işarettir. Rüyasında Allah'ı tesbih ettiğini gören bir kişi korku içindeyse korkusundan kurtulur; darlık ve sıkıntıdaysa, darlığı gider; borçluysa, borcundan kurtulur ve vermiş olduğu sözleri yerine getirir.

TESTERE: Rüya sahibinin konumuna göre alış veriş eden hoşgörülü bir adama, karı koca arasını ayıran kişiye, iki kavgalı arasında hakimlik yapmak gibi şeylere işaret eder. Rüyada görülen testere yardım, kuvvet ve rızıktır.

TEVRAT: Tevrat gören yahudi ise birçok maddi yardım görür; düşmanlarına galip gelir. Gören Müslüman ise, büyük ve muannid düşmanlarına galip gelmeyi ve çok çocuk sahibi olmayı ifade eder.

Büyük ve hatırlı kimselerden yardım görür. Çocukları olmayan bir karı koca, Tevrat görürse, alim ve salih bir erkek evlatları olur. Tevrat da Kur'ân gibi maddî ve manevî hayırlara delalettir.

TEYZE: Rüyada teyze görmek, hayırlı bir rüya olup beklenmedik bir yerden miras ve paraya işarettir.

TIRNAK: Zînetleri, mal varlığını, kuvvet ve kudreti temsil eder. Tırnağının çok uzadığını gören, kuvvetiyle zulüm yapar, malı artar.

Tırnaklarının olmadığını veya söküldüğünü gören, iflas eder. Tırnak, bazen erkek evlat olarak da yorumlanır.

Rüyada tırnaklarını uygun bir şekilde kestiğini gören ya zekat vererek ya da halka sadaka vererek malını manevî pisliklerden temizler ve halkın sevgisini kazanır.

TİLKİ: Tilki çok hileli, bilinmeyen düşmandır. Bir tilkiyle hile yaptığını veya bir tilkiyi mükafatlandırdığını gören kimse için bu rüya yalancılıkla tabir edilir.

Rüyasında tilkinin kendisinden kaçtığını gören kişi için bu rüya tilki gibi hilesi olan bir kişi ile tabir edilir.

Tilki derisi görmek, hileli yoldan kazanç elde etmeye işaret eder.

Tilki sütü içmek, hasta ise, şifaya; sıkıntıda ise, refaha; hapiste ise, kurtuluşa işaret eder. Bir tilki yakaladığını görmek, tilki huylu birisi ile münakaşa etmeye işaret eder.

TİMSAH: Rüyada görülen timsah, polis, hırsız veya zalim ve hain bir tüccara işaret eder. Aynı zamanda günah, haram, korku manaları da vardır.

Timsahın kendisini boğduğunu gören kimseye bu sayılan özelliklerdeki birisinden zarar gelir. Rüyasında timsahı sudan karaya çektiğini gören kimse, düşmanına veya borçlusuna galip gelir.

Timsahın etinden, derisinden veya yağından bir şeye sahip olduğunu görse, rüyasında sahip olduğu kadar düşmanının malından eline bir şeyler geçer.

TİTREME: Üşümekten titrediğini görmek pek iyi değildir. Böyle titreme ihtiyaç ile tabir edilir. Bir cemaatin toptan titrediğini görmek o bölgeye kıtlık geleceğine işarettir.

TİYATRO: Rüyada sahne veya herhangi bir temsilde rol almak genç bir erkek için elde edilecek bir ihtirasa; orta yaşta ise, yakında birisiyle tanışacağına; genç bir kadın ise, çok sevineceği bir değişikliğe; daha yaşlı ise, sevdiği bir arkadaşı tarafından hayal kırıklığına işarettir.

TOHUM EKMEK: Rüyada tohum ekmek bazen israf mânâsına gelir; bazen de genişlik, rızık ve ilim olarak yorumlanır. Tohum ekmek çeşitli insanlarla iyi geçinmeye veya çocuk sahibi olmaya da işaret edebilir.

TOP: Rüyada görülen top dünya olarak ele alınıp rüyadaki diğer unsurlara göre yorumlanabilir. Rüyada topla oynamak düşmanlık ve münakaşa yapmaya da işarettir. Top yolculuğa veya bir yerden diğer bir yere nakledilmeye de işaret eder.

Herhangi bir top oyunu oynamak ve kazanmak, arzu ettiğiniz kişi ile evliliğin gerçekleşmesine işarettir.

Herhangi bir top oyunu oynamak ve oyunu kaybetmek, hayal kırıklığı, fikir sağlamlığı veya bir düşmanın vefatına işaret eder.

TOPAL: Rüyada kişi kendisini topal ve koltuk değneğiyle yürüyor görürse; arkadaşlarının yardımı ile güçlükleri önleyeceğine işarettir. Sadece topal olarak görürse bu pek hayra yorulmaz.

TOPLU İĞNE: Yanında çokça toplu iğne olduğunu veya satın aldığını gören kimse hayra ve berekete ulaşır.

TOPLAMAK: Rüyasında farklı şeyleri bir araya getirdiğini gören kimse için bu rüya arzu, ihtiras, şehvet ve mala işarettir. Birbirine uygun şeyleri bir araya getirdiğini, topladığını gören kimse için bu rüya ilme, sünnete ve görüş-

lerinden istifade edilmesine işaret eder.

TOPRAK: Rüyayı görenin toprağı nasıl gördüğüne ve kendi durumuna göre yorumlar farklılıklar arz eder. Hasta olan veya yanında hasta bulunan bir kişi toprağı kazıp bir çukur yaptığını görse, o kişinin ölümüne işarettir.

Yolculuktaki birisinin rüyasında kazdığı yer onun yolculuğu, çıkardığı toprak da elde ettiği maldır. Topraktan bir şey yüklenen kişi için bu rüya, yüklendiği kadar menfaattir.

Servet sahibi bir kişinin malının yanında ve üzerinde toprak olduğunu görmesi malının helak olacağına işaret eder. Toprak aynı zamanda hayat, yolculuk ve rızıktır.

TOZ: Rüyada tozların eşyalar üzerine konmuş olduğunu görmek, mala işarettir. Yerle gök arasında toz olduğunu görmek, o kimsenin çok karışık bir işle karşı karşıya bulunduğuna ve içinden nasıl çıkacağını bilememesine işarettir. Elbiselerinin tozlarını silkelemesi o kimsenin fakir veya ömrünün uzun olmasına işarettir.

TRAMVAY: Rüyada tramvay görmek, pek iyi yorumlanmaz. Kaba bir kişi ile ağır bir tartışmaya işarettir.

TRAMPET: Rüyada trampet sesi duymak, pek yakında birçok önemli olayın gerçekleşeceğini haber verir.

TRAŞ ETMEK: Rüyada başın tıraş edilmesi, elde edilecek olan menfaat ve Allah yolunda harcanacak maldır. Kendi eliyle başını tıraş ettiğini gören kimse borçlu ise, borcunu öder.

Rüyada sakal tıraşı, hileye, ziraatta meydana gelecek bir zarara veya rüya sahibinin çocuk veya hanımının ani ölümüne işaret eder.

TREN: Rüyada tren görmek; işinizde ilerlemek için iyi bir fırsatın yakalanacağına işarettir. Trende birisini görmek, arkadaşlarının yardımı ile rüya sahibinin iyilik göreceğine; bilmediği yolculuklarda trende olmak, çok önemli sonuçlar alınacak bir toplantıya davetiye alınacağın işarettir.

TURŞU: Rüyada turşu görmek veya yemekte hayır yoktur. Bu rüya sıkıntı ve üzüntüye işarettir.

Rüyada turşu kurduğunu görmek, dinden dönmeye veya onların ahlâkıyla ahlâklanmaya, israfa ya da sözünde durmamaya işaret eder.

TUVALET: Rahatlık, temizlik ve yalnızlıktır. Rüyada tuvalet içinde bırakıldığını gören kimse hakkında hile yapılır.

Tuvalete kapatıldığını gören kimse, ölür. Tuvalet aynı zamanda mal ve kadın ile de tabir edilir.

TUZ: Meşguliyet, hastalık ve mal anlamları taşır. Rüyada görülen tuzun beyazlığı takva, hayır ve nimettir. Korku halindeki bir insan rüyasında tuz görse, bu onun için emniyettir.

TUZLUK: Rüyada tuzluk görmek, insanın kesesi ve gelirini sakladığı çekmecesi, cüzdanı olarak yorumlanır.

Boş tuzluk görmek, boş kese ve kasaya işaret eder.

Dolu tuzluk, bol kazanç ve gelir demektir. Tuzluğun devrildiğini gören mal veya para kaybına uğrar.

Tuzlukta tuzun azaldığını görmek, rüya sahibinin kasasından para çalındığına işarettir. Tuzluğun yere düşüp kırıldığını görmek işlerin bozulmasıdır.

TÜFEK ve TABANCA: Düşman demektir. Rüyayı görene ait tabanca ve tüfek, iyi ve güvenilir dosttur. Bir tüfek veya tabanca ile kendisine ateş edildiğini gören üzüleceği ağır bir söz işitir.

TÜKÜRÜK ve TÜKÜRME: Küfür ve kötü sözdür. Tükürmek de kötü söz şeklinde yorumlanır. Tükürük rüyası, tükürülen yere göre tabir edilir. Camide tükürdüğünü gören, hayırlı ve güzel sözler söyler.

Ağaç üzerine tükürdüğünü gören, sözünden döner veya yeminini bozar. Bir insanın üzerine tükürdüğünü gören o kişiye iftira eder.

Rüyada tükürüğünün sıcak olması, uzun ömür; soğuk olması da ölüme işaret eder. Tükürük, söz, ilim veya malda ziyadeliktir. Ağızda tükürüğün kuruması fakirliktir.

TÜLBENT: Rüyada herhangi bir tülbent görmek, izzet, şeref ve büyüklüğe işarettir.

TÜNEL: Rüyada görülen tünel büyük işlere, anlaşmaya iyi amellere, hastalıktan kurtulmaya ve güzel bir sona işarettir.

Çok karanlık bir tünel içinden geçmek kişinin geleceği için yapacağı seçimde yanlışlıklar ve hatalar yapacağına işarettir.

TÜRBE: Peygamberlerin türbelerini ziyaret etmek, bekar için evlilik; zengin için hayır ve hasenat; yolcu için uğur; suçlu için af demektir. Hamile bir kadın türbe görürse, erkek doğurur. Mücerret olarak iyi insanlara ait türbe görmek, her bakımdan iyiliğe işaret eder.

TÜTÜN: Rüyada tütün görmek sigara içen için iyi bir işarettir. Ayrıca rüyayı gören için sağlık, sıhhat ve bereket demektir.

TÜY: Rüyada tüy görüp eline almak, genç bir erkek için en güzel arzusunu kolaylıkla elde etmesine; kadınlar için yeni bir aşk macerasına atılmaya işarettir.

OKUMA PARÇASI

Kaybolan Zemzem

Önceleri Mekke'de hüküm süren Cürhüm kabilesi üzerine musallat olan düşmandan kurtulabilmek için Yemen diyarına kaçmaya mecbur kalmıştı. Mekke'yi terk ederken Kâbe hazinesindeki bir hayli eşyayı Zemzem kuyusuna atarak üzerine taş ve toprak döküp yerini belirsiz hale getirmişlerdi. Nice yıllar bu halde kalan Zemzem'in yerini kimse bilmemekteydi.

Bir gece Abdülmuttalip'e rüyasında Zemzem'in yeri haber verilip izi gösterildi.

Bu suretle Abdulmuttalip, Zemzem kuyusunu buldu. Oğullarıyla beraber onu kazmaya başladı. İçinden kılıçlar, zırhlar ve altından yapma geyik heykelleri çıktı. Abdülmutlalip bunları aldı, geyik heykellerini Kâbe kapısı önüne bıraktı. Zemzem kuyusunu tamamen temizleyip hacılara, Zemzem ulaştırmaya başladı.

(Hekimoğlu İsmail, Nurettin Ünal. İlimde, Teknikte, Edebiyatta, Tarihte, Dinde Rüya, Türdav, İstanbul: 1981, s.248)

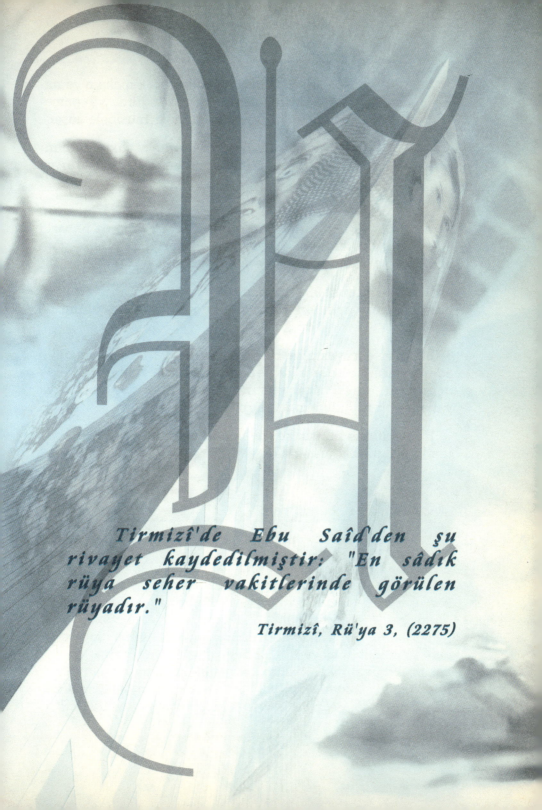

Tirmizî'de Ebu Saîd'den şu rivayet kaydedilmiştir: "En sâdık rüya seher vakitlerinde görülen rüyadır."

Tirmizî, Rü'ya 3, (2275)

UÇAK: Rüyada görülen uçak makam ve rütbeye işarettir. Uçağın düştüğünü ve parçalandığını gören kimse bela ve musibete düşer.

Uçak kullandığını görmek, yakın zamanlarda halledilmesi gereken önemli karar ve olaylara işaret eder.

UÇMAK: Yüksek mevki ve kurtuluştur. Semaya doğru uçtuğunu gören kurtulacağı veya az hasarla atlatacağı bir kazaya uğrar. Bir yerden başka bir yere uçtuğunu gören rütbe ve mevki sahibi olur.

Hasta bir kimsenin, rüyasında uçtuğunu görmesi ya da bir kimsenin evinden uçarak çıktığını görmesi ölümüne işarettir.

Bir kimse rüyasında başka birisiyle yarışsa ve uçup o adamı geçse, o adamı kahreder. Rüyasında kuşlarla birlikte uçtuğunu gören kişi yabancı insanlarla görüşür veya yabancı bir topluluğun içine gider.

Hapsedilmiş bir kimse rüyasında uçtuğunu görse, hapisten kurtulur. (bk. örnek 47)

ÖRNEK 47

Rüyamda Bir Adam Bana Uçmayı Öğretiyor

Rüyamda bir adamın bana uçmayı öğrettiğini gördüm. Yanımda benim yaşlarında bir kız vardı. Güya benim kız kardeşimmiş. Üçümüz gökyüzüne doğru uçuyoruz. Bir yerde duruyoruz. Bizim gibi birçok kişi var; ama hareket etmiyorlar. Daha sonra kardeşimle yeryüzüne iniyoruz. Birini görüyoruz, uçabildiğimizi söyleyince bizimle alay ediyor. Ben uçunca korkup kaçıyor. Daha sonra bize uçmayı öğreten adam, güya babammış. Yanında sarışın, tepeden tırnağa bembeyaz giyinmiş ve kanatlı birini getiriyor. Annem olduğunu söylüyor. Bir salona gidiyoruz. Yuvarlak masalar var. Babam önce benimle, sonra kardeşimle dans ediyor. Üçümüz dans pistini geçip bir masaya oturuyoruz. Annem, dans pistinin öteki tarafında ayakta duruyor.

Rumuz: Erenköylü

Allah hayretsin.

Büyük ihtimalle kız kardeşiniz vasıtasıyla maneviyatı güçlü bir zat ile tanışacaksınız. O kardeşinizi de sizi de doğru yola iletecek ve size manevi yardımlarda bulunacak. Bu yeni hayatınızda, bazı yakınlarınız size karşı tavır alacak ve sizi dışlayacaklar; ama size bir zarar veremeyecekler ve sonunda sizi olduğunuz gibi kabul edecekler. İlerde o zat ile ırsi yakınlığınız da olacak. Onunla birlikte müşterek iş yapabilirsiniz.

UÇURTMA: Yalan, aldatıcılık ve boş işlerle uğraşmaya işarettir. Rüyasında evinin üzerine uçurtma düştüğünü gören kimse için bu rüya evine sihir yapılmasına işarettir.

Rüyadaki uçurtma; yüksek derece izzet, ve şeref şeklinde yorumlanabileceği gibi bazen de arzu edilen şeylerden uzaklaşmaya işaret eder.

UÇURUM: Tehlike, sıkıntı, kıtlık ve zor bir duruma düşmeye işarettir. Bir uçuruma yuvarlandığını görmek, iş hayatında büyük talihsizlik ve kötü kadere işaret eder.

Rüyada uçurum görmek, genel olarak keder, endişe ve sıkıntılarla dolu bir hayat demektir.

UD: Rüya sahibinin sadece ud görmesi ve onu almak istemesi, sesini duymadığı müddetçe zararlı bir rüya değildir. Ud çalmak veya onu dinlemek ise, yalan söze işarettir. Bazı tabircilere göre ud çalmak; ululuk, toplumda önder olmak veya keder ve üzüntüdür.

UMRE YAPMAK: Rüyasında umre yapan bir kimse için

bu rüya mal, ömrünün uzun olması ve amelinin makbul olmasıdır.

UN: Zahmetsiz kazanılan helal mala işarettir. Rüyada un satın aldığını gören, dine meyleder. Sattığını gören, para hırsıyla her kötülüğü yapar. Buğday unu, çok mal; arpa unu, dindarlık demektir.

UR: Vücudunda ur çıktığını gören kimseye mal ve menfaat gelir. Bazı tabircilerde ur; iş ve duygusal hayatta karşılaşılacak olan darlık ve sıkıntı anlamına gelir.

URGAN: Söz vermeye, izzete, mevkiye, din ve istikamete işarettir.

USTURA: Erkek evlattır. Kin tutma, elem ve keder anlamına da gelebilir.

UYANMA: Uykudan uyandığını gören, işinde akıllı hareket eder. Din ve dünya işlerinde istikrarlı olur, haramlardan sakınır, maaşı çoğalır ve ömrü uzar.

RÜYA NEDİR?

"Göz kapanabilir; fakat kulak daima açıktır, insanın ruhu daima tetiktedir. Vücudun geceyi bir dinlemesi vardır ki rüyaların bir kısmını bununla izah edebiliriz. İnsan rüyalarında bile dünyayı görür. Sanatın büyük bir kısmı, duygu, rüya, zan, hayal ve tasvirlerden ibarettir. Dünyanın objektif tasvirine biz ancak ilim eserlerinde rastlarız. Kaldı ki onların da çoğu, ilim kılığına girmiş his ve hayallerden ibarettir. Bütün insanlar gibi sanatçı da dünyanın ve toplumun içindedir. O rüya görürken bile dış alemden gelme his ve hayallerin arasında dolaşır. Edebî eserlerde birçok rüyaları tetkik ettim. Hepsinde de tarihi çevreyi, medeniyeti, günlük endişeyi Alain'in hocasının deyimi ile "dünyayı" buldum..."

Mehmet Kaplan, Nesillerin Ruhu, Hareket Yay. İstanbul 1967, ss.145-147

UYKU: Gafleti temsil eder. Sırtüstü yattığını görenin sözü etkili, itibarı yaygın ve dünya nimetleri elinin altında olur.

Bir kimse rüyasında mezarlıkta, yol üstünde veya bir mezarın üzerinde uyuduğunu görse, hasta için ölüme, sağlam için de işsizliğe işaret eder.

Bir kimse rüyasında ağaçlık bir yerde yanı üzerine yatmış olduğunu görse, onun nesli çok olur. Karnı üzerinde yatmak, yer kazanmaya, mal ve evlada işarettir.

UYKU İLACI: Rüyada uyku ilacı içmek, üzüntülü günler içinde bulunduğunuzu; fakat feraha erişeceğinizi gösterir.

RÜYAYI KİM YORUMLAMALI?

"Bir kimsenin rüyalarını inceleyecek kişi önce kendisidir. Kişi neleri inceleyecektir? Önce amaçlar, ilgi duyulan şeyler, kararlar gibi bilince ait şeyleri... Gizli alışkanlıklar gibi bedenine ait şeyleri ve sonra da idealleriyle, araştırıcı sorularıyla ilgili olan ruha ait şeyler... Rüyalar tüm bunlara ilgi duyarlar. Bunların ötesinde de inceleme ve büyümesinde onunla iletişim halinde olan üstün bilinciyle erişebildiği evrensel güçler vardır. Bunları inceleyecektir."

OKUMA PARÇASI

Abdulhakim Arvasi

Rüya yoluyla yönlendirme ya Peygamber veya bir mürşid vasıtasıyla olmaktadır. Rüyada bilhassa Peygamberimiz Hazreti Muhammed (sav)'in görülmesi rüyanın açık ve doğru olduğunun bir ifadesidir.

Bu meyanda tanınmış mutasavvıflardan Abdülhakim Arvasî'nin görmüş olduğu bir rüya onun ilmî hayatının başlangıcı olmuştur. Rüyasını şöyle anlatmaktadır: "Seyyid Taha Hazretlerinin vatanı ve medfeni olan Nehri isimli kasabada zahirî ve batınî ilimleri tahsil ile uğraşırken ramazanı pederimin huzurunda geçirmeyi dileyerek memleketime dönmüştüm. Ramazan ayının 15. salı gecesi rüyamda Allah'ın Resulünü gördüm: Yüce bir taht üzerinde, risalet makamında oturmuşlardı. Nazarlarım bu heybet ve celal levhası karşısında dehşete batmış yere kayarken, arkamdan biri, yavaş yavaş, huşu içinde sağ tarafıma yanaştı. Göz ucuyla taaccüp içinde baktım. Kısaya yakın orta boylu, top sakallı, aydınlık alınlı bir zat. Bu zat, sağ kulağıma işitilmeyecek kadar hafif bir sesle, fıkıh ilminin hayz meselelerinden şöyle bir sual sordu: "Hayz zamanında bir kadın, camiye girmeye mezun değilken, iki kapılı bir camiin bir kapısından girip öbür kapısından çıkmakta şer'an serbest midir?" Ben, Allah Resulünün heybetlerinden büzülmüştüm. Aradaki mesafe ses işitilmeyecek kadar uzak olduğu halde, "Şeriat sahibi hazırdır." diye cevap verdim. Maksadım, Resulüllah'ın huzurunda kimsenin din meselelerine el atamayacağını anlatmaktı. Fakat Hz. Peygamber, ses işitilemeyecek bir mesafede bulunmaları-

na rağmen, cevabımı duydular ve "Durmadan cevap veriniz." diye üst üste iki kere emir buyurdular.

Ertesi gün, öğle namazı vaktinde, merhum pederimin camiye geleceği yol üzerinde durdum. Bir şey arz etmek üzere durduğumu hissettiler. Rüyamı anlattım. Yüzlerinde bir sevinç belirdi. Rüyamı şu şekilde açıkladılar:

"Seni müjdelerim. Âlemin fahri, sana izin verdi ve dinî meseleleri tebliğe memur buyurdular, inşallah alim olursun. Bütün gücünle çalış."

Babama "Kainatın Efendisi huzurunda, bunca din meselesi varken, bana hayz bahsinden sual açılmasına sebep nedir?" diye sordum. Şu cevabı verdi:

"Hayz, fıkıh meselelerinin en zoru olduğu için, böyle bir sual, senin ileride din ilimleri bakımından çok yükseleceğine işarettir."

Bu rüyadan sonra tam on sene, cuma gecelerinden başka hiç bir geceyi yorgan altında geçirdiğimi hatırlamıyorum. Sabahlara kadar dersle uğraşıp insanlık icabı olan uykuyu kitap üzerinde geçirdim. İcazet aldıktan sonra bile bu rüyanın şevki beni yürütmekte devam etti. Bu rüyadan sonra tahsil yolunda elde ettiğim yepyeni bir idrak ve en ince meseleler üzerinde kalbime dolan anlayış o derece terakki etti ki, tarifi kabil değil."

(Hasan Avni Yüksel, Türk İslam Tasavvuf Geleneğinde Rüya, MEB, İstanbul: 1996 s. 245)

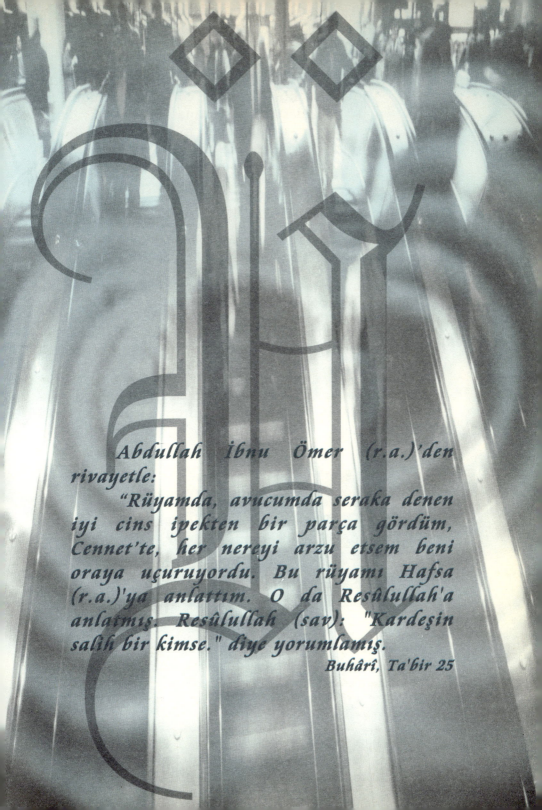

Abdullah İbnu Ömer (r.a.)'den rivayetle:

"Rüyamda, avucumda seraka denen iyi cins ipekten bir parça gördüm, Cennet'te, her nereyi arzu etsem beni oraya uçuruyordu. Bu rüyamı Hafsa (r.a.)'ya anlattım. O da Resûlullah'a anlatmış. Resûlullah (sav): "Kardeşin salih bir kimse." diye yorumlamış.

Buhârî, Ta'bir 25

ÜCRET: Rüyada ücret aldığını gören kişi için bu üzüntü ve uğursuzluğa ve başkalarının mallarına imrenmeye; ücret almayı gerektirecek bir iş yaptığını gören kişi için sözünde durmaya ve dostluklarını sürdürmesine işarettir.

Bir iş karşılığında ücret aldığını görmek, emir altına veya bir yere işçi olarak girmeye işaret eder.

ÜFLEMEK: Rüyada bir şeylerin pişmesi için yapılmayan üfleme, üzüntü ve kedere işarettir.

Ateşe üflemek, fesattır. Et gibi bir şeyleri üflemek de menfaati için bir şeyleri tahrik etmektir.

Rüyada üfleyerek mum, lamba gibi bir nesneyi söndürmek, kendi eliyle kendini sıkıntıya düşürmek olarak yorumlanır.

Birisinin yüzüne üflediğini görmek, o kişiyi aldatma veya kandırma yoluyla üzmektir. Birisinin sizin yüzünüze üflediğini görmek, o kişiye karşı dikkatli olunması gerektiğini gösterir.

Bir kadının üreme organına üflemek, o kadınla münasebette bulunup onu hamile bırakmaya işarettir.

ÜNİVERSİTE: Rüyada üniversitede ders veya konferans dinlediğini görmek, durumunuzun pek yakında düzeleceğine işarettir.

ÜRKMEK: Sıkıntı ve keder demektir. Canınızı sıkacak bir şey veya bir söz işitmeye işaret eder. Bir düşmandan ürkmek, o düşmana mağlup olmaktır.

Şeytandan ürkmek, sapık yollara düşmek veya sapıtmaya işarettir. Hükümetten ürkmek, devlet tarafından cezaya çarptırılmak anlamına gelir.

ÖRNEK 48

Sağnak Yağmur

Rüyamda bir koruluktayım. Ağaçların altında kütüklerden yapılma oturaklar ve masalar var. Engebeli bir yer. Çok yüksek ve sık ağaçlarla kaplı. Ormanın içinde eski konaklara benzer bir ev var. O eve giriyorum. İhlas Holding'in sahibi Enver Ören'i görüyorum. Tedirgin bir hali var. Ona yaklaşıp konuşuyorum. Çok sevdiği birisiyle aralarında bir problem çıkmış, bundan rahatsızlık duyuyor. Ona yardım edebileceğimi söylüyorum ve dışarı çıkıyorum. Hava loş. Sağnak bir yağmur yağıyor. Bakıyorum o konağın karşısında bir konak var. Enver Ören'in sözünü ettiği şahıs o evdeymiş sanki. Oraya giriyorum. O da aynı diğer konak gibi ağzına kadar kitap dolu. Düzensiz; ama eski bir kütüphaneyi andırıyor. Orada Fethullah Gülen var. Anlıyorum ki ikisinin arasında bir problem var. "Bu iki iyi insanı barıştırmalıyım." diyorum. Ona bir şeyler söylüyorum. Sonra iki ev arasında birkaç kere gidip geliyorum. Güceniklerini gidermeye çalışıyorum. Tam başardım mı bilemiyorum; ama Fethullah Gülen ile kucaklaşıyoruz. Sonra uyanıyorum.

M. A.- İstanbul

Siz büyük ihtimalle dindar bir insansınız. Normal hayatta bu insanlara nasıl bir ilgi duyduğunuzu veya ilgi duyup duymadığınızı bilemiyorum; ama rüyanız, bu iki cemaat lideri arasında geçtiğine göre, büyük ihtimalle, iki iyi insanın arasını bulacaksınız. Bunlar hem yaş, hem imkan bakımından sizden çok çok güçlüler. Yağmur yağıyor olması, belki de her iki insanla tanışmanıza ve bunlardan maddî manevî büyük iyilikler görmenize işaret sayılabilir.

Kıymetli bir rüya, bereketli ve güzel bir rüya. Ömrünüzü istikamet içinde götürebilirsiniz. Tabiaten de barışçı olmalısınız.

ÜŞÜMEK: Sıkıntı ve zorluk ile tabir edilir. Rüyada genç bir erkeğin üşümesi; hayatta başarısına engel olan sebepleri başkalarında değil, bizzat kendisinde olduğuna; tecrübeli bir yaşta ise, eskiden yaptığı bir hatanın meydana çıkmasına; zeka ve ince düşüncesiyle bunu hal yoluna koyacağına, evli kadınlar için, hafif bir kaza atlatacağına işarettir.

ÜTÜ: Zekasına fazla güvenmeye ve pürüzlü şeylerin düzeleceğine işarettir. Soğuk ütü görmek, ihtiyatlı davranılması gerektiğine işaret eder. Ütü yaptığını görmek, başlanılan işte başarılı olmaya delalet eder.

Buruşuk bir kumaşı veya elbiseyi ütülediğini görmek, karışık ve keşmekeş işlerin düzene girmesi anlamına gelir.

Rüyada farklı nesneleri ütülediğini görmek, gam ve kederden kurtulmaktır. Bir davada taraf olanın davayı kazanmasına, hasta için şifa bulmaya işaret eder.

ÜZÜM: Yazın rüyada üzüm görmek veya yemek, karısından fayda görmek ve iyi geçinmektir. Kışın görülen her türlü üzüm rüyası, keder ve sıkıntıdır. Yazın bağda üzüm topladığını gören, büyük işlere talip olur ve yapar. Rüyada görülen siyah üzüm, devam etmeyen rızık ve az bir menfaattir. Beyaz üzüm hayır ve şifadır.

Rüyada kuru veya alaca üzüm görmek, içinde bulunulan ekonomik ve ruhsal duruma işaret eder.

Üzüm asması görmek, zenginliğe; asmadan üzüm koparıp yemek, nefse ve şehvete düşkün bir kişiye işaret eder.

Yerden bir salkım üzüm almak, bir kadın tarafından ummadığınız zamanda, ummadığınız kadar mal ve menfaate kavuşmaya işaret eder. Üzümün beyazı, siyahından; tatlısı, ekşisinden daha hayırlıdır.

ÜZÜNTÜ: Rüyada üzüntülü olmak âşık olmaya ve günahların affına işarettir.

OKUMA PARÇASI
Sultan Alaaddin'in Rüyası

Mevlana'nın babası Baha Veled'in ölümünden sonra Selçuklu sultanı, Sultan Alaaddin, Harzemşah ordusunun Anadolu'ya doğru yürüdüğünü haber aldı. Sultan Alaaddin, Veled'in türbesine giderek himmet diledi. Sonra birkaç kişi ile bizzat düşman ordusunun içine kadar giderek onların gücünü öğrendi. Harzemşah, bunlara önce iltifatta bulundu; ama sonradan kuşkulandı, takip edilmelerini istedi. O gece Sultan Alaaddin rüyasında Baha Veled'i gördü: "Kalk, hemen atına bin, uyku uyuyacak zaman değildir." dediğini işitti. Uyandığında kendi kendine "Yarın bir eğlence daha yapalım da sonra gideriz." Baha Veled, tekrar rüyasına girdi. Tahtına ve tahtın üzerine çıkıp onun göğsüne vurarak "Niçin uyuyorsun?" dedi. Sultan Aladdin, rüyanın tesiriyle uyandı ve yanındakileri de kaldırarak gizlice oradan uzaklaştı. Sabah olduğunda onların kaçtığını gören Harzemşahlılar peşlerine düştüler; ama Sultan Alaaddin ordusuna katılmaya muvaffak oldu. Harzemliler bir şey yapamadan dönüp gittiler. Bu suretle Baha Veled'in himmeti ile büyük bir tehlikeden kurtulmuş oldular.

(Hasan Avni Yüksel, Türk İslam Tasavvuf Geleneğinde Rüya, MEB, İstanbul: 1996 s. 167-168)

Hz. Aişe(ra) anlatıyor: "Hazreti Peygamber(s.a.v.)'e Varaka İbnu Nevfel hakkında soruldu. Hz. Hatice (ra): "O seni tasdik etti ve sen peygamberliğini izhar etmeden önce vefat etti." dedi. Resûlullah (s.a.v) şu cevabı verdi: "O bana rüyada gösterildi. Üzerinde beyaz bir elbise vardı. Şayet cehennemlik olsaydı, beyaz renkli olmayan bir elbise içerisinde olması gerekirdi."

Tirmizî, Rü'ya 10, (2289)

VADİ: Rüyada yeşil bir vadi görmek, yaşantınızın mutlu bir şekilde devam edeceğini gösterir.

VAGON: Bir seyahate çıkacağınıza işarettir. Ayrıca bir kimse kömür dolu vagon görürse, onun zengin olmasına; başka bir şey ile dolu ise, birbirini izleyen güçlük ve sıkıntıya; içi boş vagon ise, ücreti veya kazancı az bir işe işarettir.

Rüyada vagon görmek seyahate çıkmaya ve beklenen bir dosta kavuşmaya; geleceğin çok parlak ve mutluluklara vesile olmasına işaret eder.

VAHİY: Kendisine vahiy geldiğini gören, dünyada itibarın en büyüğüne, ahirette saadete mazhar olur.

Rüyada isimleri bilinen meleklerden birisi aracılığıyla kendine veya tanıdığı birisine vahiy geldiğini görmek çeşitli şekillerde yorumlanır.

Arzu ettiğiniz bir şeyin tamı tamına gerçekleşmesine,

Çalıştığınız yerde işveren veya amirinizden; çevrenizde büyük bir zattan büyük bir iyilik görmeye,

Uğraştığınız işte başarılı olmaya, işyerinde veya memuriyette terfiye,

Hayatınızın yarısına ulaşılmış olduğuna, toplumda ve çevrenizde saygı ve itibarınızın artmasına,

Allah'ın (cc) lütuf, rahmet ve bereketine mazhar olmaya işaret eder.

VAİZ: Rüyada görülen vaiz etrafınızda kötü ruhlu ve fitneci insanların varlığına işarettir. Kendine vaaz edildiğini görmek, daha dikkatli davranmanız ve kararlar vermeniz demektir.

Vaaz için kürsüye çıktığını gören, meslek ve memuriyet hayatında yükselmeye; vaaz etmeden kürsüden indiğini görmek, mal, mevki ve itibar kaybına bakar.

Issız bir yerde vaaz ettiğini görmek, fikirlerinizin ve sözlerinizin değersiz görülüp kimse tarafından dinlenmeyeceğine işarettir.

Hamamda veya vaaz edilmesi uygun olmayan bir yerde vaaz ettiğini görmek, fitneci ve hileci insanlarla kurulacak dostluk ve arkadaşlığa, bunun sonucu olarak da çekilecek sıkıntı ve zarara işaret eder.

VALİ: Rüyada görülen vali eğer temiz kıyafetli ve makamında ise, güzellik ve hayır; pis kıyafetli ve kötü bir mekanda ise şer ve darlık olarak yorulur.

Kendini vali olarak görmek, temiz kalpli ve iyiliksever bir kişiye işarettir. O kişi veya rüya sahibi bu özelliklerinden dolayı halk arasında sevilir ve itibarı yükselir.

VAPUR: Rüyada görülen vapur üzüntü ve pişmanlıktır. Vapurdan çıktığını gören kişi ferahlığa erer. Fırtınalı bir havada görülen vapur, bir deniz faciasına ve musibete işarettir.

Bir vapuru limana girerken görmek, bir deniz yolculuğuna çıkmak veya uzun zamandır görmediğiniz bir yakınınıza kavuşmak demektir.

VASİYET: Rüyasında bir insanın malını birisine vasiyet etmesi, o iki kişi arasında meydana gelecek olan iyilik, yardım, birleşme, kavuşma gibi şeylere işarettir. Eğer birbirlerine dargınsalar barışırlar.

VAZO: Rüyada görülen vazo, hırçın ve ahlâksız bir kadına işaret eder. Eğer görülen vazo çiçeklerle dolu ise, aşk veya flört demektir.

VEBA: Rüyada veba hastalığı ile ilgili şeyler görmek, bugünlerde büyük bir maddi sıkıntı içine düşeceğinizi gösterir.

VEDALAŞMA: Rüyada vedalaşmak içinde bulunulan durumun değişmesine veya o durumdan ayrılmaya işarettir.

Hanımıyla vedalaşan kimse için rüyası boşanacaklarına işaret olduğu gibi aynı rüya boşandığı hanımıyla tekrar bir araya gelmesi şeklinde de tabir edilebilir.

Rüya Tabirleri

Vedalaşmak rüya görenin durumuna göre, hayır ve şerden veya zenginlik ve fakirlik gibi bulunulan durumdan ayrılmaktır.

VEREM: Verem ile ilgili rüyalar, genellikle hayra yorulmaz, iç sıkıntısına işarettir.

VESTİYER: Rüyada vestiyere herhangi bir mal bırakmak gizli sırların açığa çıkmasına işarettir. Şapkasını veya paltosunu vestiyere asmak mal ve parayı kimseye emanet etmemeye aksi halde çekilecek sıkıntı ve darlığa işaret eder.

VİLLA: Yalan, kibir, isyan, mal ve makama işarettir. Rüyada bir villasının olduğunu görmek arzulanılan bir yolculuğa çıkmaktır.

VİNÇ: Rüyada vinç görmek içinde bulunduğunuz iş ve sosyal çevrenin değişmesi gerektiğine işaret eder. Problemsiz çalışan bir vinç görmek, başlanılan işin olumlu ve kârlı bir şekilde sona ermesidir.

Eğer görülen veya kullanılan vinç bozuk, eski veya arızalı ise, işlerin bozulması ve zor günlerin yaklaşmasına işaret eder.

VİSKİ: Rüyada viski içilmesi, zenginliğe ve sağlık durumunun, eğer bozuksa, düzeleceğine işarettir.

VİŞNE: Mevsimsiz görülen vişne hastalık, üzüntü ve kederdir. Mevsiminde görülen vişne ise, hayır ve berekettir. Tatlı bir vişne şurubu görmek veya içmek, aile ve iş hayatınızda karşılaşılacak olan güzellikler ve mutluluklar demektir.

VİTAMİN: Rüyada vitaminli ilaçlar içmek, sağlık durumunuza dikkat edilmesi gerektiğini gösterir.

VİTRİN: Rüyada vitrin görmek, fazla gösterişin rüyayı göreni gülünç duruma düşürdüğünün işaretidir.

VİZE: Rüyada vize alındığını görmek, yakın bir dostunuzun yardımı sayesinde içinde bulunduğunuz sıkıntıdan kurtulacağınıza işarettir.

VOLEYBOL: Rüyada voleybol oynamak veya oynayanları görmek, kısa zaman sonra güzel günlerin yaşanacağına işarettir. Bir voleybol şampiyonasına katıldığını görmek, sizin için çok güzel değişikliklerin ve olayların başlangıcına işaret eder.

Bir voleybol maçı izlediğini görmek, edinilecek olan yeni arkadaşlara ve yeni bir sosyal çevreye kavuşmaktır.

VOLKAN: Yakın arkadaş, dost ve akrabalara işaret eder. Lavlar püskürten bir yanardağ görmek, insanlarla kavga ve münakaşa etmek olarak yorumlanır.

OKUMA PARÇASI

İmam-ı Şafi'nin Rüyası

Yemen'de bulunduğum bir sırada bir gece rüyamda Hazreti Resul ve İmam Ali'yi birlikte Kâbe'yi tavaf ederlerken gördüm. Ben de Kâbe'yi tavaf edip Makam-ı İbrahim'de durmuştum. Hazreti İmam Ali yanıma geldiler. Ayağa kalkarak karşıladım. Sevgi gösterdiler. Hilafet mührünü parmağıma taktılar. Bu sevinç ile kendimden geçerek uyandım. Rüyamı tabir edecek ehil bir zata gidip tabirini yapmasını rica ettim. Tabiri yapan kişi: "Kabe ve civarı kurtuluş ve bağışlanma yeridir. Hazreti İmamla musafaha (kucaklaşma) ise, kişinin izzetinin derecesine işarettir. Hazreti İmam Ali'nin yüzüğünü parmağına takması ise, mezhebini yayacağına ve İslam âleminde büyük nüfuz kazanacağına işarettir." diye cevap verdi.

(Cemalettin Mahmut Hulvi, Lemazat, c.2. s. 362)

(Hasan Avni Yüksel, Türk İslam Tasavvuf Geleneğinde Rüya, MEB, İstanbul: 1996 s. 186)

Hazreti Câbir (ra) anlatıyor:
"Bir bedevî Hz. Peygamber (sav)'e gelip:
Rüyamda başımın kesildiğini, kendimin de onun peşine düştüğünü gördüm." dedi. Resûlullah (sav) adama
Sakın ha! Şeytanın, rüyanda seninle eğlenmesini kimseye anlatma!" dedi.

Müslim, Rüya 12, (2268)

YABANCI: Rüyada bir yabancı ile tanışmak, yeni bir iş imkanı olarak yorumlanır.

YABAN GÜLÜ: Yaban gülünü görmek, koklamak veya toplayıp demet yapmak, bir kişiyi çok derin bir aşkla veya sevgiyle sevmeye ve bunun karşılığını görememeye işarettir.

YABAN KEÇİSİ: Rüyada yaban keçisine eriştiğini görmek, ahlâksız bir kadınla, gayr-i meşru bir ilişkiye; keçinin sağlıklı ve iri olması çok zengin ve servet sahibi bir kadına; keçi hasta ve zayıf ise, fakir kadınlara işarettir.

YABAN ÖRDEĞİ: Rüyada yaban ördeği görmek veya yakalamak, çok güzel ve neşeli günlerin yakın olduğuna işaret eder. Eğer yaban ördeği pişmiş veya servis edilmiş ise kazancın azlığına ve sıkıntıya işaret eder.

YABANCI DİL KONUŞMAK: Rüyasında güzel ve açık bir şekilde yabancı dil konuştuğunu gören kimse, benzeri olmayan izzet, şeref ve mülke erişir. Rüyasında bütün dilleri konuştuğunu gören kimse, dünyada önemli işler yapar.

YAĞ: Mal, nimet, güzel bir hanım ve iyi bir sözdür. Kokusu bozuk ve kötü bir yağ ise, bunların zıddı ile yorumlanır.

Rüyada bir kaptan diğer kaba yağ aktardığını görmek, mutlu yarınlara işarettir.

Hayvan yağı (iç yağı), uzun ve bereketli bir ömre;

Madeni yağlar, zenginlik ve bolluğa;

Bitkisel yağlar, şişmanlık ve semizliğe işaret eder.

Rüyada yağlandığını veya yağa bulandığını görmek, neşe ve saadet dolu günleri gösterir.

YAĞMUR: Vaktinde ve mevsiminde görülen yağmur,

bereket ve sevince, mevsiminde olmayan yağmur ise, sıkıntıya işarettir.

Bir kimsenin rüyasında yağmurun her tarafa yağdığını görmesi; o kimsenin ümidini kestiği bir şeye, hayır, nimet ve berekete kavuşmasına işaret eder.

Yağan yağmurun zarar verecek boyutlarda olması, o yerlerde meydana gelecek olan fitne ve helaka işarettir.

Yağmurun özellikle ve sadece bir eve yağdığını görmek, o evde meydana gelecek olan ağrı, acı, bela gibi şeylere işarettir.

Eğer yağan yağmur bal, süt, yağ veya meyve cinsinden bir şey olursa, bu rüya bütün insanlar için hayırdır.

Rüyasında yağmur suyundan içen kişinin rüyası, suyun berrak ve bulanık oluşuna göre tabir edilir. Berrak ise o kişiye hayır ulaşır; bulanık ise, bu o kişi için hastalık demektir.

Gökten kan veya taş yağmakta olduğunu görmek; günah, isyan ve kötü bir hayat tarzına işaret eder.

Yağmur suyu ile abdest almak veya üzerindeki kirlerden temizlenmek, günahlardan ve kötü hayattan tövbe ile kurtulmaya; fakirler için zenginliğe; hasta için şifaya işaret eder. (bk. örnek 48)

YAHUDİ: Darlık ve sıkıntılardan kurtuluş demektir. Kendinin Yahudi olduğunu görmek, amca veya haladan kalacak mirasa işarettir.

Bir Yahudi kız veya kadın ile evlenmek, elinize geçecek olan çok miktarda para veya mal demektir.

Yahudiden bir şeyler almak, hayır ve bereket; ona bir şeyler verdiğini görmek ise, şer, sıkıntı ve darlık demektir.

YAKUT: Yakut taşı bekar kişiler için evlenip mal varlığının artmasına işaret eder.

Yakut gören hamile ise, erkek evlat sahibi olur.

Parmağında yakuttan bir yüzük taktığını görmek, dikkatli olunması gerektiğine; bir yakut aldığını veya bulduğunu görmek, bekar için evliliğe; evli için de mal varlığının artmasına işaret eder.

Bir yakut veya yakut işlemeli bir şey çaldığını görmek, birisi ile gayr-i meşru ilişkide bulunmak ve bundan acı çekmektir.

YALAMAK: Rüyada su, süt veya buna benzer bir şeyi yalamak, çoluk çocuğun nafakasının azalması yahut cüzi bir kazanca işarettir.

YALIN AYAK YÜRÜMEK: Rüyasında ayakkabısı zaten yokken yalın ayak yürüyen birisi sıkıntıya düşer. Ayakkabısını çıkararak yalın ayak yürüyen kişiye velilik makamı nasip olur.

Aynı zamanda, yalın ayak yolculuk yapan kişi, ödemeye gücünün yetmeyeceği bir borca girer.

YANGIN: Bir konağın veya bir evin yandığını, alevlerin kıpkırmızı etrafa dağıldığını görmek, uzaktan heyecan verici haber almaya; kendi evinin yandığını görmek, zarar ve ziyana uğramaya, korkunç bir kazadan dolayı hastalanmaya işarettir. Eşyalarının yandığını görmek, bundan sonra yapacağı işlerde başarılı olacağına işarettir.

YANKESİCİ: Rüyada görülen yankesici hileci bir alimdir. Rüyasında bir yankesicinin cebinden bir şeyler çarptığını gören kimse, hileci bir alimden hileye dair bir şeyler duyar veya böyle bir rüya, çevrenizde sizi sevmeyen ve çekemeyen kişilerin çokluğuna işaret eder.

YAPRAK: Rüyada görülen yapraklar rüya sahibinin kazançlı bir işle uğraşıp bol para kazanmasıdır.

Kuru yaprak görmek, hastalık ve zorluklara işaret eder. Bazı tabirciler rüyada görülen taze yaprağı sağlık ve afiyet olarak yorumlarlar.

YARALANMAK: Vücutta bulunan yaralar, bulundukları yerlere göre tabir edilirler. Vücudunun yaralandığını gören kimse için bu rüya, çalışarak elde edeceği maldır.

Sağ elinin yaralanması erkeklerden kendisine yakın olanlar; sol elinin yaralanması kadın akrabaları vesilesiyle faydalanacağı maldır.

Vücudunun bir şekilde yaralandığını gören kimsenin malı fazlalaşır ve iki katına çıkar. Baldırından yaralandığını görenin sülalesi geniş olur.

Ateşli silahlarla, tabanca, tüfek gibi şeylerle yaralandığını görmek, ümit edilmeyen bir yerden en muhtaç olduğunuz anda yardım görmeye işaret eder.

YARASA: İnsanın durumuna göre çok değişik anlamlara gelebilir. Bazen rüyada yarasanın girdiği yerin harap olacağına veya ne yapacağını şaşırmış zalim bir adama işarettir.

Bazen de nimetlerin elden gitmesi, alışılmış şeylerin kaybedilmesi manalarına gelir. Rüyada yarasa görmek hamile kadın için hayırdır. Yolcular için hayır değildir.

Bir yarasa tuttuğunu veya bulduğunu görmek, çok çalışan, fakat mutlu olmayan insanlarla tanışmaya işarettir.

Bir eve veya oturduğunuz mekana yarasanın yuva yaptığını görmek, bir kişiden görülecek olan küçük bir yardıma işarettir.

Yarasa eti yediğini görmek, ele geçecek olan küçük bir menfaat veya paraya işarettir.

YASEMİN: Yakın bir zamanda sizi çok mutlu edecek olay-

lar veya kişiler anlamına gelir.

Toplanmış yasemin çiçeği görmek, gam keder ve hüzne işarettir.

Birisine yasemin vermek veya birisinden yasemin almak, o kişi ile kavga ve münakaşa etmeye işaret eder.

YASTIK: Rüyada görülen yastık sırdaşlarımız, arkadaşlarımızdır. Aynı zamanda, yastıkta görülen iyi ve kötü haller rüya sahibinin hizmetçilerinin iyi ve kötü hallerine işaret eder. Bazen de yastık rahatlığa ve sağlıklı birisi için hastalığa işaret edebilir. Yastığı eş, ana ve çocuk olarak yorumlayan tabirciler de vardır.

Yeni ve güzel bir yastık görmek, yanınızda yaşayan insanların veya hizmetçilerin size sadık olmalarına işaret eder.

Eski, yırtık ve pis yastık, yanınızda çalışan insanların verimsiz olduklarına işaret eder.

Yastığa dayandığını görmek, rahat ve huzura kavuşmaya işaret eder.

YAŞLI KADIN: Rüyada görülen tanınmayan yaşlı ve çirkin bir kadın, savaşa ve kıtlığa işarettir. Bir insan rüyasında yaşlı bir kadının kendi evinden çıktığını görse, dünya kendisinden yüz çevirir.

Rüyasında yaşlı bir kadınla uğraştığını ve onunla bir şeyler alıp verdiğini gören kimse için bu rüya dünya ile uğraşmaya işarettir. Bir kadın rüyasında kendisinin kocamış olduğunu görse, bu o kadının dünyadaki halinin iyi olduğuna işarettir.

YATAK: Mevki, makam, rütbe, nikah, miras, arazi, kadın, cariye (hizmetçi) ve geniş rızk demektir. Meçhul bir yatakta yattığını gören mirasa konar.

Bir yatakta hasta veya ölü görmek, uzun sürecek bir keder ve üzüntüye işarettir. Yatağın fare tarafından yendiğini görmek, eşlerin birbirini aldatmasına işarettir.

Yatağın havada uçtuğunu görmek, eşinin vefatına; yatağın yüksek bir yerde serili olduğunu görmek, şan ve itibarın artmasına işaret eder.

Yatakta uzanıp uyumak, yaşadığınız sıkıntı ve kederlerden kurtulmanız, yatağın bozulduğunu görmek, sırlarınızın açığa çıkmasıdır.

YAZI: Rüyada yazı yazmayı bilmediği halde yazı yazmak, halkı dolandırmaya işaret eder. Yazı yazmayı bilen bir kişinin rüyada yazı yazması ve yazdıklarını görüp okuması, geniş rızık ve bereket olarak yorumlanır.

Kendi yazısının çok kötü olduğunu görmek, kötü bir hayata ve tövbe etmeye işarettir. Kur'ân'dan bir ayeti gömleği veya elbisesi üzerine yazıyor görmek, eğer sağ elle yazıyor ise Kur'an'a sarılıp kurtulmaya, sol elle yazıyor ise, yakın zamanda gelecek sıkıntı ve kedere işaret eder.

YAZI TAHTASI: Hanım ve çocuktur. Bazen de korkudan emin olmaktır. Öğrenciler için ilimdir.

YAZI YAZMAK: Rüyada yazı yazmak hiledir. Rüyasında bir kitap yazdığını gören kimsenin eline haram mal geçer.

Bir kişi rüyasında kendisi hakkında bir kitap yazıldığını; fakat bu yazılan şeylerin ne olduğunu bilmediğini görse, onun üzerine farz olan ibadetler konusunda tembellik gösterdiğine işarettir.

Rüyasında yazı yazmaya çalıştığını; fakat güzel yazamadığını gören kişi için bu rüya, o kişinin düşeceği korku ve zahmet içerisinde güzel bir şeye erişmesidir.

YAZMA (Baş Örtüsü): Rüyada başörtüsü görmek kocadır. Yazmanın genişlik ve büyüklüğü kocanın refahına; küçüklük ve darlığı da kocanın sıkıntı içerisinde olmasına işarettir.

Yazma yapan veya baskı yapan birini görmek, ilim sahibi bir kişi veya büyük bir zata işaret eder.

YEL DEĞİRMENİ: Rüyada yel değirmeni görmek savaşa ve anarşiye işaret eder. Ayrıca güvenilmez bir kişi ile kurulacak iş ve ortaklığa da işaret eder.

YELKEN: Rüyada görülen yelken saltanat, izzet ve şereftir. Kendisine bir yelken yapıldığını gören kişinin şan ve şerefi artar. Bu rüyayı devlet başkanı veya herhangi bir bürokrat görürse rüyası kuvvetli bir saltanata ve rakiplerine galip geleceğine işaret eder.

Rüyada denize veya suya yelken açmak, uzun bir seyahattir. Yelkeni iyi idare etmek, başlanılan işlerin gayet iyi ve kârlı olacağına, yelkeni iyi idare edememek veya zorluklar çekmek de işlerin bozulmasına ve zarara işarettir.

YELLENMEK: Rüyayı görenin söyleyeceği çirkin bir söze veya küçük günah kazanacağı bir şeye işarettir. Böyle bir rüya gören kişi, yalan sözle meşgul olur ve içinde bulunduğu grubu dağıtır.

Kederli bir topluluk içinde yellendiğini gören bir kişi için bu rüya o topluluğun üzüntüden kurtulacağı şeklinde tabir edilir.

YELPAZE: Rüyada görülen yelpaze rahatlık, ferahlık, sıkıntılardan kurtulmak, fakirlikten sonra zengin olmak manalarına gelir. Yelpaze, insanların onun hakkında gönüllerinin rahat olduğu kimsedir. Koca ve çocuğa işarettir diyenler de olmuştur.

YEMEK: Rüyada görülen yemekler acı, tatlı, ekşi oluşlarına, renklerine ve o toplumdaki genel tüketimlerine göre yorumlanır. Mesela, rüyadaki kuş eti dışında kalan sarı renkli yemeklerin hepsi hastalıktır.

Patlıcan, ıspanak, pırasa gibi bir mevsime bağlı olarak tüketilen yiyecekler daimi olmayıp geçici olarak ele geçen rızıktır.

Et ile pişmiş yemek, fakir için zenginliktir. Ekşi bir yemek kötü bir söz işitmeye işarettir. Kötü renkli bir yiyecek yediğini görenin kıymeti düşer.

Rüyada insanlar arasında yemek yemek, şöhrettir.

Çok aç olduğu halde yiyecek bir şey bulamamak, çekilecek olan darlık ve sıkıntılara işaret eder.

Rüyada insan eti yediğini görmek, dedikoduya ve bundan dolayı çekeceğiniz sıkıntı ve dertlere işaret eder.

YEMEKHANE: Rüyada görülen umumi yemekhane, tanınmış ve değerli bir kişinin yardımlarıyla her türlü dert ve sıkıntılarınızdan kurtulmaya işaret eder.

YENGEÇ: Rüyada görülen yengeç korkunç, hilesi anlaşılmaz ve arkadaşlığı çetin bir adamdır. Rüyasında yengeç yiyen kimsenin eline haram mal geçer.

Yengeç tutmak veya bulmak, haset ve fitneci bir kişiyle kurulacak dostluk ve çekilecek sıkıntılardır.

YENİ DOĞMUŞ ÇOCUK: Rüyada görülen yeni doğmuş çocuk üzüntüye ve cahil halka işaret eder. Hasta bir kadın veya erkek rüyalarında küçük bir çocuk doğurduklarını görseler, hastalıklarından kurtulurlar.

Rüyasında yere bırakılmış küçük bir kızı kucağına alan veya uyutan kişi, hapisteyse, bir düşmanından dolayı sıkıntı içindeyse, fakirse ya da borçluysa bu sıkıntılarından kurtulur. Eğer bu anlatılanlardan biri söz konusu değilse, küçük çocuk üzüntü ve kederdir.

YER YARILMASI ve ÇÖKMESİ: Yerin çöktüğünü görmek büyük tabii bir afetin gelmekte olduğu şeklinde tabir edilmiştir.

YEŞİL EKİN BAŞAĞI: Rüyada sapı üzerinde duran yeşil ekin başağı rızka, ucuzluğa ve bolluğa işarettir. Rüyada görülen yeşil ekin başağı birbiri üzerine yığılmış maldır. Bazen de bu başaklar seneler, aylar, günler olarak zamanla tabir edilir. Böyle bir rüyanın öğrenilecek ilim anlamına geldiği de olur.

YIKAMAK: Rüyasında sarı renkli bir elbiseyi yıkadığını ve onun sarılığını giderdiğini gören kimse hastalıklardan kurtulur. Bazı tabircilere göre elbise yıkamak, gizli olan şeylerin ortaya çıkması veya borçların ödenmesidir.

Bir ölünün elbisesini yıkatmak için birisini aradığını veya birisinin bir ölünün elbisesini yıkadığını görse, bu o ölünün geride kalan borcunun ödenmesi gibi vazifelerin yerine getirilerek o kişinin kurtuluşunun elbiseyi yıkayanın elinde olduğunu gösterir.

YILAN: Bilinmeyen veya dişlerini göstermeyen düşman demektir. Ayrıca devlet, hazine, kadın veya bir çocuk olabilir.

Rüyada sokaklarda yılanların gezdiğini görmek orada savaş olacağına işarettir. Rüyada görülen su yılanları maldır.

Yılanın sürünerek yaklaştığını görmek, düşman ve hasımlarınızın birleşip güçlü bir şekilde size zarar vermek istemeleridir.

Yılanla kavga edip onu öldürmek, bütün düşmanları mağlup etmektir.

Yılan eti yemek, fayda ve kâr işaretidir. Yılanın etini, kemiğini veya kanını görmek, düşmanın ve hasımların malları ile yorumlanır.

Yılan ile konuştuğunu görmek, düşmanlarıyla barışmaya işarettir. Karnından yılan çıktığını görmek, çok yakın çevrenizden birinden büyük bir düşmanlık ve zarar görmeye işaret eder. (bk. örnek 10, 49)

ÖRNEK 49

Annemin Kucağında Bir Yılan Görüyorum

Rüyamda iki yılan görüyorum. Yılanlar uzun ve iri. Biri annemle babamın kucağındaydı. Anneme yılanı dışarı bırakmasını söylüyorum. Annem onu dışarı bırakıyor; ama yılan yine içeri giriyor. O arada ben rüyamda annemle babama rüya anlatıyorum. Yılandan korktuğum için de o yılanların yanına yaklaşmıyorum.

Ö. Y.

Allah hayretsin.

Kaç yaşında olduğunuzu bilemiyorum; ama büyük ihtimalle size büyü yapılmış olabilir. Büyü evin içinde olmalı. Eğer sevdiğiniz biri varsa, belki de sizi ondan soğutmak için yakınlarınız tarafından yapılmış olabilir. Kardeşlerinizden biriyle de geçinemiyor olabilirsiniz. Yılan rüyaları iyi değildir. Size yakın, dost görünen iki insandan zarar görebilirsiniz. Sanırım bu, büyü ile ilgili bir rüya. Araştırırsanız bulursunuz ve bu sıkıntılardan da kurtulursunuz.

YILAN BALIĞI: Rüyada yılan balığı görmek, kıskançlık belirtisi olarak yorumlanır.

YILDIRIM: Bir yere yıldırım düştüğünü görmek, o bölgenin belaya uğrayacağına, sürekli ve peş peşe yıldırım düştüğünü görmek de savaşa işarettir.

Kendine yıldırım isabet ettiğini görmek, tehlikeli bir hastalık veya büyük bir sıkıntıya işaret eder. Evinin tepesine yıldırım düştüğünü görmek, ailenizden birine isabet edecek hastalık veya dert olarak yorumlanır.

Bahçenizdeki ağaçlara yıldırım düştüğünü görmek, bir ölüm haberi almaya veya işlerin birden bire bozulmasına işaret eder.

YILDIZ: Bilinen yıldızlar, devlet adamlarına, diğer yıldızlar asker ve umum halka işaret eder. Bir kimse rüyasında gökten yere bir yıldız düştüğünü görse, orada şerefli insanlar hakkında bir bela ortaya çıkar.

Rüyasında evinde birçok yıldızların olduğunu gören kişinin nesli çoğalır. Yıldızların gökten kaybolduklarını gören kimse zengin ise, malını kaybeder; fakirse, ölür.

Rüyasında bir yıldıza bindiğini gören kimse devlet, kuvvet, hayır, menfaat ve şöhrete erişir. Bir kimsenin rüyasında gündüz vakti gökte yıldızlar görmesi rezilliğe, büyük olaylara ve tehlikeye işarettir.

Birçok yıldıza sahip olduğunu görmek, şan ve itibarınızın artmasına işaret eder. Parlak bir yıldızın battığını veya söndüğünü görmek, adil memur, yönetici veya büyük bir zatın vefatına işaret eder. (bk. örnek 50)

ÖRNEK 50

Annemi Gördüm, Yıldızlarla Gökyüzüne Harita Çiziyordu

Rüyamda, fırtınalı, dev dalgalı bir okyanusun kıyısındayım. Dehşetli kederler içindeyim. Akşamın geceye döndüğü bir an alaca bir karanlık hakim. Yalnızım ve gökyüzüne bakıyorum. Derin bir yalnızlık ve hüzün içindeyim. Yönüm kıbleye dönük.

Bir anda annemi yanı başımda buluyorum. O benim bu halime acıyor. Büyük bir şefkatle ve sanki istediğim her şeyi yapabilecekmiş gibi bana "Oğlum ne istiyorsan söyle, onu hemen yapayım. İstiyorsan seni istediğin ülkeye göndereyim. Yeter ki, yüzün gülsün ve bu tarifsiz hüzünlerden kurtul." diyor.

Sonra elini göğe uzatıyor. Yıldızlar sanki onun parmağının temasıyla çizgi halinde sıraya giriyorlar. Adeta parmağıyla gökyüzünde ülkelerin haritasını çiziyor. Her seferinde çok uzaklardaki bir ülkenin adını söyleyerek onun haritasını çiziyor ve istersem beni o ülkeye gönderebileceğini tekrarlıyor.

Bu arada annemle ilgili bir anekdot vermem bilmem nasıl olur. O son derece saf ve temiz, dindar ve müthiş mütevekkil bir kadındır. Hayatını insanlara yardıma vakfetmiş bir köylüdür. En büyük özelliği ise, haram ve helallere azami uymaya gayret göstermesidir. Kelimenin tam anlamıyla dindar bir kadındır.

Sonunda denizin sakinleştiğini görüyorum. Gökyüzünde ise sayısız ülke haritası var. İçimdeki hüznün uçup gittiğini hissediyorum; ama onu ortalarda göremiyorum. Sonra kendi kendime "O zaten buraya hiç gelmedi; sesiyle geldi ve acılarımı dindirdi." diyorum. Uyandım. Sanki tatlı bir derinlik ve hasret vardı.

Rumuz: Annem

Allah hayretsin. Gerçekten muhteşem bir rüya.

Rüya Tabirleri

Cinsiyetinizi yazmamışsınız; ama büyük ihtimalle erkek olmalısınız. Anneniz, eskilerin tabiriyle tekin bir kadın değil. Yani bir takım manevî güçlere sahip olmalı. Belki siz farkında değilsiniz hatta o da bilmiyor; ama o, duaları makbul biri olmalı. Onun dindar olduğunu söylüyorsunuz. Biz bir şey daha ekleyelim, belki de o Allah'ın kıymetli kullarından biridir. Her zaman duasını alınız.

Haliniz, rüyanızda mevcut. Büyük ihtimalle bekarsınız. Memleketinizden uzakta bir yerde akrabalarınızın iştirak edemediği bir memlekette evleneceksiniz. Eşiniz belki bir yabancı veya doğduğunuz yerden uzakta bir yerde doğmuş biri olur. Annenizle aralarında problem olabilir, ancak zamanla her şey hallolur.

Siz de sıradan biri değilsiniz. Büyük ihtimalle namaz kılıyor olmalısınız; çünkü yönünüz kıbleye dönük. Şimdi değilse bile zamanla tam bir dindar ve ehl-i kıble bir insan olacaksınız. Birçok ülke ve şehir gezeceksiniz. Size adını söylediği ülkeleri hatırlıyorsanız onların baş harfini esas alın. Bu harflerle başlayan bütün şehirleri görme ihtimaliniz var.

Belki bir şairsiniz. Buna kabiliyetiniz var. Büyük acılarınız, büyük sevinçleriniz olacak. Gördüğünüz rüya hayatınızın bir özeti. O hayat içinde annenizin şu veya bu şekilde büyük rolü ve etkisi olacak. Belki de onu, dualarıyla hep yanınızda bulacaksınız.

Bilmediğiniz yollara gidecek, ummadığınız şeylerden servet edineceksiniz. Çok çok olmasa bile hayli zengin olacaksınız. Değişik yollardan size servetler ve miraslar gelecek.

Fevkalade şanslı birisiniz. Pisişik konulara kabiliyetiniz olmalı. Kumral veya siyah saçlı ama beyaz tenli olmalısınız. Alaca karanlık, esrarın başladığı andır ve siz de büyük mânâlara ermeye namzetsiniz.

YOĞURT: Rüyada yenen yoğurt ekşimişse, üzüntüye; tatlıysa, hayra işarettir.

YOL: Geniş yol ve büyük cadde daima din ve meslek ile tabir edilir. Geniş bir yoldan yürüdüğünü gören, kötü huylarını bırakır. Geniş rızk sahibi olur.

Rüyada görülen çeşitli yollar bazı şeylerin tercihinde yaşanan şüphelere, bid'at ve küfre götüren şeylere işaret eder. Yol, insanın ona uymakla kurtulacağı doğruluk ve herkesin gideceği ölüm yoludur.

YONCA: Rüyada görülen yonca tarlası veya tek bir yonca hayırlı kazanç ve bereket demektir. Kendini yonca tarlasında görmek, hayat boyu başarı ve muvaffakiyetlere işaret eder.

YORGAN: Karı ve koca olarak tabir edilir. Bir yorgan aldığını görmek, bekarlar için evlenmeye; yorganın çalındığını veya kaybolduğunu görmek, ayrı yaşamaya veya boşanmaya işaret eder.

Temiz ve düzgün ise, aile hayatında güzel bir gelecek olarak yorumlanır.

YOSUN: Rüyada deniz kenarında kayaların arasında yosun görmek, rüya sahibinin boş vakit geçirdiğine ve geleceğini garanti altına alacak esaslı bir iş bulması gerektiğine işarettir.

Bu rüyayı genç kızlar görmüşse, çok hoş bir geleceği; kadınlar görmüşse, kaybettiği bir arkadaşına kavuşacağını haber verir.

YUFKA: Yufka bolluk, bereket ve geniş rızktır. Rüyada yufka açtığını görmek bereketli ve güzel günler olarak yorulur.

YULAR: Elinde yular olduğunu gören kimse için bu rüya mal, itaat ve tevazudur. Eğer bu rüyayı gören memur ise, amir veya müdür olamayacağına işarettir.

 Rüyada kendisine yular takıldığını gören kimsenin maddeten ve manen durumu düzelir, işleri yoluna girer ve zenginleşir.

YUMAK: Rüyada görülen iplik yumakları rızka ve uzun ömre işarettir. Eğer birbirine karışmış ve açılmaz bir hal almışlarsa, işlerin düzeltilemez derecede bozulmasına işaret eder.

YUMURTA: Birçok yumurtaya sahip olduğunu gören kişinin malına zarar gelmesinden korkulur. Taze pişmiş yumurta kolay elde edilen maldır.

Rüyasında çiğ yumurta yediğini gören kimse haram mal yer, zina eder veya üzüleceği bir şey olur. Rüyasında kendisine bir yumurta verildiğini gören kimsenin şerefli ve aziz bir çocuğu olur.

Yumurtanın kırıldığını görse, çocuğu ölür. Rüyasında pişmiş yumurtayı soyduğunu gören kimsenin eline mal geçer.

Kabuğu ile yumurta yediğini görmek, başkasının malını haksızlıklarla yemek olarak yorumlanır.

Yumurtadan civciv çıktığını görmek, başlanılan veya yeni başlayacağınız işten kazanç sağlamaya işaret eder. Rüyada renkli yumurta görmek ise, keder ve iç sıkıntısı olarak yorumlanır. (bk. örnek 51)

ÖRNEK 51

Kuş Yumurtası Topluyorum

Rüyamda bir arazideyim. Tuhaf ve tanımlanması güç bir yer. Yerlerde otlar arasında birçok yabani kuş yuvaları ve yumurtaları görüyorum. Rengarenk ve irili ufaklı. Onları toplamaya çalışıyorum.

Bir taraftan da yumurtalarını aldığım kuşların her an gelip saldırmasından korkuyorum. Nedense bu yumurtalar çok kıymetli şeylermiş gibi geliyor. Bir kısmı çok büyük, onları sağ cebime koyuyorum. Küçükler de var. Onları da sol cebime koyuyorum. Tam olarak onları ne yapacağımı bilemiyorum.

Bu arada büyük yumurtaların birinden sesler geliyor. Bakıyorum yavru, çıkmaya çalışıyor ve sonra çıkıp uçuyor. Sonra aralarda hindiye benzer kuşlar görüyorum ve kendi kendime "Demek bunların yumurtasıymış." diyorum.

F. G.- Fatih

Allah hayretsin.

Yabani kuş yumurtası izzet ve şereftir. Bazılarının renkli olması, bu uğurda bazı sıkıntıların çekileceğine işarettir. Ümit ve emellerinizin gerçekleşeceği şeklinde değerlendirebilirsiniz. Kuşları hindiye benzetmeniz iyi bir işaret; çünkü hindi ev hayatındaki huzuru ve saadeti temsil eder. Özellikle eşler arasındaki sevgiyi. Ayrıca bazı iyi haberler alacağınızı, özellikle elinize geçen parada artış olacağı şeklinde bir yorum yapılabilir.

Bu bir bolluk ve bereket rüyasıdır. Tahminimiz bu dönemde gelirinize bir yenisi eklenecek ve uzun süre devam edecek.

YUNUS BALIĞI: Bereket ve bolluk olarak tabir edilir. Eğer rüyayı gören bekar ise, zengin ve güzel bir kadınla evlenir, evli ise, mutlu ve bereketli bir aile hayatına sahip olur.

YÜN: Rüyada görülen yalın yün, helal mal ve kazanca işaret eder. Yün almak kazanç ve kâr elde etmeye; yün satmak veya yakmak, malını boşa harcamaya ve israfa işarettir.

Beyaz yün, neşe ve saadete; siyah yün, keder ve sıkıntıya işaret eder. Yünden yapılmış bir eşya görmek, dürüst bir aile hayatına delalet eder.

YÜRÜMEK: Rüyada insan kendisinin düz ve doğru yürüdüğünü görürse, o kişi Hıristiyansa İslam'ı seçer. Başını öne eğerek yürümesi, ömrünün uzunluğuna; yağmur suyu üzerinde yürümesi, ihtiyarlığında baston ve araba gibi bir vasıtaya ihtiyacı olacağına; tek ayak üzerinde yürümesi, ömür veya malının yarısının elinden çıkmasına işarettir.

YÜZ: Rüyada yüz güzelliği dünyada iyi oluşa, müjde ve sevince işarettir. Rüyada görülen yüz sarılığı ise zillet, kıskançlık ve nifaktır. Yalnız rüya sahibinin durumuna göre çok ibadet etmeye de işaret olabilir.

Bir kişi rüyasında yüzünün siyah, vücudunun beyaz olduğunu görse, onun içinin dışından daha hayırlı olduğuna işarettir.

Rüyasında yüzünün tüy bitmeyen yerlerinde tüy bittiğini gören kimse için bu rüya çok borca, şöhret ve makamını kaybetmeye işarettir.

Bir kimse rüyasında güzelliğinin eksildiğini görse, bu rüya bu kişideki eksikliklere ve çok şaka yaptığına işaret eder.

Rüyadaki yüz güzelliği rüya sahibinin mübarek birisi olduğuna, bu rüyanın tersini görmek de tabirin de tersine işarettir.

YÜZMEK: Rüya sahibinin ilmine, dininin ve inancının güzelliğine işaret eder.

Suda yüzdüğü halde korktuğunu gören kimse hapse düşer, bir sıkıntıya uğrar veya bir hastalığa yakalanır.

Bulanık suda yüzmek, haram mal elde etmeye; tuzlu suda yüzmek, hayırlı haberler almaya; çok derin sularda yüzmek bekarlar için hayırlı bir evliliğe; evliler için mutlu bir hayata işaret eder. (bk. örnek 52)

ÖRNEK 52
ARKADAŞLARIM BENİ DENİZE ATTILAR

Samsun Bafra'dan yazıyorum. 17 yaşında bir gencim. Rüyamda Tarabya'nın oralarda üç arkadaş denizi seyrediyoruz. Arkadaşlar beni tutup denize attılar. Ben yüzme bilmiyorum ama suyun üzerinde kalıp boğulmaktan kurtuluyorum.

Tam bu sırada bir rüzgar çıkıyor ve beni 500 metre kadar kıyıdan uzaklaştırıyor. Sonra aynı rüzgar beni sürükleyerek yeniden kıyıya getiriyor. Otelin önüne kadar sürükleniyorum. Denizde iken bakıyorum su 1-1.5 metre derinliğinde kıyıya yaklaştıkça derinleşiyor. Ve denizden bir sürü çalılı ağaç türü otlar peyda oluyor. Kıyıdaki yol, otel ve evler kayboluyor, yerini ekin tarlalarına bırakıyor. Orada denizin tamamen kuruduğunu gördüm. Sonra uyandım.

İ. Bafra / Samsun

*Y*Allah hayretsin. Büyük ihtimalle İstanbul'a gelecek ve burada bazı dostlarınızın yardımıyla bir iş kuracaksınız. Kısa zamanda ummadığınız kadar zengin olacaksınız.

Bu zenginliği başta iyi kullanacaksınız; sonra işi oluruna bırakacak ve yavaş yavaş zenginliğinizi kaybedeceksiniz. Bu arada paranızı emlaka ve arsalara yatırırsanız elinizde bir şeyler kalacak. Aksi takdirde tamamen iflas edeceksiniz.

YÜZÜK (Mühür vb.): Şeref, itibar, evlat, nikah, iş güç, makam, mevki, rütbe, demektir. Yüzüğün güzelliği nispetinde bunların durumu güçlenir.

Rüyasında yüzüğünün taşının düştüğünü gören kimsenin çocuğu ölür veya malından bir şey kaybolur.

Rüyada görülen yüzüğün kaşı çocuktur. Bu kaşın mücevher veya boncuk oluşuna göre rüya tabir edilir.

Bir kadının yüzüğünü kaybetmesi, kocasından ayrılması veya kocasının vefatına işaret eder. Yüzük satmak hayatının yalnız olarak geçmesine işaret eder.

Parmağında gümüş yüzük görmek, büyük bir servete veya hayırlı bir eşe işarettir. Altın yüzük, yücelik ve şana; pirinç, bakır ve demir yüzük, zorluk, meşakkat ve kedere; akik yüzük, hacca veya umreye gitmeye; zümrüt yüzük, saygıdeğerlik ve itibarın artmasına işaret eder.

OKUMA PARÇASI

Şehriyar'ın Rüyası

Türk dünyasının önde gelen şairlerinden Şehriyar'ın hayatında önemli bir yer işgal eden olaylardan birisi babasının ölümü ve bununla ilgili görmüş olduğu rüyadır. Rüyayı kendisi şöyle anlatıyor.:

"...1313/1924 yılı Ramazanının yirmi üçünde dua ve ibadetle geçirdiği bir gecede sabah ezanına iki saat kala kalp krizinden vefat etti. Ben o sırada Horasan'ın yayla köylerinden birinde bulunuyordum. Rüyamda babamı Ay küresinin üstünde ayakta dururken gördüm. Göğsüne kadar Ay ışığına gark olmuştu ve kahkahalarla gülüyordu. Gülüşünün sesi ufuklara yayılıyordu. Uyandığımda müezzin Allahuekber diyordu. Perişan halde lambayı yaktım ve Hafız Divanı'ndan fal açtım. O vakte kadar dikkat celb etmeyen gazelin ilk beyti şöyleydi:

"Yarin hicranı firak geceleri sona erdi

Talih yıldızım söndü, devran sona erdi"

İki gün sonra babamın öldüğünü bildiren telgrafı aldım.

(Hasan Avni Yüksel, Türk İslam Tasavvuf Geleneğinde Rüya, MEB, İstanbul: 1996 s. 48)

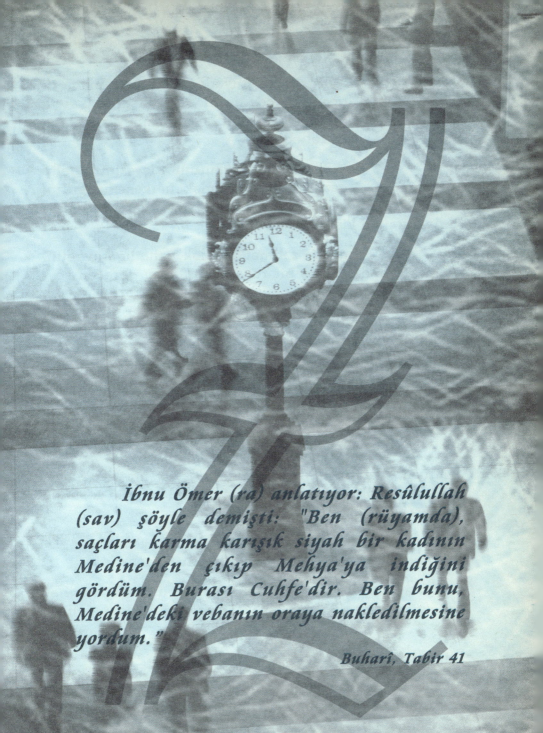

İbnu Ömer (ra) anlatıyor: Resûlullah (sav) şöyle demişti: "Ben (rüyamda), saçları karma karışık siyah bir kadının Medine'den çıkıp Mehya'ya indiğini gördüm. Burası Cuhfe'dir. Ben bunu, Medine'deki vebanın oraya nakledilmesine yordum."

Buharî, Tabir 41

ZABITA: Rüyada bir zabıta memuru görmek, sevdiğiniz bir insanla kavga etmeye ve onunla aranızın açılmasına işaret eder.

Bir zabıta memurunun işyerinize gelip ceza yazdığını görmek, herkese her sırrını veren ve bu yüzden işlerinde büyük zararlarla karşılan kişiye işaret eder.

ZAHMET: Rüyada zahmet çekmek, rahatlığa işarettir. Aynı zamanda, böyle bir rüya kaçınılması gereken şeyleri yapmaya da işaret eder.

ZAKKUM: Rüyada zakkum ağacı görmek; Allah'a isyan etmeye, kötü amelde bulunmaya ve geride hayırlı bir şey bırakmamaya;

Ayrıca sevdiğiniz ve güvendiğiniz kimselerin sizi üzmesine ve bu yüzden kimseye yakınlık gösterememeye işaret eder.

ZAMBAK: Rüyada genç bir kızın elinde zambak görmek, hayatın ileri dönemlerinde çok mutlu olmaya; gelecekte çok zengin olmaya; yarınların huzurlu ve mutlu olmasına işaret eder.

Bahçeden zambak topladığını görmek, yakın bir gelecekte iyi haberler almak ve mutlu olmak demektir.

Birisi tarafından kendine demet halinde zambak hediye edilmesi, gizli bir hayran veya aşığa işaret eder.

ZAR: Hileye, düşmanlığa ve münakaşaya; geleceğe ait önemli kararlar vermeye işaret eder.

Zarla kumar oynadığını görmek, her konuda talihinin açık olması ve her alanda başarılı olmasıdır.

Zarla oynanan oyunlardan birini oynayıp her şeyini kaybetmek, şans oyunlarında talihin açık olması demektir.

ZARF: Rüyada görülen zarf yakınlarınız tarafından sırların öğrenilmesiyle yorumlanır. Bir mektup yazıp zarfa koyduğunu görmek, önemli ve sevindirici haberler almak demektir.

Bir zarftan mektup çıkartıp okuduğunu görmek, uzaklardaki bir dostun sizden haber beklemesidir.

ZEBRA: Rüyada zebra görmek yaşadığınız günlerin anormal olaylara gebe olduğuna bunların kısa zamanda geçeceğine işaret eder.

ZEBUR: Hayır, kuvvet ve ilim ile birlikte teknik konularda ve bilhassa demir işlerinde ileri gidileceğine işarettir.

ZEHİR: Mala işarettir. Zehir, onu rüyada içen kimse için üzüntü ve kederdir. Bir yandan da rüyasında zehir içtiğini gören kimsenin ömrü uzun olur.

Rüyada zehirlenerek öldürülmüş olduğunu görmek, bir hayra erişmeye işarettir. Zehirlenmeyi haram mal olarak yorumlayanlar da olmuştur.

Rüyada zehir içtiğini görmek, hastalığa; zehir yediğini görmek, uzun ömre ve ele geçecek çok miktarda paraya işaret eder.

Zehir yaptığını ve alıp sattığını görmek, dünya işleri ile çok fazla meşgul olmaya ve hatta haram mal kazanmaya işaret eder.

Birisinin zehir verdiğini veya içirdiğini görmek, o kişiden size ulaşacak olan yardıma işaret eder.

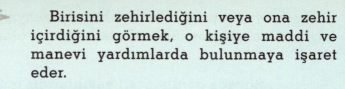

Birisini zehirlediğini veya ona zehir içirdiğini görmek, o kişiye maddi ve manevi yardımlarda bulunmaya işaret eder.

ZELZELE: Rüyada görülen zelzele korkuya, bilinen bir yerde olmuşsa da bir yerden bir yere göç etmeye işarettir. Rüyada yer sarsıntısının olduğu yerde devlet başkanı halka zulmeder.

Rüyada görülen deprem, oraya inecek belaya, orada meydana gelecek olan dolu, kıtlık veya şiddetli korkuya işarettir.

Aynı zamanda can sıkıcı haberlere ve sırların ortaya çıkmasına da işaret eder. Bazen de zelzele, rüyayı gören şahsın öleceğinin habercisidir.

ZEMZEM: Bir kimse rüyasında zemzem içtiğini görse, dert ve hastalıklarından kurtulur, istediği şeye kavuşur.

Rüyasında zemzem içtiğini gören kimsenin halinde ve takvasında ilerleme olur. Ayrıca zemzem içmek kıyamet günü susuzluk çekmekten emin olmak olarak da yorumlanır.

ZENCİ: Rüyada birçok zenci görmek, hayat boyu çok çalışmak zorunda kalmaya işaret eder. Eve bir zenci uşak veya hizmetçi aldığını görmek, bekarın kısmetinin açılıp evlenmesine, evlinin de mutlu bir hayat sürmesine işaret eder.

Bir zenciden caz şarkıları dinlediğini görmek, hayatınızı mutlu bir şekilde yaşamaya işaret eder.

ZEYTİN: Zeytin ağacı, helalden kazanılmış mal

demektir. İlim ve akrabadan kazanılan mal olarak da tabir olunur. Rüyada zeytin yemek, hayır ve berekettir.

Rüyasında zeytin temizlediğini veya sıktığını gören kimse sıkıntıya düşer. Zeytin, günahkar kimse için imana, hidayete ve ilme; hastalar için şifaya; fakir için mala işarettir.

Olgunlaşmamış yeşil zeytin üzüntü, keder, şiddet ve borçtur.

Zeytin ağacı diktiğini görmek, yakın bir zamanda çok hayırlı ve bereketli bir işe girişmeye işaret eder. Zeytin ağacı satın aldığını görmek, başladığınız işten büyük kâr elde edeceğinize işaret eder.

Zeytin ağacına çıktığını görmek, nimete kavuşmaya işarettir. Zeytin ağacından indiğini veya düştüğünü görmek, zarar ve ziyana uğramaktır.

ZEYTİNYAĞI: İlim, bereket, hidayet, nur ve helal rızıktır. Rüyasında zeytinyağı ile yağlandığını gören kişi şifa bulur.

Rüyasında zeytinyağı içtiğini gören kişi, sihre veya hastalığa yakalanır.

ZİL: Rüyada zil görmek bazı yorumculara göre düşmanlarını ve hasımlarını mağlup etmeye, bazı yorumculara göre de kötü haber, felaket ve yalana işaret eder.

Rüyada zil sesi işitmek, yakın bir zamanda kötü bir haber almaya; zil satın aldığını görmek, kedere uğramaya; zil kırdığını veya attığını görmek, içinde bulunduğunuz dert ve sıkıntılardan kurtulmaya işaret eder.

ZİNCİR: Rüyada görülen zincir, uzun ömürlü kadın ve helal mala işarettir. Bir kimsenin elinde veya yanında

 görülen zincir günahtır. Zincir, işlerin durgunlaşmasına ve zorlaşmasıdır.

Zincirle bağlandığını gören kimse üzüleceği bir şeyle karşılaşır.

Altından bir zincire bağlandığını görmek, şerefli ve parlak bir geleceğe işarettir.

ZİNDAN: Rüyada zindanda mahkum olduğunu görmek, bir konuda verdiğiniz yanlış karardan dolayı dert ve sıkıntı çekmektir.

Zindanda el ve ayağını bağlanmış görmek, keder ve darlığa düşmeye; el ve ayağının çözüldüğünü görmek, her türlü sıkıntı ve dertten kurtulmaya işaret eder.

ZÜLÜF: Rüyada iki taraftan görülen zülüfler, hayırlı ve temiz iki erkek çocuğa işarettir. Bazen de zülüf görmek, hastalıktan şifa bulmaya işaret eder.

ZÜMRÜT: Rüyada zümrüt görmek veya zümrütten yüzük takmak, çok mutlu ve bahtiyar olmaya; delikli zümrüt görmek, eşinden boşanmaya veya dedikodulara konu olmaya işarettir.

ZÜRAFA: Rüyada zürafa görmek, uzun zamandır arzu ettiğiniz bir seyahate çıkıp mutlu zamanlar geçirmektir.

Rüyada zürafaya binmek ise, çok sevdiğiniz bir yakınınızdan ummadığınız zamanda sevinçli haber almak demektir.

OKUMA PARÇASI

Emir Sultan'ın Rüyası

Emir Sultan'ın Ece Sultan adında bir dervişi vardı. Bu derviş delikanlılığında bir rüya görür. Rüyada birkaç kişi kendi aralarında "Bursa'da" derler, "Keramet sahibi bir veli var. Gidip onu ziyaret edelim, feyz alalım." Ece Sultan da onlara katılır. Böylece etrafı duvarlarla çevrili avlu içindeki odanın kapısına gelip dururlar. Emir Sultan, odada ibadetle meşgul. Hepsi tek tek girip saygı göstermişler. Fakat Ece Sultan kapıdan bakarken kendinden geçmiş ve yere düşmüş. Bir süre sonra kalkıp emekleye emekleye Emir Sultan'ın huzuruna gitmiş, alnını dizine koymuş: "Ey ariflerin ulusu, bu acizi de dervişleriniz arasına katınız. O halkaya bu kulu da ekleyiniz diye yalvarmış emir Sultan: "Kabul ettik babam." diyerek arkasını sıvazlar. Daha sonra Ece Sultan uykudan heyecanla uyanır ve gördüğü rüyayı annesine anlatır. Annesi de "Oğlum sen Emir Sultan'dan manevi feyz alacaksın, rüyan hayırlı olsun." der. Yıllar sonra Ece Sultan, Bursa'ya gider ve Emir Sultan'ın kapısından içeri bakar. Onun kapıdan merakla içeri baktığını gören Emir Sultan: "Gel babam gel, seni çoktan kabul etmiştik." der.

(Hasan Avni Yüksel, Türk İslam Tasavvuf Geleneğinde Rüya, MEB, İstanbul: 1996 s. 236)

günlük hayatta en çok ihtiyaç duyulan

Türkçe DUALAR

mehmet ali kerkütlü

Dua bir ibadettir.

•

Bereket Duası.
Stres Duası.
Namaz Duaları.
Rızık Duası.
Afetlerden
Korunma Duası.
Dilek Duası.
Sıkıntılardan
Kurtulmak İçin
Dualar...

El ve Yüz Çizgilerinizle
GELECEĞİNİZİ OKUYUN!..

mehmet ali kerkütlü

Kamuoyunda **EL FALI** olarak bilinen karakter okumada farklı bir yöntem

• Yüzünüzdeki, avcunuzdaki çizgiler ve bu şekillerle ilgili özellikler neler olabilir?

• Bu özellikler sizde neyi ifade eder?

• Merak ediyorsanız karakterinizi kendiniz okuyun...